Geographia Nova, Sive Hodiernam Terrarum Orbis Faciem Clarissime Illustrans, Ad Nostrorum Temporum Novissimas Historias Accommodata

Christophorus Cellarius

CHRISTOPHORI CELLARII
SMALCALDIENSIS
GEOGRAPHIA NOVA,

Siue

Hodiernam Terrarum
Orbis faciem clarissime
illustrans,

Ad nostrorum temporum no-
uissimas historias accommo-
data

& nunc

QVINTA EDITIONE
prioribus omnibus auctior emenda-
tiorque prodita.

———————————

IENAE

Sumtibus Io. Felicis Bielckii,
M DCC XVI.

PROOEMIVM
EDITIONIS PRIMAE.

Ntiqui orbis deſcriptionem geographicam edidimus : vt Novus etiam delineetur, res ipſa & inſtituti noſtri ratio poſtulat. Quemadmodum enim olim antiquam & noſtri temporis chorographiam ſummario breui coniunxeramus, cum primum aliquid in hac cauſſa ſcriberemus : ita par omnino eſt, poſtquam Antiquam recognouimus, & infinitis locis auctiorem exhibuimus ; vt Noua etiam emendatior

ite-

iterum locupletiorque prodeat,
quod ea lege praestabimus, vt quantum fieri per fines regionum muta-
tos poteft, hodierni orbis defcriptio
antiquae Geographiae refpondeat,
iniecta fubinde mentione praecipua-
rum rerum, quae ad quemuis locum bene maleve geftae fuerunt.
Incipimus ab Europae occidentali
latere, in ortum inde pedetentim
progreffuri: quo peragrato, in meridiem & alias plagas, quae reftant
explicandae, declinabimus. Cetera,
quae praemonenda erant, *Introdu-
ctio* Antiquae Geographiae prae-
miffa, expofuit.

CAPVT I.

DE
PORTVGALLIA.

Portugallia & veterum Lusitania non iisdem finibus describi postulant, siue hæc cum antiquissimis inter Tagum & Oceanum Cantabricum, siue, vt Cæsarum æuo, inter Durium & sinum Gaditanum concludatur. Etenim vltra Durium ad Minium vsque flumen propagata Portugallia est : nec in austro sunt iidem termini, nisi in Algarbiam, quæ aliis distinctum regnum est, sub Portugallia comprehendamus, sicut reuera in ditione est Portugallorum. Orientalis terminus alicubi laxior est, & Anæ ripam transgreditur : arctior alibi, vt quædam veteris Castellæ pars, & Extremadura, quæ Lusitanorum quondam fuerant, a Portugallia excludantur.

Nomen quidam interpretantur *portum Gallorum*, quasi huius gentis colo-

niæ

niæ in has oras se diffuderint : sed pluribus a *Cale* siue *Calle*, quasi *Callaicorum portus*, denominari creditur. *a*)

Flu-

_____

a) Sed Portugalliam neque a Portu Gallorum, neque a Calle, nec a Gethale, filio regis cujusdam Atheniensis, nomen habere, ut Carve in Lyra Hybernica opinatur, sat credibile & veritati consentaneum est, cum nullum exemplum inveniatur, ubi ob frequentem adventum quorundam hominum ad locum aliquem, tota regio nomen inde acceperit. Vera ergo origo denominationis Portugalliæ, aut in lingua Vandalico-Gothica, aut in Maurorum Idiomate quærenda. Cæterum Portugallia, post a Vandalis & Gothis Romanos eiectos, Reges ex his gentibus habere coepit, de quibus Mariana in Reb. Hisp. videndus. Gothicum regnum Mauri deleverunt, uti hæc omnia ex historia satis nota : at cum reliquiæ Christianorum animum & vires resumere coepissent, plurima parva regna in Hispania erigebant. Circa annum 1093. Alphonsus IV, rex Castiliæ & Leonis, Henrico cuidam, de cuius familia scriptores disceptantur, filiam suam naturalem, Theresiam, in matrimonium collocabat, cum dote eius partis Portugalliæ, quam Mauris eripuerat, eique nomen Comitis addebat.

Flumina huius regni nobiliora sunt *Minbo*, Minius, limes septentrionalis, a Gallicia disterminans: *Douro*, Durius:

A 4 *Mon-*

Huius filius, Alphonfus, a militibus 1139. contra Mauros rex proclamabatur, a quo tempore Portugallia semper reges fuos habuit, usque ad infelicem regem Sebastianum, qui 1578. in proelio contra Mauros, in Africa occubuit, ubi Rex Hispaniæ, Philippus II. iure Connubii, vti vocabat, Portugalliam occupabat, licet magna cum averfione Portugallorum; qui tandem, iugi Hispaniei pertæfi, 1640. hoc excutiebant, & Johannem, Ducem Brigantiæ [Duc de Braganza] in regem eligebant, omnesque Caftilianos, f. Hifpanos, e regno eiiciebant. Huius Pofteri adhuc regnant, & eft modernus Rex.

Johannes V. nat. 1689. 24. Oct. in regem evectus 1707. 1. Januar. Uxor, eius, Maria Anna, filia Imperatoris Leopoldi, nupta 1708. ex qua

---

Maria Magdalena FrancifcaXaveriaJofephaTherefia Barbara. nat. 1711. 4. Dec.	N. Princeps regius, at iterum denatus 1714.

Mondego, Monda : *Taio*, vel *Teio*, Tagus ; *Quadiana*, Anas. Minora suis locis memorabimus.

Diuiditur Portugallia in quinque Prouincias: *Interamniam* septentrionalem, *Tramontanam*, *Beiram*, *Extremadunam* & *Transtaganam*, quibus *Algarbia* non tam prouinciæ titulo, quam regni singularis, adiungi potest.

INTERAMNENSIS provinciæ, *entre Douro è Mixho*, inter Durium & Minium sitæ, caput est *Braga*, archiepiscopalis ciuitas, vetus Bracara ; *ò Porto*, (Belgis *Porta Port*) Portus Cale, celebre emporium, Durii ostio adpositum: *Villa Real*, Villa Regia, oppidum Ducatus titulo insignitum. *Lima* fluuius inter Bragam & Minium medius, olim Limia vel Limæas, cui Mela obliuionis fabulam, ab aliis Æminio in Beira prouincia attributam, imputat. *a*)

TRANS-

---

a) Guimaraues, Vimarinum, infra Bragam, ob id notari meretur, quia Apanagium fuit, a quo diuersi Principes Portugalliæ nomen

TRANSMONTANA (*Tra los montes*) Interamnensi ab ortu adiacet. *Braganza*, Brigantia, præcipua ciuitas, Ducum olim, nunc Portugalliæ Regum mater: *a*) *Miranda*, cognomento Durii, (*Miranda de Douro*) episcopalis & munita vrbs : *Chaves*, olim Aquæ Flauiæ, paruum nunc oppidulum, sed antiquitatis reliquiis commendatum : *Villa Viçosa*, sedes antea Brigantiæ Ducum, nunc Regum secessus & deliciæ. *b*)

BEIRA, *la Beira*, inter Durlum & Mondam amnes. In hoc tractu sunt *Lamego*, Lameca ; *Viseo*, Viseum seu

A 5   Visen-

---

sortiti, & quorum in Historia sæpe mentio fit. Cœterum interamnensis Provincia inter maximas regni Portugalliæ reputatur, ob fertilitatem etiam reliquis facile palmam præripit.

a) Ducatus hic sat amplos reditus, & largam ditionem habet, siquidem ultra 50. minora oppida in se comprehendit, villarum & pagorum longe maior numerus est.

b) Villa real, villa regia, in confinibus extructum oppidum, quod nomen ducatus sortitum.

Visensis ciuitas , ambæ episcopales ;
Aveiro, Lauara, aut Talabrica, ad mare: *a*) *Guarda* prope fontes Mondæ :
Coimbra, ex ruderibus forsan & nomine Conimbricæ tribus leucis remotæ,
orta , ad Mondam fluuium posita , academia & episcopatu insignis. *Agueda*
siue *Ageda* ad amnem cognominem,
vetus Æminium, oppidum & flumen, ab
obliuione fabulose cognominatum.

ESTREMADVRA , Extrema
Durii , portio Portugalliæ circa Tagi
ostia , bene distinguenda ab Extremadura Castellana , de qua in Hispania dicemus. Heic caput non prouinciæ mo-
do , sed vniuersi regni *Lisboa* est, Gallis
Lisbone, nostris *Lisabon*, Olisipo veteribus , regum sedes & emporium totius
Europæ maximum , Tagi fere ostio , siue
portuoso æstuario , cui Tagus infunditur , & 7. vel 5. collibus superimposi-
tum. Prope abest *Belem* , vel Bethlehem, parvum oppidum, sed regum quo-
run-

―――――――――――――――――――――

a) vel potius ad fluvium Vugam.

rundam sepulcro notum : Sat valide
munitum est., & inter propugnacula
Lisboæ refertur. Alterum Lisboæ propugnaculum est Cascalis, seu Cascais. *a*)
Leiria seu *Leiru* episcopalis : post *San-*
teren, quasi Sancta Irene, cui virgini hic
locus sacer est , olim Scalabis dictus :
Tomar autem inter Lisabonam & Coim-
bram , sacri ordinis, qui Christi mili-
tiam profitetur, conventus aut domicilium : *Setubal* siue *Setuval*, Belgis *Saint*
Vbes, (veterum forte Cetobriga , aut secundum alios Salacia, sed hæc pluribus
hodie pagus esse *Alcaçar do Sal* videtur
esse) portu & mercatu celebris , ad ostium Polypodis amnis, nunc *Zadaon* dicti : *b*) *Almerinum* secessus regum hi-

A 6   ber-

---

a) Validissimis munimentis instructum Haud
procul ab illo abest promontorium Roccense,
Cabo de Rocca, & in altero Tagi litore Promontorium Spicheleuse, Cabo de Spichel.
b) Salis maximus preventus hic est, & reditus
ex illo pluris æstimantur, quam quos rex Hispaniæ ex universo regno Aragoniæ percipit.
Naves huc mercaturam facientes, communiter
St. Huberfahres nominantur,

bernus ad Tagum : *Alanquer*, a quibusdam Alanorum fanum explicatur. *a*)

TRANSJAGANA , *Alenteio*, Portugallis, respectu Lisbonæ dicitur illa regio , quæ intra Tagum , Anam & regnum Algarbiæ est , in qua vrbs & archiepiscopi sedes laudatur *Evora* , olim Ebora, iuxta quam Hispanos 1663. Portugalli fuderunt : post hanc est *Elvas* (Heluæ, Elua) episcopalis, frustra 1659. a Castellanis obsessa : aquæductum Romanæ antiquitatis adservans : *Portalegre*, Portus alacer ; *b*) *Avis*, paruum oppidum, ordine militiæ d'Avis celebratum : sed *Beia*, Pax Iulia ; & *Oliven*

---

a) *Aljuberata* oppidulum 3 Leucas a Leira distans , ubi Joannes I. seu Nothus, anno 1385. regem Castiliæ Johannem, una cum eius Exercitu, internecioni dabat, Castilianosque omnes Portugallia exturbabat.

b) Munimentum in confiniis Hispaniæ. Superiori bello 1704. expugnabat illud Dux Andegauensis, seu Philippus V: sed Portugalli ope Anglorum & Batavorum anno, sequenti recuperabant.

venza prope Anam, satis munita ciuitas : *Ouriqua*, Vrieum, castrum, Al-
phonsi contra Mauros victoria 1139.
laudatum : *Extremoz*, Extrema siue
Stremotium. *a*)

ALGARBIA, infima & meridio-
nalis pars regni Portugallici, a campo-
rum fertilitate (Arabibus enim *arutm
consitum* sonat) nomen trahens. Quanquam exiguis terminis, Ana, Oceano,
& Transtaganæ limite coarctatur : tamen proprii regni titulo insignita est.
Caput *Tavira*, cum portu, veterum
Balsa : cetera oppida, *S. Vincente* iuxta
Sacrum promontorium, quod nunc *Cabo de S. Vincente* appellatur, in extremo
occidentis angulo : *Lagos*, Melæ Laco-
brica, portu instructa in sinu Gaditano :

A 7 *Fa-*

---

a) *Moura*, & *Serpa* duo munita oppidula ad
Anam, quæ 1709. Hispani occupabant,
brevi tamen intervallo, deiectis munimentis,
iterum derelinquebant. *Aronche*, oppidum
quidem parvum, bene autem munitum. *Villa biciosa*, haud procul ab Elvas, inter do-
mos deliciarum regias numeratur.

Faro, Pharus, sola vrbs episcopalis in Algarbiensi regno, itidem portu prædita: *a*) *Silues* autem a mari quodammodo recedit, eo loco fere sita, quo veterum Ossonoba fuit.

CAPVT II.

DE

HISPANIA.

Hispania propria, vt a Portugalliæ regno distincta est, ab occasu fines communes cum Portugallia, & præter illos,

---

a) *Castro Marinho*, ad fluvium Anam ferme situm, inter munimenta reputatur, portus eius sat celebris. *Ayamonte*, Aiamontium non adeo longe a Castro Minho dissitum, emporium, cuius portus a multis frequentatur, extremum fortalitium versus Hispaniam est. *Sagres*, ferme ad promontorium sacrum, Cabo St. Vincente, olim sedes regis Henrici, quam ob id elegerat, ut eo facilius naves, ad aperiendas Jndias, emittere posset. *Castel Davide*, parvum quidem Castellum, nupero autem bello ob duas obsidiones inclaruit, quarum alteram ab Hispanis, alteram a Lusitanis pertulit,

illos, Oceanum quoque in Gallicia &
Andalusiæ parte : a septentrione Oceanum Cantabricum cum parte Pyrenæorum montium habet: orientem ac meridiem Mediterraneum mare determi-
nat. *a*)

Fluuii maiores præter *Durium*, *Ta-*
gum

---

a) Hispania post eiectos Mauros proprios suos reges iterum habere cœpit, quorum Ferdinandus Catholicus, Castiliæ Rex, omnem
Hispaniam in vnum regnum redegit, cuius v-
nicam filiam, & heredem omnium regnorum,
Johannam, *Philippus*, Maximiliani I. Imperatoris filius, in vxorem ducebat, ex qua
Carolum, postea Imperatorem, & *Ferdinan-*
dum, post fratris abdicationem, etiam Imperatorem suscepit. *Carolus*, huius nominis
I. rex Hispaniæ, genuit *Philippum* II. qui
regna Hispaniæ accipiebat, cuius Posteritas
in *Carolo* II. 1700. defecit, post eius obitum
dolo Cardinalis Portocareri, & moderni Pontificis, *Philippus*, sub nomine V. Dux Andegauensis [*Duc d'Aniou*] excluso *Carolo* III,
hodierno Imperatore, solium Hispaniæ con-
scendit. Diuturno peracto bello, ille Possessor mansit, & adhuc pro rege Hispaniæ reputatur, Cæsare iura sua per protestationem
reservante.

gum, nunc Taio. *Anam* siue Guadianam, quos in Portugallia diximus, sunt potissimum *Guadalquibir* siue *Bætis* ; & *Iberus*, hodie *Ebro* dictus: minores cum vrbibus, quas alluunt, sparsim, si digni sunt, memorabuntur.

In multa quondam regna, præsertim eum Mauri imperarent, Hispania diuisa fuit, vt Andalusiæ, Granadæ, Murciæ, Valentiæ, Aragoniæ, Nauarræ, Legionis, Asturiæ, Galliciæ, vtriusque Castiliæ, Insulanum, quibus Catalonia addenda est,

---

Philippus V. Dux Andegavensis, modernus rex Hispaniæ, nat. 19. Dec. 1683. in regem Hispaniæ declaratus 1700. Uxor eius, 1. Maria Anna, Victoris Amadei Ducis Sabaudiæ filia, † 1714. iterum nupsit 1715. 2. *Elisabetham*, nat. 1692. Odoardi II. Farnesii, Ducis Parmensis filiam. Ex prima

---

| Ludovicus, nat. 25. Aug. 1705. Princeps *Asturiæ* cui 1709. Hispania homagium præstitit. | Philippus nat. & denat. 1709. | Ferdinandus. nat. 1713. |

est, quamuis princeps eius carebat regio nomine. Erant quoque in ipsis Aragoniæ finibus minora regna Sobrarbiæ & Ribagorzæ, de quibus in medii æui geographia agemus: sed pleraque horum cum barbarorum dominatu desierunt, adeo vt hodie tantum Castiliæ, Aragoniæ & Nauarræ mentio celebretur: sub quibus fuerunt aliquando, quemadmodum Catalonia & Valentia sub Aragonia; cetera, excepto Nauarræ regno, sub Castiliano, quod quia nunc etiam Aragoniam & Nauarram Superiorem possidet, *Hispaniæ* antiquo nomine, quam *Castiliæ*, quod partis tantummodo est, malunt incolæ appellare. Nihilominus veterem illam siue barbaro æuo usitatam diuisionem vel regnorum vel maiorum prouinciarum in enumeratione nostra persequemur, sicut nec hodie illa nomina penitus negliguntur.

GALLICIA siue *Gallacia* maxime occidentalis est, a tergo Portugalliæ inter Minium fluuium & Oceanum Cantabricum intercepta. Caput *Compostella*

stella, archiepifcopalis vrbs, peregrinantium confluxu nobiliffima, quæ etiam *Santiago* ab apoftoli reliquiis, ibi adferuari creditis, nominatur. *Corunna* frequentiffimus portus in finu Cantabrici Oceani: & minor alius *Ferrol*, fex hinc leucis in ortum aquilonalem diftans: & *Baiona* cum *Gallicia* cognomento, (ad difcrimen Baionæ Aquitanicæ) itidem portu inftructa prope Minii oftia, cui amni appofitæ funt *Tuy*, Tyde fiue Tude ; & *Orenfe*, Auria, *a*) & in feptentrionali parte *Lugo*, Lucus Augufti, epifcopales vrbes. Longius in eundem feptentrionem iuxta Afturiæ fines recedunt *Mondonnedo*, Mindonia, itidem epifcopalis; & in ora Oceani ad *Nauii* oftium, *Ribadeo*, Rivadium. *Ponte Vedra* autem (Pons Vetus) æftuario occidentalis maris adiacet, inter quod & Tuy *Vigo*, Vigum, oppidum cum portu fitum

------

a) a Sueuis, inhabitatoribus quondam Hifpaniæ, nomen fortitum Orenfée volunt, quafi dicatur VVarmfée, a multis Thermis, quæ ibi reperiebant ur.

ſitum eſt. *a*) In extimo ſinu eiusdem maris *Cabo de Finisterfa*, vltimum promontorium. *b*)

ASTVRIA, inter Galliciam & Biſcaiam ſub Oceano Cantabrico ſita, montoſa & aſpera regio; cuius pars occidentalis & Galliciæ finibus propinqua dicitur ASTVRIA OVETANA, *Aſturia de Oviedo*, quia caput eius *Oviedo*, Ouetum eſt : ſupra quod ad mare ſunt

---

a) in hoc portu 1702. Angli & Batavi omnem Hiſpanorum Claſſem Americanam [Silber-flotte] aut capiebant, aut cremabant ne naui quidem ſalva remanente, Gallorum claſſi ſimul incenſa: damnum aliquot milliones excedebat.

b) Nomen hoc inde accepit, quia ante detectionem Americæ, Promontorium hoc in extremo orbis angulo ſitum credebatur; duobus portubus inſtructum eſt. Ulterius ſunt, Promontorium *Cabo Coriac*, haud procul a Cabo Finisterræ, & *Cabo de Belem*, aliquot horis ab hoc diſſitum. Habet & Gallicia *Porto novo*, portum nouum, fortalitium & portus, ad ſinum, quem Mare in vicinia Ponte Vedra format. *Saluaterra*, oppidulum, quod ab aliis ad Portugalliam refertur, 1704 Hiſpani illud occupabant.

funt *Aviles* & *Gion*: pars orientalis
autem, fiue Bifcaiam profpectans,
ASTVRIA DE SANTILLANA, ab
oppido eius *Santillana*, id eft, Iulianæ
fano, nominatur. *a*) Reliqua funt obfcuriora. Quæ autem in meridiem vergunt, vt ipfa *Aftorga*, Afturum antiqua
metropolis, in Legionis regno explica-
buntur. Nam veteris nouæque Afturiæ non plane iidem limites funt.

LEON, fiue LEGIONIS re-
gnum inter Portugalliam & Caftiliam
vtramque longo tractu a feptentrione
in meridiem extenditur. Princeps vrbs &
nominis origo *Leon*, id eft *Legio*, Ptolemæo Λεγιων ζ Γερμανικη, *Legio* VII *Germanica*, Antonino *Legio Gemina*, fita in
boreali parte & Afturibus vicina. *b*)

Poft

---

a) *Efpinofa*, non longe a promontorio Occa
diffitum, aliqualiter munitum, St. *Vincente*
& *Llanes* ad mare pofita oppidula? Cæterum a regno *Afturia* Primogenitus Princeps
regius, femper titulum *Principis Afturiæ*, de
las Aftorgas, accipit, quod ideo factum, quia
hanc regionem Mauri nunquam occupavere.
b) olim fedes regia Regum Gothorum, & in Ec-

Poſt hanc *Aſtorga*, Aſturica Auguſta; *a)*
Palentia & Salamanca, ſtudiorum vni-
uerſitate, ceteris Hiſpaniæ, quæ dicuntur, academiis præferenda. *b*) *Samora*
ſiue *Zamora* ad Durium; & in auſtrali
parte vbi Mirobrica fuiſſe creditur, *Ciudad Rodrigo*, Rodericopolis, ambæ
epiſcopales *c*) Pars huius regni cenſe-
tur etiam

EXTREMADVRA, *Eſtrema-
dura*, quaſi extra Durium reſpectu Legionis, immo etiam ex maiori parte vltra

---

cleſia cathedrali ultra 37. reges ſepultos eſſe
voluat.

a) ad flumen *Tera*, bene munita, non longe,
a lacu *Senabria*, quem ille fluuius format,
remota.

b) *Palentia* ad flumen *Carion*, *Salamancam*
autem, ſeu Salamantiam, 1706. Portugalli, &
eorum fœderati capiebant, brevi tamen
tempore iterum deſerebant, ipſo pacto ne
a neutra parte præſidio firmetur.

c) Rodericopolin, *Ciudad Rodrigo*, 1705.
Portugalli, ſub auſpiciis ducis Galloway, poſt
aliqualem obſidionem occupabant, at negligentia Portugallorum Hiſpani 1707 reſu-
perabant. Cæterum bene munita Civitas
magna cum coriis commercia exercens.

tra Tagum fita. Cis Tagum eft *Coria*,
Cauria ; & *Plafencia* , Placentia , epifcopales; *a*) *Almaraz* prope Tagum :
in transtagana parte *Alcantara* , facro-
rum militum focietate Infignis Tagi flumini iuxta mirandum Traiani pontem
impofita , vnde multis videtur Norba
Cæfarea effe , aut ex ruinis illius nata.
Valencia d' Alcantara , munitum oppidum in limite Portugalliæ , captum a
Portugallis, fed pacificatione 1668. redditum : *b*) *Quadalupa* , Aquæ Lupæ :
Albuquerque Albuquercum, itidem munitum in eodem limitaneo tractu *c*)
Ad Anæ ripam *Badaiox* , an Pax Augufta ? *d*) *Merida*, Augufta Emerita, *Me-*
delin

a) vtrumque Portugalli , & eorum fœderati
1706. occupabant, nullo tamen vfui, regres-
fis mox Portugallis.

b) a Portugallis 1706. iterum captum , quod
tamen Hifpani anno fequenti intra paucos
dies recuperabant.

c) Eadem fata iisdem in annis cum Valentia
habuit. Poft eiectos Portugallos Hifpani
munimenta deiiciebant , quamuis illi ipfi ea
antea in aerem mittere incoeperant.

d) vltimo bello aliquoties a Portugallis obfi-

delin, Metellinum, vbi Anam sub terra labi & maximum pontem facere vulgo crediderunt. *a*) Succedit Legionis regno orientem versus

Castilia siue Castella & *Vetus* quidem septentrionalior ; *Noua* australior.

CASTILIAE VETERIS vrbs pri-

---

dione tentata, at semper irrito successu, cum Ministrissimo regni Portugalliæ, Duci Cadavalensi [Duc de Cadeual] vtpote maximo Gallorum fautori, & qui omnia belli consilia dirigebat, nunquam animus esset, Hispaniæ & Gallis, damna momenti cuiusdam, inferre, de quibus omnibus plura videsis vitam Caroli III. Partem eius 3. & 4.

a) referuntur & ad Extremaduram *Fuerte de St. Christofal*, fortalitium St Christophori, munitum e regione ferme Badagoz, ab Hispanis superiori seculo extructum. *Fuerte de St. Migael*, fortalitium St. Michaelis, etiam non longe a Badaioz dissitum. *Barcarota*, Castellum bene munitum, in finibus Portugalliæ, quod 1705. & 1706. Imperatorem Carolum VI. pro legitimo rege & Domino Hispaniæ, publice declarauit. Portugalli præsidio illud firmauerunt, mox autem, nimirum 1707, ab Hispanis iterum eiecti.

primaria *Burgos* archiepiscopalis: *a*) &
Valadolid, Vallisoletum, olim Pintia,
amœnissima vrbs & quondam regum
sedes ante Madritum : *Segovia*, Sego-
bia antiquo aquæductu, Romanorum
opere, hodieque inclita, etiam episcopalis, vti etiam *Avila*, Abula : ad
Durium *Osma*, Vxama ; *Soria* prope
Numantiæ ruinas : *Calaborra*, Cala-
gurris, & *Logronne*, Lucronium, ad
Iberum : *Calzada*, Calciata, *S. Domini-
co deuota*, vnde etiam *S. Domingo de la
Calzada* appellatur. *b*)   CA-

---

a) olim sedes regia : Archi-Episcopus But-
   gensis cum Toletensi de præcedentia sempi-
   ternam habet litem.   Aer huius vrbis frigi-
   dior creditur reliquo Hispaniæ, & affirmatur,
   linguam Hispanicam hic & in Valladolid pu-
   rissimam inueniri.

b) *Lerma*, haud procul a Valladolid, ducatus
   nomine insignita, arcem habet, quam Dux
   Lermensis, ministrissimus Philippi III exstruxit, de qua Hispani mira narrant, & ferme inter miracula referunt, ad tantam laudem
   nullo modo meretur.   *Medina Celi*, versus
   limites Aragoniæ, etiam ducatu nobilitata,
   uti & *Alpha*, seu *Alba*, a qua duces Albani,
   Juliobriga in finibus Navarræ, sat vetus oppidulum.

CASTILIAE NOVAE caput

Madrid, fedes hodiernorum regum : *a)*
Escurial incomparabili templo ornatum, opus Philippi II. ; *b) Toleto*, Toletum, archiepifcopi fedes & academia. *c)*
Complutum, barbare *Alcala de Henares*,
academiæ fedes, quam *Henarez* fluuius

B al-

---

a) Hæc metropolis totius regni a Carolo III.
1706. & 1710. occupabatur quidem, qui &
ibi rex Hifpaniæ legitimus proclamatus, at
neutra poffeffio ultra aliquot feptimanas du-
rauit, potentia inimicorum mox novas vires
accipiente. Flumen *Xamara* madridum
præterlabitur.

b) Si autem fides habenda Hodopoeticis, nil ibi
reperitur, quod extraordinarium, fingulare
& magnificum aliquid præ fe ferat, licet totum
ædificium vltra 20. milliones auri abforpfe-
rat. Anno 1671. ferme totum igne con-
fumtum, quod reftaurare, penuria regni Hifpanici non permifit. De Bibliotheca ibi affer-
uata peregrinantes etiam nil peculiare me-
morare fciunt hoc unico excepto, molem e-
ius quidem fatis grandem effe, bonitatem autem & raritatem librorum omnino defiderari.

c) ad Tagum, & fatis bene munitum, munimentis fcilicet veteribus cognitis, olim etiam
fedes regia, iam plerumque viduis regiis
conceditur. Reditus Archiepifcopi aliquot
tonnas auri excedunt.

alluit, cuius cognomine ab aliis vrbibus
eiusdem nominis diftinguitur. *a*) *Si-*
guenza, Seguntia fiue Segontia: *Cuenza*,
Concha, epifcopales : *Calatrava* ad
Anæ ripam borealem, facræ militiæ nomine clara: *Ciudad Real*, Ciuitas regia,
ab altera ripa paullo reducta: *Alcaraz*,
Tûgia: & *Talavera de la Reyna*; Æbura
quibusdam, inter Toletum & Placenti-
am Tago impofita.   Circa Madridum
funt feceffus regii, *Buon Retiro*, *Aran-*
jues, *Iarzuela*, & alii. *b*) Supra Caftiliam Veterem ad feptentriones fita eft

BI-

---

a) Impenfis Cardinalis Ximenes hic prima Biblia polyglotta impreffa, quæ inde nomen
   bibliorum Complutenfium accepere.

b) Buenretiro, inftinctu Comitis *d'Oliuarez*,
   ædificatum, in quod rex Philippus III. ultra
   3. milliones confumpfit, vt architecturæ pe-
   riti, in illo, vti & in Efcurial multa defiderant.
   Haud procul a Buenretiro *Pardo*, feu *Prado*
   inuenitur, via obambulationibus regiis con-
   fecrata, & quæ multa amœnitate abundat.
   Præterea in Caftilia veteri adhuc obferuanda,
   Molina, in finibus Aragoniæ, Principatus
   titulo gaudens, a regibus Hifpaniæ in ftitu-
   laturis interdum pofita. *Confuegra*, inter

BISCAIA, veterum Cantabria, sal-
tem pars illius præcipua, vt Asturia S.
Iulianæ reliquam partem emetiatur.
Biscaia, si laxe sumitur, ab Asturia ad
Aquitaniam sub Cantabrico Oceano
extensa est: sin strictim & proprie, tanquam occidentalis pars ab ALAVA &
GVIPVSCOA seu IPVSCOA regionibus, quæ orientales sunt, discriminatur.

BISCAIAE PROPRIAE sunt ad O-
ceanum *S. Andreæ* portus, incolis *Santo Andrea;* & nobilior mercatu varia-
rum gentium *Bilbao, a)* inter vtrumque
Laredo, Laredum, parva vrbs, sed portu
capaci: in eodem maritimo tractu *Barmeo* siue *Vermeo,* vt Flauiobriga in his
oris vel Bilbao vel Barmeo fuisse creda-
tur. Intus *Ordunna. b)* Hinc ad Iberum vergit

B 2   ALA-

Toletum & ffuuium Anam, bene ædificata &
habitata, *Guadulaxara,* ad ripam Henarez fluuii, in colle sita, inter bellas Hispaniæ
vrbes numeratur.

a) Bataui peculiari classi mercaturam huc faciunt, quæ classis bilbaensis nominatur.

b) *Logronno* Lucronium, oppidulum quidem

ALAVA, olim celebrior & maior regio, nunc arctis finibus contenta, cuius oppida *Vitoria*, Victoria, provinciæ caput: *Tervinno*, Trevennium, & *Salvasierra*, Salva Terra. *a*)

GVIPVSCOA reliquam sub Oceano partem comprehendit, in qua S. *Sebasti-an*, Sebastiani Fanum, & *Passage*, Passagium, non ignobiles portus: post quos *Fuentarabia*, quasi fons rapidus, munimentum limitaneum, & fluuius *Bidassoa*, olim Vedasus, qui Hispaniam ab Aquitania, Galliæ parte, disterminat, de cuius memorabili insula in Galliæ insulis aliquid dicemus. *b*) Intus
Pla-

---

exiguum, at ob ditionem, quam habet notandum, quæ *Rioia*, Ruconia nominatur :

a) in hac regiuncula arx *Loiole* inuenitur, quæ Ignatio Loielæ, patri & fundatori ordinis societatis Jesu, vti vocari amat, originem dedit. Jam Jesuitæ tenent, & superstitiose la santa Casa nominatur.

b) non procul a Fuentarabia litus Hispanicum fluminis Bidassoæ, seu Vidassi inuenculæ quædam incoluat, natando admodum

Placentia, vrbs noua, armorum officina:
& *Tolosa,* Hispaniæ, bene culta.

NAVARRA his subiacet ad Pyrenæos montes, nempe SVPERIOR, incolis *la Navarra alta* , Gallis *la haute
Navarra* , dicta , cuius regia vrbs est
Pamplona, Pampelon , ad *Argam* fluui-
am : præter hanc *Olite,* Olitum, *San-
guesa* , Sangossa , *Estella* , Stella, *Tudela,*
patria Beniamini , celebris inter Iudæos
perogrinatoris. *a)* INFERIORIS NA-

B 3   VAR-

─────────────────────────────

~claræ.   Peculiarem ferme rempublicam for-
mans, neque mares neque vxores tolerantes,
sed vetulis quibusdam reguntur. . .

a) *Jacca* satis munita vrbs, & castellum a fœderatis 1710. quidem Hispanis ereptum, vltra aliquot septimanas autem ab illis non pos-
sessum. Quidam Geographi hanc vrbem
Arragoniæ adscribant, quod forsan ob id factum, quia in finibus vtriusque regni sita.
Tafala, sedes olim regum Nauarræ   *Viana*
paruum oppidulum, a quo tamen regius Princeps Nauarræ primogenitus nomen ferebat.
Roncewal pars, & quidem altissima montium
Pyrenæorum, ubi magnum Rolandum periisse
fabulatur.

VARRAE & transmontanæ minor portio est, in Galliæ regno, ad quod pertinet, explicanda.

ARAGONIA circa Iberum sita ab ortu Cataloniam, Nauarram a septentrione, Castiliam Veterem ab oceasu habet. Caput & regia sedes *Saragoffa*, siue *Saragoça*, Cæsaraugusta, Ibero apposita. *a*) Trans fluuium in Castiliæ collimitio *Taraçona* siue *Tarazona*, Turiasso; *Calatayud* in loco fere antiquæ Bilbilis, quæ in pagum redacta dicitur: *b*) *Teruel*, Terulum, ad Turiam fluuium in Ilercaonibus siue Valenciæ confinio: *Albarazin*, in limite Castiliæ, videtur

Lo.

---

a). In vicinia huius vrbis Carolus III. modernus Imperator, 1710. ingentem victoriam de duce Andegauensi reportauerat, totam etiam Aragoniam recuperabat, at fructus tantæ victoriæ, ob multifarios victorum errores non erant durabiles, eodem anno omni Aragonia iterum amissa. De cœtero Saragossa Academia, & Archi-Episcopatu insignitur.

b) quod tamen falsum, siquidem bene munitum Castellum est, quod Austriaci, post pugnam Cæsaraugustam, 1710. præteribant, qui error multiplices postea malos fructus tulit.

Lobetum esse. *Daraça*, etiam occasum versus: & *Montaluan*, Mons Albanus, in austrum inde, Terulum versus,
recedens. *Alagon*, Alauona, ad Salo-
nem fluuium, qui paullo infra in Iberum cadit.

Cis amnem siue inter Iberum & Cataloniam, *Balbastro*, Barbastrum, *Hue-
sca*, Osca, ambæ episcopales: *Venasque*
sub Pyrenæis. *a*) *Iacca* in limite Nauarræ, ex veterum Iacetanorum nomine
dicta, & ipsa episcopalis. Maurorum
temporibus in hoc tractu erat regnum
SOBRARBIÆ ; quasi *supra Arbam*
montem, ex Pyrenæis procurrentem,
iuxta fluuios *Senga*, Cingam; & *Segra*,
Sicorim, positum, quod conficiebatur
ex Comitatibus *Sobrarbia* & *Ripecurtia*
vulgo Ribacorça. Caput Sobrarbiæ erat
Ainsa : Ribacorçæ, *Benavari*. Aragoniæ
regno postmodum cessit quidquid huius
tractus erat, etiam Cataloniæ prouincia & regnum Valentiæ cum Gymnesiis
in-
_____
a) Castellum & oppidum probe munitum, durante ultimo bello a Catalonensibus, seu po-

Insulis siue Balearibus. *a*)

CATALONIA, incolis *la Catalunna* ; *Catalogne* Gallis, in orientem obiacet Aragoniæ & Valentiæ vsque ad Mediterraneum mare, a Pyrenæis montibus ad oftia Iberi protenfa. A mari lon-

---

tius Miqueletibus Auftriacis, Hifpanis ereptum qui tamen poft longam & cruentam obfidionem illud recuperauere.

a) Adhuc tamen vtrumque nomen vfurpatur, fiquidem ultimo bello Sobrarbiæ, & Ripcurtiæ fæpiffima mentio facta. In Arragonia vlterius occurrunt, *Fraga*, quæ veterum Gallia flauia effe creditur, oppidum præterito bello fæpe nominatum, *Monçon*, feu Monfimium, oppidum bene munitum ad Iberum fluuium, ex quo præfidia Gallorum exturbare auftriaci 1710. negligebant. *Villa Biçiofa*, & *Brihuega* oppidula in confiniis Aragoniæ & Caftiliæ veteris pofita, quorum nomina ob notabilem cladem, quam Auftriaci menfe Dec. 1710. ductu Comitis Stahrenbergii ab Hifpanis & Gallis accipiebant, inclaruere, & quidem in oppidulo Brihuegua Generalis Anglicanus, Cadogan, cum aliquot millibus captiuitatem fubire cogebatur. *Ex ea* ob crudelitatem 1708. ab Hifpanis fbi exercitam nota, qui totum oppidum omnibus incolis trucidatis cremabant.

longius recedit *Lerida*, Ilerda, ripæ Sicoris, nunc Segra, imposita: *a*) *Monte Serrat*, Mons Serratus, beatæ Virginis religioni dicatus: *b*) *Solsona*, Celsona, episcopalis; *Cardona* Ducibus nomen largita. *c*) *Vich*, Vicus, prope Ausam excisam, episcopalis æque, ac *Vrgel*, siue *Vrgella* ad Sicorim sita, sed fonti-

B 5 bus

---

a) Vrbs probe munita, castellum etiam habet munitissimum, 1706. eripiebant illam Austriaci Hispanis, at post fatalem pugnam Almansæ 1707. commissam, Hispani, post aliqualem obsidionem deditione recuperabant, a quo tempore semper in eorum manibus permansit.

b) dum Carolus III. modernus Imperator, in Catalonia moraretur, hunc montem bis invisit, munifica etiam dona, Mariæ Idolo ibi asseruato, obtulit, quod insuper inscriptione quadam honorauit.

c) Oppidum & Castellum, vtrumque bene munitum, ad vltimum usque diem in partibus Austriacorum stetit, donec Barcinonenses victi, inter deditionis conditiones, etiam euacuationem Cardonæ promittere cogebantur. Longam Hispanorum obsidionem 1711. experiebatur, quam magno tandem detrimento soluere, Comes & Generalis de Stahrenberg eos adigebat.

bus propinquiorem. *a*) *Puycerda*, siue
Puigcerda, Podium Ceritanum, seu Iugum Ceritanum, sub radicibus Pyrenæi, ampla, sed parum munita, *b*) *Campredon* inde ad mare propius declinat: *c*) breui autem post recuperata, exutaque munimentis, Cataloniæ addebatur Comitatus Ruscinonensis, *le Comte de Roussillon*, quem in Gallia explicabimus, quia non modo hodie Gallici iuris est, sed antiquitus etiam Narbonensi Galliæ hic tractus fuit adscriptus.

Maritima Cataloniæ, vt a Pyrenæis

ad

---

a) & quidem de *Vich*, seu Vico tenendum, hoc oppidum omnium primum Carolum, tunc temporis Archi-Ducem Austriæ, 1705. publice regem Hispaniæ proclamasse, licet ne unicus quidem miles Austriacus in Catalonia adesset & Hispani una cum Gallis omnem regimen tenerent.

b) Catalonenses autem, postquam illam 1705. Gallis eripuerant, munitionibus quibusdam fortiorem reddidere, & hi, eiectis 1709. illis, plures adiecerunt.

c) vocatur etiam Lampourdano, & circumiacens terra, tractus Lampurdanensis. Ao. 1697. occupabant Galli.

ad Iberum defcendamus, funt *Cadaquez*, Gallis *Cap de Quers*, Cadacherium, probe munitum oppidum cum portu, 1684. a Gallis occupatum: vicina *Roſes*, Rhoda, munimentis valida, cum portu peramplo: *a*) *Palamos* munitum oppidum cum portu. *b*) Ihtus *Girona*, Gerunda, feptem leucis a mari amota, ad fluuium *el Ter*, id eft Sambrocam, ciuitas nobilis & epifcopatu infignis. *c*) *Barcellona*, Barcino, caput Cataloniæ, operofa obfidione 1697. Hifpanis erepta; mox eadem pacificatione reftituta. *d*) *Tarragona*, Tarraco, antiqua

B 6

---

a)Superiori Seculo 1693 a Gallis occupata, reddita 1697. pace facta, durante nupero bello femper in obfequio Hifpanorum fuit, nec Auftriaci illam unquam expugnare potuêre.

b)a Gallis 1694. occupatum, redditum 1697. 1705. eripiebant Hifpanis Auftriaci, in quorum manus tamen 1713. iterum peruenit.

c) ab Auftriacis 1705. deditione capta, & a Hifpanis 1710. pari modo poft longam obfidionem recuperata.

d) 1705. Rex Carolus diuturna obfidione capiebat, a quo tempore fedes eius fuit usque ad annum 1711, vbi in Imperatorem electus,

Germaniam abiit , remanente per aliquot menſes eius uxore. Pace Ultraiectenſi Euacuatio Cataloniæ a regina Angliæ ſtipulata erat , renitente licet Imperatore, ſed tempori cedendum erat , & euacuatio eodem anno , nimirum 1712. ſequebatur, Barcinonenſes autem Duci Andegauenſi , ſeu Philippo V. , omnem obedientiam detrectantes, 1713. obſidione cingebantur, quæ, infinitis laboribus, usque in annum 1714. ſe protraxit, ubi Hiſpani, ope Gallorum, auſpiciis Ducis Beruicenſis Barcinonem vi cœpere, obſeſſis & iam expugnatis, conditiones quasdam ſub muris concedentes. Talem funeſtum exitum fides & conſtantia Barcinonenſium erga Domum Auſtriacam habuit, qui omnibus priuilegiis, vti & munimentis , ſpoliati, iam ſub iugo Andegauenſi ſudant, qui ciuitatem Caſtello (Citadelle) munire incipiunt. In ſublimi monte non procul ab urbe, Caſtellum bene munitum reperitur, quod mons Iouis, *Montjui* nuncupatur ; perpetuam ſane hæc vrbs memoriam meretur, tùm ob incredibilem erga Auſtriacos conſtantiam , tum ob trinas , ſatis memorabiles obſidiones, hoc ſeculo perpeſſas, quarum primam 1705 pertulit, uti ſupra dictum, alteram 1706. ab Hiſpanis, quam maximo detrimento, & relictis omnibus caſtris, finire, aduentu claſſis anglicanæ coge-

qua metropolis. *a*) & ad Iberum o-
ftio propinquum *Tortofa*, olim Der-
tofa. *b*)

B 7 VA-

___

bantur, & tertiam iterum ab Hispanis, de-
qua iam dictum.

a) Auftriaci illam per omne bellum, quod hoc
feculo geftum fuit, poffedere, euacuatione
autem Cataloniæ ftipulata, 1712. Hispanis
tradebatur.

b) Hispani illam 1708. Auftriacis obfidione eripiebant, quàm hi aftu recipere 1713. tentabant, vt irrito fucceffu. Infra illam in infula
quadam arx *Alfachez*, fita, quæ bene *munita*, & præterito bello multoties innotuit.
In Catalonia autem adhuc memoranda, *Ba-
laguer*, oppidum nitus fitum, cuius in bello
iam finito fæpe mentio facta, & vbi Hifpani & Auftriaci aliquoties caftra habuere,
Manrefa, oppidum & arx infra Cardonam
Almarez non longe ab Ibero diffitum oppidulum, ob cladem Ducis Andegauenfis
1701. ab Auftriacis acceptam, nobilitatum,
Torella, paulisper a mari remota, *Mortara*
infra Barcinonem verfus Tarragonam, ad
mare, ubi regis Caroli, iam Imperatoris vxor
1706. primum appulit, & pedes in terram
mifit, *Banalor*, & *Befalu*, infra Gerundam,
oppidula quidem parua, ob fitum tamen &
anguftias viarum hoc & fuperiori bello, fa-

VALENTIA proxima regio eſt, & ipſa olim regni nomine vſa. Longitudo eſt ab Catalonia poſt Iberum, ad Murciæ regnum & Caſtiliam Nouam: latitudo inter Aragoniam & mare mediterraneum. *Valentia* ad amnem Turiam, vulgo *Guadaluiar*, paruo ſpacio à Sucronenſi ſinu reducta, caput regni & metropolis antiqua, Romanorum reliquiis referta: *a*) ſupra eundem, ſinum *Morvedro*, in loco, vt creditur, vete-

---

tis innotuere, ſiquidem validi ſemper præſidio Auſtriacorum firmata fuere. *Oſtalria*, Caſtellum paulisper a mari, & finibus Galliæ remotum, *Caſtelfolit*, ſimiliter caſtrum verſus montes Pyrenæos, ambo munita, quæ & durante bello vltimo innoteſcere coeperunt, *Belpuch*, *Ceruera*, oppidula, a Caſtris & conflictibus præterito bello ibi factis clara. *Ampuriar*, oppidum vetus verſus mare, & ſi quæ ſunt aliä, minoris tamen momenti.

a) Pulcherrima vrbs totius Hiſpaniæ, vnde & Hiſpani ei nomen Formoſæ dedere, Fœminæ eximiæ pulcritudinis, at non eadem laus quoad caſtitatem. Originaria ſedes Sicariorum, quos *Bandeleros* nominant, qui vili pretio homicidium perpetrare ſatagunt. Omne regnum Valentiæ regi Carolo 1706. ſe

veteris Sagunti : intus *Segorpe* , Sego-
briga , ad flumen *Morvedre* ; & vltra
Sucronem, nunc *Xucar* , fluuium , *Xati-*
va , oppidum , Satiua , seu Sætabis : *a)*
Montesa, ibidem ; & *Requena* , at *Ali-*
tante, Lucentum, urbs portu commodo
ad sinum Illicitanum, & vini mercatu
celebrata : *b)* *Orighuela* , recentibus
Lati-

---

subiecerat , siquidem Cataloni, Aragonii, &
Valentiani perpetua , ferme fide erga Austriacos hoc bello claruerunt, at fatale prælium ad Almansam 1707. commissum , Va-
lentiam, vna cum reliquis, de nouo sub iugum Andegauense misit, & vrbs Valentiæ, o-
mnibus privilegiis privata , insuper castellum propriis sumtibus exstruere coacta fuit.

a) Post iam memoratam pugnam , ab Hispanis
igne penitus deletum , & hoc quidem in odi-
um & vindictam , quod regi Carolo se sub-
miserat. Ex ruinis iterum exsurgere cœpit
alio tamen nomine , priore plane abrogato ;
nam a Philippo, Duce Andegauensi, moderno rege , nomen Philippopolis accepit. Hispani hoc oppidum inter amœnissimos ciuitates collocabant.

b) ab Austriacis 1706. capta , multisque munitionibus fortior reddita , quam tamen Hispani 1709, post satis operosam obsidionem,
recuperavere.

Latinis Oriola, dubium an Orcelis, inter Murciam & mare ad amnem *Seguram* (Tader antiquum nomen eſt) qui hanc & Murciam praeterfluit. *a*)

MVRCIA etiam ex minoribus Hiſpaniae regnis eſt, eiusque caput *Murcia*, in limite regni Valentini, ex aduerſo Illicitani ſinus *b*). *Cartagena*, Carthago No-

---

a) Nunquam autem interituram memoriam *Almanſa* oppidum, in confiniis Valentiae & Caſtiliae nouae ſitum, ob pugnam 1707. ibi commiſſam, meretur, de qua aliquoties iam mentio facta. *Almanſa* a Philippo nobilitatis titulum accepit, inque campis Almanſinis columnam, thraſonica inſcriptione ſuperbientem erigere fecit. *Requenas*, oppidum mediocriter munitum, *Guardamar*, non longe ab Origheleu diſtat, ſatis emporium celebre, promontorium ab illo Cabo de Guardamar nominatur. *Goudia*, Principatus titulo inſignita, vna cum *Denia*, duobus Portibus gaudens, regi Carolo ſe quidem ſubiecerant, receptae autem ab Hiſpanis 1708.

b) Olim ſedes regis Alphonſi, tabulis Aſtronomicis clari, commercium Serici hic maxime exercetur.

Noua, cum portu ad initium finus Virgitani : *a) Caravaca* intus fub montibus fita , qui *Sierra d' Altaraz*, Tugienfis faltus, vocantur. Crux ibi adferuatur, quæ cœlo delapfa vulgo creditur. *Lorqui* , Illorci quibusdam antiquo nomine *b)*

GRANADA quoque regni nomen fuit. Interiora eius habent ipfam metropolin *Granadam* , epifcopatu & academia ornatam : *c)* & *Guadix*, Accita-

---

a) Qui tantæ capacitatis , vt vltra 300, naues capere poffit, vrbs & portus caftello fatis firmo defenduntur. Auftriaci occupaverant 1706. vtrumque , eiiciebantur tamen ab Hifpanis 1708.

b) Bera vel *Vera* , oppidum limitaneum inter Granadam & Murciam, veterum *Virgi* , vt quidam volunt , vnde *Sinus Virginitanus* nomen acceperit. *Cabo de Palos*, Promontorium Saturni , in Hiftoria fæpe occurrit.

c) Olim fedes regum Maurorum, quorum vltimus, a Ferdinando catholico, 1492., poft obfidionem feptem annorum , eiiciebatur. Civitatem Hifpaniæ omnium amœniffima eft, cœloque fruitur gratiofiffimo , ac terra omne id profert, quod ad vitæ fuftentationem, vti & ad luxum requiritur.

tanam ciuitatem ? & *Alhama*, Artigim :
In maritimis funt *Muxacra*, Murgis, finis olim Bæticæ : *Almeria* epifcopalis
vrbs, Abdera ; aliis Ptolemæi Portus magnus : *Malaga*, Malaca, itidem epifcopalis, & nobile portu fuo emporium. *a*)
Monda, & cultior *Ronda* a mari longius
diftant, fed incertum, vtrum antiquis
nominibus Mundæ, bello Cæfariano
notiffimæ, & Arundæ refpondeant, cum
non defint, qui in Ronda recenti veterem Mundam quærant, & a *Ronda la
vieja*, paruo nunc vico, diftinguant.
Adeo temporibus mutatur locorum facies.

ANDALVSIA, quæ & VAN-
DALICIA dicitur, maiorem Bæticæ
partem confumit, a freto & Gaditano
finu ad Extremaduram & Caftiliam Nouam iuxta vtramque ripam *Guadalqui-
vir*, hoc eft Bætis, extenfa. Flumini
huic adiacet *Sevilla*, Hifpalis, emporium

---

a) Simul armamentarum eft totius Hifpaniæ, ex
quo fortalitiis in Africæ litoribus fatis fuc-
curritur.

um cum primis opulentum: *b*) deinde
Corduba, noua ſcilicet, quæ breui interuallo a *Corduba la vieja*, ſiue veteris
ruderibus abeſt: & *Andujar*, Anduxa-
ra, culta ciuitas, itidem ad Bætim, &
eo quidem loco, vt ex Illiturgis ruina
videatur creuiſſe. Cis amnem ſupra
Granadæ regnum maxime orientalis
Vándaliciæ vrbs *Vbeda*, vna leuca a Bæ-
ti diſtans, & pari ſpatio ab *Vbeda la
Vieja* in pagum iam redacta ; paullo
longius occaſum verſus *Baeça* ſiue *Bae-
za*, Batia ſiue Biatia, abducta eſt, Academia clara, vnde in meridiem vergunt
Iaen, Giennæ, epiſcopalis ; ac *Alcala
Real*, in limite regni Granadenſis. Hanc
inter & Seuillam medio fere loco ad Sin-
gulim nunc *Xenil* fluuium eſt *Ecija*,
Aſtigi, ſita : hinc in occaſum *Carmona* :
in

---

b) Archiepiſcopatu gaudet, cuius reditus vltra
3. tonnas auri æſtimantur. Domus Indiana
præprimis videri meretur, in qua conſilium
Indicum, pro commerciis Americanis ſeſſio-
nes ſuas habere ſolet, & ſane hæc vrbs omnium nitidiſſima totius Hiſpaniæ, numerus ci-
uium ad 80000. æſtimatur.

in meridiem *Offuna*: *a*) ad fretum Herculeum (quod iam *Eftrecho de Gibraltar* dicitur) munitum oppidum *Gibraltar* putatur Calpe effe, *b*) poft quam *Tariffa*, fere in ruinis iacens : inter vtramque *Algezira* cum portu, itidem excifa, quam quidam Carteiam effe coniecturant. His a feptentrione infula *Cadix* adiacet, Gades veterum , cum cognomine vrbe, portu & mercatu florentiffima , continenti ita propinqua, vt ponte coniungi poffit, quem *Puente de Suaço* vocant accolæ. *c*) Supra infulam *Puerto Real*,

Por-

---

a) Ducatu gaudet & Academia, Duces d'Offuna inde originem trahunt,

b) ab Anglis 1704. occupatum, ab Hifpanis 1705. & 1706. longa, at infructuofa obfidione cinctum. Angli adhuc poffident, quibus Pace Vltraiectenfi ceffum.

c) Portus duobus Caftellis munitus , quæ, ob fitum, ferme inuincibilia, Hifpani eo Puentos nominant Fœderati Auftriacorum, fcilicet Angli & Batavi hanc vrbem 1702. occupare tentabant, at irrito fucceffu, & magno cum detrimento rerum Auftriacarum. Emporium eft totius Hifpaniæ & Europæ,

Portus Regius; & poſt amnis *Guadalete*
oſtium, *Puerto de Santa Maria*, Portus
Mariæ, qui putatur Portus Mneſthei
eſſe, capax & commodus mercaturæ, *a*)
Ad æſtuarium autem, cui Bætis immer-
gitur, *Sant Lucar de Barameda*, Luciferi
fanum, non minus portu ſuo pernobi-
le: *b*) ſuperior paullo *Lebrixa*, Ne-
briſſa, modico ab Ana interuallo remota. Inter Bætim & Anam medio ſitu amnes *Odier & Tinto*, olim Luxia &
Vrius, concurrentes fere communi o-
ſtio, cui *Palos* ab oriente appoſita, cognomento *de Moguer*, ex cuius portu
Columbus egreſſus eſt, cum occidenta-
les terras reuelaturus iret. Anæ autem
oſtio

---

nam merces, quæ ex America apportantur,
hic exponuntur, vnde mercatores per omnem
terram eas diſtrahunt; ſine dubio inter di-
tiſſimas Hiſpaniæ vrbes collocari meretur.
a) Angli & Bataui illam vna cum *Rotta*, non
longe diſtante, 1702. occupabant, breui autem iterum relinquere cogebantur.
b) Communiter clauis Seuillæ, ſeu Hiſpalis
nominatur, naues Indiam vela facientes hic
exeunt, & huc etiam redeunt.

oftio *Ayamonte* adiacet, contra Portugallos propugnaculum limitis. *a)*

INSVLAE HISPANIAE.

Infularum quondam in Hifpanico mari fitarum peculiare regnum erat, quod Aragoniæ acceffit, & adhuc in ditione Hifpanorum eft.

MAIORICA maior Balearium, incolis *Mallorca*, illarum præcipua eft. Metropolis quoque *Mallorca* communi infulæ nomine appellatur, veterum Palma, in occidentali latere : *Puglienza*, Pol-

---

a) *Arcos*, Ciuitas, Ducatus titulo infignita, vnde familia de los Arcos, nomen habet. *Medina Sidonia*, haud procul a Gibraltar remota, etiam Ducatu donata, hinc Duces de *Medina Sidonia* originem traxere. *El Contado*, tractus terræ inter fluuios Anam (Guadiana) & Bœtim, (Guadalquiuir) fertiliffimus, ab Anglis & Batauis *Canaat* nominatus, oppida habet *Lope*, *Palos*, *las Gardæ*, paulisper munita, & quædam alia. *Xeres*, Xera, ob cladem regis Roderici, qui 714. a Mauris ibi occifus, nota. *Vbeda* oppidum & arx, vbi Chriftiani 1212. 200000. Maurorum vicêre.

Pollentia ad ortum : *Alcudia* inter vtramque nouę condita cum portu, etiam munita. *a)*

MINORICA, Balearis minor, maiori ab ortu subiacet. Oppida, *Ciudella*, Iamno : & *Mabon* siue *Maon*, antique Mago, capacissimus portus cum arce *S. Philippi*, ab ortu solis. *b)*

EBVSVS ex Pityusis minor inter Maioricam & oram Valentini regni sita, vulgo nunc *Yviça* siue *Ibiça*, seu *Evizza*. Castrum in meridiana parte habet eiusdem nominis *Iviça* puta, eum tuto portu. Salis copia abundans insula, nullum venenatum animal habere dicitur.

OPHIVSA, nunc *Fromentera*, quasi Frumentaria, parua insula ad austrum

---

a) Habet & quædam promontoria, nimirum, *Cabo delle Saline*, *Cabo la Piedra*, vbi simul portus, *Cabo di Pino*, *Cabo Formentero*, & *Cabo Fighera*. Insula hæc adhuc domui Austriæ adhæret, num autem simile cum Barcinone fatum habitura, a tempore dependet.

b) Anglis Pace Vltraiectensi hæc insula cessa, qui eam 1708. occupauere.

ſtrum Ebuſo adſita, ob multitudinem
ſerpentum, quibus abundare ſcribitur,
pæne deſerta iacet.

COLVBRARIA, *Montcolobre*,
quaſi Mons Colubrarum, diuerſa ab
Ophiuſa, inde longius in ſeptentrionem
remota.

CAPVT III.
DE
GALLIA.

Galliæ regnum arctiores terminos
habet, quam antiqua Gallia, cum
Belgicæ Galliæ maior pars hodie abre-
pta vel nouas respublicas conſtituat, vt
Heluetiam & Fœderatam Belgarum;
vel ad Germaniam pertineat, aut in ditione ſit Hiſpanorum. Limes ergo hodiernæ Galliæ ab occaſu Oceanus Aqui-
tanicus eſt: a ſeptentrione, mare Britannicum; a meridie, Mediterraneum cum Pyrenæis montibus: ab
ortu Heluetia atque Germania obiacent.*

Moder-

* Modernus rex est *Ludouicus XIV*, cùius familiam sequens tabula exhibet:

Ludouicus XIV , quem Galli Magnum vocant, nat. 5. Sept. 1638. vxor, Maria Theresia, filia Philippi IV. regis Hispaniæ, † 1683. ex qua

Ludouicus XV Delphinus Franciæ, nat. 1661 † 1711. vxor Maria Anna, filia Maximiliani Mariæ, Elect. Bauar. † 1690.

Ludouicus dux Burgundiæ n. 1682 † 1711. vxor, Maria Adelheit, filia ducis Sabaudiæ, † 1712.	Philippp dux Andegavenfis nat. 1683. de quo in Hispania actum.	Carolus Dux Berrenfis n. 1686. † 1714. vxor Maria Louife Elifabeth, filia Philippi II, ducis Aurelianenfis.
N. dux Britanniæ n. 1704. † 1705. / Ludouicus dux Britan. n. 1707 † 1712 / N. dux Andegavenfis ad huc abque nomine iam Delphinp. n. 1730.		N. filia. nat. 1714.

C

Flu-

Fluuii nobiliores funt *Garonne*, Garumna, inferiora & Hifpaniæ propinqua fecans : *Loire*, Ligeris, totam pæne Galliam diuidens : *le Rosne* fiue *Rône*, id eft Rhodanus, ex Heluetia ortus, partes rigat, quæ Italiam profpiciunt : *la Seine*, Sequana, Franciam propriam perlabens, Britannico mari infunditur. Rhodano mifcentur *Saône*, Arar : *Isere*, Ifara ; *Durance*, Druentia : Sequanæ adfunduntur *la Marne*, Matrona ; *l' Oise*, Æfia, iam Axonæ (*l' Aisne*,) vndis, vt vt maioris, aucta ; Garumnæ *Tarnis*, *Lot*, Oldus, & iam ftagnanti *la Dordogne*, Duranius, fimul alios minores, vt *Lisle*, *Vezere*, deferens. Quibus Ligeris augetur, plures funt, *Vienne*, Vigenna, *Indre*, *Maine*, *Sarte*, alii, Multi etiam minores amnes, aut mediocres, Oceano infunduntur, vt *Adour*, Aturrus Aquitaniæ, *Charente* in Santonibus, *la Somme*, Samara fiue Somana, in Picardis : at mari interno *l' Aude*, Atax, apud Narbonam ingeritur.

Montes celebrantur Gebenna & Iura :

ra: illius nomen pluratiuum eſt *les monts des Sevennes*, in ſeptentrione Occitaniam, quam Languedoc vocant, a reliqua Gallia ſeparantes : Iura pro locorum diuerſitate varie appellatur, *le Joux, le mont S. Claude, le Credo*, & aliter. Diuidit Heluetiam a Burgundia.

Gallia in infinitas pæne paruas regiones, quas *les pais*, id eſt Terras vocant, recens diuiditur, vt nulla fere vrbs ſit non infimi cenſus, quin circumiacentê agro Prouinciæ nomen det, verbi gratia *le Condomois, le Vendômois, le Blaiſois, le pais Chartrain*, & huius generis innumera. Cum tanta regionum multitudo a noſtro propoſito aliena ſit, nulla aptior videtur diuiſio eſſe, quam quæ ab ipſis Gallis commendata, in x i i præfecturas generales (*Gouvernemens Generaux*) tripartito ita inſtituitur, vt cuilibet parti triens huiusmodi gubernationum tribuatur, quatuor nempe parti infra Ligerim ſiue meridianæ : totidem parti ſupra Ligerim ſiue ſeptentrionali, ac rurſus quatuor parti mediæ, quæ circa

C 2 Li-

Ligerim vtrumque colitur. Sic & maiorum prouinciarum præ minoribus mentio fieri, & minores, si opus est, vna cum vrbibus suis commemorari ita possunt, vt cuiuis appareat, ad quam ex maioribus referri illas oporteat.

Ex Hispania huc progressi inferiores partes primum peragrabimus, in quibus sunt Aquitania , nunc *Guyenne* & *Guascogne* ; Occitania siue *Languedoc* ; *le Dauphiné*, Delphinatus ; & *la Provence*, Prouincia Romana. Media pars, quæ circa Ligerim est, continet *la Bretagne*, Britanniam minorem siue Armoricam ; *l' Orleanois*, Aurelianensem præfecturam , quæ multas alias, aut aliunde appellatas comprehendit ; *la Bourgogne*, Burgundiam ; & *le Lyonnois*, tractum Lugdunensem , sub quo etiam *Auvergne*, *Bourbonnois*, & *la Marche* intelliguntur. Supremæ denique & septentrionalis partis sunt *Normandia*, *Picardia*, insula *Francia* & *Campania* Gallica. De singulis nunc distincte & speciatim agemus, ita vt ad Vasconiam (*Gascogne*) adiungatur   NA-

NAVARRA INFERIOR parua eis montes regio & cum Superiore, quæ Hispanorum est, haudquaquam comparanda. Oppida *Saint Palais*, fanum S. Palladii, & *Saint Jean pié de port*, fanum S. Ioannis Pedeportuensis. *a)* Ab occasu BASQVE attingit, maritima regio, in qua *Bayonne*. Lapurdum, ad ostium amnis *Adour*, siue Aturi, vrbs diues sita est: *b)* & propius Hispaniæ limitem *Saint Jean de Luz*, fanum S. Ioannis Luisii, siue Vicus Lusius : *Andaya* castrum Fontarabiæ, quæ extrema Hispaniæ est, tuendi limitis caussa op̄ positum. Nauarræ ab ortu adiacet LE SOULE, Subola, exiguus tractus, in quo *Mauleon* cum aliis obscuris est. Nobilior

C 3   BENE

---

a) *Grammont*, domus originaria ducum Grammontensium.

b) amplo portu instructa, & munimentum limitaneum versus Hispaniam, quod nemini, armis instructo, præter regem, & principes regios intrare permissum.

BENEHARNIA, Gallis *le Bearn*, in veteri Nouempopulana, Nauarrae regno orientalior, Pyrenaeis tamen montibus aeque vicina. *Pau*, Palum, caput eius, iudicium prouinciale (Parlementum) habet: *Lescar*, Lascara, ex ruinis *Beneharni* oppidi excitata ; & *Oleron*, episcopales.

Hinc Comitatus Bigerrensis, LE BIGORRE, magis in ortum vergit, cuius sunt *Tarbes*, Tarba, ad flumen *Adour*, Aturum; & *Berege*, thermis in radice Pyrenaei clara: & *Lourde*. Inde in septentrionem recedit

VASCONIA, *Gascogne* incolis, pars ampla veteris Aquitaniae. Propriam intelligimus & a Guienne distinctam, quam lata sui notione comprehendit. *Sains Sever*, Seueropolis, ad flumen Adour, prouinciae caput, sita inter *Acqs*, Aquas Tarbellicas (indigenis *Dax*) & *Aire*, Aturam, eiusdem ripae episcopales vrbes : *Aux* siue *Auch*, Augusta Ausciorum, sedes archiepiscopi, *a*)

Le-

_____

a) in agro Armeniacensi (*Armagnac*) sita.

Lectoure, Lactoracium siue Lectora; *Clerac*, Clariacum, munimentis sacro bello 1621. spoliatum : *Sombez*, & in Occitaniæ confinio *Saint Lizer* in CONSERANS, id est in Consuaranis, quos Plinius notauit.

GVIENNE inde ad ostia vsque Garumnæ protrahitur, vrbs *Bourdeaux*, Burdegala, ad Garumnam, nauium in Garumna appulsu opulenta & felix, *a*) post quam *Bazas*, *Agen*, Aginum, & *Condom*, episcopales, a quibus

C 4   regio-

---

a) Archiepiscopum habet, multis seditionibus inclaruit, quarum vltima 1675. contigit, occasione exorbitantium onerum. Sedata rebellione, iussu regis omnia munimenta deiiciebantur, parlemento Condomum, *Condom*, translato : duo castella, quæ adhuc in ruinis iecerant, nimirum la *Trompette*, & *Castello du Ha*, alias castrum Ihlerum dictum, reficiebantur, addito nouo, supra modum munito. His non obstantibus commercia Burdegalæ eximie florent, vbi Anglorum & Batauorum naues præprimis appellunt, & vina Burdegalensia in omni Europa, primario apud Germanos nota sunt.

regiones etiam nominantur Bazadois, vbi *Albret*, Lebretum; Agenois, Condomois. *Cadillac* & *la Role* ad Garumnam : *Nerac* inter eundem fluuium & Condomum.

QVERCY prouincia Cadurcorum, trans Garumnam in ortum magis prospiciens, est vel SVPERIOR (*le haut Quercy*) cuius *Cahors* siue *Caors*, Diuona Cadurcorum, ad amnem *Lot*, episcopatu ornata, caput est : *Figeac* ad Auernorum fines in orientem longius remotum : *Martel* autem, Martelli castrum, supra Duranium in limite Lemouicum situm est. INFERIORIS (*le Bas*) sunt *Monmuban*, Mons Albanus, episcopalis, cuius academia 1660 Podium Laurentii translata, *a*) & *Moissac* prope Turnis & Garumnæ confluentem.

ROVERGVE his ab ortu obiacet, Ruteniensis prouincia, inter Quercy & Ge-

---

a) Olim refugium erat Huguenotarum, diversis obsidionibus clarum, insigniter enim munitum erat, iam autem munitiones eius deiectæ iacent.

& Gebennæ montes. Oppida *Rodez*,
Ruteni, *a*) & *Vabres*, Vabræ, epiſcopale: *Milhau, Ville Franche*, *b*) *S. Frique*,
fanum S. Africæ. *c*)

Prouincia LIMOSIN, Lemoui-
cenſis, in ſeptentrionem recedit, & a
meridie adſurgunt *Turenne*, *d*) *Brive*,
Tulle, Vſerche : ſupremum eſt *Limoge*,
Lemouicum, caput regionis, ad *Vienne*
flumen, id eſt Vigennam, vrbs ampla &
culta. Inde ad occaſum conuerſa

PERIGORD, Petricorienſis re-
gio. *Perigueux*, Petricorium, vrbs præ-

C 5

cipua

---

a) Ad fluuium *Aueyron*, Epiſcopum habet, &
creditur de hoc oppido, illud religionem
chriſtianam omnium primam in Gallia acce-
piſſe.

b) Fortalitium non longe a Rutenis, *Rodes*, diſtans, iuſſu moderni regis bene munitum.

c) Pertinet ad hanc prouinciam tractus Geual-
danenſis, *pays de Geuaudan*, in quo *Mende*,
Menda, ad fluuium *Lot*, Epiſcopalis, & Ma-
rangée, vel *Maruée*, oppidum; reliqua
ignota.

d) Patria celebris Generalis Exercitus Gallicani,
Vicomitis *de Tourenne*, qui 1675. ictu glo-
buli tormentarii in tractu Badenſi periit.

cipua & episcopalis: *a*) ceteræ *Berge-
rac*, *Sarlat*, *Montignac*.　Extrema ad
Oceanum

SANTONIA, *Saintonge* siue
Xaintonge, Santonum tractus, inter Garumnam & Pictauiensem prouinciam:
Saintes, Mediolanum Santonum, vrbs
primaria ad *Charente* amnem: *S. Iean
d'Angeli*, Angeriacum: *Taillebourg* &
Rochefort ad eundem fluuium: *b*)　*Pons*
oppidum cum castro: ad mare *Rochelle*,
Rupella, stupenda obsidione 1628. Hu-
guenotis erepta: *c* & *Bruage*. *d*)　Hæc
　　　　　　　　　　　　　　　　　　de

---

a)　ad flumen *Isle*.

b)　Portus noviter, & quidem 1679. extructus.

c)　Pertinet alias hæc vrbs in tractum Alueten-
sem, le pays d'Aulnis, propter situm alias
inexpugnabilis habita, iam vero omnia munimenta ruinis iacent, imo ciuitas ipsa muris denudata, & magna pars portus expleta
iacet.

d)　*Barbesieux*, barbicellum, Familiæ de Barbesieux nomen dedit *Soubize*, ad Charente,
Royan, Rojanum, *Cosnac*, Cusacum, ambo
ad Exitum Garumnæ, portibus gaudent.
Rupellæ ex aduerso iacent, *Isle d'Oleron*,
Uliarus, parua quidem at fertilis insula, præprimis Salefodinis clara, le Chateau d'

de primæ diuifionis gubernatione prima, fiue *Vafconica:* fequuntur tres reliquæ, quæ infra Ligerim habentur.

Occitaniæ quæ pars vlterior Narbo-
nenfis Galliæ eft, in auftrum fubiacet
RVSCINONENSIS comitatus,
Rouffillon vulgo, inter Cataloniam &
Languedoc ad oram interni maris fitus.
Gallici nunc iuris eft, Hifpanis pace
Pyrenæa concedentibus. In finibus Cataloniæ *Ceret*, prope fluuium *Tech*, Te-
cum: ad mare *Colioure*, Caucoliberis;
Elne, Helena, cuius epifcopatus Perpi-
nianum tranflatus eft: *Perpignan* autem amni *la Tet* appofitum, caput prouinciæ & propugnaculum, quod *Rufci-
nonem*, vnde nomen regioni eft, incre-
mentis fuis haufit, vt ex ruinis nihil nifi
turris, *la Tour de Rouffillon*, fuperfit:
Salfes, Salfulæ, & *Leucate* in Occitaniæ
C 6 con-

Oleron, primarium oppidum portu inftru-
ctum, *Perotine*, vel *fort de la Pexotine*, &
fort S. Denis, duo fortalitia, & *Isle de Re*,
Rhea Infula, in qua Caftellum *S. Martin*.

confini litore. *a*) Occidentalis pars
Comitatus CONFLANS appellatur,
vbi *Villa Franca* & *Prades* sunt.

LANGVEDOC, Latine *Occitania*, a Garùmna ad Rhodanum vsque
inter mediterraneum mare & Gebenne
iuga porrigitur. Diuisa est in superiorem, (*le haut Languedoc*) siue occidentalem ; & inferiorem (*le bas*) seu orientalem: SVPERIORIS caput est *Toulouse*, Tolosa, ad Garumnam, vrbs archiepiscopatu, academia, & iuridico
conuentu (parlemento) ornata. *Rieux*,
Riui, ad eundem amnem in finibus
Consuaranorum : *La vaur*, Vaurum,
episcopalis: *Puy Laurent*, Podium Laurentii, academiam nuper Reformatam
habebat: *S. Papaul*, fanum S. Pápuli ;
Famiers, Apamiæ : *Mirepoix*, Mirapincum : & ad Cataloniæ fines *Foix*
oppidum cum castro, etiam Comitatus
no-

_____

a) *Mont Louis*, Mons Ludouici, haud procul a
Puigerda, a moderno rege 1680, exstructum
Castellum. *Port Vendres*, Portus Veneris,
amplo portu instructa ciuitas.

nomen, fub quo Mirepoix & Pamiers continentur. Hæc in primo tractu fiue maxime occidentali : plus in orientem vergunt *Alby*, Albiga (vnde regio Albigeois appellatur) ad Tarnem fluuium, epifcopalis : *a*) *Caftres*, Caftrum: *Carcaffine*, Carcaffo ad Atacem (*Aude*) amnem valide munita : *b*) *Alet*. Alecta, ad amnem eundem in limite inferioris Occitaniæ.

In INFERIORE prouincia (*le bas Languedoc*) eft *Narbona* ad Atacem fluuium prope mediterraneum mare, vrbs antiqua, archiepifcopalis, & probe munita, fupra quam *Beziers*, Bliterræ fiue Beterræ fitæ, epifcopatu claræ, *c*) & *Peze-*

C 7

_____

a) ab Albigenfibus, qui in vicinia eius olim habitabant, & multum eum hodiernis reformatis commune habebant, etiam clara.

b) ubi genus globulorum ignivomorum (*carcaffen*) primitus inuentum, vnde & illis nomen.

c) illas in amœniffimo tractu totius mundi fitas, Galli fabulantur, vti vt blaterare non erubefcunt, fi Deo in terris habitare placeret, Bliterras eligeret.

Pezenas, Piſcenæ, *S. Pons de Tombes*, Tomeriæ, *Lodeve*, Luteua, ambæ episcopales: *Agde*, Agatha, in ora maris, vti
etiam *Montpellier*, Mons Peſſulanus, &
hæ quoque episcopales: *a*) altera etiam
academia: a qua prope *Lunel* abeſt, &
ſupra hanc *Sommiers*, Sumeriæ; *Vzes*,
Vcetia, inter quam & Nemauſum *Pont
du Gard*, in Vardone (nunc *Gardon*)
amne: *Nismes* autem, Nemauſus, anti-
quitâtis Romanæ reliquiis, amphithea-
tro maxime, vrbs ſplendida, etiam epiſcopalis. Quæ reſtant, ripæ Rhodani
impoſitæ ſunt, vt *Pont S. Eſprit* in confinio tractus Viuarez: *Beauaire*, Bello-
quadra, propinqua Nemauſo: *Aiguemor-
te*, ad oſtium Rhodani occidentale. *b*)
Ad Occitaniam Foſſa quoque Regia
per-

___

a) vocatur & Montpellier Mons puellarum,
ab abundantia formoſarum fœminarum, quæ
ibi reperiuntur.
b) *Limoux*, ad flumen Aude, *Leucate*, Leucata,
bene munita, *Vſez*, Vtica, *Alais* ambæ Epiſcopales, *S. Louis*, ad mare, celebris portus.
Cabo de Sete, vel *Cete*, promontorium, oppidum ibi exſtructum etiam Cete nominatur,

pertinebat, *le Canal de Languedoc*, Ludouici XIIII opus, qua ex Oceano in Mediterraneum mare nauigetur. Erat autem ex Garumna, nauigabili amne, in Atacem, hodie *l'Aude*; siue potius ad Setium vsque promontorium (*le Cap de Sete*) quod inter Narbonem & Montem Pessulanum est, deducta, & iuxta *Port Loüis*, portum Ludouici, infra Volcarum stagna mari coniungebatur. Sed operosior fuit hæc fossa, quam nunc vtilis est, ruinis variis impedita. Supra Oecitaniam in parte septentrionali sunt LESSEVENNES, hoc est, Gebennæ montes, prouincia satis ampla, in tres partes diuisa, GIVAUDAN, in qua *Mende* siue *Mande*, Mimantum: VIVAREZ, ubi *Viviers*, Viuarium, episcopalis vrbs: & *Pradelles*, Pratellæ: PAÏS DV VELAY, in qua *le Puy*, Anicium, sedes itidem episcopalis. *a*)

DEL-

---

quod Angli 1710. occupabant, breui autem iterum relinquere cogebantur. Sinus *Golfe de Lyon*, nomen habet. *Brescou* parua Insula infra Agde.

a) S. *Andiol* ad Rhodanum, *Joyeuse*, Joyosa,

DELPHINATVS, *le Dauphine*
incolis, inter Rhodanum, Sabaudiam
& Prouinciam fita regio, in fuperiorem
feu orientalem ; & inferiorem ac Rhodano vicinam diftinguitur. IN SVPE-
RIORE eft *Grenoble*, Gratianopolis,
ad *Ifaram* amnem, caput totius Delphinatus, ac fedes Parlementi : & fupra
eam in Sabaudiæ limite *la Grande Char-
treufe*, celebre monafterium, fui ordinis tum origine, tum conuentu annuo
nobilitatum : inferius *Die*, Dea vel
Dia, ad Drunam (*la Drome*) amnem :
Luc, Lucus Augufti, ad eundem fluuium : *Gap*, Vapincum, epifcopalis : *Embrun*, vel *Ambrun*, Ebrodunum, archiepifcopalis ad fluuium Druenti-
am; *a*) *Briançon*, Brigantium, Pedemontium verfus. INFERIORIS ad
Ifa-

---

ducatus titulo infignita, vnde familia *de Jo-
yeufe*. Sevennes ab ao. 1703 vsque ad 1710.
perfecutionibus papicolarum reftitere, at inferiores viribus tandem quidem fuccubuere,
nondum tamen omnis auerfio erga papatum
in eorum animis deleta.

a) Ambodua a fœderatis 1692. occupatæ &
direptæ.

Isaram eft *Romans*, Romani ; & fupra
hunc amnem ad Rhodanum *Vienne*,
Vienna, vetus vrbs & archiepifcopalis:
infra confluentes *Valence*, Valentia epifcopalis: *Montelimart*, Montilium Ade-
marí: & *S Paul de trois Chafteaux*, Augufta Tricaftinorum, in Auenionenfis
Comitatus confinio. *a)*

PROVINCIA, *la Provence*, intra
Delphinatum & mare fita, Italiam maxime

---

a) *Guilleftre*, caftellum, non longe ab Embrun
diftans fuperiori & iam finito bello a fœderatis aliquoties occupatum, *S. Creffin* fupra Guilleftre, *Queiras*, arx probe munita, qua communicatio cum Gratiano-
poli conferuatur. *Mont Genebre* in altiffi-
mo monte fitum caftrum *Pragelas*, oppidum,
a quo vallis, verfus Pignarolum tendens nomen habet, *Mont Dauphin*, *Fort Moutin*,
duo fortalitia, a Ludouico XIV. in jugis
Montium exftructa, quæ Delphinatum a Pedemontio fejungunt. *Le Creft*, Creftidium,
ad Ifaram, & fi quæ funt alia minoris momenti. Ad Delphinatum tamen antea etiam
referebantur *Exilles*, *Feneftrelle*, & *Peroufe*,
Caftella verfus Pedemontium fita, quæ autem pace Vltraiectenfi Duci Sabaudiæ a Gallis ceffa, qui illa 1707. occupauerat. Ab hac
prouincia Primogenitus regni Franciæ femper

xime vicinam habet. In maritimis sunt,
& quidem ostia versus Rhodani amnis,
Mariegues, Ptolemæo Maritima Colonia: *Marsille,* * Massilia, portu prædita & antiqua dignitate : *Toulon*, Telo Martius, navale Gallorum; *a*) *S. Tropez*, fanum S. Torpetis : *Frejûs* siue *Erejuls*, Forum Iulii : amplo portu gaudet.

An-

Delphini, *Dauphin*, nomen fert, in memoriam donationis, ab Humberto, vltimo Principe Delphinatus, 1340, Carolo IV, regi Franciæ factæ; licet hæc donatio in fraudem iuris, quod Germania, in Delphinatum, vtpote partem regni Arelatensis habet, elicita & commissa fuerit.

* Maxima priuilegia hæc ciuitas olim possidebat, quæ autem, ob abusum nimiæ libertatis, 1660 pleraque amisit, vti & iussu regis maxima pars murorum deiiciebatur, exstructo vice illorum, castello munitissimo. Visitur adhuc Massiliæ hæc lapidi incisa inscriptio, sub *regis imperio summa* libertas. Prouerbio Galli dicunt, Massiliam esse *cælum* fœminatum, ob nimiam libertatem, quam absentibus viris exercent, *Purgatorium* virorum, quia per omne ferme vitæ tempus muri degunt, & *infernus* iumentorum, quæ immense onerantur.

a) a Fœderatis 1707. quidem obsessum, irrito tamen successu.

Antibe, Antipolis, in collimitio Italiæ, *a*) Hæc in maritimis. Ad Rhodanum inter oftia & Druentiæ confluentem *Tarascon*, Belloquadræ oppofita; & propius oftia ad diuortium fluminis, *Arles*, Arelate, vrbe archiepifcopalis, quondam caput Arelatenfis regni : inter Maffiliam & Druentiæ flumen *Aix*, Aquæ Sextiæ, antiqua colonia, nunc archiepifcopatu & iuridico conuentu clara : inde in orientem magis vergunt *Brignolle*, *S. Maximin*, & *Apt*, Apta Iulia, epifcopalis : *Fayence*, Fauentia : *Draguignan*, & *Vence*, Vintium, ac *Graffe*, Graffa, haud procul Antipoli : in feptentrionem *Senez*, Sanitium ; *Digne*, Dinia ; *Folcalquier*, Forum Neronis ; Comitatus titulum geftans, *Sifteron*, Seguftero, *Glandeves*, Glandata, epifcopalis, ad flumen le Var. *b*)

Prouinciæ huius pars olim fuerunt,

Nunc

---

a) quam Galli iam eximie munire, & in formam Peninfulæ, abfciffa parte continentis, redigere operofi funt.

b) *Camargues* infra Arelatum, Dominii nomen ferens, ad oftium ferme Rhodani, quod *Bucher de Rhone* accolæ vocant. *La Crans*

nunc alienæ ditionis, Comitatus Aue-
nionenſis, *Comitat Venaiſin*, & Principatus Auraſienſis, *d' Orange*. In Comitatu VENAISIN, qui ad Pontificem Ro-
manum pertinet, metropolis *Avignon*,
Auenio, ad Rhodanum, paullo ſupra
confluentem Druentiæ, archiepiſcopi et-
iamnum & academiæ aliquando etiam
ipſius Pontificis ſedes. *a*) Ad Druenti-
am *Cavaillon*, Cabellio ſiue Caballio;
& epiſcopales ab vtroque flumine reductæ vrbes *Carpentras*, Carpentoracte, &
Vaiſon, Vaſio. In hoc tractu & ſingu-
lari eoque ſupremo iure eſt PRINCI-
PATVS AVRASIONENSIS, & in eo
vrbs *Orange*, Auraſio, vna leuca ab Rhodano, quatuor Auenione in ſeptentrionem remota. *b*) Hactenus de partibus
Galliæ

inter Arelatam & Maſſiliam, vbi *Campi la-*
pidei, qui vltra 3 Leucas portenſi. *Salon*,
oppidum dictis Campis appoſitum.

a) a rege Galliæ 1688. occupabatur, mox tamen Pontifex recepit, regitur Legato, quem
Curia Romana mittit.

b) Olim familiæ Auraſionenſi parebat, iam autem plenarie regno Galliæ incorporata, ſiquidem Rex Pruſſiæ, Pace Vltraiecti 1712.

Galliæ infra Ligerim, quibus Aquitania & Narbonensis vt plurimum explicata fuit : sequuntur partes circa Ligerim, itidem in quatuor Gubernationes distributæ.

BRITANNIA MINOR, Gallis *la Bretagne*, olim Armorica, in vltimo ad occasum angulo sita, a Britannis nomen accepit, qui a Saxonibus expulsi in his oris dicuntur consedisse. Portuosa peninsula est, & INFERIORIS quidem post Gobæum promontorium, nunc *Cap Saint Mahé*, sunt hæ vrbes: *Brest*, Brivates Portus, florens in occidentali latere ad sinum Oceani (*Baye de Brest*) emporium : *a*) in septemtrionali litore *Saint Pol de Leon*,

Leo-

---

facta, prætensioni & iuri quod in hunc Principatum habebat, omnino renunciauit, magna licet cum contradictione cœterorum cognatorum. Arx, quæ in excelso monte posita, inter optima munimenta alias numerabatur, nunc autem in ruinis iacet. Reformati, qui hunc Principatum hactenus inhabitauerunt, illo omnino cedere iam coacti fuere.

a) Portus, ob securitatem, a Gallis, *la Chambre*, Camera, nominatur.

Leona, & *Treguier* fiue *Lantriguet*, Tricorium, ambæ epifcopales vrbes: in auftrali, paullum remota a mari *Quimper* cognomine *Corentin* fiue *Cornüaille* (quod regionis Cornubiæ nomen eft) latine Corifopitum, epifcopatu infigne: & *Quimperlay* ad fluuium *Laittu* : & proxime Oceanum *Port Louis*, Portus Ludouici, munitum & a moderno rege ædificatum oppidum ad oftium amnis *Blavet*, Blabiæ, ex portus commoditate haud parua incrementa cepit : *Vannes* fiue *Vennes*, Venetiæ, prope æftuarium *le Morbiban*, caput prouinciæ inferioris, epifcopatum habet & Parlementi curiam : mediterraneæ *Mortaix*, Mons relaxus ; *Hennebont* & aliæ.

SVPERIORIS Britanniæ funt in feptentrione *S. Brieux*, Briocum, epifcopi fedes : *Saint Malo*, Maclouium, portu celebratum ; *a*) *Dol*, Dola, itidem epifcopalis ; & in auftrali parte *Nantes*, Nannetes, ad Ligerim, vrbs epifcopatu & com-

---

a) ab Anglorum claffe 1695. ignivomis globulis grauiter concuffa.

& commerciis egregia *: mediterraneæ,
& quidem ad septentriones, *Dinant*, &
Fougeres, Filiceriæ : ad *Vilaine* flumen
Vitré siue *Vitmy*; & *Redon* ; ac inter v-
tramque *Rennes*, Rhedones, prouinciæ
primaria & episcopalis.

Ab ortu adiacent, quæ sub Aurelianensi præfectura generali sunt,
nempe

MAINE, Cenomanensis prouin-
cia, in qua *Mayenne*, Meduana, & *Laval*, Vallis Guidonis, ad fluuium *Maine*: & *Sablé*, Sabolium, & *Beaumont*,
Bellomontium ad *Sarte* fluuium: *le Mans*
Cenomanum, caput regionis, episcopatu insigne: *la Ferte Bernard*, Feritas
Bernardi: *Chasteau du Loir*, Castrum
ad Lædum, amnem, qui Gallis *le Loir*,
viriliter ; at Ligeris, celebratior fluuius,

---

* ob edictum etiam Nannetense celebris, in fauorem Huguenotarum alias datum, quod tamen hodiernus rex plenarie reuocauit, in-
secuta postea immani persecutione & totali
expulsione vniuersorum Huguenotarum.

uius, *le Loire*, sexu sequiore appellatur. *a*)

ANJOU, Andegauensis tractus, cuius caput est *Angers*, Andes, siue Andegauum, episcopalis ciuitas, inter trium amnium (Maine, Sarte, le Loir) confluentes atque Ligerim : Regius Princeps secundo natus ab illa nomen fert. *Pont de Cé* ibidem in Ligeri : at *la Fleché*, Flexia ad Lædum : *Beaufort*, Bellofortium, *b*) & *Beaugé*, Balgium, inter Lædum ac Ligerim. *Saumur*, Salmurium, ad Ligerim, adhuc nuper celebre Vniuersitate Reformata, quæ tamen iam deleta, etiam regioni adiacenti nomen SAVMVROIS imponit, ad quam *Mircheau*, Mirabellum, & *Richelieu c*) ex Pictauiensi diœcesi referuntur.

PERCHE, Perticensis prouincia, ad Normandiam hinc in septentriones spectat. Diuiditur in Superiorem siue

/Ma-

---

a) Laval, domus originaria huius familiæ.
b) Ducatus titulum ferens.
c) Unde Duces de Richelieu nomen habent, a Cardinale & Duce Richelieu, extructum.

Magnam (*le grand Perche*) in qua sunt
Nogent le Retrou, Nouigentum Rotru-
dum; *Bellesme*, Bellismum, & *Mor-*
tagne, Moritania; & inferiorem siue
Minorem (etiam *le Perche Gouet* vocatur) cuius est *Chasteauneuf*, & alia obscuriora. In meridiem contra tendit
trans Ligerim

POICTOV, Pictauiensis regio, eiusque caput *Poictiers*, Pictauium, veteri
episcopatu clarum: *a*) circumiacent in
SVPERIORE parte *Partenay*, Parthe-
niacum *Moncontour*, *Niort*, *S. Maixent*,
S. Maxentii fanum; *Castelleraud*, Castrum Heraldi; INFERIORIS & O-
ceanum spectantis sunt *Fontenay*, Fonte-
nacum; *Lusignan*, patria Guidonis, regis Hierosolymitani, quinque leucis ab
Andibus: *Lucon* siue *Lusson*, Luciona;
& *Olonne* in ora Oceani, cum capaci
D por-

---

a) post Lutetiam Parisiorum pro maxima ciuitatum Galliæ reputatur; munitionibus ferme caret, apposit m autem est bene munitum castellum.

portu & burgo, cuius nomen eſt *les Sables d' Olone*, Arenæ Olonenſes. *a*)

Adiacet in auſtrum ANGOVMOIS, Engoliſmenſis prouïncia, Santonum regioni & Petricorienſium confinis, cuius præcipua vrbs & epiſcopi ſedes eſt *Angouleſme*, Emboliſma ſeu Inculiſma: ceteræ *Cognac*, Conacum, *Rochefoucault*, Rupes Fucaldi, *Jarnac*, *Chaſteau Neuf*, & *Vertevil*, Vertolium. Sed ad Ligerim reflectimus, vbi Andegauienſem & Pictauienſem regiones ab ortu contingit

TOV-

---

a) *Thuars*, Duracium ad amnem Thue, magnifica arce ſuperbit. *Fonteney*, oppidum & Comitatus, *Argenton*, ciuitas verſus Britanniam, *Roche ſur Yon*, Rupes ad Yonem, paruus Ducatus, cuius nomen aliquoties Principes ſanguinis regii gerunt, *Noaille*, Nouiliacum, celebris abbatia, *Loſedun*, Lodunúm, *Mirebeau*, Mirabellum, olim forti caſtro clarum, quod iam in minis iacet. Verſus Boream in Oceano aquitanico refertur ad Pictauienſem regionem *Nermontiers*, inſula duo caſtra habens, *La Prée*, & *S. Martin*, Isle *de Lege*, & *de Dieu* nil memorabile habent.

TOVRAINE , Turonenfis tractus,
cuius metropolis & archiepifcopi fedes,
Tours , Turones , olim Cæfarodunum,
ad Ligerim : *Amboife*, Ambacia, ad eundem fluuium : *a*) inferius *Loches* , Lo-
chia ; *Lisles Boucbard*, Infula Bocardi,
fupra Vigennæ & Crofe (*la Creufe*)
confluentis : *Chinon* , Caino , iuxta eos-
dem mixtos fluuios, qui paullo infra
in Ligerim infunduntur.

BEAVSSE, Belfia, laxe amplam
prouinciam iuxta Ligerim fignificat,
(*la Grande Beauffe*) cuius Blefenfis &
Aurelianenfis , atque etiam expofita-
rum multæ, Perticenfis, Cenomanen-
fis, Andegauienfis, Pictauienfis, & aliæ
quoque partes funt : nunc arctis finibus
inter Sequanam & Ligerim circumfcri-
bitur , diftincta ab aliis, quas compre-
hendebat , atque ita eius oppida funt
Chartres , Carnutum fiue Carnutes,
D 2 . vrbs

---

a) arce bene munita gaudet , quæ, ob frequentem feceffum vterum regum, eorumque liberorum , *incunabula regiorum liberorum*
nominatur.

vrbs clara & episcopalis, inter Sequanam & Ligerim fere media: *a) Chasteau-
dun*, castrum Dunum; *Touri* & *Plu-
viers*, Pluuerium; *Estampes*, Stampæ:
Vendosme, Vindocinum.

BLESENSIS AGER, *le Blaisois* propior est Ligeri.　Vrbs *Blois*, Blésæ, illi
amni apposita, splendore & amœnitate excellens: *b)* & *Romorentin*, seu *Re-
morentin* ad *Saldram* flumen. *c)*

AVRELIANENSIS PROPRIA (*Or-
leanois*) a præfectura generali distincta,
caput habet *Orleans*, Aurelianum, siue
Aureliam, amplam ad Ligerim vrbem,
epi-

---

a) inter antiquissimas totius Europæ refertur,
etiam a Conuentibus & habitationibus Drui-
dum clara, iam Dux Carnutensis (Duc de
Chartres) inde nomen habet.

b) ob mortem diuersorum Principum, arx hü-
ius vrbis Principibus fatalis reputatur, & nomen *tumuli Principum* fert

c) *Dunois* caput Comitatus huius nominis, ad
Ligerim paruam. *Espernon*, oppidulum,
patria ducum Spernonensium, Ducs d'Espernon. *Chambort*, Cambortium, ad amnem
Indre, arx deliciis regiis destinata.

episcopatu & academia claram : quibusdam videtur vetus Genabum esse, quod M. Aurelius imperator instaurauerit. Ad eius agrum pertinent *Baugeney*, Balgentiacum , & *Meun* siue *Mebun,* Magdunum, iuxta eundem fluuium : *Clery*, Clariacum, oppidulum æde S. Virginis , & in ea miraculis , vt creditur , clarum. *a*)

BERRY, Bituricensis regio, ab ortu Ligerim , sed nondum flexum , ab occasu Turonensem Pictauiensemque agrum habet. Caris fluuius, vulgo *le Cher*, in superiorem secat (*le haut Berry*) quæ Ligerim respicit ; & inferiorem, (*le bas Berry*) quæ ad fines Pictauienses tendit. SVPERIORIS sunt *Bourges*, Biturix siue Bituriges ; vrbs archiepiscopalis & in primis clara : supra eam seu Boream versus *Sancerre*, sacrum Cæsaris ; *b*) *Vierzon*, Virsio ; *Concressaut*,

D 3 Con-

---

a) *Estampes*, Stampæ, mediocre oppidum ad amnem *Isenne*. Le *Pais de Lorris* , & *Sologne*, oppidula, quæ dominia nominantur.
b) Comitatus titulum fert, ab obsidione, quam 1573. pertulit, nota.

Concordiæ saltus.; *Chaſtillon* cum cognomine *ſur Loire*, ad Ligerim: in austrum a metropoli vergunt *Dun le Roy*, Regiodunum , & *Saint Amand* , Amandopolis. INFERIORES trans Carim ſunt *Iſſoudun*, Exoldunum, *Chauſteau Roux*, Castrum Rufum : *le Blanc*, Oblincum , ad Crosam fluuium. a) Huic tractui ab ortu adiacet

NIVERNENSIS , *le Nivernois* incolis, cuius caput est *Nevers*, Niuernum, vrbs episcopalis , propter Ligeris & Elaveris (vulgo *l' Allier*) confluentem, infra quem in eadem ripa *Deaize*, Decetia, & supra illum *la Charité*, Charitas, & *Coſne*, Conada. Dextrorſum declinant a flumine *Corbigny*, Corbiniacum, *Clamecy*, Clameciacum , in cuius ſuburbio episcopus habitat Bethleemenſis. Trans flumen ſiue inter Ligerim & Elaverim *Saint Pierre le Montier*, Monasterium S. Petri.

Hæc

---

a) *Montfaulcon* , oppidum & dominium, *Henrichemont* , inter *Sancerre*, & *Vierzon*, *St. Aignan*, Ducatus titulum gerens.

Hæc de secunda Præfectura circa Ligerim generali: tertia est

BVRGVNDIA inferior, siue Ducatus, a Niuernensi prouincia ad fluuium *Saóne*, id est Ararim, porrecta inter Campaniam & Lugdunensem regionem. Vrbs prima & iuridici conuentus *Dijon*, Diuio vel Diuionum, in Lingonum, antiqui populi, sede: inde in occasum sita *Semur*, Semurium, in tractu, quem *Auxois*, id est Alexiensem dicunt, quia Alexia, nunc vicus *Alise*, ibidem fuit: vlterior *Auxerre*, Antissiodorum seu Altissiodorum, ad amnem *Yonne*, Icaunam, vrbs episcopalis, cum tractu suo (*l'Auxerrois*) Burgundiæ annexa. In Septentrionem tendit *Chastillon*, cognomine *sur Seine*, ad Sequanam: in austrum a metropoli vergunt *Arnay le Duc*, & *Autun*, Augustodunum, in Æduorum agro, episcopalis ciuitas: *Beaune*, Belna; & inferius in Araris ripa itidem episcopalis vrbs *Challon*, Cabillonum, quæ vt facilius a *Chalons* Campaniæ, id est Catalauno distinguatur, cognomen-

D 4 tum

tum sæpe *fur Saone* supra Ararim, ad-
junctum habet : *Tournus*, Trenorchi-
um, & *Mascon* Matiscona, in eadem ripa Lugdunum versus ; contra *Bourbon*
Lancy, Borbonium Anselmium ; prope Ligerim. *a*) In ortum hibernum
adiacet

BVRGVNDIAE COMITA-
TVS, vulgo LA FRANCHE COMTE,
quæ & Superior Burgundia vocatur, veterum Sequanorum sedes, Lotharingiam ab septentrione, Bressiam a meridie,
ab ortu autem Heluetiæ partem attingens, Hispanorum nuper diuturna possessione fuerat , quibus Galli etiam,
postquam eripuerant , pace Aquisgra-
nensi 1668. restituerunt ; mox iterum auferentes pacificatione ad Neo-
magum sibi confirmari curauerunt, vt
nunc sit Galliæ prouincia. Principes
vrbes *Besançon*, Vesontio, nostris Bi-
sanß,

a) *Charoles*, Caroliæ, caput comitatus Carolesij,
   Charolois, qui in Historia moderna sæpius
   occurrit. *Clugny*, Cluniacum, Monasterium
   opulentum, & satis celebre.

fanti, archiepiscopi sedes, * sicut *Dole*
academiæ: vtraque ad amnem Dubim
(*le Doux*) posita. *Gray*, ad Ararim.
Ceteræ *Vesoul* a septentrione ; *Salins*,
Salinæ, & *Arbois*, Arborosa, ad meridiem, in quo tractu Geneuam versùs situm est oppidum *Saint Claude*, S. Claudii fanum, siue Monasterium Iurense,
a quo adiacens mons *Iura* siue pars eius,
dicitur mons S. Claudii.

BRESSIA superest , *la Bresse*, &
quæ sub ea comprehenditur, B E V G E-
S I A, *le Bugey*, ex tertia circa Ligerim
præfectura, quæ multis vna prouincia
sunt, aliis distinctæ : vtraque ineunte
superiore seculo Francici iuris facta,
cum antea essent Sabaudici. Com-
mendatur *Bourg en Bresse*, Burgus Bres-
D 5　　　siæ,

---

* antehac imperialis erat, pace autem mona-
steriensi Hispanis permutationis loco tradebatur, vt nimirum Franckenthaliam eua-
cuerent, vnde & 1654. ex matricula deleta.
Præterito bello 1708. & 1709 ; quidam Austriacis partibus dediti, Vesontionem Imperatori tradere tentabant, vano autem successu,
detectis nimirum illorum machinationibus.

siæ, sic cognominatus, vt ab aliis huius nominis *Bourg sur mer* prope Burdegalam; & *le Bourg de S. Andeol* in Viuariensi tractu ad Rhodanum, distingui facilius possit: *a*) sita est inter Ararim & Rhodanum medio loco. Propior Rhodano BEVGESIA, cuius oppida sunt, *le Belley*, Bellicum, episcopalis dignitatis; & superius ad vtramque Ripam *Seissel*, Sissum: ac prope Genevam ac Lemanum lacum, *Gex*, Gesium.

LVGDVNENSIS, (*le Lyonneü*) ex quarta medii ordinis præfectura. Caput *Lyon*, Lugdunum, ad Araris & Rhodani confluentem, antiqua colonia, archiepiscopatu a Christianis aucta: *b*) cui in occasum subiacent *Monbrison*

---

a) *Dombes*, Principatus Dombarum, regiuncula, in hodiernas historias sæpissime occurrens, nam principissa regis naturalis inde nomen sortita. Caput est *Treboulx*, Trevoltium. Ephemeridibus clarum, & eruditis notum.

b) Emporium per omnem ferme mundum celebre, Archiepiscopus Primas regni Galliæ

brison & *Feurs*, Forum Segufianorum :
& *Ville Franche* ad Rhodanum.

ALVERNIA, *l'Auvergne* incolis,
Lugduno ad occasum obiecta veterum
Aruernorum sedes , in superiorem, quæ
australis & montosa est; ac inferiorem
siue borealem , planam ac riguam diuiditur. SVPERIORIS est *Saint Fleur*,
S. Flori fanum, episcopi sedes; & *Au-
rillac*, Aureliacum. *a*) INFERIORIS,
quæ & Alimania audit , etiam totius
prouinciæ caput est *Clermont*, Clarus
Mons, vrbs episcopalis; *b*) circumsitæ
Riom, Riomum, & *Aigueperse*, Aquæ
Spertiæ , a septentrione: *Issoire*, Issio-
dorum ad flumen Elauerim a meridie:
ab ortu *Billon*, *Cropiere* , Curtipetra:
Tiers, Thierium.

D 6   BOR-

---

esse prætendit. Libri hic nitidissime impri-
muntur.

a) a formositate fœminarum recommendabi-
lis ; *Brioude* , ad amnem *Allier*, non con-
temnendum oppidum.

b) nomen alii a claris montibus , alii a formo-
sis fœminis deriuant, vineæ oppidum fermæ
erigunt, & hic optimus papyrus in omni Gallia fabricatur.

BORBONENSIS prouincia, *le Rourbonnois*, hinc feptentrionem fpectat. Praecipuam vrbem *Moulins*, Molinum, amnis Elauer alluit : proxima eft *Bourbon l'Archambaut*, Borbonium Arcimbaldi, a qua nomen prouinciae eft. Ab auftro fubiacent *Varennes*, Varennae etiam ad Elaverim ; *Montluffon* ad Carim (*le Cher*) amnem : *Gannat* prope confinia Alverniae. Ab occafu hiberno fubiacet

LA MARCHE, Marchia, inter Lemouicenfem & Bituricenfem regiones. *Gueret*, fiue Garactum, eft caput fuperioris Marchiae, ficut *le Dorat*, Oratorium, inferioris : *Bourganeuf* in finibus Pictauienfis.

Haec de praefecturis circa Ligerim: fupra hoc flumen in feptentrionali parte reliquae quatuor occurrunt, e quibus prima eft

NORMANNIA, *la Normandie* incolis, Oceanum Britannicum ab occafu & feptentrione ; Cenomanenfem & Perticenfem tractum a meridie : Infulam

fulam Franciæ ac Picardiam ab ortu habens. Diuifa eft in duas partes. INFE-RIORIS Normanniæ (*la Baſſe Normandie*) ſiue occidentalis, maritimæ vrbes ſunt *Avrenches*, Abrincæ, in Britaniæ Minoris cõfinio : *Coutances*, Conſtantia Caſtra, breuiter remotæ a mari vrbes, altera etiam epiſcopalis : *Granville* autem impoſita mari, inter vtramque. *Cherbeury* in extremo peninſulæ borealis angulo : *Carentan*, *Bayeux*, Baiocaſſina vrbs, itidem epiſcopalis, a qua tractus circumiacens *le Beſſin* appellatur : *Caen*, Cadomum, ad Olinam ſiue Ornam (*l'Orne*) fluuium, caput prouinciæ inferioris : *Saint Sauveur*: *Pont l'Evesque* ad Tolcam (*la Toucque*) fluuium, a quo per interiora regredienti occurrunt ad Ornam amnem *Seez*, Sagium, epiſcopatu ornatum; *Alençon* in limite auſtrali, ad Sartam fluuium, ducatu inſignita : *Falaize*, *Argentan*, *Vire*, *Saint Lo*, Fanum S. Laudi.

SVPERIORIS Normanniæ inter Tolcam & Sequanæ oſtium ſunt *Honfleur*

fleur & *Quillebeuf* ad mare feu æstuarium Sequanæ: intus *Lifieux*, Lexouium
ad Tolcàm: ad alterum fiue feptentrionale æstuarii litus, *Harfleur*, Harfleui-
um, & *Havre de Grace*, Portus Gratiæ,
vrbs portu & munimentis celeberrima,
ad ipfum oftium Sequanæ feu æstuarii:
Dieppe, Deppa, emporium cum capaci
portu, fed longius a Sequana remotum.
Interiacet in eodem litore *S. Valery* cognomine *en Coux*, id eft in tractu Cale-
tenfi, quemadmodum promontorium
etiam, quod proximum Portui Gratiæ
eft, *Cap de Coux* vocatur.   *Arques*, Ar-
ca, vicus prope Deppam prœlio 1589. infignis; *Eu* iuxta mare in Picardiæ confinio: ad dextram Sequanæ ripam caput prouinciæ *Roüen*, Rothomagus, archiepifcopi fedes: *a*) & propinquius
oftio *Caudebec*: à mercatura lanæ & pi-
leorum celebre emporium.   In altera
ripa *Vernon*, & vlterius *Evreux*, Ebroi-
cæ, & ad Rifelam (*la Rille*) amnem

Beau-

---

a) Puellam Aurelianenfem ab Anglis hic cre-
matam fuiffe affeueratur.

Beaumont le Roger, & *Ponteau de mer*, Pons Audomari ; sed *Vernevil* ; Vernolium, in limite Perticensi ; & paullo supra *l'Aigle*, ad Aquilas, & *Harcourt.* *

PICARDIA Normanniam in maritimo tractu excipit , quæ etiam longe a mari inter Franciæ insulam , & Belgicas prouincias recedit. Picardiam sub Oceano contingit Ponticum , LE PONTHIEU , parua regio, cuius oppida sunt *S. Valery* ad Somonæ (*la Somme*) ostium ; *Abbeville, Dourlens,*

a foe-

_____

* Ad Superiorem Normanniam pertinet & *Cherbourg*, Caroburgum, emporium amplo portu gaudens : insulæ quædam , *d'Aldernay, Originy, Lescasquelles* : ad inferiorem, *le Pont de l'Arche*, Pons arcuensis , fortalitium, *Longueville*, patria Ducum de Longueville, *Beaumont*, sedes originaria Ducum & Comitum de Beaumont , *Aumale*. Ducatus *Andely* & quædam alia ; In vicinia portus Gratiæ, *Havre de Grace*, fuit regnum Ivetoti *le Roiaume d'Ivetot*, quod tantum aliquot vicos in se comprehendit , & absolutum regnum fuisse traditur, licet Galli omnem rem negent.

a fœderatis 1710. crematum, Dulendi-
um, *Rue*, *Monstreüil*, Monasteriolum.
Vlterior tractus Bolionensis, LE BOU-
LENOIS, cum Comitatus titulo, in
quo est *Ardres*, munitum oppidum :
sed primaria vrbs & episcopalis *Bou-*
logne, Bononia, ad fretum Britannicum, in quo etiam portum habet : inter quem & Caletum, vicus est, *Amble-*
teuse, cuius portus nuper amplificari
cœptus est, & vbi defunctus rex Iacobus
1698. primum appulit. Tandem *Ca-*
lais, Caletum, cum portu eximio ad
idem fretum, Picardiæ, tanquam terminus, adiungitur, Galli clauem regni
appellant. In mediterraneis sunt *Amiens*,
Ambianum, ad fluuium *la Somme*, caput prouinciæ, sedes episcopi : & ad
idem flumen , *Corbie*, *Perone*, *Saint*
Quentin, Fanum S. Quintini, olim Augusta Veromanduorum, vnde ager hodieque LE VERMANDOIS appellatur,
ab obsidione Philippi II. regis Hispaniæ, & clade Gallorum, quam 1557. accepere, clarum. Præterea ad Picardiam
per-

pertinent *Ham*, & ipsum in Veroman-
duis : *Roye*, Rodium ; & ad Oesiam
amnem *la Fere* : vltra eum *Cressi, Guise,*
& *Vervins*, Verbinum. *

FRANCIA, siue INSVLA FRAN-
CIAE, *l' Isle de France*, prouincia per-
ampla & ex præfecturis Galliæ præci-
pua, comprehendens præter Franciam
Propriam, multas minores regiones, vt
Bellouacensem, Nouiodunensem, (*le
Noy-*

---

* Galli diuidunt Picardiam in superiorem & inferiorem. In illa adhuc occurrit *Pequigny,*
Piquinacum, ciuitas bene munita, & a clade
Anglorum seculo XV. nota, notabile etiam
est, Anglos vocabulum Pequigny non posse
pronunciare. In inferiori sunt, *Guines* Comitatus est, quem Angli vsque ad annum 1558.
possedere, vbi a Gallis exturbabantur, vnde
tractus circa hunc Comitatum & fortalitium
Calais; *le pais reemquis*, ditio recuperata,
nominatur. *Vissan*, ob id notandum, quia
pro veterum Portu Jocio habetur, *Conty,*
Contiacum, domus originaria Principum de
Conty, Catelqs, ad fontem Scaldis, *la Ferre,*
ad flumen Oisiam, probe munita, *la Chapelle,*
ad Oisiam, *Rue, Rua*, ad amnem Moy, paludibus ferme circumdata.

Noyonnois) Suessionensem, agrum Valesium, Hurepoësium, Vastiniensem & alios : sita inter Picardiam ad septentrionem, Campaniam ad ortum, Normanniam ad occasum, & Belsiam ad meridiem. Rigatur nobilibus fluminibus, Sequana, Matrona, Æsia siue Oesia, & Axona. Caput tum prouinciæ, tum totius regni *Paris*, Parisii siue Lutetiæ, vrbs amplissima ad Sequanam siue *la Seine*, regis, archiepiscopi, vniuersitatis, & omnis culturæ ac splendoris sedes. Adiacet proxime *Charenton*, burgus cultus, ecclesia nuper Reformata uti & colloquio inter reformatos & papicolas olim instituto, ad Matronam, qui mox ad *Conflans*, Confluentes, secessum amoenum archiepiscopi Parisiensis, Sequanæ miscetur : *Bois de Vincennes*, castrum: *Saint Denis*, S. Dionisii fanum, abbatia & regum mausoleo clarissimum: *Argentoüil*, in ripa dextra Sequanæ: *Saint Cloud*, fanum S. Clodoaldi, in sinistra ripa, quod Duci Aurelianensi, fratri Regis, sedem præbet

bet ordinariam : in eadem ripa *Saint Germain* cognomento *en Laye* regius se-cessus iuxta idem flumen, antequam Oe-siam accipit : post confluentem *Poissi,* Pissiacum, *Meulan,* Mellentum, & *Mante,* Medunta : ad Oesiam *Pontoise,* Pon-tisara siue Oisiæ Pons ; *Beaumont* co-gnomine *sur Oise,* Bellomontium; *Creil,* Creolium. Inter Oesiam & Eptam flu-uios VOLCASSINVS tractus, *le Vexin, François* cognominatus, vt ab altera parte trans Eptam in Picardia distingua-tur; in quo præter Pontisaram, quam diximus est *Magny,* Magniacum ; & *Chaumont,* Caluus Mons : quibus a se-ptentrione obiacet BELLOVACENSIS Ager, *le Beauvaisis,* in quo episcopalis vrbs *Beauvais,* Bellouacum est, quod vi-detur vetus Bratuspantium : & *Cler-mont,* cognomine *en Beauvaisis.* Inter Oesiam, Marnam & Axonam, SILVA-NECTENSIS Comitatus LE COMTE DE SENLIS, cuius caput *Senlis,* Sil-uanectum est, episcopalis ciuitas : post hane in Picardiæ confinio *Compiegne,*
Com-

Compendium, prope confluentes Axó-
næ & Oesiæ, aliquando Regis seceſſus:
& VALESIA, *le Valois*, vnde domui
Valeſiæ, de Valois, nomen, vbi *Creſpi*,
ſiue *Crepy*, Crepiacum : SVESSIONEN-
SIS Ager, *le Soiſſonnois*, vbi *Soiſſon*, Auguſta Sueſſonum, princeps vrbs & epiſcopalis, ad Oeſiam fluuium. Præterea
in Picardiæ finibus *Noyon*, Nouiodu-
num Veromanduorum, ſiue Nouio-
magus : & *Laon*, Laudunum, munitum oppidum & episcopatu donatum :
ad Sequanam infra Pariſios *Corbeil* ; &
in VASTINIO tractu, *le Gaſtinois* vulgo, *Melun*, Melodunum ; & paruo a
flumine interuallo meridiem verſus
Fontainebleau, regiæ deliciæ, haud procul a Belſiæ Picardiæque limitibus ; &
vlterius in meridiem, *Nemours*, ducatus
titulum ferens, ac *Montargis* ad Lupiam (*Loine*) amnem. Eodem tractu,
ſed ſupra Pariſios, occaſum verſus, mediocri ſpatio a Sequana diſtant *Verſail-
les*, Verſalia, oppidum cum ſplendido
palatio , vbi aula regia commoratur.
Hinc

Hinc in meridiem magis prospicit H v-
REPOESIVM, *le Hurepois*, vbi præter
Corbelium (*Corbeil*) supra memoratum,
Dourdan. Durdanum, ad Belsiæ confi-
nium est ; & *Monfort l' Amaury*, Mon-
fortium Almarici ; tandem in limite
Normanniæ *Dreux*, Drocum : & *Anet*,
Anetum, splendidum castrum ad fluui-
um Eburam, quod ad ducem de Ven-
dosme pertinet.*a*)

Hæc de insula Franciæ, cultissima
totius Galliæ prouincia, in mediterraneis, longissima a mari sita, cuius me-
ditullium, Ager Parisianus, proprie
FRANCIA appellatur, ceteræ partes
suis nominibus vtuntur, vt *Gastinois*,
Beauvaisis, & aliis. Sequitur ab ortu
CAMPANIA, *la Champagne*, in-
ter

---

a) Occurrunt adhuc in Insula Franciæ, *Mont-
morency*, patria Ducum huius nominis, *Oise*,
oppidum non ignobile, *Lugny*, oppidum in
excelso monte situm, *Rambourt*, arx deliciis
regiis dicata, *Courtenay*, *Chatillon*, ambo
Ducatus, *Marygny*, *Chambly*, *Massillon* sur
loine, non ignobilia oppida.

ter Franciam, Belfiam, Burgundiam &
Lotharingiam pofita. Ab occafu Franciam attingit BRIA, *la Brie*, cuius funt
Meaux, Meldæ, ad Matronam vrbs epi-
fcopalis, decem leucis a Parifiis di-
ftans : *a*) *Chafteau Thierri*, Caftrum
Theodorici ad eundem fluuium ; &
Prouins, Prouinum quatuor leucis di-
ftans a Sequana in feptentrionem. Briæ
parua pars ad Franciam pertinet, *la Brie
Francoife*, in qua oppidum *Bri Comte
Robert* fitum eft. Eodem tractu, meri-
diem verfus, in limitibus Belfiæ, eft SE-
NONENSIS Ager, *le Senonois*, Cam-
paniæ annexus, cuius metropolis, *Sens*,
Senones funt, vrbs archiepifcopalis, ad
Icaunum, (*l'Yonne*) fluuium. Propriæ
autem Campaniæ caput funt *Troyes*,
Trecæ fiue Tricaffes, ad Sequanam, vrbs
munita & epifcopi fedes, patria celebris
Iudæi R. Salomonis, qui vulgo Iarchi,
tanquam ab oppido Lunel dicitur. Ad
Ma-

---

a) hic Caluini dogmata primum inclatuére, licet morte multorum, eis addictorum, quos Pa-
picolæ internecioni dabant.

Matronam funt *Ay*, Ageum , *Chalons*,
Catalaunum, epifcopalis ciuitas, *a*) *Vitri
le Francois*, Legia Victrix , aut Victoria-
cum ; *S. Dizier*, Fanum S. Defiderii,
Joinville, Ioanuilla ; *Vignori*, *Chaumont*,
& his celebrior ac epifcopalis vrbs *Lan-
gres* , quæ fe nunquam captam gloria-
tur, Adomatunum & *Lingones* , prope
fontes Matronæ.   Inter Matronam &
Axonam *Reims*, Rhemi , olim Durocor-
torum , archiepifcopi , primatis Galliæ,
fedes, etiam academiæ : fupra Axonam,
Retel, & in Luzenbourgenfium confinio
Mouson; in Hannoniæ, *Rocroy*, Rupes
regia , munitum oppidum, iuxta Arduennam filuam.   Prope abeft tractus
ad Mofam, qui Campaniæ acceffit, in
quo funt *Sedan*, vrbs culta, & *Charleville*,
munita arx , illa in dextra , hæc in finiftra Mofæ ripa :   præter propter ante
100.

---

a) nota a clade Atilæ, regis Hunnorum, quam
451. a Merovæo, rege Francorum , & duce
exercitus Romani Aëtio accepit, vbi 180000.
Hunnorum periere, fi vera funt, quæ fcriptores de hoc prœlio narrant.

100. annos fundata: interiacent *Mezie-*
res, Maceriæ. Sed ex terminis ad interiora reuertimur. Ad finistram Matronæ *Vaſſy* prope Ioanuillam ; ad dextram,
Monteclair : inter Matronam & Sequanam amnis Albula , *l'Aube* , cuius oppida funt *Arcis,* & B*ar ſur l'Aube* : at
Tonnere, Tornodorum, iuxta fines Burgundiæ. *

Tandem in Galliæ finibus inter Heluetiam, Italiam , Delphinatum ac Rhodanum fita eft S A B A V D I A , *la Sa-*
voie, vetus fedes Allobrogum , non quidem pars regni, fed proprio principi,
cu-

---

* Galli , vti & Tabulæ Geographicæ , diuidunt
Campaniam in fuperiorem & inferiorem. Ad
fuperiorem pertinet, quicquid inter Matronam
& Axonam interiacet, in qua vlterius notanda , *la Ferte* , Comitatus , *Noyent ſur Seine,*
Pont ſur.Seine , *Joigny* , non contemnendæ
ciuitates Ad inferiorem refertur, tractus
verfus Franciam ob occafu tendens, vbi , præter fuperius recenfita, *Clerveaux* , *Baſſigny,*
Joigny , *Bourbonne* , *Chaumont* , *Joinville* &
S. Monchould. Campaniam & Belgium in
teriacet Sylva Arduenna, longe lateque fe ex-
tendens.

cuius & Pedemontium eſt, ſubiecta. *

In ſeptentrione ſub Lemano lacu *Thonon*, Tunonium, *Bonne & Bonneville*, alterutra Bautæ Allobrogum : *Anneçi*, Annecium, hodie ſedes Geauenſis epiſcopi, ad lacum Anneeium : in meridiem vergunt *Chamberi*, Camberium, caput regionis, ad Iſaram fluuium; *Montmelian*, validum munimentum inciſum rupi, ad Delphinatus limitem, in dextra ripa Iſaræ. In ortum magis proſpiciunt *Mouſtiers*, cognomento *en Tarantaiſe*, Monaſterium Tarentaſiæ, vrbs archiepiſcopali dignitate inſignis : *S. Morice*, Mauricii fanum : & inferius *Saint Jean de Morienne*, Fanum S. Ioannis in Mauriana valle, vrbs epiſcopalis. **

E   † Ad

---

* Satis male autor tractationem Sabaudiæ inter Prouincias Galliæ reiecit, quia nunquam ad illam pertinuit, bene autem ad Italiam, & pars fuit Regni Arelatenſis.

** Accuratior diuiditur Sabaudia in 6. regiunculas, quarum 1. Sabaudia proprie dicta, in qua Chambery, & Montmelian, a Gallis 1705. captum, & omnibus munitionibus nudatum,

† Ad Galliam quoque pertinent Episcopatus, Lotharingiæ quondam detracti, *Metz*, *Toul*, *Verdun*, de quibus in Lotharingia sub Germania.

INSVLAE CIRCA GALLIAM.

In mari Britannico contra Normanniam sunt *Garnesey*, & *Iarsey*, siue *Gersey*, Anglorum insulæ: in Aquitanico, quanquam non maiores, celebratiores ta-

---

2. Ager Cabellicus, *Chablais*, ad Lacum Lemanum, vbi adhuc occurrunt, *Constans*, *Lunabourg*, ad flumen *Arobe*, *St. Andre*, *St. Michel*, *Beaufort*, *Croiselle*, *la Roche*, & alia ignobiliora. 3 Tractus Geneuensis, *le Genebois*, territorium Geneuensium attingens, *Annecy*, vrbs primaria. 4. Tractus Fossigniacus, *Fossigny*, versus *Vallesiam*, vbi *Cluse*, cuius abatia ab angelo quodam exstructa fabulatur, 5. Mauriana, *Morienne*, ex multis vallibus constans, *Quieras*, ciuitas & castrum ad Sturam, & Tenarum, *Ponty Tende*, Col de *Fenestrelle*, *St. Martin*, *Briqueras*, & 6. Tarentasia, *la Tarentaise*, ferme omnis vallibus componitur, *Velaine*, oppidum, ad *Duram*, *Pianezza*, arx, superiori bello 1706, ob cladem Gallorum, nota.

tamen funt BELLISLE, Pulchra Infula, prope Britanniam Gallicam, e regione Portus Ludouici: ISLE DERE,
Infula Regis, Rupellæ oppofita: &
ISLE D'OLERON contra Carenthoni
oftium, vtraque 1684. inundationibus
grauiffime adflicta. HEYSANT, Vxan-
tus, iuxta Britanniam minorem, de quibus fupra. Nec prætereunda, quamuis admodum parua & fluuialis, non
marina, mari tamen proxima, infula
Phafianorum, *Isle des Faifans* Gallis, in
fluuio Vedafo (*Bidaſſoa*) qui Galliam
ab Hifpania inter S. Iean de Luz &
Fontarabiam difterminat. In hac enim
celebris illa pax 1659. quæ a Pyrenæis
nomen habet, compofita fuit. In mari
mediterraneo funt iuxta Prouinciam
ISLES D'YERES fiue HIERES, ab
oppido vicino *Yeres* prope Teulon nominatæ, quarum nomina funt *Perque-
roles, Porte Croz,* & *Isle de Levant.* De
quibus etiam iam actum.

CAPVT IV.

DE
HELVETIA ET VALLESIA.

HEluetia paullo latior hodie est, quam olim erat Ager Heluetiorum. Rauracos enim & alios includit, qui quondam separati ab Heluetiis erant. Limites ergo constituimus a septentrione & ortu Rhenum ; a meridie lacum Lemanum & Vallesiam ; ab occiduo Iuram montem & Burgundiæ Comitatum. Montosa regio, & multis lacubus distincta. Galli vocant *la Suisse*, nostri die Schweitz, siue Schweitzerland.

Populus libertatis amantissimus in XIII *Cantones* siue Pagos aut societates distinguitur, quos verius *ciuitates* veterum more appellares, siue ab vrbe mœnibus cincta, siue a vico siue a regione denominantur. Hunc autem inter se ordinem obseruant: *Zürch, Bern, Lucern,*

cern, *Vri*, *Schvvitz*, *Vndervvald*, *Zug*,
Glaris, *Bafel*, *Friburg*, *Solothurn*, *Schaf-*
hufa, *Appenzell*. Ita noftra dialecto vo-
cantur : Latina nomina, fi differunt,
fuo quoque loco adiiciemus. Ex his
pagis feptem funt Catholici, Lucerna,
Friburgum, Solodurum, Tugium, *Zug*;
Vrania, *Vri*, Siluania, *Vntervvald*, &
Switia : quatuor Reformati, Tigurum,
Zürch, Berna, Bafilea, Schafhufa : duo
vtramque religionem tolerantes, Gla-
rona, *Glaris*, & Abbatiscella, *Appenzell*.
Ex his etiam vrbes funt Züreh, Bern,
Lucern, Zug, Bafel, Friburg, Solothurn,
Schafhufa : reliqui focietatem & pos-
feffionem fuam vel a vicis immunitis
nominant, vt Svvitia, Glaris, Appenzell; vel a regione, vt Vri, & Vnder-
vvalden.

Ex tredecim hisce ciuitatibus (*Can-*
tons vocant) conftat libera & potens
Respublica Heluetiorum, fanctis fœde-
ribus mirifice inter fe deuinctâ : non
autem his omnis abfoluitur Heluetia.
quo enim quisque pagus (Cantòn) po-
ten-

tentior est, eo plura vel oppida vel vicos
suæ ditionis vel priuatim, vel communiter cum aliis fecit, vt propterea distingui oporteat inter *Rempublicam*
Heluetiorum ex dictis XIII pagis com-
positam : & inter *subditos* Heluetiis,
siue ditioni illorum subiectos : quibus
tandem accedit tertius ordo *sociorum*
tam intra præscriptos Heluetiæ fines,
quam extra illos, qui vel cum vniuersa
republica & omnibus XIII Cantonibus, vel cum aliquibus tantummodo
horundem fœdus inierunt. De singulis, quantum breuitas nostra permittit,
perspicue & distincte agemus.

A Burgundiæ Comitatu inter lacum
Geneuensem siue Lemanum & Neocomensem (Neuburger See) situm est
VAVDVM, Gallis *le pais de Vaud*, nostris die Waat, tractus ciuitatis Bernen-
sis, in quo præcipuum oppidum est
Lausana ad lacum Lemanum, nobilitata episcopatu & academia : sed Episcopus iam alibi sedem habet : *Moudon,*
Minnodunum, Germanis Milden, ad

la

la Broye amnem: *Yverdon,* Ebrodunum, sub lacu Neocomensi : *Auvenches,* Aventicum, nostris Wiflisburg, ad lacum Moratensem a ▮▮▮▮ , supra quem oppidum *Morat,* ▮▮▮▮ten nostris, positum est, Bernatibus & Friburgensibus communiter subditum. Trans lacum Neocomensem est *Granson,* sub dominio Bernatum & Friburgensium : vtrumque clade Caroli, Ducis Burgundiæ clarum, quam 1476. ab Heluetiis accepit : & *Neufchastel,* Neuburg, in Heluetio agro, sub proprio Comite, Duce Longouillano, ac saluo protectionis iure, quod Bernatibus manet. *

FREIBVRG, nunc episcopi Lausanensis sedes, vndique Bernatensi agro coarctatur. BERNA autem culta ciuitas

E 4 &in

---

* mortuo 1694. Duce Longueuillano, lis inter Principem Condiensem, & viduam Principis de Nemours oriebatur, quæ quidem pro illo decidebatur, manente tamen vidua in possessione, & hac 1707. etiam mortua, lis tandem in fauorem Domus Porussiacæ decisa fuit, quæ & iam Neufchatel, & Valangin in possessione habet.

& in Cantonibus validiſſima, ad Aro-
lam fluuium, vulgo *Aar*, in cuius inſula *Arberg* oppidum pariter Bernatibus
ſubiectum ▆▆▆ Eorundem eſt *Arau*,
Arouium, ▆▆▆ flumini, ſed magis
in ſeptentriones tendenti, adpoſitum,
vbi quatuor Reformatæ ciuitates ſuos
conuentus habent. Tractus iuxta hoc flumen, *Arrgau*, appellatur, in eoque ſitum eſt etiam *Burgdorf*, oppidum cum
caſtro, ditionis Bernenſis. *a)* LVCERNA
que-

---

a) ad Pagum Bernenſem pertinet, & ei ſubſunt,
Riba, paruus portus ad lacum Lemanum, ex
quo ille transnauigatur, *Erlach*, *Niedau*,
duo non ignobilia oppida, ad lacum Bielen-
ſem, *Bieles ſee*, *Eſtavaye*, vel *Steſs*, & *Mor-
ſee* ad Lacum Neocomenſem, *Neuenſtad*,
oppidum, *Zylig*, arx, ad lacum Lemannum,
la Serre, ad flumen Venoge, *Leſeles*, ad flumen *l'Orbe*, *Aygle* in confiniis Valleſiæ;
Brienz, ad lacum Brierzenſem, *Seven* inferius, vbi altiſſimus mons. *Gleſcher*, quem
adhuc creſcere incolæ affirmant, *Kœnigs-
feld*, monaſterium in illo loco ædificatum,
vbi Imperator Albertus I. 1308. interfectus,
Habsburg, ad Arovium, arx vetuſtiſſima,
vnde domus Habsburgica nomen ſortitum.

quoque in Argoia sita, ad lacum qui per
anfractus ad Siluanensem vsque regionem porrigitur, vrbs nobilis ex XIII.
pagis, sed ignobilioris territorii, Bernæ
ad hibernum ortum opposita. *a)* SO-
LODVRVM, nostris *Solotburn*, Gallis
Soleurre, & Gallici legati ad Heluetios
sedes, in Arolæ ripa boreali sita, angu-
sti agri, sed nitida & culta ciuitas est,
inter Arouium & Biennam media. *b)*

Trans hunc amnem, Rhenum versus
territorium est episcopi Basileensis, in

E 5   quo

_____

Porro cum Friburgensibus Bernenses cóm-
muniter possident, *Orbeu*, haud longe ab
Eboroduno, *Peterling*, & *Murten* ad lacum
Moratensem.
a) *VVolhusen*, oppidum, *Rottenburg*, arx &
oppidum, *Willisau*, ad amnem VVises,
Munster, seu Monasterium, in Argouia Præpositura, Principali dignitate insignita *Sem-*
pacb, oppidum a clade Austriacorum 1386.
nobilitatum, quod, uti & Munster, in clientela tantum Lucernensium est. Inter *Lu-*
thertbal, & *Eimentbal* tractus est, qui *Ent-*
libacb, nominatur.
b) *Thierstein*, Comitatus, & *Alten*, oppidum
mediocriter munitum ad fluuium Arouiam.

quo funt *Brontrut*, Brudufia, Gallis *Porentru*, in Burgundici Comitatus confinio, fedes epifcopi Bafileenfis; & *Delsberg*, Gallis *Delemont*. Sed hæc iurisdictionis epifcopalis funt, nec ad Heluetiorum fœderatam rempublicam pertinent. In eodem tractu *Bienna*, noftris *Biel*, ad lacum cognominem, fed libera, & Heluetiorum focia, quibus 1547. acceffit. BASEL autem, fiue *Bafilea*, vrbs ad Rhenum fita & academiæ laude clariffima, pars eft fœderatæ Heluetiæ, in cuius agro prope Reinfeldam in colle vicus *Augft* cum multis antiquitatis veftigiis confpicitur, quæ Auguftam ibi Rauracorum fuiffe teftimonia funt: in altera ripa prope vrbem vicus *Hüningen* a Gallis valide munitus eft. a)

Supra Rhenum, fed orientem verfus,

& pro-

a) Munimenta eius citerius fita, Pace Ryfvicenfi deiiciebantur, quibus, orto bello, nouiter exftructis, iam Pace Baadenfi, eorum demolitio repetita, a Gallis etiam, quamuis leuiter tantum confumata fuit. *Lichftal*, oppidum non ignobile non longe ab *amne Ergez*, diffitum.

& propior Brigantino lacui eſt SCHAF-
HVSA, & ipſa in Cantonibus, ſed paruæ
iurisdictionis, etiam extra Heluetiæ limitem, ponte tamen eidem coniuncta. *a*) Inter hanc & Baſileam *Egliſau*,
Tigurinis ſubdita, ad Rhenum, cui in
eadem ripa occaſum verſus adiacent
Zürzach, peramplus vicus, & Keyſer-
ſtul, Forum Tiberii, ſed hoc ſub dominio epiſcopi Conſtantienſis. Proximæ
Baſileam verſus ad Rhenum ſunt quatuor ciuitates Waldenſes, Wald. Städ-
te, Auſtriacæ ditionis, quarum quædam
cis Rhenum, fere in Heluetiæ ſolo, ſi
ille terminus eſt, videntur poſitæ, nempe *Reinfelden*, & *Lauffenburg*; verum
de his agemus in Germania cum reliquis
transrhenaniſs. Inter lacum Brigantinum & Schafhuſam, eſt oppidum Ti-
E 6 guri.

---

a) *Neukirch*, præfectura & oppidum in Klettgo-
via ſitum, vbi & oppidum *Wingen*, *Rheinau*
inſula eſt, non longe a cataractis Rheni diſ-
ſita, in qua monaſterium ditiſſimum eiusdem nominis, quod tamen ad Schafhuſia-
num Pagum non pertinet.

gurinorum *Stein* trans Rhenum, Heluetiae tamen ponte iunctum.   Ex limite ad interiora Heluetiae reuertimur.

ZÜRCH, Tigurum, ad lacum cognominem clara ciuitas, gymnasium habet: *a*) inter hanc & Rhenum ad amnem Limagum (*Limmat* vulgo) est *Baden*, Aquae Helvetiae siue Castellum Aquarum, non tam thermis notum oppidum, quam comitiis foederatae reipublicae.   Patet octo antiquioribus pagis, dicitur etiam Ober-Baden, tanquam thermae superiores.   Adiacent in Austrum *Mellingen* ditionis octo pagorum: & *Bremgarten*, ad *Krsum* flumen: *b*) at *Rupersvveil*, Ruperti villa, quae

---

a) *Eglisau*, oppidum Rheno adpositum, cum arce e regione eiusdem nominis, *Regensberg* oppidum & arx, monte Logesberg impositum.

b) Cum autem modernus seditiosus abbas St. Gallensis, ob Turgoviam, a se per complures annos misere vexatam, inter catholicos Cantones, Tigurinenses & Bernenses 1713 bellum excitaret, profligatis Catholicis, *Baden*, seu Aquae Heluetiae, vna cum *Mellingen* &

quæ diuidit Tigurinum lacum in superiorem & inferiorem, quinque pagis subdita est. *a*) *Kyburg*, quod Comitatui quondam nomen dedit, est etiam Tigurinorum.

Inter Lucernam & Tigurinum lacum est Z V G, Tugium, cognomini sed minori lacui adsitum : *b*) & paullo australior S C H W I T Z, Svvitia, vicus amplus, & caput cognominis pagi, etiam hodierni nominis, quo totam Rempublicam signamus, fons & origo, ad *Mutam* fluuium, post tergum lacus, quem vocant der Waldstädter See. *c*)

E 7 Sub

Bremgarten Bernenses occupabant, qui, pace facta, & hæc oppida retinuêre. Nobilitatæ sunt & aquæ Heluetiæ, seu *Baden*, pace, 1714. inter Imperatorem, Imperium, & Regem Galliæ constituta.

a) Iam autem, sedatis dictis motibus, per Abbatem St. Gallensem afflatis, Bernensibus & Tigurinensibus paret.

b) *Bar, Cham*, oppidula, *Frauenthal*, monasterium.

c) Cœnobium, *Einsedel*, *March*, paruus tractus, *Gerison* vicus, qui in repartitione præteritus, & ob id nulli subiectus dicitur.

Sub lacu enim tractus ille filuestris est,
quem VNDERVVALDEN appellant, &
pagum siue Cantonem constituit, cuius
caput est *Stanz*, vicus maior.　Pagus
autem hic per quernam siluam in superiorem & inferiorem diuiditur, & nomen ab inferiore, quod latior est, accepit.　Mons a latere est inter Stantiam
& Lucernam, Pilati exitu fabulosus. a)
Sub extremo lacu, oppidum est *Alidorf,*
primarium pagi VRI, cuius cetera longius in austrum vergunt ad *S. Gothardi,*
montem Alpinum.　Orientalem Heluetiæ partem GLARIS & APPEN-
CELL, duo reliqui pagi, continent,
vterque a vico primaria nominatus.
Glaris inter Valdensem lacum & Rhenum: *Abbatiscella* inter Ruperti villam
& eundem fluuium prædiues burgus.
Quatuor inde leucis in septentrionem
distat oppidum *S. Gall*, id est S. Galli
Fa-

***

a) Sita & in hoc pago ambo Cœnobia *Engel-
berg*, quorum alterum monachis, alterum
virginibus destinatum, & clientelæ Lucern,
Vri, Svviæ & Vnteryvalden, subdita sunt.

Fanum, insignem habens abbatiam, cuius præsul est princeps imperii Romani,
& ex præcipuis sociis Heluetiorum.
Weil inde in occasum recedit, vbi San-
gallensis abbas sedem fixit. *a*) Tractus
ibi est TVRGAVV, cuius primaria oppida habentur *Frauenfeld*, & ad Rhenum, inter Stein ac Schafhusam, *Dissen-
hosen*. Prope a S. Galli fano abest *Constantia*, nostris Costnitz, ad lacum Acro-
nium, Boden-See, vbi Rhenus ex hoc
in lacum se Venetum effundit, episcopalis vrbs, antea etiam imperialis, nunc
in potestate Archiducum Austriæ. Intus
in Heluetiæ finibus sita sunt pleraque,
quæ Constantiensis episcopus, Heluetiorum socius, ditione sua tenet, vt *Epi-
scopicella*, & alia.

Hactenus de Cantonibus ipsis, &
potioribus, quæ illis subdita oppida
sunt in Heluetia. Quatuor enim Ita-
licas præfecturas, vbi *Lugano*, *Mendrisi*,
Lu-

---

a) Omnem ditionem Bernenses iam possident,
ob pacem cum Abbate nondum firmiter sta-
bilitam.

Lucarno & *Vallis Madia* sunt, in Italia cum Mediolanensi Ducatu, ad quem pertinuerunt, enarrabimus. *Socii* restant, e quibus Constantiensem episcopum, & Sangallensem abbatem, qui intra fines Heluetiæ sunt, ac vrbem Biennam siue Biel, Neocomum siue Neuburg, supra lustrauimus. *Einsidelensis* autem abbatia, peregrinationibus famosa, ad pagum Svvitiam, a quo prope abest, pertinet. *Geneva*, inclita ciuitas ac libera, & foedere iuncta Bernatibus ac Tigurinis, academiam & episcopalem dignitatem habet, verum episcopus, postquam ciues sacra superiori sæculo mutarunt, plerumque Annecii in Sabaudia commoratur. Sita vrbs in ore Lemani lacus, Genfer-See, quo Rhodanus effunditur, atque ita in communi limite Heluetiorum atque Sabaudiæ est.

VALLESIA quoque, *le Vallays,* Walliser-Land, ad hanc societatem pertinet, cui 1533. se adiunxit. Inter Italiam & Heluetiam medio situ, perquam Rhodanus inter ortum suum & Lemanum

num lacum decurrit, tota inalpina, &
iugis suis prope inacceſſa.   Superior in
orientem vergit ; Inferior occaſum reſpicit.   Oppida iuxta Rhodanum ſunt
Sitten , Sedunum, Gallice *Sion* , caput
gentis, epiſcopatu inſigne ; *S. Morice,*
Mauricii fanum , vbi ſedet epiſcopus
Sedunenſis, clauis totius regionis : inter vtrumque *Martinach* , forte Octodu-
rum, Gallis *Martigny*, paullo longius a
ſiniſtra ripa Rhodani reductum.

   In ortum adiacent, qui GRISONES
dicuntur, Graupünter, Rhætorum pars,
fœderati Heluetiorum.   Terminos habent ab occaſu Heluetiam , a qua per
Rhenum diuiduntur : a ſeptentrione
Sueuiam , ab ortu Tirolenſem Comitatum : a meridie Italiæ partes.   Et ipſi
libertate gaudent, diuiſi in tres ordines,
nempe *fœderis ſuperioris* , quod etiam
fœdus Canum vocatur : *a*) *Domus*
Dei.

---

a) *Ilanz*, Ilantium, caput huius fœderis , plerumque omnes tres ordines hic conueniunt,
Rheinwald, & quædam alia ignobiliora. Fœdus hoc ex 28. Societatibus, (*Gemeinen*,)

Dei a) & tandem *decem Iudiciorum.*
Caput regionis eft *Chur*, Curia, prope
Rhenum, epifcopalis: propius hoc flumen a feptentrione eft *Meyenfeld* ; ab
auftro Curiæ, *Furftenau.*

Subfunt Grifonibus Comitatus
CLAVENNENSIS & VALLIS TEL-
LINA, Veldlin. Clauenanæ Comitatus
eft inter Grifones , Vallem Tellinam,
ac Italiam, *Chiavenna*, Clauenna, Germanis Cleve, oppidum huius comitatus
ad *Mainam* fluuium : alterum huic vicinum *Plurs* montis imminentis ruina
1618. oppreffum eft. VALLIS TELLI-
NA, *la Valtellina* Italis, Italiæ propinqua,

conftat, quarum 18. Papifticæ Sectæ fequuntur, reliquæ decem autem Religioni Euange-
licæ deditæ.
a) Epifcopalis Sedes , *Churbbahlen* , cœnobium, tractus circa illud Virnsgau nominatur.
Pfefferbad, thermæ celebres, montibus vndique claufæ, Epifcopo Curienfi paret , *Vallis Æni*, Innthal, vbi Ænus oritur, diuiditur
in fuperiorem, *Ober-Engaddin*, & inferiorem, *Vnter-Engaddin*, verfus Comitatum
Tyrolenfem.

qua, ad radices Alpium Rhæticarum, ab Addua flumine rigatur, habetque *Morbegno*, Morbonium, *Tirunum, Sondrium* (Sonders) quibus & *Bormium* (Worms) Comitatus nomine adnumerantur.

CAPVT V.

DE

XVII. PROVINCIIS BELGICIS.

SEptendecim prouinciæ, quibus *Belgicarum* nomen vulgo tribuitur; pars veteris Galliæ Belgicæ funt ; poft Burgundico-Ducatui adnexæ, cum quo in ditionem Auftriacorum venerunt, & ab his ad Reges Hifpaniæ. Septem ex illis, Hifpanorum dominationis & facræ inquifitionis pertæfæ, fuperiori fæculo defecerunt, fœderatam inter fe rempublicam conftituentes, quam Hifpani diuturnis bellis fruftra repetitam, Weftphalica tandem pace 1648. deckararunt

rarunt liberam. Ex decem reliquis, quæ
Hifpanicæ poffeffione remanferant,
Galli interea multas magnasque partes
abripuerunt, pacificationibus diuerfis,
Pyrenæa, Aquisgranenfi, Nouioma-
genfi (Ryfvicenfi & Vltraiectenfi) poft-
modum conceffas, vt adeo hoc tempore
a multis, præfertim Gallis geographis,
inter Hifpanicum, Gallicum & Fœdera-
tum Belgium tripartito diftinguatur.
Nos & fitus rationem & poffeffionis
habebimus, ab iis prouinciis initium
facturi, quæ explicatis Galliæ partibus
propinquiores exiftunt. Primum itaque generatim poffeffiones delineabimus : deinde prouincias fecundum fitus pofitionem difpiciemus.

Quæ ex feptendecim prouinciis olim
Hifpaniei iuris erant, nunc autem partim Hifpanici, partim alieni funt, decem numerantur, Flandria, Brabantia,
Artefia (*l'Artois*) Hannonia (Hennegau) Geldriæ pars, Namur, Luxenburg,
Limburg, quibus in Brabantia adduntur Antvverpienfis Marchia, & Dynaftia

ftia Mechlinenfis. Reliquæ feptem
fœderatæ funt & liberam rempublicam
conftituunt, Hollandia, Selandia, Fri-
fia occidentalis, Zutphania, Vltraiectina,
(Utrecht) Transifalana, (Ober-Jfel) ac
Gröningenfis. Geldriæ partes fub Zutphania continentur, aut cum ea vnam
prouinciam faciunt. Præterea extra
fuas prouincias fœderati Ordines nunc
poffident in Flandria, *Hulft*, *Sluis*, &
cetera infra recenfenda : in Brabantia
*Maftrich, Hertzogenbufch, Bredæ, Grave,
Bergen ob zoom* : in Limburgenfi *Falkenburg* & *Dalem*. Quibus nunc ex Geldria Rurmondium & Infula St. Stephani, (Stevenswerth) acceffit.

Belgium Gallorum fiue Francicum
comprehendit Artefiam totam maiorem ac meridialem partem Hannoniæ,
partem Flandriæ ad occafum & meridié
protenfá, Ducatus Luxenburgici partem
auftralem, pace Pyrenæa cóncelfam, cui
1684. ipfum caput prouinciæ *Lüzzenburg*
fiue *Luxenburg* poft non adeo opero-
fam obfidionem adiectum, fed Ryfvvi-
cenfi

censi pace est redditum. Ex quibus facile adcolligendum est, quæ Hispanis ex Belgicis prouinciis relicta sint, nempe Flandriæ pars ad ortum & septentrionem. Brabantiæ plurima : pars Hannoniæ borealis : Namurcensis Comitatus : partes Limburgi & Geldriæ, (quæ tamen iam pace Vltraiectensi Regi Porussiæ cessit) Luxenburgi reliquum, cum metropoli. Sic facies rerum se habebat quum hoc primum scripsimus: bellorum autem fortuna subinde aliquid ablatum fuit aut restitutum : & vltimo tempore 1706. a Britannis Belgisque Sociis Carolo I I I. Hispanorum regi, multa quæ a Gallicis præsidiis tenebantur, sunt adquisita quidem & ad dominum reducta legitimum, v. g. Brügge, Dam, Gent, Antvverpen, Bruxellæ, Audenarde, Dendermonde, O. stende, Löven: & grauiori obsidione Mœnen, Ath. Tornacum, Insulæ, (Ryssel), Aria, alia quædam, pace autem Vltraiectensi omnia ferme Gallis restituta.

Fluuii

Fluuii maiores in Belgis funt *Mofa*, die Maafe, *Scaldis*, die Schelde, *Rhenus*, qui poft diuortia nomen fere & oftia amittit. Dexter enim alueus in Ifalam Drufiana foffa effluit , vulgo Ifel dictus : finifter Waal, Vahalis : & *Leccus*, medius alueus, Leck vulgo, infunduntur Mofæ : vnus per Traiectum & Lugdunum ductus nomen quidem Rheni retinet, fed fimilior foffæ quam fluuio aquam fuam non effundit. Mofa etiam poft Dordracum difpenfatur & finifter alueus *vetus Mofa* dicitur. Mediocria aut minora flumina multa funt, *Legia* (*le Lys* Gallis, *Leye* Belgis) quæ ad Gandavum Scaldi mifcetur : *Scarpe* eidem inter Tornacum & Duacum : Sabis (*la Sambre*) in Hannonia : Tenera, Demera , & alia.

ARTESIA , incolis *l'Artois*, regio eft Picardiæ ab occafu & meridie : ab ortu Flandriæ & Hannoniæ contermina, Comitatus titulo vfa. *a*) Caput eius
Arras

---

a) Omnis regio 12. leueas in longitudinem , & 6. in latitudinem extenditur , numerat 12.

Arras fiue *Atrecht*, Atrebatum, vrbs
ampla & epifcopalis ad fluuium Scarpam: *a*) *S. Omer*, Fanum Audomari,
itidem epifcopalis: *b*) & antea munitum *S. Venant*, Fanum S. Venantii, in
Flandriæ finibus: *c*) adhuc autem bene
munitæ, *Aire*, *d*) Aria, in Flandriæ
collimitio, *Bethune* ad amnem *la Biette*,
octo leucis ab Atrebatio in feptentrionem: *e*) *Hesdin*, Hedina, in Picardiæ
limite: *Bapaumes*, Bapalma: *Saint
Paul*, proprii Comitatus nomine infi-
gni-

---

vrbes principaliores, & vltra 700. oppidula
& pagos.

a) In duas partes diuiditur quarum prima la
Citte, & altera la Ville, nominatur, illa E-
pifcopo, hæc regi paret. Haud ita procul
diftat Abbatia *Eftreu*, Caftellum *St. Eloy*,
nupero bello Stativis fœderatorum clarum,
& Abbatia *Mareone*, antiquitate clara.

b) Olim Sithim dictum.

c) Nupero bello 1710. a fœderatis captum, reftitutum tamen pace Vltraiectenfi.

d) Etiam 1710. operofa & cruenta obfidione
Gallis erepta, reddita tamen dicta pace.

e) Eadem fata cum St. Venantii fano, & Aria
vltimo bello habuit.

gnitum oppidum ; *Lilers*, Lilerium,
vrbecula ; at *Terovanne*, Taruana, a
Carolo V. excisa, adhuc in ruinis iacet
ad amnem Legiam. *a*) Tota Artesia hoc
tempore nunc iterum iuris Gallici est.
Huic

FLANDRIA in septentrionem
obiacet, ad oceanum vsque extensa,
in cuius parte GALLICA *Dovay*, Duacum, ad Scarpam, academiæ domicilium, *b*) & *la Bassée*, Bassia, antea munita, in Artesiæ limite : *c*) *Ryssel*, Gal-

F lis

---

a) *Aubignum*, (Aubigny,) oppidum cum Ba-
ronia. *Lensium*, *Lens*, nupero bello satis innotuit, *Bassée*, oppidum, cuius munimenta
iam in ruinis iacent, *Pernes*, oppidum, pari
cum priori fortuna fruens ; *Espinoy* Espi-
noia, pagus & castellum, quod Principatui nomen dedit, ad flumen Marque positum.
Renlby, ad flumen Aa, vnde Marchionatus
nomen trahit ; *Abenna*, Avesne le Conte, oppidulum non longe ab Atrebato distans, &
alia quædam.

b) Gallis quidem sat operosa obsidione 1710,
ereptum, iterum autem 1712, post fatalem
pugnam ad Denaisiam, amissum.

c) Gallici & Hispanici Geographi hanc vrbem
Artesiæ annumerant.

lis *Lille*, Latinis *Insulæ*, vrbs nitida & permunita, caput totius Belgici Francici: *a*) *Dornik*, Gallice *Tournay*, Tornacum, ad Scaldim: *b*) *Orchies*, *Lanoy: Rouselar*, in septentrionem inde prospiciunt *Ypern*, Ipers Gallis, episcopalis: *c*) *Armentieres*, Armentariæ, ad flumen Legiam: ad mare *Dünkirche*, munitissimum olim oppidum cum tuto portu: *d*) *Grevelingen* (Gall. *Graveli-*
veli-

----

a) Capta quidem 1708. a Fœderatis post obsidionem, qualem modernæ historiæ non numerant, reddita tamen, dolo Ministrorum defunctæ reginæ Angliæ Gallis pace Vltraiectensi.

b) Gallis ereptum 1709. cruenta & summe memorabili obsidione, iam a Batauis tenetur.

c) Male Flandriæ Gallicæ annumeratur, cum ad Flandriam Teutonicam pertineat. Galli eam pace sæpe memorata Vltraiectensi reddidêre, & nunc Batavi illam tenent.

d) Vigore Pacis Vltraiectensis omnes munitiones iam deiectæ sunt, & portus expletus, licet non omnia ita adimpleta, vt Anglis satisfaciant. *Mardyck*, oppidum olim munitum, M passuum tantum a Dunkerka distans, iam exquisitissimo portu instructum, ob quem infinitæ querelæ moderni regis Angliæ.

velines) in eodem littore permunitus
portus inter Dunkircham & Caletum:
intus paullo *Werne*, Gallice *Furnes*, vix
vna leuca a mari, cultum & munitum
oppidum : *a*) & *Vinoxberg*, Mons S.
Vinoci, prope Dünkircham; arx *Mar-
dick*, quondam munita & vicina Dun-
quercæ, nunc disiecta iacet : *b*) *Mee-
nen*, seu *Menin* recens munitum oppidum ad Legiam (*le Lys*) amnem, vna
leuca a Cortraco: *c*)

        F 2   FLAN

---

a) Belgii iam possident.

b) Male arx dicitur, cum, vti iam dictum, oppidulum sit, olim fortalitio (Schanze) instructum.

c) Gallis 1706. ereptum, & Batavi iam id præsidio tenent. Hactenus recensita oppida
Geographi Gallici ad Flandriam Teutonicam
referunt : huc pertinent *Comines* Comini-
um, oppidum & arx, a Batavis iam munitum,
Lanoy, Lanoia, oppidum intra insulas &
Tornacum, *St. Amand*, fanum St. Aman-
dii, Abbatia Benedictinorum sat nobilis, quæ
nupero bello multoties inclaruit, ad ostium
fluuii *Elken*, vbi se in Scarpum exonerat:
Mortaigne, oppidulum, pace Vltraiectensi
Belgis relictum, *Marchienne*, Abbatia Be-

FLANDRIAE HISPANICAE caput
eſt *Gent*, Gandauum, vrbs ad Scaldim
ampliſſima, *a*) ad idem flumen *Oude-*
narde, Aldenarda & *Dendermonde* ſiue
Dermonde, Teneramunda, illa Tornacum verſus ; hæc inter Gandauum &
Antvverpiam : *Aloſt* inter Gandauum
& Teneramundam, Comitatus nomine, quo *Ninove* pertinet : ad Legiam
Harlebeck, & nobilius *Cortrick*, Gallice
Courtray, Cortracum, ſæpe a Gallis ereptum & reſtitutum : ſicut etiam *Dix-*
muda ad *Iperlam* fluuium, inter Ipras &
Oſtendam media : *Geertsberg*, Gerardi
Mons, Gallice *Grandmont*, immunitum
nunc oppidum ad Teneram flumen :

　　　　　　　　　　　　　　　　　　pro-

nedictinorum vltimo bello ſatis innotuit,
præprimis 1712. poſt infelicem pugnam De-
naiſianam.

a) Galli vrbem hane 1708. dolo occupabant,
eiiciebantur autem eodem anno, menſe De-
cembri, natiuitat. Imperatoris Caroli V. celebris ciuitas. Noua foſſa, (die neue Fahrt)
1551 fodiebatur, ad cuius oſtium munitiſſi-
mum fortalitium Sas van Gent, exſtructum,
quod Batani tenent.

propior oceano *Brügg*, Gall. *Bruges*,
vrbs splendidissima, episcopatu insignis : *a*) *Dam* oppidulum permunitum inter Brugas & Clausulas, quasi Brugarum propugnaculum : *b*) *Blanckenberga*, munita amissis *Clausulis* : in littore *Ostende*, tertio a Brügis lapide, portu prædita, diuturna obsidione 1601. ad 1604. facta clarior: *c*) inter hanc & Dunquercam *Nieuport*, Nouus Portus, egregium munimentum cum capaci portu. *d*)

Est etiam Flandriæ pars, vt prædiximus, in potestate fœderatorum Belgarum, Flandria Hollandica Baudrando, Hispanis ante Monasteriensem pacifi-

F 3 ca-

---

cationem erepta. *Hulst* oppidum huius partis est; & *Schluis*, Clausulæ ; &
Ardenburg, ac mari propius *Isendick*,
munitum oppidulum , & *Sas de Gent*,
arx a Gandauo quatuor milliariis in
boream remota, de qua supra. *Birvliet*,
munitum oppidum in insula cognomine contra Isendicum. *

BRA-

---

* Autor Flandriam Hispanicam & Teutonicam commiscet, quas tamen reliqui Geographi sat accurate distinguunt, vti & a se in-
vicem distinguendâ. Flandria enim illa,
quæ Teutonica, & Imperialis dicitur , ab
Imperio immediate dependet , non autem
reliqua Flandria. Occurrunt adhuc in hac
Flandriæ parte, *Deynse*, oppidum, proditione Præpositi sui 1695 notum. *Bourbourg*, oppidum mediocriter munitum, non longe a
Grevelingen distans, Gallis paret. *VVarneton*
arx probe munita, non procul ab Ipern, Imperatori iam paret. *Isendyck*, munitissimum
fortalitium & oppidum, Biervliet oppositum ; Batavis paret, circumiacent quædam
minora fortalitia , nimirum *Patien-
tia* , *Philippina*, *Catharina*. *Cadsand*, Insula parua , & munitissimum oppidum, non
procul a Schluyfs, Batavis paret, *Harlebeck*,

BRABANTIA in medio Belgica-
rum prouinciarum Ducatus titulo infi-
F 4 gni-

oppidum & Vicecomitatus ad Leye flumen,
1. Leuca a Cortraco diftans. *Caftel*, Caftellum, vrbs monti impofita, largiffimum di-
ftrictum fub fe comprehendens, Galli eam
tenent. *VVarbbick*, Viroviacum, oppidum
antiquitate notum, ad flumen Lege. *Loo*, nobile
oppidum ad Iperæ riuum: *Hondefchot*, vicus moderno bello fæpius nominatus, vti &
Rouffelaer, oppidulum, a quo caftellum
Rumbeck non longe diftat. *La Kenoque,*
Knocke, fortalitium munitiffimum in angulo confluentis Iperæ & Ifaræ extructum, Gallis 1712 a Batavis aftu ereptum. *Plaffendal*,
nouiter extructum fortalitium inter Often-
dam & Brugges, Galli 1708. magno Fæde-
ratorum detrimento occupabant, breui tamen iterum relinquebant. *Leffingen*, vicus
munitionibus inftructus, non longe ab Often-
de diftans, a Gallis 1708. captus, & ruinis
datus, iterum tamen a Fœderatis exftructus.
VVinendal, pagus, victoria a Fœderatis
contra Gallos 1708. reportata, inclaruit,
quod & de *Aldenarda*, *Audenarda*, etiam
tenendum, victoria eodem anno contra Gallos expugnata, memorabilior facta. *Nieu-*
ffendam, fortalitium Ifera circumdatum, ad
foffam verfus Nieuport tententem.

gnita, terminatur a septentrione Hollandia & inferiori Geldria : ab ortu
Geldria superiori & Episcopatu Leodiensi : a meridie Hannonia & Comitatu Namurcensi : ab occasu Flandria
& Selandia. Diuisa quondam in iv. partes Lovaniensem, Bruxellensem, Antvverpiensem & Boscoducensem : nunc
ex possessionis iure commode diuiditur
in partem *Hispanicam*, quæ maior est;
& *Fœderatorum Belgarum*, quæ septentrionalis.

In HISPANICA BRABANTIA
Brüssel, Gallis *Bruxelles*, Bruxellæ, caput prouinciæ & sedes Gubernatoris
Hispanici. *Antvverpia* (nostris Untorff,
Gallis *Anvers*) in maximis Europæ vrbibus ad Sealdim : *a*) *Lillo*, castrum

pro-

---

a) *Antvverpiam* circumiacent fortalitia, *Philippieux, Maria, St. Crucis, Perle*, (die Perle=Schantz) & *Bedfort*, nouiter extructum.
Galli 1701. hanc vrbem occupauerant, post
gloriosam autem pugnam 1706 apud Ramellier expugnatam, fœderati deditione
eam capiebant. De *Brussellis* sciendum, Ele-

prope eundem fluuium. Inter vtramque in ortum vergunt *Mecheln*, Gallis *Malines*, Mechlinia, archiepiscopalis, & sedes iuridici conuentus, ad Demeram fluuium; ad quem in ortum subiacet *Arschot*, Ducatus titulo insignitum: & *Dieß*, sub dominio vtili Principis Aurasiaci. *a*) Inter Arschotum & Mechliniam meridiem versus *Löwen*, Gallice *Louvain*, Louanium, academia clarissimum. *b*) *Thienen*, (Gallis *Tillemont*)

F 5

&torem Bavariæ 1708. eum obsedisse, quem Dux Marlborugensis mira celeritate soluere cogebat. Castellum *Montery* & *Fort Montere* Bruxellis adiacent. *Vilvorden*, oppidum & castellum supra Bruxellas, probe munitum.

a) Elector Bavariæ 1705. occupabat, nullo tamen vsui, breui iterum relinquens.

b) Fatalis erat hæc vrbs fœderatis 1705. licet enim fossam (Linie) a Gallis ad Iltho fluuium ductam occupassent, quam inuincibilem esse iactitabant, Lovanium tamen recuperare irrito conatu tentabant, factum sit vel errore militari, vel alia ex causa; sequenti autem anno post pugnam Ramellichsem omnia felicius succedebant. Lovanium circumia-

mont) in Hannoniæ finibus: *Liere*, Lira, (quibusdam Niuesdum) munitum ad *Netham* amnem altero milliario a Mechlinia in septentrionem distans. *Gembleur*, Gemblacum, Gallis *Giblou*, in Namurcensi confinio, sub tetrarchia Louaniensi. *Senef* vicus, prœlio inter Gallos & socios exercitus Belgarum 1674. nobilitatus, in limite Hannoniæ inter *Reux* & *Niuelle*. Etiam *Geldenacken*, siue *Iudoigne*, in Louaniensi tetrarchia, victoria Britannorum & fœderatorum Belgarum 1706. celebrius factum oppidum. *

Bra-

---

cent cœnobia, *Bethlem*, *Burck*, & *Glierbeck*. Abbatia Benedictinorum nobilibus destinata. * Error hic committitur, siquidem pugna hæc non ad *Iudoigne*, sed ad *Ramellier*, Ramelliesium fiebat. Notanda autem adhuc obueniunt, *Cortenberg*, Cœnobium moniale Benedictinorum inter Lovanium & Bruffellas. *Heßrle*, libera Dynastia Ducibus Arschoti parens, Genealogia Ducum Croiensium, *de Croy*, in templo ibi visitur, quæ ab Adamo vsque ad nostra tempora deducta. *Landen*, oppidulum ob cruentam pugnam 1693. inter Regem Angliæ, VVilhelmum III, & Ducem

Brabantiæ *septentrionalis* pars ad *Fœ-
derates Belgas* pertinet, in quo funt *Bergen ob zom*, a paruo fluuio fic-dicta, *Bre-
da*, tûm aliis ornamentis, tum pacificatione Anglorum & Fœderatorum Belgarum 1667. infignis : *Herzogenbufcb,*
Silua Ducis (Bosleduc & *Boldac* Gallis),
& ad Mofam *Grave*: ad eundem fluuium fed, inferius in confinio Leodienfi,

F 6 Ma-

Luxenburgenfem commiffam, nobilitatum.
Sichen ad fluuium Demer, oppidulum bene
munitum. *Hannoye*, vilis quidem, Comitatus
tamen titulo gaudet. *Sont Leffe*, ad flumen
Gheete, oppidulum & caftellum paludibus
vbique cinctum, 1675. Galli Hifpanis eripiebant, pace Noviomagenfi reddentes, poftea 1705. a Fœderatis occupabatur. *Heglif-
feck* vicus quidem, ob id tamen notandus,
quod foffæ Gallorum (Linien) a Fœderatis
1705. hic expugnatæ fuerint. *Anderlecht,*
oppidulum moderno bello fæpius occurrens
& nobilitatum. *Sandfliet*, probe munitum
oppidum, a fœderatis 1705. captum, & munitionibus denudatum. *Eckern* ignobilis
alias vicus, quem tamen pugna 1703. inter
Gallos ductu ducis de Boufler, & Batavorum fub Generali duce de Obdam commiffa
clariorem reddidit.

Mastrich, Traiectus ad Mosam., singulæ vrbes munitissimæ & operosis expugnationibus nostræ patrumque ætatis memorabiles. *a*)

HANNONIA, nostris Hennegau, Gallis *Haynaut*, inter Artesiam, Brabantiam, Namur, & Picardiam sita, Sabi, id est *Sambre* fluuio secatur: Scaldi & Mosa a lateribus alluitur. Pars in ditione Gallorum est. Hispanis parent *Mons* siue *Bergen*, Montes; *b*) *Ath* siue *Aeth*, ad Teneram fluuium inter Montes & Altenardam media; foedere

Rys-

---

a) *Steenbergen*, Steenberga, ad fluuium Vleit, oppidum satis munitum. *Fort isabella* haud procul a Sylva Ducis, fortalitium munitissimum, *Fort St. Antoni*, & *Fort St. Michael*, itidem fortalitia insigniter munita, & Sylvam Ducis circumiacentia. *Rabenstein* oppidulum & castellum, non longe a Mosa distans, castellum Carolus V. dirui fecit.

b) Munitissimam hanc vrbem Galli 1691. proditione capiebant, reddita tamen pace Noviomagensi. Post mortem regis Caroli II. iterum occupata, foederati tamen operosa obsidione 1706. eam recuperabant.

Rysvvicenfi recuperata : *a*) ad eundem
amnem *Leſſines* vrbecula : *S. Ghislain*
ſiue Guilain , Fanum S. Gisleni ; &
Binſch, prope Hainam amnem : munitionibus iam carens. *Fontaine* , ad Sabim. *Engvien* Ducatus titulo clarum ;
Hall fanq B. Virginis in finibus Brabantiæ. *b*)

F .7 DITIO-

___

a) Denuo tamen 1701. cum omni Hannonia
occupata, 1706. Iuris iterum Auftriaci facta.

b) Memoranda adhuc, *Chievres*, oppidum vna
leuca ab Atho diftans, *Leuze*, vltimo bello
innotuit, *Ligne*, oppidum & arx, ducatus
titulo gaudens, *Anthoni* ad Scaldim, moderno bello munitum, nunc autem iterum
denudatum, *Chimay*, non ignobile oppidum, ducatu gaudet, vnde Ducibus de Chimay titulus. *Serls*, vltimo bello faepius occurrit, oppidum cum paruo caftello, *Baumont*, Bellemontium, oppidum Comitatus
titulo gaudens, *Barbanſon*, arx, a qua Principes Barbanfonii titulum affumfere, *Ryeux*,
Rodium, paruum quidem, at bene munitum
oppidum, Comitatu infignitum. *Soignes*,
oppidum ad flumen *Seune*, Sylva Soguacen-
fis (*Soigner VVald*) non longe ab illo diftat,
Praine le Conte, Bronium antiquitate no-
fum oppidulum.

Maftrich, Traiectus ad Mosam, singulæ vrbes munitiffimæ & operosis expugnationibus noftræ patrumque ætatis memorabiles. *a*)

HANNONIA, noftris Hennegau, Gallis *Haynaut*, inter Artefiam, Brabantiam, Namur, & Picardiam fita, Sabi, id eft *Sambre* fluuio fecatur: Scaldi & Mofa a lateribus alluitur. Pars in ditione Gallorum eft. Hifpanis parent *Mons* fiue *Bergen*, Montes; *b*) *Ath* fiue *Aeth*, ad Teneram fluuium inter Montes & Altenardam media; fœdere Rys-

---

a) *Steenbergen*, Steenberga, ad fluuium Vleit, oppidum fatis munitum. *Fort Ifabella* haud procul a Sylva Ducis, fortalitium munitiffimum, *Fort St. Antoni*, & *Fort St. Michael*, itidem fortalitia infigniter munita, & Sylvam Ducis circumiacentia. *Rabenftein* oppidulum & caftellum, non longe a Mofa diftans, caftellum Carolus V. dirui fecit.

b) Munitiffimam hanc vrbem Galli 1691. proditione capiebant, reddita tamen pace Noviomagenfi. Poft mortem regis Caroli II. iterum occupata, fœderati tamen operofa obfidione 1706. eam recuperabant.

Rysvvicensi recuperata: *a*) ad eundem amnem *Leſſines* vrbecula: *S. Ghislain* ſiue Guilain , Fanum S. Gisleni ; & *Binſch*, prope Hainam amnem : munitionibus iam carens. *Fontaine* , ad Sabim. *Engvien* Ducatus titulo clarum; *Hall* fano B. Virginis in finibus Brabantiæ. *b*)

F 7 DITIO-

---

a) Denuo tamen 1701. cum omni Hannonia occupata, 1706. Iuris iterum Auſtriaci facta.

b) Memoranda adhuc, *Chievres*, oppidum vna leuca ab Atho diſtans, *Leuze*, vltimo bello innotuit, *Ligne*, oppidum & arx, ducatus titulo gaudens, *Anthoni* ad Scaldim, moderno bello munitum, nunc autem iterum denudatum, *Chimay*, non ignobile oppidum, ducatu gaudet, vnde Ducibus de Chimay titulus. *Sorle*, vltimo bello ſæpius occurrit, oppidum cum paruo caſtello, *Baumont*, Bellemontium, oppidum Comitatus titulo gaudens, *Barbanſon*, arx, a qua Principes Barbanſonii titulum aſſumſere, *Ryeux*, Rodium, paruum quidem, at bene munitum oppidum, Comitatu inſignitum. *Soignes*, oppidum ad flumen *Senne*, Sylva Soguacenſis (*Soigner VVald*) non longe ab illo diſtat. *Praine le Conte*, Bronium antiquitate noſum oppidulum.

DITIONIS GALLICAE sunt ad
Scaldim *Camerick*, Gallis *Cambray*, Ca-
meracum, vrbs archiepiscopalis in Ar-
tefiæ confinio, a Carolo V. Hannoniæ
adiecta, cum antea imperialis esset: ad
eundem fluuium *Boucham*, Bochaniam,
a fœderatis 1710 captam, iterum autem
amissam 1712. & *Valenciennes*, Valentia-
na, munitæ vrbes: *Condé*, Condatum,
ad confluentem Hainæ & Scaldis: ad
Sabim *Maubeuge*, Malobodium: & *Beaumont* prope idem flumen, inter quod &
Scaldim, *le Quesnoy*, Quercetum, captum
ab fœderatis 1712 & eodem anno iterum
amissum. *Bavay*, Bauacum: inter
Sambram & Mosam *Avesnes*, Auennæ:
Chimay, *Philippeville*, Philippopolis,
munita: *Landrecy* prope fontes Sabis. *a)*

NA-

---

a) Obsessum 1712 a Fœderatis, irrito tamen
successu ob fatalem pugnam Denaisianam.
Ianua Galliæ hoc oppidum nominatur. *De-
nain*, abbatia ad Scaldim ob cruentam & fatalem pugnam, inter omnem exercitum Gallorum, & partem exercitus fœderati 1712.
commissam, satis nobilitata. *Chateau in*

NAMVR Hannoniæ in ortum adiacet circa Mosam fluuium, parua regio, Comitatus titulo insignita. Caput eius *Namur* siue *Namen* est, quod & Namurcum dicitur: situm ad læuam Mosæ, vbi Sabim recipit. *a*) *Charlemont* a

Ca-

Cambresis, Castrum Cameracense, ad fluuium Sebe, vrbs & arx, a pace 1559. inter Gallos & Hispanos hic conclusa nota, *Basay*. Bavacum, munitionibus carens oppidum, non longe ab illo distant vici *Malplaquet*, *Tasniere*, & *Blangies*, in quorum vicinia 1709. cruentissima pugna inter Gallos & Fœderatos committebatur. *Marienburg* omnibus munitionibus iam denudatum.

a) Hanc munitissimam vrbem Galli 1692. proditione occupauerant, quam Rex Angliæ, VVilhelmus III, 1695, cruentissima, operosissimaque obsidione eis iterum eripiebat. Galli inscriptionem super portum Castelli posuerant, *Reddi non vinci potest*, inexpugnabilem eam reputantes, capta autem vrbe, invertebatur, *Et vinci, & reddi potest*. Exercitus Gallorum in propinquo erat, nulla autem obsessis succurrendi media aderant, hinc rex Angliæ monetam cudi fecerat, Exercitum Gallorum & deditionem parantem vrbem repræsentantem, hac cum inscriptione, *Amat Victoria testes*. Austriaci Iuris iam est hæc

Carolo V. conditum in monte, quem idem amnis præfluit. *Bovines*, Bouiniacum, ad eundem amnem oppidulum: *Charleroy*, Caroloregium ad Sabim fluuium in Hannoniæ confinio, arx munita : sex inde millibus passuum in septentrionem, aut ortum potius æstiuum, distat *Fleury*, vicus cruentis prœliis 1622. & 1690. nobilitatus: at *Valcourt* trans Sabim in finibus Leodicensium. *Sausou* castellum olim munitissimum, haud procul a Namurco, iam in ruinis iacet.

LIMBVRG Ducatus nomen inter Iuliacensem agrum & Leodiensem medii. Transmosanus tractus respectu Brabantiæ, *le pais d' outre Meuse*, persæpe vocatur. Pars meridionalis Hispanorum est, vbi *Limburg* sita, vrbs primaria, quæ prima nuper in potestatem
Caro-

---

urbs, & totus Comitatus, Batavi tamen, vigore tractatuum, (Barriere tractat) præsidium in illa habens. *Gibet*, noviter a Gallis extructum munimentum ad Mosam flumen, ex opposito Carolomontii.

Caroli III, Hispanorum regis, venit.
Reliqua pars ad Belgas Fœderatos per-
tinet, in qua *Dalem* est duabus leucis a
Leodio reductum : *Falckenburg*, Galli-
ce *Fauquemont* ; & Hertzogen-Rode, Gal-
lis *Rolduc*, Rodia Ducis, quæ oppida pax
Nouiomagensis quidem restituit, sed
munimentis multata. *Wuk* vero, siue
Vicus ad Mosam, e regione Traiectus
(*Mastrich*) firmiter munitus est. Huic
Transmosanæ, parti in meridiem sub-
iacet

   LVZZENBVRGENSIS Duca-
tus inter Mosam & Mosellam, & in austrum ad Lotharingiam vsque extenditur. Caput *Luzzenburg* siue *Luxenburg*,
in media prouincia situm ad fluuium
Alsitz, Alizontem, 1684. a Gallis expugnatum, sed 1697. cum inserto Comitatu Chinensi, eiusque capite *Chiny*,
Rysvvicensi pace Hispanis redditum. *a*)

                     Præ-

---

a) a Gallis 1701. iterum occupabatur, pace Vltraiectensi nunc ad Austriacos pertinet, qui
Præsidio illud iam firmavêre, Batavis, qui Lu-
zenburgam hactenus tenuerant, ex illo de-
cessi.

Praeterea Gallis prope Lotharingiae fines ad Mosellam subsunt *Dietenhofen*, Gallis *Theonville*, Theodonis Villa; & *Königsmachern*, Machra regia: & *Rodemachern*: sed Mosam versus *Montmedy*, Mons medius, permunitum oppidum: *Damvilliers* nunc sine munitionibus: & *Arlon* ad fontes huius amnis: *Carignan*, vt nouissime diei coepit *Ivois*, Epoissus siue Epusium, vna leuca a Mosa, ad Campaniae limitem. Relicta Hispanis, postquam 1684. metropolis Luzenburg erepta fuit, (nunc vero reddita) *Bastonat*, Gallis *Bastoigne*, Bensonancum: *Roche*, rupes. *S. Veit* & *Viande* sunt ditionis Aurasiacae. *a)* * DV-

---

a) *Chiny*, Chiniacum, oppidum, olim Comitatus, iam Principatu insignitus, ad fluuium *Sennoy*, Austriacis iam paret. *Marville*, ad Orthain riuum, bene munitum oppidulum, Gallis paret; *Stenay*, Stenacum, quod alii ad Lotharingiam referunt, bene munitum, *Neufchatel*, munitissimum oppidum, a nouem turribus, vt quidam volunt, ita dictum. *Grävenmachern*, plane iam in ruinis iacens vrbecula ad Mosellam vino abundat, *Rochefort* vrbecula in Sylua Ardennensi, hinc *Rochefort* *en Ardennes* nominata, *Arlos* oppidum

DVCATVS BVLLIONENSIS etiam in hoc tractu est ad siluam *Arduennam* , cuius sunt ; *Bouillon* intra siluam, vnde nomen ducitur : *Rochefort,* *S. Hubert, Mirevart : & Hierguies* & alia, quorum possessio Duci huius nominis Nouiomagensi pacificatione ad amicam litis compositionem relicta fuit.

Ex his in Geldriam progressuris Episcopatus Leodiensis medio itinere obiicitur. Germaniæ quidem accensitus in Westphalico Circulo : sed vndique cinctus Belgarum prouinciis , quem vt prius expediamus ordo instituti nostri requirere videtur , quippe non tam ad possessionis iura, quam ad situm ac positionem geographo respiciendum est. LEODIENSIS ergo EPISCOPATVS, Stifft Lüttich , caput habet *Leyk* siue *Luttich* , Leodium , Gallis *Liege* , episcopalis dignitatis, iuxta Mosam , ad quod flu-

____

iam munitum, Comitatu insignitum, Austriacis paret, *Marche en famine* , oppidum ad Masette fluuium in confiniis Episcopatus Leodiensis , & quædam alia ignobiliora.

flumen, Namurcum verſus; mediâ via eſt *Huy* : vtrumque vigore Pacis Vltraiectenſis munimentis denudandum : & infra Namurcum *Dinant*, quod Gallis patet. Inter Traiectam & Ruremundam *Maſeik* ad eundem amnem. Ad Sabin *Thuin*, Thunium, a Gallis 1683 muniri cœptum : ad Demeram *Haſſelt* : inter Demeram & Moſam *Tongren*, Tungri, ſiue Aduatica Tungrorum; & *S. Truyen*, Fanum S. Trudonis. *Spa*, vicus, Fons Tungrorum ; ſalubribus aquis celebratus, in limite Limburgénſi.

GELDRIAE Ducatus late etiam *Zutphaniam* comprehendens; a ſeptentrione Transſiſalaniam & mare auſtrinum, Suyder-See; ab ortu Cliuiam ; a meridie Brabantiam & Iuliacenſem agrum, ab occaſu Hollandiam & Vltraiectinam reſpicit. Hæc decima & vltima prouinciatum Belgii eſt, in qua Hiſpani aliquid poſſident ; quæ ſequentur, omnes ſunt in ditione fœderatorum Ordinum. Nos autem Zutphaniam ſeparantes, reliquam

liquam Geldriam in Hispanicam distinguimus & Fœderatorum prouinciam, Hispaniæ hactenus paruit pars australis, cuius vrbs *Geldern* nomen regioni dedit, inter Venlomen & Rhinbergam ad Niersam amnem permunita : Gallis 1703. erepta, & pace Vltraiectensi Regi Porussiæ, & Electori Brandenburgico cessa : *Wachterdonk* ad eundem fluuium : *Ruremund* ad Mosam, vbi *Roram* (Roere) recipit : Gallis a Batauis 1702. erepta : *Venlo* in eadem Mosæ ripa oppidum munitum ad Iuliacensem limitem : quam Galli 1702. amittebant; & *Stephanswerth*, oppidum munitum itidem ad Mosam, & hoc & illa Bataui iam tenent; *Stralem* oppidum & castellum bene munitum. Huc & pertinet Comitatus *Hornensis*, in confiniis Episcopatus Leodiensis, caput est *Horn*, vrbecula. Werth oppidum & castellum vltimo bello sæpius memoratum.

Fœderatorum Geldria distinguitur in *Velauiam*, die ᜒᛒelau, inter Rhenum & Fleuum lacum : & *Betauiam*, die ᜒᛒetau, in-

inter Rhenum & Vahalim. VELAVIAE
est *Arnheim*, Arenacum, ad Rhenum
paullo infra vicum *Iselort*, vbi per Drusi
fossam in Isalam deriuatur: *Wagenin-
gen*, ad idem flumen prope Rheinber-
gam: & ad Austrini maris orientalem
oram *Harderovik*, munitum oppidum,
& academia ornatum: ac *Elburg*: sed
Hattem ad Isalae ripam sinistrum tribus
leucis, ab ostio. Nec praetereundum *Leo*,
vicus cum arce amoenissima Principis
Aurasionensis, nunc Regis Borussici.
BETAVIAE vrbs prima *Niemegen*, No-
uiomagus, ad Vahalim pacificatione
1679. ibi composita celebrior facta:
Tiel & *Bommel*, ad eundem fluuium:
vtrumque munitionibus bene instructum. *Culenburg* ad Rheni alueum, qui
Leck vocari coepit: *Buren* Comitatus titulo clarum oppidum inter Leccum &
Vahalim amnes. Oppidulum *Kessel*
prope sinistram Mosae ripam inter Roer-
mund & Venlo, videtur castellum Me-
napiorum esse. Possessionem eius Elect.
Palatinus Batavis iam in dubium voca-
vit.

vit. In eadem ripa, sed in occasum æstiuum, post Grave, situm est *Ravenstein*,
cum agro sub dynastiæ titulo ad Cliuiæ
Duces pertinens, sed magis in Brabantiæ finibus est, quam Geldriæ, quemadmodum Grave etiam, vicinam vrbem,
Brabantiæ adnumeramus. Atque hæc
ad occasum. In limite orientali seu collimitio Geldriæ atque Cliuiæ, *Schenken-*
schanz in diuortio Rheni munimentum,
a Gallis operose 1672. captum, post
Brandenburgico Electori restitutum, a
quo foederati Ordines 1681. receperunt.
Alii Cliuiæ illud accensent. *a)*

ZVT-

---

a) *Knodsenburg*, fortalitium in vicinia Neuio-
magi egregie munitum, *Batenburg*, munitionibus non spernendis instructum, caput
regiunculæ, Maeryvaal dictæ, *Laßenßein*
Castellum bene munitum in confluentiis Mosæ & Vahalis, ob captiuitatem quorundam
procerum Hollandiæ in historia memorabilis,
quorum affeclæ ab hoc castello peculiare nomen accepere. *Ss. Andres*, fortalitium St. Andreæ, etiam in confluenti Mosæ & Vahalis
positum.

ZVTPHANIA Geldriæ pars orientalis inter Isalam ad occasum, Cliuiam ad meridiem, Monasteriensem regionem ad ortum, Transisalanam a septentrione. *Zutphen* vrbs ad Isalam, Vbi Berkelam recipit : ad quem fluuiolum est *Lochem* ; & permunitum *Groll* ad amnem Slink : *Brefort* duabus leucis a Grolla austrum versus : *Duesburg* ad Isalam, vbi fossa Drusiana ex Rheno augetur. *a*)

ZEE.

a) *Bornelo*, arx ad flumen Beronel, paulisper munita, ob dissidia memorabilis, quæ Episcopus Monasteriensis, Bernhardus a Galea, Batavis præterito seculo excitabat, quæ tandem in manifestum bellum eripuêre. *Bredsboort*, 2 leucis a Grole distans munita, & paludibus ferò vndique cincta ciuitas. *Aenhold, Anhold*, Anholtium perbellum oppidum ad Isala fluuium, Principi Salmensi paret, *Heerenberg*, oppidum Comitibus a Berck parens, *Helborg* populosa ciuitas ad Isalam, *Dosekan*, parua quidem vrbs, & ob id notanda, quia in consessu ordinum Geldriæ, voto gaudet, *Bronchorst*, Comitatus huius nominis olim caput, iam Comitibus a Limburg. Styrum paret.

ZEELANDIAM a septentrione Hollandia, ab ortu Brabantia; ab occasu mari Germanico, a meridie Flandriæ partibus terminatur. Constat ex insulis, quarum præcipuæ sunt *Walchern*, (Valachria,) *Sudbeveland*, in meridie: *Schoyven* (Scaldia) & *Duveland* in australi parte eiusdem insulæ: intermediæ *Northeveland*, & *Toln*. VALACHIA ex his primaria yrbes habet nauigationibus clarissimas *Middelburg* & *Flissingen*: inter ytramque est arx *Rameken*, quæ etiam *Zeeburg* appellatur, latine Ramua: *Arnmuyden* prope Middelburgum, cum portu oblimato: *Veer* siue *Campveer*, Beuelandia boreali opposita; arcem & portum habet sub dominio Principis Aurasiaci. In BEVELANDIA australi oppidum est *Goes* siue *Tergoes*: sed magna pars insulæ nunc mersa est, *das vertruncfene Land*, in cuius ora oppidum *Römervval*, grauiter adhuc cum mari conflictatur. BEVELANDIAE borealis sunt *Cortken* & *Campen*, ægre ex inundationibus seruata

G   ta

ta oppida. In SCALDIA *Ziriefee*, & *Brouwershafen* munita oppida & portubus inftructa. TOLEN vrbem habet infulæ cognominem, bene munitam : *Martinsdyk* in Principis Aurafiaci ditione. Ceteræ infulæ fine oppidis infignibus funt.

HOLLANDIA , fupra Zeelandiam in feptentrionem pofita , diuiditur in auftralem , feptentrionalem & mediam. Plena eft vrbium populofarum, munitarum , & mercatura nobilium : fluminibus, foffis, maribus irrigua.

AVSTRALIS Hollandiæ funt ad Mofæ æftuaria & Merouæi foffam (*Mervve*) alueum Mofæ borealem, *Dortrech*, Dordracum ; fynodo Reformatorum 1618. clarum ; *Yfelmunda* , vbi *Iffel* Mofæ mifcetur ; *Roterdam*, vnde Erafmus cognominatur : *Schiedam*, vbi fluuius *Schie* influit in foffam Merouæi : & *Vlaerdingen* : ad Mofam, vbi Vahalim recipit, *Gorcum* : & antequam recipit, *Heusden*. Vicinum Gorkumo *Worcum*, fed in altera ripa : & *Leerdam* inter
Gor-

Gorcum & Viane: in Brabandiæ confinio *Gertrudenberg*; inter Rhenum & Leccam ad amnem Iſſelam *Iſelſtein*, *Outervater*, *Gouda*: ad Rhenum *Woerden*, & *Leyden*, Lugdunum, academia clarisſimum: prope Oceanum *Haag*, Haga Comitum, burgus cultiſſimus, curia Fœderatorum Ordinum & conſilii locus: & prope illum *Ryſvvick*, vicus pacificatione 1697. nobilitatus: *Schevelingen*, vicus maritimus apud Hagam: in vlteriori angulo *Gravefand*, ſedes olim Hollandiæ Comitum: intus paullo *Delft*, Delphi ad fluuium *Schie*, vrbs inſignis, cum portu, inde remoto ad Moſæ æſtuarium, *Delſterhafen*: inter vrbem & Grauefand eſt *Honslardyk*, arx ſplendida Auraſiaci principis. *a*) Huc perti-

G 2 net

---

a) *Shonhofen*, bella & munita ciuitas ad Leccam flumen, *Newport*, ad ripam Leccæ, non tamen cum Flandriæ Nieuport eſt confundendum, *Vianen* ad ſiniſtram Leccæ, *Heuclem*, perantiqua ciuitas, *Crebecoer*, Crepicordium, fortalitium bene munitum inter Moſam & Vahalim ſitum. *Wilhelmſtad*, in confiniis Brabantiæ, a VVilhelmo,

net etiam VORNIA, *Voorn*, insula, sub
Mosæ æstuario, cuius præcipua vrbs
Briel est; post eam *Garvliet. a)*.

MEDIÆ HOLLANDIÆ vrbes,
Amsterdamum, emporium nulli secundum, appositum ramo Austrini maris;
in eodem litore est *Muyden*, & *Naer-
den* in Goeyland, quæ regiuncula Vl-
traiectinæ prouinciæ contermina est,
Harlem autem ad lacum inde cognominatum inter Amsterdamum & Oceanum;

———— ———— ———— ————

Principe Aurasiaco 1582 ædificatum, *Klun-
dert* sat bene munitum oppidum ad Merk
fluuium, in cuius securitatem duo alia fortalitia ædificata, *Delphshaven* amœna vicus,
mercatura halecium clarus, *Losdun* itidem
vicus, fabula Comitissæ matris 365. infan-
tum notus, *Honslardyck* etiam vicus, super-
ba arce gaudet, quæ parem in Hollandia
non habet, *Oranien Polder*, portus sat notus, ad ostium Mosæ, *Helsvut Sluys* pariter portus ad idem ostium, belligeris nauibus
stationem præbens.

a) *Goeréé*, Goderea, parua insula cum oppido
eiusdem nominis, quod populosum & bene
munitum.

num : vicinum *Bredenrode*: intus *Edam*
in Austrino mari, & vnius leucæ interuallo *Monickedam*.

SEPTENTRIONALIS Hollandia
intercepta est inter Oceanum & Austrinum mare, ad quod oppida habet *Horn,*
Enkhusen, Medenblik: inter lacum proprium & Oceanum *Alkmar*: vicum
Egmont, comitatus titulo insignem,
prope Oceanum. Borealiores insulæ
famosæ, quæ naualia Hollandis præbent, *Texel & Vlieland*, Fleuo, per
quarum portus ex Austrino mari in
Oceanum nauigatur. Hollandiæ in ortum hibernum adiacet

VLTRAIECTINA prouincia,
cuius caput est *Vtrecht*, Vltraiectum inferius, siue ad Rhenum, academia insigne oppidum, olim etiam archiepiscopatu. Pace inter regem Galliæ, &
eius fœderatos, & reginam Angliæ e-
iusque fœderatos 1712. ibi conclusam
satis nobilitatum. Subsunt quatuor
oppida *Amersfort* ad fines Geldriæ:
Montfort ad Iselam bene munitum:

G 3 *Rhe-*

Rhenen ad Rhenum : *Wick*, Batauodu-
rum, ad eundem amnem, vbi *Leck* vocari incipit, antiquo alueo, qui nomen retinet, ad dextram declinante,
vt per Vltraiectum & Lugdunum trans-
eat.

Supersunt tres prouinciæ trans Isalam
& mare Austrinum, Transisalana, Frisia occidentalis & Gröningensis.

TRANSISALANA, Ober Yssel,
inter Geldriam a meridie, Frisiam &
Gröningensem a septentrione, Comitatum Benthemensem ab ortu sita ; ab
occasu Isala est & Austrinum mare. Vrbes
tres insignes habet, Dauentriam *Deven-
ter*, ad Isalam, etiam litterarum sede celebrem & olim episcopatu : *Campen*
prope ostia eiusdem fluminis : & modico inde in ortum distat *Swoll*, celebre
emporium. Oppida sunt *Hasselt*,
ad amnem *Vechs*, Vidrum, qui mari
propior *Swartewatter*, quasi nigra aqua,
vocatur : proxime austrinum mare
Suvarte, *Sluis* & *Vollenhoven* : ibidem
ad *Ae* ostium *Blockziel*, & vna leuca superius

perius ad eundem amnem *Steinvvick*:
ad Viadrum *Ommen*, *Hardenberg*: ad
Geldriæ fines *Ghoer*, *Diepenheim*: ad
fines Benthemensis Comitatus *Enschede*,
Oldensiel & *Otmarsen*, in tractu *Tvvente*:
in limite Gröningensi *Cœverden*, arx
munita & clauis prouinciæ Gröningensis, in tractu, qui *Trente* vocatur

FRISIA Occidentalis, **West-Fries-**
land, in septentrionem ab Transisalana
adsurgit, Oceano & Austrino mari terminata. Prouinciæ caput *Leuvvarden*:
ad Oceanum *Harlingen*: inter vtramque *Frnnecker*, academiæ sedes: *Do-*
ckum inter Leuvvarden, & Gröningam,
mare versus: inter Harlingam & Tran-
isalanæ finem ad Oceanum sunt *Ma-*
ckum & *Worcum*, immunita oppida
seu vici maiores: *Stavoren* autem,
Stauria, olim regia Frisiorum sedes &
ante Amstelodami incrementa diues
emporium. Intus *Bolsvvert*, *Slotm*, &
Sneck munitum oppidum, a mari aliquanto spacio remotum. Suprà Frisiam sunt insulæ *Schelling* & *Ameland*.

In.

Inter Schellingam & Vlieland fretum
Vlie; inter Schelling & Ameland fretum *Boerdiep*, quæ transitum in Oceanum nauigantibus præbent.

GRONINGENSIS prouincia ab ortu Frisiæ sub Oceano adiacet. Caput *Gróninga*, academiam habet & valida munimenta, quibus 1672. Monasteriensis Episcopi obsidionem sustinuit: *Damm*, vicus celebris in septentrionem ortiuum a metropoli remotus: *Delfziel*, cum portu arx & propugnaculum ad ostium fluminis Gróningam & Damum perluentis. Cum Gróningensi prouincia coniungitur OMLANDIA quasi *circa* Gróningensem *terra*, tractus sine munitis oppidis, tantum in præfecturas distinctus.

CAPVT VI.
DE
BRITANNIAE REGNIS.

BRitannicæ insulæ tria distincta continent regna, *Anglicum & Scoticum* in

in magna insula, Galliæ ex septentrione
opposita, quæ *Magna Britannia* dicitur:
& *Hibernicum* in insula occidentaliore
Hibernia. Tria autem hæc distincta regna hodie sub vnius potestate sunt, &
magnum Britanniæ regnum constitu-
unt.* Singula seorsum explicamus.

G 5

I. RE-

---

* Familiæ regiæ, quæ Angliam possedere, diui-
di possunt in *Antiquissimas, antiquas,* & *nouas.* Antiquissimas ignoramus, illas nimirum qui ante & post Romanorum tempora
ibi regnavere, nam tunc Insula hæc Britannia nominabatur. Post deiectum iugum Romanorum *Anglo-Saxones* insulam occupabant, a quibus diuersa regna condita, & qui
antiquum nomen Insulæ mutavere, & ei nomen Angliæ dedere: Post hoc a *Danis* occupata fuit, quorum regia Familia tamen
illam breue tempus tenuit. Danis eiectis,
Reges Normannorum succedere; Et hi con-
iunctim Familiæ regiæ antiquæ nominari
possunt. Post successere reges noui & quidem Primo ex Domo *Andegavensi*: quæ se
dein in Domum *Lancastrensem* & Domum
Eboratensem diuisit, hac deleta, Domus *Tu-
dorensis* evecta fuit, cui tandem Domus *Stu-
ardensis* successit, cuius Prosapia regnum adhuc tenet. Vt hæc vltima Familia bene præ-
cipiatur, sequenti tabula genealogica opus est.

Iacobus rex Scotiæ, & deinde etiam rex Angliæ, ob quam regnorum coniunctionem ad euitandam omnem æmulationem, nomen Magnæ Britanniæ inuentum & assumtum fuit. † 1625.

Elisabeth, vxor Friderici V. regis Bohem. & Elect. Palatini. † 1632.

Carolus I, decollatus 1649.

Carolus II † 1685. | Maria † 1660. vxor Wilhelmi II. Principis Aurasiaci. | Iacobus II † 1701. deserebat tronum regni. 2. Vxor, Maria Beatrix Eleonora Principiss. Modenensis.

Sophia † 1713. vxor Ernesti Augusti, Electoris & Ducis Brunsuicensis.

VVilhelmus III. Princeps Aurasiacus & rex magnæ Britanniæ. † 1702.

Georg. Ludovicus, modernus inuictissimus rex M. Britanniæ, n. 1660. in regem M. Britan. proclamatus & coronatus 1714.

Maria, regina & vxor VVilhelmi III. regis Angliæ, quæ diem supremum obiit 1695. | Anna regina & vxor Georgii Principis regii Daniæ. † 1714. improlis. | Iacobus Eduardus filius suppositius, qui iam tum nomine Prætendentis circumuagatur, & quemPapa & rexGall. sustinent.

Georgius Augustus Princeps regius & Princeps VValliæ declaratus 714 n.1683. vxor VVilhelmina Carlotta, Principissa Onolzb.

Frider. Ludovicus Princ. Cornualliæ declar. 1714. n.1707. | Anna, nat. 1709. | Amalia Sophia Eleonor. n.1711. | Elisabetha Carolina nat. 1713.

I. REGNVM ANGLIAE.

Angliæ meridialis pars infulæ Britannicæ maioris, a freto Belgico in feptentrionem porrecta ad oppidum *Barwick* & ad fluuium *Tvvede* in orientali litore: & ad Itunæ æftuarium (*Solvvey*) ex latere occidentali. Diuiditur in duas partes, *Angliam* propriam, quæ & *Lægria* appellatur, ac in ortum ac meridiem tendit : & *Walliam*, quæ pars eft occidentalis. Vtraque in varias prouincias & comitatus fubdiuiditur; plerique autem comitatus funt primariis vrbibus cognomines, vti ex recenfione patebit.

LOERGIAE fiue propriæ Angliæ VII prouinciæ funt maiores: olim minora regna Anglorum & Saxonum, nempe

I. CANTIVM, *Kent*, in quo princeps vrbs *Cantuaria*, incolis *Canterbury*, Gallis *Canterbery*, Belgis *Cantelberg*, archiepifcopalis ad *Steurum* fluuium fita, olim Dūrouernum. In ortum adiacent ad *Medvvey* flumen *Rochester*,

G 6

cheſter ſiue *Roſſa*, epiſcopalis, & *Maid-
ſton*: ad Tamaſis mari vicinæ dextram
ripam *Gruveſend* cum arce munita: & in
æſtuario Roffenſi nauale regium iuxta
oppidum *Chatam*, crematum a Batavis 1667. & caſtrum *Vpton*. Proxime
Londinium ad eundem amnem arx
Grenvvick: ad fretum *Dover*, Dubris,
portu & in Belgas traiectu nobilis, egregie munita. *

II. SVSSEXIA, quaſi auſtralis
Saxonum regio, ſupra Gallicum mare
inter freti anguſtias & inſulam Wight
exten-

---

* *Sandvvich*, oppidum & portus, a Batauis
multum frequentatus, *Sandſſone*, ad mare,
Hyth, oppidum cum Caſtello probe munito, portus ob irruentem arenam haud parum
corruptus. Ad hæc Angliæ littora *quinque
Portus* ſunt, *cinque Ports*, qui votum &
ſeſſionem in Parlamento habent, quorum nomina hæc, *Sandvvick*, *Dover*, *Hyth*, *Rumny
Haſtings*, contra Gallos olim ædificati, no-
menque quinque portuum a quinque Caſtellis ſortiti. *Shepay* inſula eſt ad oſtium Med-
vvay, quatuor bene inſtructa caſtella habet,
Queenborough, vel *Quinborough*, *Sandvvn*,
Leysdon, & *Shirudſt*.

extenditur. In litore funt *Rye*, Rium, prope fretum, ex cuius portu Dieppam Galliæ traiectus facilis eft: occafum verfus *Chichefter*, Cicestria : inter vtrumque *Arundel*, Aruntina, ad cognominem fluuium fed mari vicinum, comitatus titulo infigne oppidum, vnde *marmora Arundelliana*, Comitis Aruntini fumtu ex oriente allata, propter vetuftas infcriptiones commendantur. *
Pars feptentrionalis dicitur Comitatus SVRRY, in quo funt ad Tamefin *Kingfton*, ** *Richmond*, palatium regium, ac paullo inferius *Nonfuch*.

III. WESTSEXIA a tractu, qui fupra infulam Wight eft, in extremum angulum occidentis porrigitur. Comitatus numerantur feptem, SVTHAMTONIA, vbi *Suthamton* & *Winchefter* fupra infulam Wight ponuntur : &

G 7   portu

---

* In hac parte *Haftings* eft, de quo fupra.
** *Spitehad* oppidum & portus, hactenus aliquoties nauale regium fuit. *Huift*, paludibus vndique cinctum.

portu suo nota *Portsmuyden*, Comitatu
insignita. Arx a morte Regis Wilhelmi
III. nota. DORSETIAE, *Dorchester* est,
& portus *Weymuth* : * DEVONIAE
Pleymuth capaci portu oppidum : *Ex-*
cester, Exonia : ** CORNVALLIAE
siue Cornubiae portus *Valmuyden*, &
promontorium Bolerium, *The landes*
end, in extremitate anguli occidentalis.
SOMERSETIA ad Sabrinae aestuarium pertingit, vbi *Welles*, *Bathe*, episcoporum
sedes, & in Glocestriae confinio vrbs
Bristol, Gallis *Bristou*, episcopalis cum
munito portu ad aestuarium Sabrinae.
VILTONIA supra Suthamptoniam &
Dorsetiam posita septentrionem versus. Oppida *Sarisburg*, vel *Salisbury*,
Episcopalis *Malmesbury*, Maldunense
Coenobium, *Calne*, *** Tandem BER-
CHE-

---

* *Portland*, oppidum bene munitum.

** *Torbay*, portus non ignobilis; e regione portus Pleymouth.

*** *Marlborough*, parua Ciuitas, arce instructa; iam in Comitatum evecta, & patria
celeberrimi Ducis & Herois, Iohannis de

CHERIA (*Barkeschire*) ad Tamesin pertingit, in qua sunt *Abington*, & ad Tamesin *Wallingfort*, & *Windsor*, secessus regius : ad *Kennet* fluuium *Neubury*. *a*)

IV. EASTSEXIA siue *Essexia*, quasi Ostsaxonia, supra Tamesis ripam borealem patens, duos Comitatus habet, Midlesexiam, & Essexiam propriam. In MIDLESEXIA est *London*, Londinium, vrbs regia & praenobile emporium ad Tamesin (*Temse*) nauigabilem amnem, cuius palatium *Witthal* dicitur ; & suburbii abbatia, *Westmünster*, regum coronatione & sepulcris clara est. *b*) *Hamptoncourt* arx regia ad eundem fluuium. *c*) ESSEXIA Propria inde ad Oceanum Germanicum per-

---

Marlboroug, fluuiolus Kennet in hoc tractu fontes sortitur.

a) *Reuding*, seu Reding, supra Londinum nupero bello Anglicano, inter Jacobum II. & VVilhelmum III. gesto, memorabile redditum.

b) *St. Iames*, fanum Sancti Jacobi, palatium regium.

c) *Brenford* ad Tamesin, non ignobile oppidum.

pertingit. *Tilbury* siue *Dilberg* ad Tamesis æstuarium vicus, cui nunc pro naüali munimentum adiectum: *Maldon*, forte Camalodunum Taciti, ad Chelmeri amnis (*Chelmers*) æstuarium: intus *Chelmsford* : *Cholchester*, ad amnem *Colne* : & paullo longius in septentrionem *Harwich* cum capaci portu. *a*)

V. EASTANGLIA, quasi orientalium Anglorum regnum, in terræ sinu, quem recedens Oceanus facit maxime orientalem, posita, in tres Comitatus distinguitur, CANTABRIG, cuius primaria vrbs *Cambridge*, academia illustris: *Ely*, Elia, episcopalis ad flumen *Vsam*: insula interdum dicitur, sed fluuiis cincta. SVFOLK paullo superior, habet *Bury* siue *Edmundsbury*; *Ipswich* : *b*) vnde in boream tendit NORTFOLK, cum portuosis vrbibus *Yarmuth*, ad Garienni ostium ad Oceanum;

---

a) *Hatford*, Comitatus & oppidum ad fluuium Lea.

b) *Clarence*, ad flumen Hours, Ducatus titulo gaudens.

num; *Lyn*, siue *Kinget Linne*, ad æstuarium prope oftium *Vfæ*: intus *Nor-
wich* & *Buckenham*. In occafum fubiacet *a*)

VI. MERCIA, antiquum nomen,
in suos Comitatus diftincta. GLOCE-
STRIA inter Monmuthenfium & Oxo-
nienfem, vrbem primariam habet *Glo-
tefter*, Cleuum, ad Sabrinæ flumen,
epifcopalem, atque ita vrbes fuos Comitatus denominant, vt fuperfluum fit
fingulorum nomina exprimere; fatis,
vrbes ipfas fignificaffe. *Oxford*, Oxo-
nia, Comitatus fui caput, academia &
epifcopatu admodum infigne, cum oppidis *Watlington, Dorchefter*, pariter comitatuum & vrbium nomina funt *War-
wick, Northampton*, (ad quem comitatum etiam *Peterboroug* fiue *Petersburg*
pertinet) *Buckingham, Herford, Bedfort, Lecefter, Stafford* feu *Strafford* cum
Lichfeld; *Huntington*. VIGORNIAE
metro-

---

a) *Walfingham*, emporium non ignotum, vti
& *Burnham, Donneham*, ad flumen Oufe,
quo vndique cingitur.

metropolim Latini quidem Vigroniam, Angli autem *Worcester* vocant, ad flumen Sabrinam (*Savern*) fitam : S A L O-P I A E *Schrovvsbury* ad Sabrinam. In feptentrionem reclinant *Chefter* ab occafu, & *Derby*; ac ab ortu *Lincolne*, olim Lindum, quafi Lindi colonia, vrbs epifcopalis, ampli Comitatus caput. In Comitatu Rutland *Vppingham*. Inter Lincolnenfem & Staffordenfem N O-T I N G A M I A, eiusque vrbs prima *Notingham* in meridiem vergit. *a*)

VII. N O R T H V M B R I A reliquam partem feptentrionalem, ad Scotiam vsque complectitur, Comitatus eius funt, E B O R A C E N S I S, mare verfus

---

a) Huc & pertinent, *Monmuth*, Comitatus Monumetenfis, fuper Savene fluuium, filius naturalis regis Caroli I I. ab hoc Comitatu nomen fortitus erat, quem rex & frater Jacobus I I. 1685. capite plecti curabat. Oppidum Monmouth ad confluentias Monnias & inædificatum. *Bofton*, nobilis vrbs in Comitatu Lincolnshire , ad flumen VVithan ; *Hundigton*, Comitatus ; in quo Hundington, ad fluuium Oufe.

sus Germanicum, in eoque vrbes *York*,
Eboracum, Archiepiscopalis; *Hull*, portu & munimentis clara, ad Abi æstuarium, quod vulgo *Humber Flud* vocatur: præterea *Kilham*, *Richmond*, & in
australi limite *Halyfax* : medio loco
Rippon, *Dancaster*. Ab occasu & Hibernico mari attingit LANCASTRENSIS, in quo sunt *Lancaster*, *Manchester*, *Preßon*, & *Leverpole* cum portu,
quo in Hiberniam nauigatur. Supra
hunc Comitatum, boream versus, est
CVMBERLAND, Cumbria, eiusque
vrbs primaria *Carlisle*, Carleolum ad
Itunam (*Eden*) fluuium. Ab ortu *Westmaria*, vbi *Apelby*: & DVNELMIENSIS episcopatus, cuius præcipua vrbs
Durham, Dunelmum, vbi Beda sepultus dicitur : sita est ad Vedram (*Weare*)
fluuium: ad cuius ostium, *Wearemouth*
vulgo, monasterium fuit, in quo Beda
vixisse traditur. NORTHVMBRIA
PROPRIA vltima in septentrionem
prouincia, ab ortu Germanicum mare inter *Tina* & *Typeda* ostia : ab occasu

su Tvvedam & montes habet, quibus à
Scotia disterminatur. *Tinmouth*, Tinæ
ostium, terminus à meridie: *Barwick*
ad Tvvedæ ostium à septentrione: media *Norham* ad idem flumen: *Neuta-
stle*, & castrum *Bamborow*, & *Emilden*,
in cuius pago *Dunston*, subtilis scholasti-
cus Ioannes, Scotus genere, natus fuit,
inde *Duns* cognominatus.

WALLIA, altera Anglici regni,
sed minor pars, ad occasum siue Hibernicum mare sita, in septentrionalem &
australem diuiditur.

VVALLIA AVSTRALIS, *South
Walles*, sex Comitatus habet, secundum
alios septem. Nam MONMOVTH de
quo supra, prope ostium Sabriæ fluuii in hoc tractu est, quanquam ab
Henrico VIII Angliæ adnumeratus siue Lœgriæ. *Neuport* ad æstuatium arcem habens & portum. Reliqui Comitatus nostris Germanis sunt minus
noti, quam erant Lœgriæ. Sunt autem vrbes *Landaf* episcopalis: & occidentalior *Pembrock*, ad fluminis
Cled-

Cledbau æstuarium ; *Milford* , præstan-
tissimus portus, duobus castris munitus,
in eodem æstuario, vbi Oceano cohæ-
ret : *S. David* etiam maritima, sed in
septentrionem reducta, episcopi sedes,
Cardigan itidem ad mare : in mediterraneis, *Caermerdin* ad flumen *Towy* ;
& *Abermarles* , *Brecknock* ; *Radnor* , &
Knigthon ,

VVALLIA BOREALIS, *Nortwalles*
Comitatus quinque habet, qui sextus ex
insula Anglesey vulgo adiicitur. In
maritimis sunt *Harlecht* (intus autem
Bala) Meruiniæ ; *Carnarvan* & *Ban-
gor* episcopalis , ad fretum Anglesey,
Aruoniæ ; *Aberconway* , Conouium , &
Flynt , ac intus paullo *S. Assaph* , episcopalis. In mediterraneis *Denbigh* ,
Ruthin , *VVrexham* Denbrighensis comitatus : & hinc in austrum *Mongo-
mery* caput comitatus cognominis. Ex
fluuiis Walliæ australe mare petunt post
Sabrinam *Vege* , *Vvyse* , *Towy* : in occidentali *Teysi* , Tibius : *Devus* : in boreale *Conwy* , *Dea* infunduntur.

IN-

INSVLAE MINORES
CIRCA ANGLIAM.

Infulæ in Germanico mari fere nullæ ad Angliam fitæ funt: in Belgico autem & Gallico aliquot. SHEPEY fub oftio Tamefis propugnaculum *Chernesse* habet, de quo fupra: & vicina TENET prope Cantuariam: VVIGHT, Vectis; cum oppido *Neuport*, in medio latere auftrali Magnæ Britanniæ. In ora Normanniæ, fed iuris Anglici, GARNESEY: & fertilior IARSEY, Cæfarea, eum caftro *Montorgeil*, præfecti Anglici fede. SÖRLINGES, *the Syllyes* Anglis, ex prauato Solino *Silures*, Cornvvalliæ opponuntur in occafum, credunturque *Cassiterides* veterum effe. In his præcipuæ *S. Maria*, *S. Helene*, *S. Agnes*, *S. Martin*, *Anoth*, ceteræ. Minimas huius loci, & aliorum, fed obfcuras, præterimus. Maior autem & præftantior ceteris eft ANGLESEY, olim Mona (fed diftincta ab altera Mona fiue Man in mari Hibernico) contra borealem VVal-

VValliam, a quo exiguo freto dirimitur, cuius oppida sunt *Beaumaris*, Bellomariscus: *Neuburg, Aberfrau.* MAN autem siue Monapia in septentrionem hinc remota, medio inter Angliam & Hiberniam situ, oppida habet, *Ruffin* ad meridiem, *Duglas* ad ortum, *Peel* ad occasum.

PORTVS CIRCA FRETVM
ANGLIAE.

Post insulas *portus* nobiliores narramus: non totius regni, qui plures sunt, sed eos tantum, qui ad fretum seu Canalem sunt, e quibus prona in Belgas est nauigatio. Ad insulam Tenet, supra Canterbury, est *Margate :* deinde *Sandwick* in Kent, post Tenet insulam; cui succedunt *Duyns,* siue *Dunes,* arenarum montes, inter quos per longum tractum litoris nauale nobile, vbi Anglica classis sæpe congregatur. Adiacient tria munimenta, *Sandowne ; Deale, & VValmer,* a quibus nauale defenditur.

Sq

Sequitur *Dover*, de quo supra diximus: & *Rye*, vnde australe latus Britanniæ incipit. Hinc, post aliquot minus notos, est *Arundel*, *Chichester*, *Portsmouth*, *Spithead*, ac *S. Helene*, prope insulam Vectim seu VVicht; & interiecto ab insula interuallo, *VVeymuth*, *Portland*; & ex alio spatio *Torbay*; & tandem *Pleymuth*. In fine huius lateris est notabile promontorium *the Landes end*.

REGNVM SCOTIAE.

Scotia reliquam & septentrionalem partem magnæ insulæ Britannicæ tenet, & in ea, quæ ad orientem sita, cultiora sunt; quam quæ ad occasum solis. Diuiditur in duas partes per *Tauum* fluuium, septentrionalem, quasi Transtauanam, & australem siue Cistauanam. Comitatuum & prouinciarum nomina nostris hominibus fere ignota sunt, quæ caussa est, vt memorabiles tantum vrbes persequamur.

AVSTRALIS & eis Tauum SCOTIA in orientali latere ab oppido *Barwich*,

quod

quod in limite situm est, & a multis Scotiæ adnumeratur; ad æstuarium Taui:
in occidentali latere ab æstuario supra
Carleolum, vltimam Angliæ ciuitatem,
ad Lornam siue vltra eam extenditur.
In orientali litore a Barvvico ad Bodo-
triam siue Forthæ æstuarium (*Golfe d'*
Edenbourg) nihil clarum præter *Dum-*
bar est, a victoria Cromvelli a Scotis
1650. reportata notum. *Edenburg* autem, caput regni, in prouincia Laudo-
nia, cum *Leith* portu siue nauali iuxta
oram australem prædicti æstuarii: vltra
quod *S. Andreas*, Andreapolis, ad mare,
sedes archiepiscopi & academiæ: *Aber-*
neth autem, Pictorum vetus regia, ad
oram australem æstuarii Taui: intus
sunt, *Glasque* etiam archiepiscopatu &
academia celebris: *Hamilton* arx: *Ster-*
lin ad *Forth* amnem; *Dumblan*, & *Perth*
siue *S. Ionsthoun*, ad Tavum. In ora
occidentali longius in austrum cedit
Annan ad *Solway*, id est Itunæ æstuarium; post illud *Kirkenbrick* cum portu,
& *Wilhern*: ad Glotæ æstuarium (*Dun-*

H   *briton*

briton *Fyrth*) sunt *Bargem*, *Ayr* & *Dum-*
berton siue Dunbritton, (quasi Britannorum vrbs) perualidum munimentum: trans æstuarium Comitatus *Ar-*
gyle sine claris oppidis , & supra hunc,
septentrionem versus, LORNIA , eiusque
oppidum *Lorne* ad lacum ; post quem
Dunstafag, Stephanodunum , ad fretum
Mulæ insulæ cum portu munitum, olim
etiam, cum diuisa Scotia esset, regum sedes.   Longius hinc & multiplex recessus inter lacus & æstuaria ad Glotam
vsque, in quo *Tarbat*, *Kilmor*, *a*)

SEPTENTRIONALIS a Tavo ad
insulæ extremitatem , quam Orcades ex-
ci-

---

a) Felix nominata , quod nunquam vt Scoti
aiunt, ab hoste capta, *Dunglas*, ad fluuium
Cluyd, *Dalbet* supra rudera veteris urellæ
ædificatum, *Gallobay*, vrbs & largum dominium , a Gallovvay tamen Irlandiæ distinctum, *Pablis* ad confluentias *Tbbede* &
Relis, *Irbbin*, populosa ciuitas, *Duncbert*,
caput prouinciæ, seu Comitatus Donnvvert,
Douglas marchionatus titulo gaudens. Vniuersa autem Scotia australis in XXII Comitatus diuiditur.

cipiunt, procurrit. Ab ortu in inferiori parte recedit in mare lato sinu, in
quo sunt ad Taui æstuarium, *Dunde*,
Donum Dei, ad mare *Montrose*, &
paullo interior *Berchin* episcopalis, rursus in litore *Aberdon* academia & episcopatu celebris: ac flexo sinu *Elgin*, in
provincia *Murray* sedes Episcopi Mura-
uiensis; mediterraneæ *Dunkelt* ad Tauum, episcopalis. Vlterius in septentrionem ad mare Germanicum *Dornok*
in Sutherlandia, vbi Episcopus Cathenesiæ, quæ vltima prouincia est, commoratur. Cathenesiæ oppidum est *Thur-*
so: & australior prouincia ROSSIA,
cuius est *Chanonry*, Rossensis Episcopi
sedes, & *Cromarty*, cum portu & sinu
cognomine. *a*) Interiora montes can-

H 2 didi

---

a) *Cesbie*, amplo portu prædita ciuitas, *In-*
uernes, haud procul a lacu Nessa, qui se in
Murray Fyrth exonerat, *Killinen* ad flumen
Tay, *Dungysby* ad promontorium eiusdem
nominis, de cætero omnis hæc Scotia septentrionalis in XVI minores Comitatus diuiditur.

didi marmoris & alabastri tenent, quasi
orientalem regionem ab occidua diui-
dentes,

INSVLAE CIRCA
SCOTIAM

Insulæ ad Scotiam permultæ sunt;
ab occasu HEBRIDES siue HEBVDES,
The westernes Iles, quarum quamlibet
XL vulgo aut plures numerantur, vix
tamen decem notiores sunt, & in his
Ila aè *Iura* Knapdaliam versus: *Mula*
iuxta Lorniam: *Skia* freto a Rossia diremta. In ora Mulæ occidentali parua
insula *Cholmkil*, S. Columbi adiacet;
in qua degit episcopus Hebridum insularum: vicus insulæ huius *Sodore*; vnde Sodorensis etiam ille episcopus appellatur. In Glotæ æstuario sunt *Arran*,
olim Glota, & *Rosay:* a septentrione
ORCADES, *Orkney* Britannis, In quibus proxima continenti *Mainland*, Po-
monia, cum oppido *Kirkwal*, vbi sedet
Episcopus Orcadum. Diuiduntur in
XII meridiales & XV septentrionales,
sed omnes obscuris nominibus, nec
plu-

plures quam XIII cultæ sunt; ceteræ fere desertæ iacent. Supra Orcades, ad gradum LXI latitudinis, sunt insulæ *Schetlandiæ*, quæ etiam *Hitland* appellantur. Longius inde in occasum æstivum distant insulæ *Farre* vel *Fero*, quæ vna cum Hitlandicis in potestate Danorum sunt.

REGNVM HIBERNIAE.

Insula Hibernia, vulgo *Irland*, Britanniæ magnæ ab occasu adiacet, minor quidem quam illa, neutiquam tamen in paruis numeranda. Diuiditur in IV partes, Lageniam, *Leinster*, ab ortu; Momoniam, *Moünster*: a meridie; Connaciam, *Connaght*, ab occasu: Vltoniam, *Vlster*, a septentrione. Pleræque ciuitates sunt episcopales: ideo ad solas archiepiscopales dignitatis notam adponemus.

LAGENIAE sunt *Dublin*, Eblana, ad mare orientale, proregis, archiepiscopi & academiæ sedes, etiam emporium: & *Wicklow*, & *Arklo* siue *Arglas*,

H 3 ac

ae *Wexford*, ad idem mare sed austrum versus ; portubus insignes ciuitates: *Droghede* siue *Dredag*, & *Dundalk* a septentrione Dublinum adspiciunt : *a*) intus *Killdar*, *Laghbyn*, *Kilkenny*, Fanum Canici , vrbs elegans & munita , sedes iam episcopi Osseriensis siue regionis *Ossery*. Tractus MEDIA, *Mith* vel *Meath*, est pars Lageniae , vnde Midensis episcopus appellatur. *b*)

MOMONIAE , ad mare australe, *Waterford*, *Cork*, *Kinsal*, *Rosse* ; intus *Casbel*, archiepiscopalis , sed parum culta, & *Lismore*, *Limerick* , vrbs ampla, *Schannone* fluuio diuisa : a rege Wilhel-

___

a) a praelio inter regem Angliae VVilhelmum III, & regem Iacobum II, 1690. ibi commissum.

b) *Carlingfort*, Carlingfortia, bene munita , & amplo portu gaudens , *Dundalk* , magna ciuitas cum spatioso portu , *Kildare* , Episcopi Sedes , *Wicklo* , oppidum & portus non ignobilis , *Laghly* Episcopalis , *Tomastobbis*, ad fluuium Nure , bene munitam , *Kingstobbne* , parua quidem sed populosa , *Molingar*.

helmo III. 1691. fruſtra obſeſſa , poſt
1692. operoſa obſidione capta, qua recuperata , bellum Irrlandicum exſpira-
bat. Ad occiduum mare *Adard.* a)

CONNACIAE *Toam* atchiepiſcopa-
lis, ad heſperium mare fere in ruinis iacens : *Gallway* ſiue *Galloway*, poſt amis-
ſum prælium ad agrum a rege Wilhelmo III. 1691. occupata, alias probe munita eſt. *Killmaghoug* , & *Slego* , iuxta
idem mare : in mediterraneis *Atlone*
ad fluuium *Schennen*, munita : b) &
Elphin. c)

H 4 ULTON

_____

a) *Carick*, munitum, ad flumen *Fobber*, *Dun-
gerban*, & *Ardamore*, ſiue Ardmore, amplis
portibus gaudentes, *Youghal*, ad oſtium fluuii *More*, *Cloney*, valido caſtello inſtructa.

b) a rege VVilhelmoIII. 1692. in Comitatus
dignitatem evecta, atque Domino a Gin-
kel, Batavo, ob egregia facta & res geſtas
donata.

c) *Letrim* bene munitum Caſtellum, ad fluuium Shanon, *Killao*, Epiſcopalis ad flumen
Maod, *Caſtel Moy*, Caſtellum non longe a
mari diſtans, *Aquin* oppidulum quidem, at
prelio inter Iacobum II, fugatum regem Angliæ, eius ſocios, & regem VVilhelmum III.

VLTONIAE ad ortiuum mare Car-
lingford, Down, & Knocfergus, Rupes Fer-
gufii : ad occiduum Dungall : ad Boreale, Derry fiue Londonderry, ob du-
riffimam obfidionem, quam 1689. a rege
Iacobo pertulit, fatis nota, Ropoe &
Colran : interiores Armagh, archiepifcopi & primatis fedes : Kilmor, & An-
trym. a) In Dungallenfi comitatu, in
parui lacus infula eft crypta, quam
Purgatorium S. Patricii, apoftoli Hi-
bernici, appellant, de qua accolæ mira
fabulantur.

CA-

1691. commiffum, fatis nobilitatum. Clon-
fert, ad confluentias Shannon, & Sucka,
epifcopalis eft, Kilfennerogh, itidem epifcopalis.

a) Dromote, populofa, & commodo portu
gaudens, ad oftium Lacus Conne, Caftel-
knock, caftellum, Charlemont, oppidulum
munitum ad flumen Blackvvater, Aghes,
parlamenti olim fedes, Fermanach, Comitatus, paludibus ferme refertur, inter quos
lacus Ernæ eminet, ad quem Inskilling,
nobile oppidum, Lugold munita, Monaghan,
caput Comitatus eiusdem nominis, Kilnore,

CAPVT VII.
DE
REGNO NORWE-
GIAE.

EX Britannicis infulis, præfertim
Scotiæ boreali parte, in Norvvegiam traiicimus, quæ quamvis regi Danorum patet, quod tamen peculiare regnum eft, & fitu vltimum in feptentrione ; feparatim malumus explicare,
quam cum aliis coniungere. Præmit-
temus autem de *Islandia* Norvvegici regni infula, & *Grönlandia*, quod in hac
etiam, fi quæ poffidet Danus, regis
Norvvegici titulo poffidet. *a*)

ISLANDIA magna infula feptentrionis, per quam polaris circulus
H 5   tran-

---

quæ cum *Kilmore* non commutanda, & tandem *Lonoh Drumboe Neagh*, fuper *Armagh*,
locus amplæ magnitudinis.
a). Fundamenta, ex quibus reges Daniæ Norvvegiæ regnum adepti, fequens Genealogia
demonftrat.

transit, inter Norvvegiam & Grönlandiam posita. Plurimis videtur veterum *Thule* esse. In parte septentrionali, quæ cultior habetur, *Hola* est, episcopalis vrbs: in australi *Skalholt*, Schalotum, itidem episcopi sedes, & occasum versus arx *Bessede*, quæ & *Kænigesgard* vocatur, præfecti insulæ, a Daniæ rege missi, domicilium. Mons igniuomus *Hecla* etiam in hac parte est, in ortum a Schaleto remotus. Ceterum insula pascuo diues, in XII prouincias,

sed

Magnus Schneeck, rex Norvvegiæ, & Sueciæ, throno depulsus 1344. † 1374.

Haquinus VI. huius nominis, rex Norvvegiæ, † 1380. vxor, Margaretha, VValdemari III. regis Daniæ filia, & successor in throno Norvvegico, regnum Norvvegiæ cum Daniæ & Sueciæ regnis 1398. coniunxit, † 1412.

Olaus VI, 33. rex Norvvegiæ, mortem opetiit 1387. ante matrem, vltimus rex Norvvegiæ.

sed obscuri nominis, diuiditur, quas nominare superuacaneum censemus. *a)*

GRÖNLANDIA, *Grönland*, extrema septentrionis ad occasum inclinans in Europa regio, seculo X. detecta ab Islandis, aliquando tributaria fuit regi Norvvegiæ, & episcopum habuit in orientalis litoris oppido *Garda*, sub archiepiscopo Nidrosiensi, quod nunc excisum iacet, & intermissa proximis sæculis nauigatione, diu nihil de Grönlandia notum fuit. Denique patrum memoria iterum nauigatum fuit in has Aquilonis oras, & a Danis, Anglis, Gallis portus quidam in meridiana parte detecti hodieque frequentantur, quæ *Noua* sæpe Grönlandia dicitur, quasi septentrionalis *verus* sit, quam nostra ætate Belgarum nautæ vsque ad LXXVIII

H 6 gra-

---

a) Erronee Islandia pro veterum Thule reputatur, cum satis appareat, hanc insulam eis ne fama quidem notam fuisse, imo secundum annales Islandicos, insula hæc 6. demum seculo post Christum natum, incolas ex Norvvegia accepit. Vid. Torfæi annal. Island.

gradum latitudinis in litoribus perlu-
ſtrarunt. *a*)

NORWEGIA ipſa inter Ocea-
num ab occaſu, & Sueciam ab ortu
longiſſime in extremum ſeptentrionem
porrigitur. Diuiditur in quinque maiores præfecturas, quarum prima eſt
BAHVSIANA, maxime auſtralis & Ha-
landiæ contermina, cum caſtro muni-
tiſſimo *Bahus* in inſula fluuii *Trolhetta*,
qui inter Bahuſium & oſtia capaciorem
inſulam *Hiſingen* facit, propugnaculis
quibusdam munitam & portu *Carlsha-
ſen*, iuxta auſtrale oſtium : & *Ny Elſ-
burg* infra illam inſulam : ſupra Bahuſium

---

a) Grœnlandiam noſtram veterum Grœnlandiam non eſſe, quam Nicolaus Zeno, Venetus,
xv. Seculo detegiſſe, & occupaſſe fertur, ex
ſitu & deſcriptione ipſius inſulæ elucet. Hæc
Zenonis enim Grœnlandia populoſa & bene
culta deſcribitur, moderna autem frigore &
glacie riget, nec vlla arbor, oppidum aut
vicus in illa conſpicitur. Aut ergo Zenonis
Grœnlandia interiit, aut tota narratio de illa
inter fabulas & commenta reputanda.

sium in peninsula scopulosa est *Marstrand* oppidum cum portu, & in adiacente eiusdem nominis parua insula munitæ arces, *Augustusburg* & *Carlstein*; etiam in minore, *Hedwigsholm*, e regione Insulæ *Thiorn* hisce omnibus maioris. Sed tota hæc præfectura cum castris & oppidis auulsa a Norwegiæ regno pace Rothschildiensi, & quanquam recepta a Danis 1677, quo bello nostratibus innotuit, quibus insulis ac munimentis constet: tamen noua nunc pacificatione, 1679. facta, Suecorum ditioni iterum subest.

AGGERHVSANA proxima est ab arce *Aggerhus* denominata. Caput prouinciæ est *Opslo*, Gallis & Belgis *Anslo*, quæ & *Christiania* dicta, episcopalis vrbs, sicut & quondam *Hammer* erat, nunc Ansloensi episcopatui vnita: præterea *Fridrichstadt*, *Tonsberg*, *Saltzberg*, *Skeen*, *Kongsberg*, *Brugneiz*, & *Drammen*: & limitanea munimenta sine oppidis *Odewall*, *Vinger*.

BERGENHVSANA inde in Aquilonem adfurgit, cuius *Bergen* eft, nobile emporium & iam caput regni, vnde haud longe diftat arx *Bergenhus*, præfecti fedes, quæ nomen dedit prouinciæ. In meridiana parte eft *Stafanger*, epifcopalis vrbs & huius præfecturæ poft Bergen præcipua, portu capaci ad mare occiduum prædita; & *Mandal*. Cetera huius magnæ præfecturæ obfcuriora funt.

NIDROSIANÆ metropolis eft *Nidrofia*, vulgo *Drontheim*, ad Nidraas amnis oftium vrbs quondam archiepifcopalis, olim etiam Norvvegorum regia; nunc quoque epifcopi ampliffimæ diœcefeos fedes; in qua S. Olai templum, pulcherrimum feptentrionis, erat, fed Suecorum bello ex parte deuaftatum. Diuifa eft præfectura hæc in *Nidrofienfem propriam*, quæ auftralis eft, in qua funt oppida nobiliora *Molla* in regione *Romsdalen*; & *Fofen* in regione *Nordmøer*; cetera minus cognita ta : & in partem septentrionalem quæ *Sennien* vocatur, aliis *Saltenensis* , ab regione *Salten*, quæ in ea est. Permultæ insulæ iuxta hæc litora sunt, e quibus tantum *Hiteren*, & *Heiligland* , vt notiores-nominamus : in limite boreali charybdis siue vorago est *Maelstrem* vocata.

Suprema pars & vltima VVARDHVSANA præfectura ab arce *VVardbus* dicitur, quæ vltra, extremum promontorium *Nord Cap* siue *Nordkyn* in orientem vergit, glaciali oceano adposita. Cuius præfecturæ maior pars est FINNMARCHIA, superior scilicet, Wardhusium versus & insulas *Suraam* & *Maggeroam*. Hæc sufficiant de Norvvegiæ regno, quod excepta Bahusana præfectura, nunc totum in potestate Danorum est, etiam cum dissitis insulis *Hitlandicis* ac *Fero* (de quibus in Scotia, cui adiacent, actum fuit) ac *Islandia* , & litóribus quibusdam *Groenlandia* & *Spitzberga.*

CA-

CAPVT VIII.

DE

REGNO SVECIAE.

SUecia siue Suedia ab occasu Norvye-
gia atque Dania, a meridie Balthico
mari siue Oſt-See, ab ortu Moscouia,
ab aquilone Finnmarchia & Watdhu-
sana præfectura terminatur. Diuiditur
in sex maiores prouincias : qualibet
harum in plures minores subdiuidi-
tur. a)

I. GO-

-----

a) Moderni reges Sueciæ ex Familia Bipontina descendunt, testante hac Genealogia:

Carolus IX. primum Dux Sundermanniæ,
post Rex Sueciæ † 1611.

Catharina † 1652. nupta Palatino Bipontino Ioanni Casimiro, Lineæ Clebergensis.	Gustavus Adolphus † 1632. in prœlio apud Luzenam. Christina † 1689. throno descendit 1654. & Romæ eodem anno sacra auita mutata.

Carl Gustavus, rex Sueciæ,
postquam Christina regium
diadema deposuerat. † 1660
Vxor Hedvvig Eleonora,
Ducis Friderici III. Holsatiæ filia.

Carolus XI. rex Sueciæ,
† 1697. Vxor Vlrica Eleonora, regia Princeps Daniæ.
† 1693.

HedvvigSophia nata 1681. † 1708. vxor Friderici V. ducis Holsatiæ, † 1702.	Carolus XII modernus rex Sueciæ, natus 17. Iun 1682.	Vlrica Eleonora, nata 23. Ian. 1688. vxor Principis hæreditarii Hesso-Casselani. 1715.

Carl Fridericus, dux Holsatiæ, natus 19. Febr. 1700.
Stockholmiæ.

I. GOTHIA, veterum Gothorum patria, maxime auftralis Suecorum regio in Oftgothiam, Weftgothiam, Sudgothiam, quæ late Scania dicta eft, difpenfatur, OSTROGOTHIAE eft ad auftrum Blekingam verfus, SMALANDIA, cuius vrbes ad Balticum mare munitæ ac mercatura & portubus infignes funt *Calmar*, & borealior *VVefterwick*; at *Vexfio* ad lacum proprium, in occafum a Calmario fitum : *Ionköbing* fub lacu Vetero fiue *VVeter*, qui Gothiam in partes iam dictas fere diuidit. In confinio Smalandiæ & Blekingæ eft *Torfas* & *Bromfebroo*, vbi pax inter aquilonis regis 1645. conuenit. Supra Smalandiam in feptentrionem fita OSTGOTHIA propria, & ad Suevoniam vsque adfurgit iuxta mare Balticum. Oppida habet *Stegburg, Suderköping*, & intus, lacum Veterum verfus, *Northolm* & *Lingköping*. Præterea ad hanc orientalem partem pertinent *Oeland*, oblonga infula, Calmariæ oppofita, cum caftris *Berkholm* & *Oftenby* : longius

a cona continente in ortum remota insula *Gotblandia*, Baltici maris facile maxima', Brömsebroensi pace Suecis concessa, recepta a Danis 1677, sed reddita 1679: aliquot oppida habet, in quibus *VVysbuy* praecipuum, quod tamen maximam in partem in ruinis iacet. VV E-STROGOTHIAE partes sunt VVE-STROGOTHIA PROPRIA, vbi *Gothenburg*, munitum oppidum cum portu, altero milliario a Bahus: *Elsburg*, arx: *Scare* ad Trolhettam: *VVenersburg*, *Lidcöping*, ac *Falcöping*, & *Bretta* ad lacum *VVener*: interquem & lacum Weterum *Mariestadt*: VVERMELAND in ortum plus reclinans cum oppidis *Carlstad* & *Philippstad*.

SVDERGOTHIA, siue Scania late sumta, pace Rothschildiensi Suecis concessa, & post bellum denuo 1679. reddita & confirmata. Huius sunt itidem tres partes, HALLAND ab occasu ad sinum Codanum, cuius caput *Halmstad* est, vnde in septentrionem mediocriter distant *Falkenburg* & *VVarberg*: in austrum

Arum *Laholm.* Omnia munita & maritima oppida, nisi quod quorundam munitiones proximo bello disiectæ dicuntur : SCANIA propria, Schonen, habet in mediterraneis metropolin *Lunden,* episcopatu & academia insignem : ad fretum Danicum vulgo Sund vel (Oresund,) oppidum *Helsinburg* (ad os freti) castro Danorum Croneburg oppositum: *Landscron,* Coroniam, cum præualida arce : & ex Hafniæ aduerso *Malmoe,* quæ etiam *Elnbogen* ex situ vocatur, cum arce permunita: a) Insula etiam Hween siue *Huene* in freto Oresund tanquam ad Scaniam pertinens. nunc a Suecis possidetur, quam arx Tychonis de Brahe *Vraniburgum* pridem nobilitauit : Iuxta australe litus Blekingam versus, *Ystadt* siue *Vsted* oppidum est. Tertia pars BLEKINGEN orientale litus occupat, in quo sunt

Chri.

_____

a) Moderno & adhuc durante bello Dani Scaniam recuperare quidem tentarunt, occupato etiam 1710, Elsinburgo, at fatale prelium haud procul hoc oppido commisso, omnes hos conatus iterum disiecit.

Chriſtianſtadt in limite Scaniæ, *Abus,* *Elcholm* , *Rotemby*, & his nobiliora *Carlshafen,* & *Carlscron* ; & tandem eſt *Chriſtianopel* prope Calmarienſe fretum. Blekingæ ſubiacet inſula *Bornbolm*, Danici iuris, prædiis quibusdam Scaniæ, arbitrorum iudicio ad quos pacificatione 1669. controuerſia reiecta fuerat, penſata: caſtrum in ea eſt *Hammirhus*, ſedes præfecti.

II. SVECIA propria ſiue SVEVONIA diuiſa in SVDERMANNIAM, *Sudermanland*, in qua ſunt *Nifoping* prope mare Balticum, cum arce & portu; & *Stregnes*; & *Kongsör*, ſeceſſus regius; & *Gripsholm* altero a Strengneſia milliario; NERICIAM, cuius eſt *Orebro* ad Helmerum lacum : VVESTERMANNIAM ſiue *Vesmaniam*, inter Vpland & Nericiam : cuius vrbes *VVeſteraas*, quæ etiam *Aroſia* dicitur, epiſcopalis ; & *Arbogen* vix vno milliario ab Hielmero lacu : & *Saleberg*, argentifodinis ; *Afweſtafors*, officinis æris ; ac *Hedemora*, mercatura celebran-

brantur: fed VPLANDIA regio præcipua
atque cultissima, in qua *Stockholm,*
Holmia, vrbs splendida & regis fedés
est, portum habens inter paruas infulas, quæ Scheren vulgo appellantur;
proxime adiacent *Vlrichsthal, VVax-
holm, Enköping:* fed *Vpfal* archiepifcopatu nobilis & academia, VII milliariis
ab Holmia in feptentrionem diftat. Inter Vplandiam & Finnoniam plures
paruæ infulæ: *Aland* nobilior, in qua
Caftellholm oppidulum memoratur, a
Ruffis 1714. occupata, qui & adhuc poffident. DALECARLIA cuprifodinis
nota, fine oppidis clarioribus, præter
Fahlunam. Inde

III. NORDLANDIA in feptentrionem extremum excurrit, fub qua est
GESTRICIA, *Geftrik,* Vplandiæ ab
aquilone finitima, fodinis ferri, & in
mediterraneis cupri abundans, vbi et-
tiam *Copersberg* fitum est, & *Gevalia* oppidum. HELSINGIA excipit, eiusque
oppidum *Hudwikswal* emporium ad finum Botnicum, & *Söderhamn,* officina
ar-

armorum : supra hanc prouinciam MID-
DELPADIA, cuius oppidum *Sunds-
wald* ; & vlterior ANGERMANNIA
cuius vnicum oppidum est ad eundem
sinum *Hernösand*, portu & gymnasio
nobile. Adiacet in occasum IEMPTIA,
Jempteland, pars olim Norvvegiæ, sed
Bromsebroensi pace Suecis concessa.
Non vrbibus, sed castris *Riffund, Docre*
& *Lith* munita est. BOTNIA ad sinum cognominem inter Angermanni-
am & Lapponiam patet, præter *Torneo*,
prædicto sinui adpositam vrbem, quam
rex Sueciæ 1694. invisit, alias nullo alio
oppido memorabilis : LAPPONIA
tandem quidquid reliquum Suecis in septentrione paret, lato ambitu complectitur, regio horrida & inculta, ab ortu
habens Lapponiam Moscouiticam, cùius *Kola* oppidum est; ab occasu Norvvegiæ partem, videlicet Finmarchiam
& Scrickfinniam, quæ etiam interdum
Lapponiæ nomine insigniuntur. Trans
sinum Botnicum

IV,

IV. FINNIA, Finland est, quam
a Liuonia alius sinus, inde Finnicus dictus, disterminat. Vasta regio & in
plures prouincias diuisa. Cultior ceteris FINNIA PROPRIA in angulo,
quem Finnicus sinus cum Botnico facit,
in cuius parte australi *Abo* est ad ostia
fluuii Auroioki in sinum Finnicum se
effundentis, e regione insulæ Alandiæ,
caput totius regionis & academiæ sedes, a regina Christina 1640. fundata:
in boreali *Biorneburg* supra hanc ad
Botnicum sinum CAYANA est, quæ etiam Botnia orientalis vocatur: NYLAN-
DIA ad Finnicum sinum extenditur, cuius oppida sunt *Helsingfors*, in cuius regione Sueci a Russis 1714. nauali prelio
fusi, & *Ratzeborg*. TAVASTIA mediterranea cum castro *Gron burg* siue *Ta-
vasthus*, a Russis 1705. occupatum, SA-
VOLAXIA orientalis, inter lacus Moscouiæ collimitantes: CARELIA ad
extremitatem sinus Finnici, episcopali
& munita vrbe *VViborg* nobilior est.
A Russorum classe 1706. obsessa, frustra
ta-

tamen, occupata nimirum 1710. Adiacet
KEXHOLM, tractus pace Stolbouæ
sancita a Moscis 1617, concessus, cuius
Kexholm oppidum bene munitum est,
prope lacum *Ladogam* situm. *a)*

V. LIVONIA tandem, siue Liff-
land, maiorem nunc partem in potestate Suecorum est, cui a septentrione sinus Finnicus, ab ortu Moscouia; ab
austro Lithuania & Curlandia obiacent: latus occidentale sinus Liuoni-
cus siue Rigensis cum parte Baltici maris claudit. Septentrionalis pars ESTHO-
NIA, *Esthen*, vocatur, in qua *Revel* ad
Finnicum sinum emporium est: *Hapsal*
maritima ex aduerso insulæ Dagho:
Pernau ad sinum Liuonicum: mediterraneæ ad austrum *Fellin*, & *Derpt*, Dorpatum, academia ornatum: ad boream
prope Naruam *Wesenberg*: medio lo-

I   co

---

a) *Bierneburg* oppidum non ignobile, *Rase-*
burg, portu donatum, omnem Finlandiam
Russi iam tenent, cuius tamen possessio ante finitum bellum neque dabilis, neque diuturna.

co *Wittenstein :* in Ingriæ confinio prope Finnicum finum *Narva* permunita
vrbs ad fluuium cognominem, qui Li-
uoniam a Mofcouia diftinguit; *Pleyff-*
münda, vbi pax inter Suedos & Mofco-
uos 1666. conftituta. Meridialis pars
LETTEN fiue *Litlandia* nominatur,
diuifa per *Duinam* fluuium a Semigal-
lla. *Vrbs* primaria *Riga* in limite auftrali iuxta Duinæ oftium, mercatu,
gymnafio & olim etiam archiepifcopatu florentiffima; altero ab Riga lapide ad idem oftium *Dünemund*, & arx
munita *Cobronfibantz:* ad finum præterea Liuonicum eft *Salis :* ad *Teyde-*
ram amnem *Segewald*, *Wenden & Wol-*
mar ; inter Rigam & Wendam *Lim-*
burg: ad Duinam *Kokenhaus:* &, quod
Ruffis iam paret, *Duneburgum*. Orientalem enim Lithiæ partem, fed minorem Suecica, Mofcoui poffident. Infulæ ab occafu Liuoniæ in mari Baltico
funt OESEL, Ofilia, caftris *Sonneburg*
& *Arensburg* munita ; & DAGHO,
ifti a feptentrione proxima, ad fauces
                                    finus

finus Rigenfis, cum caftris *Poden* & *Da-*
gereort, Bromfebroenfi pacificatione ambæ Sueciei iuris factæ, cum antea in ditione Danorum effent. *a*)

I 2   VI.

---

a) De Liuonia iam tenendum, Ruffos illam
moderno bello recuperaffe. Et quidem Nar-
vam vrbem Rufforum Czaar 1700. ingenti
exercitu obfederat, quem tamen rex Sueciæ
paucis copiis plane integrum internecioni
dabat, at recollectis viribus *Narba*, poft
longam obfidionem a Ruffis armata manu
occupabatur, Caftellum Ivanogrod deditione cœpére. *Dorpatum* 1704. etiam occupabant, & 1708. vniuerfum hoc oppidum
evertebatur, feductis omnibus ineolis in
Ruffiam, Archangelum verfus, vbi nouam
ciuitatem ædificauêre. *Reualiam* 1710. deditione cœpere, eiusque munitione poftea,
multum augmentauerunt. *Riga*, obfidione moderni regis Polonici 1700. fracta facta
nobilis eft, 1710. autem Ruffi hanc vrbem
deditione poft longam obfidionem acquifi-
vêre. Fortalitium *Dunamunde* 1700. a Saxonibus & Polonis Succis menfe Februario
oppugnatione eripiebatur, rex Sueciæ breui
quidem poft, longa peracta obfidione recuperabant, Ruffi autem 1710. iis, vna cum aliis
eripiebant. Fortalitium *Koberfchanz*, paria

VI. INGRIA, Ingermanland, munita regio inter Finnicum sinum & *Ladogam* lacum, ante Moscouorum, pace Stolbouiensi accessit Sueciæ regno, Esthoniæ ab ortu, Finniæ a meridie, contermina. Oppidum primarium est *Notteburg* in ora lacus Ladogæ: munimenta Naruam versus sunt *Jama, Coperie,* & Naruæ trans flumen opposita arx *Ivanogrod.* *a)*

CAPVT IX.
DE
REGNO DANIAE.

DAniæ propriè dictæ regnum, vt a Norvvegia separatum est & Rothschildensi aliisque pacificationibus Hallandia, Scania & Blekinga ablatæ sunt, totum

---

cum Dunamunde fata habuit, quod & de castro Kockeshausen dicendum, quod Saxones, post fatalem obsidionem Rigensem 1701. in aerem eiiciebant.

a) Omnem hanc Prouinciam Russi iam tenent, sed futura pax possessionem huius & Liuoniæ validam demum redditura est.

totum ex infulis Baltici maris ac quibusdam peninfulis conftat , fed populofis
& prædiuitibus. Ab ortu Hallandiam
habet & Scaniam : a feptentrione Sueciam & Norvvegiam : ab occafu & meridie mare Germanicum prouinciis quibusdam , quæ partim Danici iuris funt,
fed in Germania , vbi fitæ funt , cum ceteris explicandæ : *a*) Primaria regni &
maxima infula eft.

I 3 SEE-

---

a) Origo modernæ regiæ domus Daniæ ex domo Comitum Oldenburgenfium eft , vti ex
fequenti Genealogia apparet.

Theodoricus Fortunatus, Comes Olden-
burgi † 1440.

Christianus I. rex Da-	Fridericus I. rex Daniæ,
niæ † 1481.	† 1533.
Johannes rex Daniæ,	
† 1513.	Christianus III. † 1559.
Christianus II. seu	Fridericus II. † 1588.
Christiernus regno a	Christianus IV. † 1648.
subditis iniuste ex-	Fridericus III. † 1670.
utus, † 1525. incar-	Vxor Sophia Amalia
ceratus.	Princeps Luneburgen-
	sis † 1685.

Christianus	Anna So-	Georgius †	Vlrica E-
V. † 1699.	phia, nata	1708. ma-	leonora,
vxor Char-	1. Sep. 1647	ritus Annæ,	† 1693.
lotta Ama-	vxor Joh.	reginæ Ma-	vxor Ca-
lia Princeps	Georg. III.	gnæ Britan-	roli XI re-
Hessiæ, †	Elector. Sa-	niæ.	gis Sue-
1714.	xoniæ.		ciæ.

Fridericus IV	Carolus,	SophiaHed-
moderno rex	nat. 25 Oct.	wig nat. 28.
nat. 11. Oct.	1680.	Aug. 1677.
1671. vxor		
Ludovica,		
Princeps Me-		
galopolita-		
no Gustrovi-		
ensis.		

Christianus Princeps	Charlotte Ama-
regius nat. 30. Nov.	lie nat. 6. Oct.
1699.	1706.

SEELANDIA, & in eius orientali latere ad mare *Koppenhagen*, Hafnia, caput totius regni, tum regia sede, tum academia illustre, cum portu *Christiansbafen*, iuxta insulam suburbanum *Amak:* eodem latere in austrum ab regia vrbe vergit *Kioge*, oppidum ad mare: in septentrionem oppidum *Helsingœr*, & munitissima arx *Cronenburg*, iuxta os famosi freti, quod vulgo der **Sund** appellatur, vbi vectigal soluitur a nauigantibus per freti angustias. Propius inde in boreali latere, sed reductius a mari, abest *Fridrichsburg*, regum secessus, & *Slangenrup:* ac intus ad sinum angustum, longissime in terras incurrentem, *Rothschild* siue *Roskild*, episcopalis vrbs & regiis sepulcris nobilitata, etiam pacis compositione 1658. In eadem plaga occasum versus *Holbek* & *Niköping*. Lateris occidentalis oppida maritima sunt *Kallenburg* & *Corsör*, interius *Schlagel:* australia *Schelsor*, *Nestwede* & *Wordingburg* siue *Warburg*, & *Prösto:* mediterraneæ sunt *Sora*, nobilium ante

I 4   aca-

academia, poſt Hafnienſi inſerta; *Ring-*
ſtadt, & aliæ.

Ad Seelandiam iacent aliæ minores
inſulæ AMAK, proxima Hafniæ adeo,
vt ponte coniungi posſit: SOLTHOLM
paullo vlterior in orientem: HVENE
inter Hafniam & Cronenburg in freto, ſed Suecici iam iuris, vt capite VIII
prædiximus: contra BORNHOLM,
quæ Blekingæ prouinciæ Suecorum
ſubiacet, Danorum ditioni ſubdita
manet. Ab Auſtro Seelandiæ latus
orientem attingit MÖNE, cuius *Stege*
oppidum eſt, iuxta quod 1676. prœlium
nauale commiſſum fuit. FALSTERA
Mona freto *Gröneſund* diuiſa, oppida
habet, *Nicöping*, cum arce munita ab
occaſu iuxta fretum, quod inſulam a
Laland diſtinguit: & *Stubköbing* propius Seelandiæ. LALAND autem, ut
diximus, ab occidente obiacent Fal-
ſtriæ, bene culta oppidis, *Naſcau* bene
munito; *Saſſcoping* ac *Grimſtadt*. Seelandiæ autem litus occidentale LANGE-
LAND reſpicit, inter quas fretum paullo

lo latius, fed minus altum eft, quam Croneburgenfe, ideo paruarum tantum nauium patiens, maioribus per Croneburgenfe (Orefund) euntibus. In hac infula *Rudköping* eft & arx regia *Tneneker.*

FIONIA, *Fünen* vulgo, maior hisce, fita inter Seelandiam, cui æqualis fere eft, & Jutlandiam, a qua angufto freto dirimitur. Caput in meditullio infulæ *Odenfee,* Ottonia, epifcopalis vrbs: ad orientale litus *Neuburg* munitum oppidum cum portu eft, vbi vectigal pendunt minores naues, quæ alia via, quam per Croneburgenfe fretum in orientale mare (Oft-See) excurrunt. Auftrum vergit *Swinburg* iuxta infulam *Toffing:* in latere occidentali ad freti anguftias eft *Middelfärt* cum vicina arce *Hingshagel,* ex aduerfo Coldingæ Jutlandicæ: in auftrali parte *Affens, Hagenfchou,* & *Feburg;* in boreali, *Efcheburg* arx regia, & *Kertemünde* cum portu.

Infulæ paruæ circa Fioniam permultæ funt, in quibus nominatiffimæ

SAM-

SAMSÖE, Samus Danica, a septentrione Fioniæ; BROMSÖE & FENÖE ab occasu in Mittelfartiensi freto, inter Hadersleben & Coldingam superiori bello celebratæ: ex Bromsoa enim initium expeditionis glacialis 1658. factum fuit; ab austro TASSING prope Schvvinburgum; ARROE cum castro *Kœbing* ad ducatum Slesvvicensem pertinent, sicut etiam ALSEN, de qua in Iutia australi acturi sumus.

IVTIA siue IVTLANDIA chersonesus Cimbrica est, inter oceanum Germanicum & sinum Codanum. Septentrionalis proprie ad Daniam pertinet: australis est pars Germaniæ, licet in ea etiam multa possideat rex Danorum.

SEPTENTRIONALIS IVTIA in quatuor episcopatus diuiditur, siue diœceses, Alburgensem, Viburgensem, Arhusanum & Ripensem, ab vrbibus episcopalibus denominatos. Sinus *Limfort*, supremam partem fere totam ab ortu in occasum percurrit & nouam inde penin-

insulam VVENDSYSSEL abscindit,
cujus oppidum est *Wendsyssel*, & in extremo angulo *Schagen*. Ad sinus angu-
stiam siue orientalem partem ab austro
adiacet *Alburg*, episcopalis ciuitas. TYA
isthmus est inter hunc sinum & oceanum, vbi *Tystede*, & insulae in sinu ab
occasu laxiore MORSINGA (*Mors*)
cum oppido *Nicoping*; ac TYRHOLM.
In mediterraneis *Wiborg*, altera episcopalis, quae *Randersen* & *Grimam* siue
Grimstade ab ortu habet; Subiacet in austrum *Arhusen*, tertia vrbs episcopalis,
in ora sinus Codani cum portu: cui arx
Scanderburg propinqua ab occasu: insula *Samsoe* ab ortu, de qua modo diximus. Ex aduerso Fioniae *Tyrsbek*, *Wiel*
ad aestuarium; & *Fridrichsaede* propugnaculum, freto Middelfartensi adpositum, quod laceratum superiore bello
nunc in vrbis formam sub *Fridericia* nouo nomine instauratum : *Coldingen* e
regione oppidi Middelfarth; *Stendorp*
contra Bromsoam insulam & paullo
inferius *Hadersleben*. Hae orientem

I 6 ver-

versus: ab occasu *Holstebro*, & ad Germanicum oceanum *Ringköbing*, &, quæ quarta episcopalis vrbs est, *Ripen* ad flumen *Nipsicum*. His finibus immixta est IVTLANDIA AVSTRALIS siue Ducatus Slesvvicensis, olim iuris Danici post Ducibus Holsatiæ concessus, quorum longa possessione ad Germaniam censetur pertinere, exceptis quibúsdam, vt *Flensburg* & paucis aliis, quæ Dani retinent. Cetera, vt Holsatis Ducibus propria, in Germania exponemus.

CAPVT X.

DE

GERMANIA.

GErmania ampla regio ab ortu Poloniam habet & Vngariam: a meridie Italiam; ab occasu Galliam & Belgicas prouincias: a septentrione oceanum & Balticum mare. Ordinem prouinciarum secundum dominia disponemus ita, vt initium ab Austriacis parti-

partibus, * hoc est ab ortu in meridiem vergentibus, faciamus.

AVSTRIA ab ortu Vngariam: a septentrione Morauiam: ab occasu Bauariam: a meridie Stiriam spectat & episcopatum Salisburgensem. Diuiditur in superiorem, quæ ad Bauariam est, & inferiorem, quæ Vngariam contingit. SVPERIORIS caput *Linz* ad Danubii dextram ripam, vrbs nitida & emporium: iuxta eandem ripam *Efferdingen* in occasum: *Ens* in ortum ad fluuium cognominem, qui post paruum interuallum Danubio infunditur: in septentrionem ad fines Bohœmiæ *Freiſtadt* vergit; in austrum a Danubio *Wels*, ad Traunam fluuium; *Steir* ad amnem

L 7   co-

---

* Origo Domus Austriacæ modernæ a Comitibus Habsburgicis deducitur, de quorum Stemma tamen varie disceptatur, vid. Guilliman. Habsburg. & Introduct. meam in Geneal. German. Part 1. Fundator hodiernæ Familiæ Austriacæ fuit Rudolphus, I. Imperator huius nominis, cuius descendentes secundum seriem adducere non opus est, sequens ergo Genealogia sufficiet. †

cognominem ; *Vocklabrück* ad Ve-
eklam, qui Traunæ miscetur : *Gemünd*
ad lacum proprium (Gemünder-See)
quem Trauna perfluit. INFERIORIS
caput Wien, Vienna siue Vindobona,
ad Danubium, sedes Romani Imperatoris, episcopi, & academiæ, 1529. &
1683. a Turcis frustra obsessa. Ad dextram ripam Danubii, occasum versus,
sunt *Closterneuburg*, *Tuln*, *Melck*, *Ips*;
ad sinistram *Cornewburg*, *Krems*, *Thiren-
stein*, *Grein*. A Vienna in ortum recedit *Ebersdorf*; in austrum *Laxenburg*,
illustres secessus Imperatoris : a Turcis 1683. hic crematus, ab Imp. Leopoldo autem restauratus; ac *Baden* thermis
nobile ; & *Neustadt* munitum oppidum : inde longius in occasum distat
S. Palten, Hippolyti fanum, ad *Träsen*
fluuium. Boream trans Danubium
spectant, hoc est, ad Morauiam inclinant *Laba*, *Rez*, *Weidenhofen*, *Horn*.

STIRIA, Steyermarck, pars Norici & Pannoniæ superioris, circa Muram & Drauum fluuios, in *superiorem*
& in-

& *inferiorem*, hoc est in occidentalem
& orientalem æque ac Austria, respectu
decurrentium fluminum diuisa. Terminatur a septentrione Austria, ab ortu
Vngaria: a meridie Carniola: ab occasu Carinthia & Salzburgensi archiepiscopatu. In finibus Austriæ ad Salzam
amnem est *Marienzell*, locus religiosis
peregrinationibus sacratus; paullo infra,
Eisenertz fodinis diues: ad Muram fluuium *Muraw*, *Iudenburg* primaria superioris Stiriæ; *Brück* cum fluuii cognomento, Muripons; *Grätz* totius Stiriæ
caput; *Mureck*, & *Rackelsburg* in Vngariæ collimitio munimentum. Trans
Muram ad Geylam amnem castrum
Seckau, sedes Episcopi Secouiensis. Ad
Drauum *Marchburg*, Marciana, *Pettow*,
Petonio, *Friedau*, & prope Vngariæ fines *Czackenthurn*, munitum oppidum:
trans Drauum *Windisch Grätz*: & prope Sauum ad Saanam *Cilly*, caput cognominis comitatus. In austrum Stiriæ subiacet

CARNIOLA, **Krain**, ad Italiam
vs

vsque & Croatiam pertingens, pars occidentalis Pannoniæ Sauiæ (nam ad Sauum sita) & Norici mediterranei. Caput est *Laubach*, Labacum, episcopalis vrbs ad fluuium cognominem, qui mox Sauo infunditur: *Oberlaubach*, longius inde in meridiem distat; in occasum *Krainburg* in Saui ripa bene munitum: *Seisenburg* inter Sauum & *Lugeam*, mirabilis naturæ paludem, (nunc Czirknitzer-See ex adiacente oppido *Czirknitz* dictam) nam diuerso tempore pisces, frumenta & venationes præbere dicitur. Pars Ducatus Carniolæ censetur MARCHIA VINDORVM, Windisch Marck, Croatiæ contermina, vbi *Rudolfswerth* siue *Neustedel*, thermis vicinis celebrata vrbecula, modico interuallo a Sauo distat; & *Meiling*, Metulum, vrbs antiqua Iapodum. Australes partes Forum Iulii contingunt & Histriam: in illius limite Goritia siue *Gertz* est, ab aliis Italiæ adnumerata; & *Gradisca*, & *Portus Naonis*. In hac maritimum oppidum *S. Viti* fanum, cum

cum cognomine Fluminis, am Flaum, ad cuius oftium in Liburniæ antiquæ principio fitum eft

CARINTHIA, Kärnten, fupra Drauum inter Tirolenfem comitatum ab occafu, & Stiriam ab ortu fita, etiam pars veteris Norici. Caput prouinciæ *Clagenfurt* altero a Drauo lapide amotum; fupra quod Muram verfus *S. Veit,* fanum S. Viti, & *Gurk* ad fluuium cognominem epifcopale oppidum; & *Strasburg*, vbi fedet epifcopus Gurcenfis: ad Drauum *Volckmarck,* Virunum, & *Lauanmünd*, vbi Drauus Lauantum recipit; & *Drnburg*: ad Lauantum *S. Andreæ*, olim Lauantum, communi cum fluuio nomine, fedes epifcopi Lauantini. Sunt etiam in Carinthia, quæ Bambergenfi epifcopo parent, *Villach,* Vacorium, nempe ad Drauum, *Wolfsberg* ad Lauantum, *S. Leonhard* prope eundem fluuium, & nonnulla alia. a)

TIRO-

---

a) *Sonnek*, oppidum & dominium, ad Comites ab *Vngnad* pertinens. *Freifach, Bey-*

TIROLIS, fiue Tirolenfis comitatus, pars Rhætiæ orientalis, a feptentrione Bauaria terminatur, ab ortu Salzbur-
genfi tractu & Carinthia : a meridie
Italia : ab occafu Heluetia. Montofa
regio, ab Alpibus Tridentinis bifariam
quafi fecta, rigatur fluminibus Æno,
Jnu, & Athefi, Etfch. Metropolis *In-*
ſpruck, Æuipons, ad Ænum, archiducum fedes : *Hall* & *Sebwaz*, ad eundem
fluuium, illud factitio fale, hoc fodinis
metallicis commendatum : *Stams* in
occafum a Ponte fitum monafterium,
illuftrium fepulcris & reliquiis nobile :
& *Kufſſtein* ad hunc amnem, fed in Bauariæ limitibus, egregie munitum arte
& fitu loci ; & *Ratenburg* ad eundem,
fed fuperiorem : prope Lechum in Sueuiæ confinio arx *Ehrenberg* : iuxta Ei-
faccum (*Eiſek*) fluuium *Clauſen*, caftrum in alta rupe pofitum, quo Italiæ
via occludi poteft : ad idem flumen
Brixen, Brixia, epifcopalis vrbs, & *Son-*
neburg

---

ersberg & quædam alia ignobiliora Archi-
epifcopo Salisburgenfi parent.

neberg coenobium : ad confluentem Eisacci & Athesis *Bozen*, Bolsanum , celebre emporium : ad Athesim *Trient*, Tridentum, episcopatu & concilio notum : *Tirol*, Terioli, iuxta eundem fluuium castrum , vnde nomen prouinciæ est : etiam *Memo* prope Athesin ad radices Pyrenæorum montium (*Brennenberg*) olim caput prouinciæ , nunc oppidulum. Transmontes in Grisonum confinio ad Tirolem referuntur *Feldkirch & Pludenz*, comitatuum propriorum titulis ornata oppida , inter Brigantinum lacum atque Curiam media : & ipse comitatus Brigantinus, cuius metropolis *Brigantia* ad oram lacus orientalem sita. *a*) Tandem etiam in Heluetiæ

---

a) *Ambras*, arx , non longe ab Inspruck dissita, infinita pene copia pretiosarum rerum referta, *Mons St. Martini*, de quo fabulatur, Imperatorem Maximilianum I, cupidine damas infestandi, seductum, ex instanti mortis periculo , superueniente angelo liberatum fuisse, sed nugæ moniales , atque anile commentum. Castrum *Ehrenberg*, de quo sutiæ finibus ad Auſtriacam Domum pertinet

CITERIOR REGIO AVSTRIA-
CORVM, die vörder Oeſterreichiſche
Lande, alias Sueuia Auſtriaca, in qua
præcipuæ ſunt quatuor VRBES SIL-
VATICAE, Wald-Städte, iuxtá Rhenum

---

pra, ob fugam Caroli V. notabile, quem Elector Mauritius 1552. hoc in loco pene cœpe-
rat. Ao 1703. a Bauaris occupabatur, quod
tamen ruſtici Tirolienſis breui recuperabant.
Scharniz, ſiue Scharniz, aditus perbene munitus, eodem annò a Bauaris captus, mox autem magno cum eorum detrimento iterum
amiſſus. Paria fata eodem anno cum iam
enumeratis habuit Rattenberg, & Stärtzing,
in confiniis Pyrenæorum montium, (Bren-
nerberg) Roßeredo, verſus Italiam oppidum
perbellum. Reiff, ſiue Riba, ad lacum
Gardenſem, mediocriter munita, Arco, Ar-
cus, caſtrum bene munitum, ad flumen Sar-
ca, a Galliſ 1703. captum, & in aerem eiectum, iam autem reſtauratum, quale fatum
caſtrum Nago etiam habuit. Landeck, ad
fluuium, munitum, a Bauaris 1703 occupatum, ſed breui iterum amiſſum. Kuffſtein,
de quo ſupra, a Bauaris 1703. caſu fortuito
captum, redditum 1704.

num inter Bafileam & Schafhufam fitæ, *Waldshut*, regiminis curia, dum
Friburgum Brisgoiæ, nunc Rysvvicenfi
pace reftitutum, in Gallorum poteftate
fuit, quod alias caput huius tractus
eft, nobile etiam academia, quæ, dum
Gallis illud fubiacebat, *Conftantiam*
translata fuerat: 1713. iterum in eorum
poteftatem venit, pace Baadenfi autem
de nouo redditum. Ceteræ filuatica-
rum funt *Lauffenburg, Seckingen, & Reinfelden.* Præter Silvaticas, *Havenftein* &
Nellenburg cum titulo Landgrauiatus,
& quædam alia. Ipfa quoque *Conftan-
tia,* Coſtnitʒ, ad os lacus Acronii in limite Heluetiæ fita, huc pertinet. Epifcopus autem Conftantienfis *Merspurgi,*
trans lacum in Sueuiæ latere fedem habet. De ceteris in Sueuia acturi, nunc,
quæ ad orientem præteriimus, Au-
ftriacas partes perfecuti, ordine explicamus.

SALZBVRGENSIS archiepifco-
patus inter Auftriam & Stiriam ab ortu eft, & Bauariam Tirolemque ab occafu,

su, pars Norici veteris. Caput *Salzburg* ad *Salzam* fluuium, olim Iuuauia, sedes nunc archiepiscopi. *Lauffen* & *Ditmaning* ad eundem fluuium, & alia minora. Tota montosa est regio, fluminibus tamen & riuis, qui ex montibus decurrunt, admodum irrigua. *a)* Et quia hic austriacis prouinciis finitimus Archiepiscopatus in Circulo Bauariæ censetur, de Bauaria nunc proxime agendum nobis erit.

BAVARIA, **Bayern**, a meridie Tirolensi Comitatui eiusque montibus iuncta, ab ortu ad Salisburgensem archiepiscopatum & Austriæ partem supe-

pe-

---

a) de fundatore huius Archi-Episcopatus fabulatur, S. Rupertum fuisse, sed aniles nugæ sunt, & parum refert fundatorem scire: Modernus Archiepiscopus est, *Franciscus Antonius*, Comes de Harrach, nat. 1665. & mitram Archi-Episcopalem adeptus 1709. Cœterum hic Archi-Episcopus est Primas per Germaniam, & Legatus natus Sedis Apostolicæ, seu rectius Pontificis Romani, licet prior dignitas ab Archi-Episcopatu Magdeburgensi in dubium vocetur, & quidem de optimo iure.

periorem ad *Anaſſum* fluuium , vulgo
die Ens , contingit ; ad Bohœmiæ &
Franconiæ fines ſeptentrionem verſus
vltra Danubium porrigitur, & inde in
occaſum per Sueuiæ terminos ad Licum flectitur. Ita magnam Vindeli-
ciæ & Norici veteris, Nariſcorum etiam
partem occupat , hodieque integrum
imperii Circulum conſtituit. Diuiſa
fuit varie pro numero & arbitrio Principum. *a*) A trecentis tamen annis

Ba-

---

a) Origo Ducum & Electorum Banariæ haud
parum obſcura eſt. Ante tempora Caroli
M. Bauaria ſine dubio proprios duces habebat, quorum vltimum Thaſſilonem III , dictus Carolus in Monachum tondere iubebat :
poſt fiſco regio hæc prouincia addicta fuit,
tandem duces iterum accepit, quorum primus Luitpoldus nominatur, at incertum eſt,
vnde oriundus ſit, communiter ex Comitibus
Schlierenſibus deducitur, quod nos in medio
relinquimus. Ex eius Poſteris deſcendit moderna Domus Bauarica, cuius ſator eſt VVilhelmus V., filius Alberti V; qui totam Bauariam in vnum corpus iterum collegit.
Genealogia hæc eſt

VVilhelmus, V. Dux Bauariæ † 1626. postquam 1596. regimen depofuerat.

Maximilianus, Dux Bauariæ, fit 1623. Elector Bauariæ, contra tamen Imperii Leges fundamentales † 1651.

Ferdinandus Maria, Elector Bauariæ, † 1679.

Maximilianus Maria Emanuel, Elect. Baua-niæ, nat. 11. Jul. 1662. profcriptus 1705. quæ profcriptio ab Imperatoribus Iofepho & Carolo VI. renouatus, pace tamen Badenfi 1714 plenarie reftitutus.

1. Vxor, Maria Anna, filia Imperatoris Leopoldi.
2. — Terefia Cunigunda, filia regis Iohannis III. Poloniæ, ex qua ad-huc fuperfunt

Iofephus Clemens, nat. 5. Dec. 1671. Elector Co-loniæ, de quo poftea

| Maria Anna Carolina, n. 1696. | Carolus Al-bertus. nat. 1697. | PhilippMau-ritius. nat. 1698. | Ferdinandus Maria nat. 1699. | ClemensAu-guftus nat. 1700. | Ioh. Theo-dorus nat. 1703. |

Bauariæ nomen illi proprie adhæfit regioni, quæ nobis trans Danubium maxima parte fita eft, Ducalis lineæ Principibus tunc adfignata, iterum in Superiorem, occafum verfus ; & Inferiorem, quæ ad orientem vergit, diftributa, vnde nunc vtriusque, vnitæ licet, titulus a Principibus continuatur. At illi Bauaricæ Ducum ftirpi, quæ olim Palatinatum Rheni cum Electorali dignitate acquifiuit, pars citerior obuenit, indeque *Palatinatus Superioris* appellationem adfumfit, pars etiam huius ex nouis diuifionibus, *Neoburgici.*

BAVARIAM PROPRIAM præter Danubium fluuii plurimi irrigant. Ad orientem, Auftriam verfus, Ænus eft, circa fe oppida habens *Scherdingam*, *Braunau*, *Oetingam* cultu B. Virginis celebrem;

K

Poft fatalem pugnam Schellenbergenfem & Hochftettenfem 1704. commiffam, omnis Bavaria in poteftatem Imperatoris deueniebat, fed fupra nominata pace plenarie reftituta, omnem huius Electoris Hiftoriam vid. Leben Caroli P. 1, 2, 3, 4.

brem; *Burckbufam, Muldorf,* & munitius ceteris *Wafferburgum.* Ad Ifaram, quæ mediam vere Bauariam fecat, *Monachium,* (München) vrbs nitida & palatio fplendidiffimo ornata, ybi Ducum familiæ a longo tempore in aula fuit, nunc celebrior, poftquam Electoralis illi dignitas patrum memoria acceffit. Infra eam *Landsbutum,* olim Ducum fedes; dein *Dingelfinga, Landau* & plura; ad Licum *Landsberga* cum nonnullis aliis: ad Danubium poft *Donawerdam,* cuius in Sueuia mentionem facimus, *Ingolftadium* finiftræ-ripæ impofitum, vrbs munita & ob academiam celeberrima. Sed longe infra illam (interiacent enim multa non Bauariæ tantum, fed alius etiam ditionis) *Straubinga;* *a)* ad Æni

vero

---

a) Traunftein, monafterium munitum infra Burckhaufen fitum, *Afchau* cœnobium a Gallis & Bauaris iam fopito bello bene munitum, a Tyrolenfibus tamen 1704. captum, & ferme totum crematum. *Rain,* ad Aacha fluuium, oppidum bene munitum, *Stadam Hoff* e regione ciuitatis Ratisponæ, munitum 1702. munimentis fuem 1704. ab Impera-

ad pag. 20

Rudolphi I. † 1519.

filia.

ani filia.

06.

s Hispaniæ filia, ob
e accrescére.

Carolus V. andus I. Imperátor † 1564.
Austria anna Princeps hæreditaria Vladislai
Carolo gis Bohemiæ & Hungariæ, ex qua
nfto & successio in hæc regna.

Ma II. Archi - Dux Austriæ, Grezæ
ebat, † 1590.

Rudolphu ndus II. Imperator, † 1637.
rator,
cælebs. ndus III. Imperator, † 1657.
Maria Anna, Philippi III. regis
aniæ filia, ob quam Successio in
Monarchiam confirmata.

dus I. Imperator † 1705.
aretha Theresia, Philippi IV. reg.
a.

Carolus V I. modernus Imperator, nat. 1. Oct. 1685.
lia, Vxor, Elisabetha, Ducissa
Brunsuicensis.

se-
&.

vero & Danubii confluentem *Paſſauium*
eſt (Patauium etiam ſcribunt, vulgo
𝕻aſſau) ex ſancito ibi religionis fœdere notiſſima ciuitas, loco Batauorum
quondam caſtrorum, cui in altera Æni
ripa opponitur *Inſtadium*, olim Baio-
durum. Sed Paſſauienſis Epiſcopatus
Imperii Principatus eſt, Bauarici Circuli
pars, non Ducatûs. Eodem iure fruitur Præpoſitus in *Berchtoldsgaden*, nam
& hic in comitiis ſuffragium habet inter
Principes; non æque *Chiemſeenſis* epiſcopus, cui nomen eſt a loco in lacu
Chiemo (𝕮𝖍𝖎𝖊𝖒𝖘𝕲𝖊𝖊) in finibus Salis-
burgenſibus. *Friſinga* autem epiſcopus,
quod prope Iſaram eſt oppidum, indu-
bitatus eſt Imperii Princeps. Inter
Straubingam & Ingolſtadium ſita eſt
Ratispona, vulgo 𝕽egenſpurg, ad amne

K 2 *Re-*

---

ratoriis copiis iterum priuatum. *Friedberg*
ad flumen Aacha, *Waſſerburg*, ad Aenum
flumium 1705. a rebellibus ruſticis captum,
ſed breui poſt amiſſum, *Kehlhiim*, ad oſtium *Altmühl*, occupatum a ruſticis 1705.
iuſtificatione rebellis Lanienæ, Krauſs nomi-
nati, præterito bello notum.

Regen dicta, qui prope vrbem Danubio
miscetur. Ciuitas libera est & imperialis, ob frequentia comitia aliisque cauf-
sis celeberrima. Episcopus vrbis est
itidem Imperii Princeps. Tres quoque
intra moenia *Abbatiae* comitiorum iure
gaudent, vnum virorum ad *S. Heimera-
num*; duae virginum, ad *S. Mariam*, &
ad *S. Erhardum*, quarum illa Monasterium Superius, Ober-Münster; haec Inferius, Nieder Münster dicitur. Haec
de Bauaria propria vltra Danubium &
ad flumen iacente, ad quam tamen &
citerioris orae pars refertur circa Ingol-
stadium & Ratisponam, latius alicubi,
alibi angustius procurrens. *a*)

At in adscensu Danubii Sueuiam
versus ea pars Bauariae Cisdanubianae
sita

---

a) Ad Circulum Bauaricum etiam pertinent,
Comitatus *Ortenburgicus*, Comitatus *Ho-
henwaldeck*, & Dynastia Machselrainiana,
Machselrain, vterque Comitia Machselrain
paret, Dynastia *Breitenacuensis*, qui ad Comites de *Tylly* pertinet, Episcopatus & vrbs
Freisingensis, & Praepositura *Berchtolsgaden*,
quae dignitate principali fulget.

sita est, quæ a *Neoburgo*, arce & oppido
(quanquam trans flumen sitis) Ducatus
vel Palatinatus N E O B V R G I C V S appellatur, quia, vt dictum est, ad stirpem Bauaricam, quæ Palatinatum Rheni posse-
dit, peruenerat.   Huic subsunt *Lauin-*
ga ad Danubium, olim Gymnasio clara;
Hochsteti, & alia.   In clientela quadam
huius principatus est celebre prope Do-
nauverdam monasterium Keyßersheim
siue Keyßheim (*Casaream* vocant mo-
nachi) a Comitibus olim potentibus
fundatum, qui ab arce ad confluentes
Lici & Danubii, Lechsgemünde, nomen
habebant.   Portio Neoburgensis Ducatus Franconiam versus, circa initium
proximi seculi postgenitæ Palatinorum
familiæ certo iure adsignata fuit; ab arce & oppido *Sulzbaco* denominata
Pfalz-Sulzbach; *a*)

K 3   Ma-

___

a) Domus Sulzbacensis a domo Palatina descendit, illam fundauit *Augustus* filius Philippi Ludouici, Palatini Neoburgici, vt sequens Schema demonstrat.

Magna vero regionis Bauaricæ Cisdanubianæ pars est PALATINATVS
SVPERIOR , die Ober-Pfaltz, alias
NORDGOVIA dicta. Hæc olim portio fuit Electoratus Palatini ad Rhenum, sed ab ea bellis proximo sæculo
gestis auulsa & Bauariæ tradita est, cui
etiam manet, quamuis nuper exstincta
stirpe Heidelbergensi Palatinatus ille
Rheni ad Neoburgicum Ducem hereditario iure tranfierit. *Amberga* huius
prouinciæ caput est ad amnem *Vilsam*
in finibus Franconiæ & Bohœmiæ.
Mul-

Augustus, de quó iam dictum

Christian August, mutat auita sacra & religionem cum Pontificia, † 1708.
Theodorus, Palatinus Sultzbacensis, nat.
14. Feb. 1659.

Maria Anna, n. 1693.	Ioseph Carl Emanuel Princeps hereditarius, nat. 1694.	Christina Francisca n. 1696.	Ernestina Elisabeth. n. 1697.	Iohann Christian. nat. 1700.

Multa alia oppida habet non ignota, *Neumark, Cham, Kemnat, Auerbach.* Est & ad *Nabum* fluuium *Weida*, sed mixti inter plures dominos iuris; & *Pfreimda*, quæ exstincta non ita pridem Landgrauiorum, qui a vicina arce *Leuchtenberg* nomen habebant, familiâ, Bauaricæ ditionis facta est. *Rothenberg*, castellum munitum altero a Norimberga milliario, donatum 1704. huic oppido, at pace Baadensi ei iterum ereptum. *a*)

In finibus huius tractus, Bohœmiam versus, haud procul Egra, diues est Cisterciensis ordinis monasterium 𝔚𝔞𝔩𝔡𝔰𝔞𝔠𝔥𝔰𝔢𝔫, imperialis, sed cum Palatinis olim controuersi iuris. Ingens quoque Nobilitatis in Bauariâ vltra citraque Danubium numerus est, ex qua multi Comitum Baronumque titulum gerunt, sed paucissimis libertas imperialis

K 4

---

a) Palatinatus superior pertinuit olim Comitibus Palatinis ad Rhenum, quibus autem 1623. ab Imperatore Ferdinando II. iniuste eripiebatur, redditus 1708. illis, sed Pace futili Baadensi eis iterum detractus.

lis competit. Suffragia tamen in comitiis habent Comites *Ortemburgici*, ab
oppido in media Bauaria sito, cognominati: *Wolffsteinii* in Nordgouia, & si
qui sunt alii. Etiam ante paucos annos
in gratiam principis *Lobkovitii*, Bohœ-
mi, tractus quidam Nordgouiæ prope
Sulzbacum Principatus titulo nobilitatus est, in quo oppidum *Neostadium* aulæ sedem præbet.

SVEVIA, Schwaben, in quantum
integram regionem Germaniæ, quam
circulum vocant, comprehendit, a meridie Heluetiam habet & Tirolem: ab
occasu Brisgouiam; ab ortu Bauaria &
cis Danubium Franconia terminatur;
& a septentrione Palatinatn Rheni. In
nulla Germaniæ parte maior imperiali-
um ciuitatum numerus, quam in Sueuia, reperitur, inter quas tamen mo-
dicæ sunt quædam & tenues. Primus
in Sueuia tractus ab ora lacus illius, qui
a *Brigantia* vrbe, & arce *Bodmen* nomen
habet, in occasum procurrit, diciturque
Hegoia, siue *Hegouia*, forte a veteri Co-
mita-

tricatur & arce dituta *Henas*, quasi He-
uengoia. In eo territorium est episcopi Constantiensis, qui sedem, vt supra
memoratimus, *Mersburgi* habet, *Buch-
bornio* & *Vberlinga*, imperialibus oppidis in ora prædicti lacus (Boden See)
sitis, interpositi; ac *Reichenau* (Augia
diues) in insula lacus, Abbatia olim Imperialis iuris, nunc Constantiensi episcopatui vnita: de vrbe autem *Constantia*
supra a nobis actum fuit: neque in Sueuico illa latere, sed Heluetico potius sita
est. Hegouiæ partem tenet Austriaca
Domus, *Sueuiæ Principatus* titulo insi-
gnitam, in qua præfecturas habet, quæ
dicuntur Reichs-Landuogteyen. Sed &
Comites heic suas possessiones habent,
inter quos illustres sunt *Montfortensis*, *Kö-
nigseccii*, *Dapiferi siue Truchsessi*, *Wald-
burgensis* aliique. In eodem tractu castellum munitissimum est, quod superiori-
bus bellis expugnari non potuit, *Trium
Alta* siue Hohen Tentel, *Wurtenber-*
gicæ ditionis: oppida præterea impe-

K 5   rialia

rialia *Pfullendorfium* & *Buchavia* ad lacum *Plumarium*, Feder-See.

Sequitur *Algoia* siue *Algouia* (quibusdam *Albegoia*, quasi Alpium regio ; aliis quasi *Alemangoia*, quia *Alemanni*, exitiabiles Romanorum hostes, tribus fere post Augustum sæculis in hoc tractu inclarescere cœperunt) in ortum Hegoiæ opposita, ab orientali parte. lacus Brigantini circa vtramque ripam fluminis *Ilare* longe extenditur. Ad lacum istum aut potius in insula. eius, ponte cum continenti iuncta, sita est imperialis vrbs *Lindau* : ad Ilaram *Campodunum* Kempten, oppidum etiam imperiale, & Abbatia. Principis Imperii honore & iure ornata : & supra hunc *Memminga*, eiusdem libertatis : inter amnem & lacum *Ravensburg*, *Wanga*, *Isna*, *Leutkirch* : ac propius Danubium *Biberacum* ; prope Licum (Lech) siue ortum versus *Kaufbeura*, singula Imperii libera oppida. A Memminga in ortum æstiuum est *Mündelheim*, quod cum circumiacentibus

sub

fub principatus titulo Duci Marl-
borughio, tanquam præmium victoria-
rum, datum est   Ad Lici fluuium &
terminum Algoiæ tam amplitudine
quam opibus & fplendore infignis vrbs
fita est *Augusta Vindelicorum*, Augfpurg;
tum aliis dotibus fuis, tum maxime propter comitia 1530, quibus Protestantes
Ordines, vti in Germania vocabantur,
religionis confeffionem ediderunt, cla-
riffima·   Vrbs libera est, habet tamen
epifcopum, qui *Dillinge*, oppido ad Danubium academia noto, habitat, cetera
ditionis fuæ iuxta Lechi amnem poffi-
dens, in quibus oppidum *Fieffa*. Alpes
verfus ad eundem amnem. Patricio-
rum Augustanorum familiæ nobiliffi-
mæ funt, interque eas eminent *Fuggeri*,
dudum ad Baronum & Comitum dignitatem euecti, quorum oppida funt
Kirchberg, *Weifenborn*, & alia.

Circa Augustum. Danubium verfus,
Austriaci poffident *Marchionatum Bur-
gouiæ*, ab oppido exiguo & cafello veteri denominatum ; fed *Güzburgi* ad

X 6   Da-

Danubium arx est magnifica, plerumque
sedes Præfecti Austriaci, des Landvolgts,
qui ex illustri familia constitui consue-
uit. Monasteriorum vtriusque sexus
in partibus Transdanubianis magna
copia est, eorum maxime, quæ Imperatori subiecta sunt & in comitiis curiati
suffragii ius habent, inter quæ primas
tenet *Vinearum* Monasterium, Weingarten, non procul Rauensurgo ad pagum
Altdorf situm, totus enim Marchionatus Burgoviæ Cæsari paret.

Citra Danubium egregium terrarum
spatium Ducatus WüRTENBER-
GICVS occupat, cui primus inter sæ-
culares proceres in Sueuia locus est, ex
multis principatibus comitatibusque
concretus. *a*) Nicro amne (Nicker) in-
ter-

---

a) Duces VVurtenbergici a Dominis Bentels-
bacensibus, & Teccensibus descendunt, vid.
Introduct. meam Geneal. & Spener. Syllog.
Geneal. regio olim in diuersos Comitatus diuisa, nunc uni paret Domino. Hodierni Duces VVurtenbergici, ab *Eberhardo VI*, primo
Duci VVurtenbergico descendunt, in varios
ramos diuiduntur.

teguitur. Multa hic atcium veruftis.

ad pag.

erg. † 1496.

is modernæ VVurtenbergicæ,

Iohann ıs , ra- lineandensem condi	Iulius Fridericus , Sator li- neæ Iulianæ, † 1635.	
Eberhar Fridericus condidit ramum Neofta- † 16	diensem, † 1682.	
VVilhelmicus Auguftus douicn. 1654.		Carolus Rudolph. nat. 1667. Supremus dux mi- litaris regis Da- niæ.
Eberhardo- vicus ,91. Sept. ıi- modem. Wurten-	Eleonora VVilhelmi- na Charlotta nat. 1694.	
Fridericu vicus, Dec. 1	Fridericus Ludovicus n. 1690. Christiana Charlotte, vxor March. Onolzbacenfis, nata 1694.	

regioni est, prope *Canstadium.* Præter
Nirtingen, Göppingen, & *Winede,* olim
Ducis sedes: & trans Nicrum *Aschberg,*
arx munita: & *Besiekbeim,* apud *Enzem*
flumen. *a)* Imperialis libertatis in hac
ora

---

a) Hoben Aschberg munitissimum olim castellum, a Gallis tamen 1707. dirutum. Cu*s*
antehac Comitatus, cuius in Historia sæpius
mentio fit, *Freudenstad,* ante 100. annos &
quod excurrit a Lutheranis, quos domus Austriaca e ditionibus suis eiiciebat, ædificatum,
fluuiolus Glatt id attingit. *Weiblingen,* in
Historia sæpissime occurrens, factioni cuidam olim nomen dedit. Neustad non adeo
longe a *Kocher* flumine dissitum, apenagiatæ
lineæ sedem præbet *Weinsberg,* non ignobile oppidum, cuius castrum in celso monte
situm, iam in ruinis iacet, obsidio Imperatoris Conradi III id nobilitauit *Hohen-*
tobiel, Duellium in confiniis versus Helvetiam, ob situm ferme inexpugnabile reputatur, in altissimo enim monte positum est, ad
quem ferme nullus aditus patet. *Duslingen*
ad Danubium modicum oppidum, *Heiden-*
beim, peculiare dominium, quod Duces
VVurtenbergici eorum titulaturæ inseruêre,
oppidum eiusdem nominis non ignobile est,

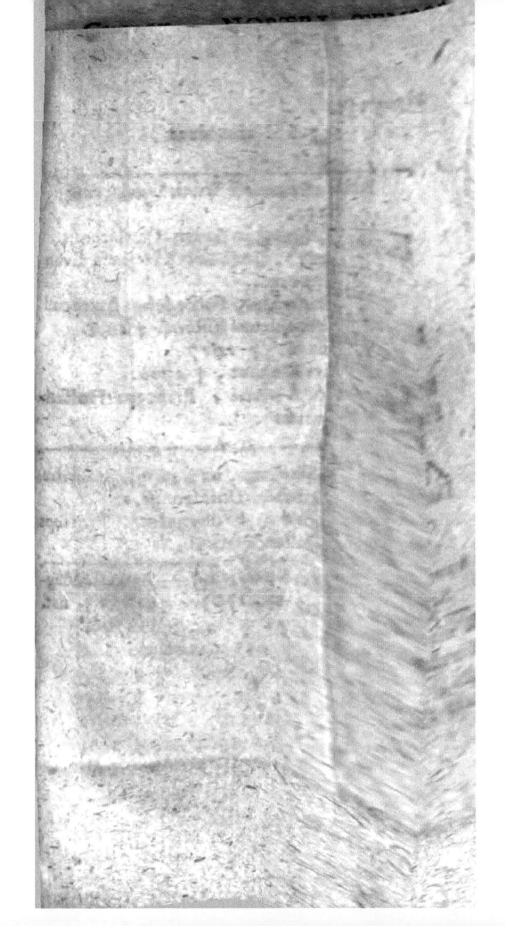

Ad pag. 131.

** Christophorus I. M

Bernhardus IV. fundavit lin|censis,
Baadensem, † 1537.

Christophorus, Marchio, Baden-|censis,
cherensis, † 1575. fratre nul|cra Evan-
quente liberos superstites.

Eduardus Fortunatus, sacra auita |ratre nul-
sticis commutabat. † 1600. |638.

Wilhelmus, Marchio Badensis.

Ferdinandus Wilhelmus, ex prin|
Catharina Ursula, Principis Ho| Holsato-
rensis filia. † 1669.

Ludovicus Wilhelmus, Marchio
cuis in modernis historiis sæpis| modernus
tio facta. † 1707.

vxor, Francisca Sybilla Augusta | Princeps
Saxo-Lauenburgica.

Wilhelm Georg,	Augusta M	gustaMag-
Bernhardus Siber-	hanna, na	ena, nat.
tus & Philippineri,	August. I	1706.
nat. 1703.	Georgius S
	nat. 1706.

|idum eiusdem nominis non |gnouae eft.

ora sunt *Eslinga* ad Nicrum, & auſtrum
verſus *Reutlinga*, quæ poſt Noribergam
prima auſa fuit religionis confeſſionem
Auguſtæ edere : item *VVeila*. At *Rotenburg* ad Nicrùm in auſtrali fine huius
regionis ad Auſtriacam Domum pertinet.

Rhenum verſus adiacet Würtenbergicæ regioni MARCHIONATVS
BADENSIS , in duas partes diuiſus,
quarum altera a *Badena*, altera a *Dur-
laco*, principum ſedibus pro linearum
diſcrimine , cognominatur. *a*) Illa
pars dicitur Marchionatus ſuperior, in
quo *Baden* caput eſt, vno ab Rheni ſtu-
mine

Hellenſtein, arx mediocriter munita, reliqua
obſcura ſunt.

a) Marchiones Badenſes a Ducibus Zærin-
genſibus deſcendere in aperto eſt, modernæ autem Domus Badenſis communis Pater eſt **

mine milliario : dein Stollhofen d) Rastat, b) & alia : c) hæc, Marchionatus inferior, cuius primaria vrbs Durlach est, d) cui subsunt Pforzheim, & superius Basileam versus Friedlinga ; Hochberg, Badenweiler. e)

Sed

---

a) Oppidulum ad Rhenum paulisper munitum, a Gallis tamen 1689. omnino destructum, ab hoc oppidulo, & oppido Bühl aggeres (Lutzen) maximo labore, & multis sumtibus a Germanis exstruebantur, quos tamen Galli, culpa, vt fama ferebat, Marchionis Badensis, Ludouici VVilhelmi, 1707. facillimo negotio expugnabant, soloque æquabant.

b) Arcem habet sat pretiose ædificatam, quasi pax inter Ducem Villarsium, & Principem Eugenium 1713. hic conclusa, ob grande, Germanis ex illa resultante dedecus; in æternum nobilitas

c) Domui Badensi parent Rodemachern in Comitatu Luxenburgensi. Gunzburg in Circulo Sueuico, & loca quædam ex Comitatibus Eberstein & Sponheim.

d) a Gallis 1689. omnino deletum, nunc autem reædificatum.

e) & quidem Hochberg, peculiaris Comitatus est, in quo & Sulzburg, oppidulum, Dynastia Lahr, cum oppido Lahr, & cœnobio Mahlberg, quod Melissantes erronee oppi-

Sed hæc ab occasu Würtenbergiæ: ab ortu est Præpositura E L VV A N G E N- S I S, ad quam non nisi nobili genere nati perueniunt, & qui ea potitur, inter Principes imperii locum habet. Oppidum *Elwangen*, templo & arce conspicuum, ad *Iaxtam* amnem situm est, in Franconiæ collimitio. Inter Elvvangen & Böpfingen est *VVeilingen*, sedes Ducis Würtenbergici singularis familiæ.

Comitatus illustres in hac Cisdanubiana parte sunt *Hohenzollerensis*, cui nomen ab arce vetusta est, quasi altum collem dicas: aula *Hechinga* habetur. In Principum ordine primogenitus huius inclitæ gentis censetur, ex qua ante aliquot sæcula prodiere Burggrauii Noribergenses, postea Marchiones atque Ele-

---

dum nominat: Dynastia *Rætlen*, cuius oppidum idem nomen fert, Landgraviatus *Sausenberg*, qui Helvetiam versus excurrit, in quo *Sausenberg*, oppidum, & vicus *Friedlingen*, ob pugnam inter Gallos & Germanos 1712. hic commissam memorabilis.

Electores Brandenburgici facti. *a*) In
tractu eodem inter Nigram Siluam &
lacum Bodamicum *Fürstenbergii*, quibus & Landgrauiatus *Barensis*, sed infra Comitum dignitatem, subest: ali-
qui tamen huius familiæ principali di-
gni-

---

a) Origo Comitum Hohenzollerensium incerta est, a quibusdam a Pharamundo Francorum rege deducitur, sed inani labore. Sator
hodiernæ domus Zollerensis est Carolus
Comes Hohenzollerensis, cuius filii duas pe-
culiares lineas constituerunt.

Carolus I. Comes Hohenzollerensis † 1576.

Eitel Fridericus, †1604 ramum *Hechingen-sem* serit.

Iohann Georgius ab ImperatoreFerdinando II. Principis dignitate nobilitatus, lineam tamen eius non exeunte. † 1623.

Philippus Fridericus Christophorus †167t

Fridericus VVilhelm9, Princeps Hohenzollerensis.

Fridericus Ludovicus Princeps hereditarius nat. 1688.

Luisa, nat. 1690.

Christina Everhardina nat. 1695.

Sophia Friderica, nat. 1698.

Monf. de Homburg, n. 1711. euius mater, domina de Homburg nominatur, oriunda ex nobili familia de Luzari.

Carolus II ramum Sigmarensem condidit. † 1606.

Iohannes, Princeps Imperii factus 1623. † 1638.

Reinhardus I. Princeps Hohenzollerensis, † 1631.

Maximilianus I. †1689

Mainhardus II. n. 1673 vxor Comitissa de Montfort.

N. fili9, filius, filia, filia, nat. - n - n. - n. -

Frater eius Franciscus Heinricus *Heigerbochium* accepit, titulum Comitis de Hohenzollern adhuc habet, genuit

Ferdinandum Antonium. n. 1692.

Ann. Mariam n. 1692.

Mariam Franciscam, 1697.

Franciscum Christophorum, n. 1699.

Hohen-

gnitate & titulo gaudent. *a*) in inferiore
Sueuia Franconiam versus, OETTIN-
GENSIS Comitatus est, nuper ex parte
in principatum euectus, in fertili &
amœna regione, quæ vulgo *das Ries*
dicitur. Primarium Oppidum *Oetinga*
est, & arx *VVallerstein* prope Nordlin-
gam. RAPPENHEIMIORVM etiam
Co-

Hohenzollern, haud procul a Danubio, arx
satis nobilis, *Sigmaringen* danubio apposita,
Heigerloch sedes lineæ huius nominis, *Ver-
ringen*, ad fluuiolum Lauchart, Comitatus nomine gaudet.

a) Ne libellus hic mensuram destinatam excre-
scat, reliquos Imperii *nostri Principes, Epi-
scopos, vti & Comites*, peculiari *tractatu
Genealogico* breui exhibituri sumus.

Cœterum Furstembergensibus parent, *Fursten-
berg* oppidum & arx, vnde hæc familia nomen traxit, tractus nominatus Landgrauiatus Barensis, *Donefchingen*, a natalitiis celeberrimi Danubii satis nobile Oppidum,
Wolfach, Hasbach, oppida obscura ad fluuiolum *Kizingen, Stulingen*, oppidum non
ignobile, *Heiligenberg, Trochtelfingen*, pars
Comitatus VVerdenbergensis, *Neydingen*
oppidulum & quædam alia.

Comitum antiqua in Sueuiæ finibus familia claret, ex qua Senior Imperii Submarschallus, Electoris Saxoniæ vicarius hereditarius. Arx eius nominis & oppidum prope Aichſtadium ad Altmulam iacet. *a)*

Vrbi-

---

a) Circulo Suenico etiam ſunt adſcripti, & demui Auſtriacæ parent Marchionatus Burgouienſis, *Burgau,* in quo *Burgau,* & *Gunzburg,* de quo ſupra, Comitatus *Bregenz,* vbi *Bregenz, Langenbergen,* Comitatus *Monſfort & Feldkirck, Coſtnix,* ſatis ampla, & bene munita ciuitas, ad lacum Bodamicum, D. Huſſii combuſtione nota. Comitatus *Nellenburg,* vbi *Nellenburg & Hohenburg,* vbi *Villingen,* oppidum bene munitum, vndique ferme præruptis aditibus clauſum, quos tamen Galli 1703 & 1704. proditione Ducum Cæſareorum facillimo negotio penetrabant, Oppidumque *Villingen* 1704. licet fruſtra, oppugnabant. Electori *Bauariæ* paruit Dynaſtia *Mindelheim,* a Leopoldo I. 1706. in Principatum erecta, Ducique Marlborougenſi, ob bene merita, cum voto & Seſſione donata, pace autem *Badenſi* ei iterum adempta. Comitatus *Wieſenſteig,* cum oppido eiusdem nominis. Elector *Palatinus* hic poſſidet, *Hochſtad,* oppidulum Danubio ap-

Vrbium imperiali libertate fruen-
tium partis cisdanubianæ præcipua est
Vlma

---

positum, ob cruentam inter Gallos, Baua-
ros & Germanos 1704. ibi commiſſam pugnam, æterne nobilitatum, huc & pertinet
Blindheim obſcurus aliis vicus, eadem antea
clade nobilior redditus. Huc & referendi
Comites de *Fugger*, quibus comitatus *Weis-
ſenborn* paret, Barones de *Friedberg*, ad
quos Dynaſtia *Inſtingen* pertinet, Dapiferi
ſeu *Truchſes de Waldungen*, quibus *Riedlin-
gen* & *Dangerdorf* paret, Comites a *Kænigseck*, ab arce *Kænigseck* ita dicti, Comites a
Montfort, qui dynaſtiam *Tetnang* poſſident,
Comites ab *Hohenlohe*, vbi *Embs*, *Vaduiz*
& alia, Comitatus de *Sulz*, qui iam Principibus Schvvarzenbergenſibus paret, Comitatus *Geroldſeck*, cuius poſſeſſores Comites a
Promberg iam ſunt. *Dillingen* ad Danubium, Epiſcopatui Auguſtano parens, Epiſcopatus *Conſtantienſis*, vbi *Mersburg*, ad lacum
Bodamicum ſedes Epiſcopi, *Reichenau* prædiues Abbatſa, in Inſula lacus Zellerenſis,
Abbates *Campidunenſi*, (Kempten) *El-
Wangenſi*, *Saalmansweiler*, *Marchthal*,
Ochſenhauſen, *Weingarten*, *Zehringen*, *Vrs-
berg*, *Münchrode*, *Ottenbeuern*, *Schuſſen-
ried*, *Weiſſenau*, *Petershauſen*, *Wettenhauſen*
Elchingen, *Roggenburg*, *Gengenbach*, *Zell*.

Vlma in sinistra Danubii ripa egregie munita & ponte instructa : floret commerciis & circumiecto agro late imperat : inde iuxta Franconiæ fines *Nordlinga*, ad quam bis grauibus prœliis pugnatum fuit superiori bello : huic vicinæ *Bopfinga, Gienga* & *Aala*; & in Franconiæ finibus *Dinckelspüla*; plures autem sunt circa Würtenbergiam, vt in septentrionem ad Nicrum *Heilbrun*, vini emporium, & *VVimpina*, Wimpfen : inde in ortum *Hala* Sueuica ad *Cocheram* amnem, salinis nobilis in finibus Franconiæ : & *Gemünda* pariter cum Sueuiæ cognomento, ad Remsam: *Rothweila* in austrum ad Siluam Nigram vergens, imperiali iudicio nota; interiores aut Siluæ ac Rheno propiores *Offenburg*, *Cella*, *Gengenbachum*; in ipso * Würtembergico tractu *Eslinga, Reutlinga*, & *VVeila*, de quibus supra

dixi-

---

faltensis, Abbatissæ, *Gutenzel, Hegenbach, Buchau, Baind, Rottenmünster*, & *Lindau*, ex quibus quidam Abbates Principali dignitate donati,

diximus. Etiam *Donawerda* ad Danubium imperialis erat, sed patrum memoria in Bauaricam venit potestatem. *a*)

Equestris ordo heic numerosus est, a
Principum iurisdictione exemtus. Olim
in quatuor pagos (*viertel* vocant) diuisus erat : quintus circa tempora Maximiliani I. accessit ex illis, qui in Sueuiæ
& Pa-

---

a) Reddita quidem 1706. imperio, sed pace
Baadensi Electori Bauariæ iterum adiudicata.
Prætermissæ autem sunt sequentes vrbes imperiales, *Augusta* vindelicorum, *Augsburg*, quam
antea male circulo Bauarico adscripsit, *Kempten*, Campidunum, ad flumen Iler, *Mem-
mingen*, *Lindau*, ad lacum Bodamicum lau-
tæ & amplæ ciuitates, *Vberlingen*, *Buchorn*,
ad eundem lacum, *Kaufbeuern*, ad fluuiolum *Wertechi*, *Leutkirch*, *Isny*, ad fluuium
eiusdem nominis, *Wangen* ad riuum *Oberarg*,
Rauensburg in Algauia, *Biberach*, *Buchau*,
Pfullendorff, *Reutlingen*, & *Schwäbisch Gemünd*, ad fluuium *Rems*. De *Offenburg*
autem *Gengenbach* & *Zell* tenendum, Gallos
has ciuitates 1689. igne ferme plane dele-
uisse, & ex cineribus paulisper iam resur-
gere.

& Palatinatus confinio (*Craichgoa* dicitur) habitant, Franconibus aliquando adiuncti.

Sueuiam a septentrione contingit FRANCONIA, Franckenland, in cuius parte orientali Danubium versus AICHSTADIENSIS episcopatus in confinio Sueuiæ & Palatinatus superioris est. *Aichstadium* oppidum ad *Altmulam* flumen, cui imminet arx *Wilibaldsburg*, sedes aulæ episcopalis : sed reliqua pars ditionis aliquod inde milliaribus occidentem versus sita est ; in iis *Spält* oppidum, patria Georgii Spalatini.

BVRGGRAVIATVS NORIBERGENSIS siue Brandenburgicus in Franconia tractus, in septentrionem proximus est, is nempe qui *inferior* dicitur, unterhab des Gebirgs, cuius est *Onoldsbach* siue Anspach, Principis sedes: *a*)

L pra-

_____

a) Domus Onolzbachensis eandem originem habet ac domus Electoralis Brandenburgica, de qua inferius, fundator autem illius est,

præterea circa Altmulam *Gunzenhau-*
fen, inde *Creilshemum*, ad Tubarim
Creglinga, Noribergam verfus *Suaba-*
cum, (Schwabach) & *Hailsbrunna*, olim
monaſterium, nunc gymnaſium vtriusq; Marchionatus commune, perinde
vt præfectura Hailsbrunnenſis : & *Vf-*
fenheim, nouis ornatum priuilegiis. Eſt
& fupra Onoldsbacum prope *Weiſſen-*
burgum, imperiale oppidum, in Nort-
gouienfi tractu (Nortgow,) & proxime
illud munita in monte arx *Wilsburgum*,
tum alia oppida minora hinc inde fpar-
fa. *Superior* Marchionatus pars ad orientem

_____

Ioachimus Erneſtus, filius Iohannis Georgii,
    Electoris Brandenburgici, † 1625.

Albertus, infractus, ἄπαις defuncti, locum
    fuccedit, † 1667.

Iohannes Fridericus, † 1686.

VVilhelmus Fridericus, folus fuperſtes ex
    reliquis fratribus, modernus Marchio
    Onolzbachenfis, nat. 291 Dec. 1685.

vx. Chriſtiana Charlotte, Ducifla VVürten-
    bergica.

_____

Carl Friedrich VVilhelm, nat. 12, Mai. 1712.

præterea circa Altmulam *Gunzenbau-*

ad [...]

[...]ii , Electoris Brandenburgici,

Erdmus, lineæ Culmbachensis
† ditor, † 1666.

	Carolus Au-	Georgius Albertus,
Chri † Geo mod ruth vxor Saxo ex q[...]	guftus , nat. 1663.	pofthumus. † 1703. Sedem habebat in prædio *Obern-Koza,* vxor, filia præfecti oeconomici huius Prædii , nomine, Regina Magdalena Lucias.

Chri phia ras,	Frideri- c9 Chri- ftianus, n. 1708.	Fridericus Christianus Wilhelmus, nat. 1700. dominus de Koza.	Fridericus Auguftus, pofthumus, nat. 1703.

entem in montana Franconiæ protenditur, vnde dicitur Oberhalb des Gebirges,
cuius *Bayreut* primaria vrbs est, Princi-
bis aula & gymnasio inclita : *a*) item
Culmbach cum arce munitissima *Blassen-
burgo :* duæ inde præfecturæ Voigtlan-
dicæ, Marchioni subiectæ, ab oppidis
Hof (Curiam Variscorum vocant) &
Wonsidelio denominatæ: *b*) In illo tractu est mons Fichtelberg, amnium Mœni, Egræ, Salæ, & Nabi, in diuersas plagas decurrentium, fontibus decantatus.
Inter vtrumque Marchionatum, Bayru-
tensem & Onoldsbacensem, fere media est *Noriberga*, Nürnberg, vrbs imperialis & oculus Germaniæ, ac bene con-

L 2 sti-

─────────────────────────

a) Quoad originem huius illustrissimæ Familiæ
idem dicendum, quod de domo Onolzba-
chensi memoratum fuit   Sator eius est *

b) *Liebtenberg*, oppidum acidulis olim notum,
Erlangen, siue *Christian Erlangen*, modicum alias oppidum, fugitiuis Gallorum iam
mirum in modum auctum, inceptum est &
novum oppidum haud procul a Bareyth ædi-
ficari.

ſtitutæ reipublicæ exemplar, cui ſubſunt *Altdorf*, academia prænobile oppidum, & *Lichtenau* munitum, *Lauff*. *Hersprück*, *Hipolſtein*. & alia.

Sed auſtrum verſus circa amnem *Lax-tam* & in Sueuiæ finibus eſt comitatus HOHENLOICVS, cum *Oeringa* op-pido, & arcibus *Neuenſtein*, *Langenburg*, *Waldenburg* aliisque, in regione vini frumentique feraciſſima. Inde vrbs imperialis *Rotenburg* ad Tubarim, quæ amplum etiam agrum. plurimis vicis ha-bitatum, poſſidet. Supra eſt *Winsheim* ſi-ve *Windesheim*, itidem imperialis liber-tatis oppidum ad fluuium *Aiſch*. vbi & *Neoſtadium* ad idem flumen. a quo & diſcriminis nomen egerit (Neuſtadt an der Aiſch) cum præfectura ampla eſt, ſed ad Marchionatum ſuperiorem per-tinens. Haud procul Rotenburgo eſt *Mergetheim* ſiue *Mergethal*, quaſi Ma-riæ domus, etiam ad Tubarim, ſedes Magiſtri equitum ordinis Teutonici, qui inter Principes Imperii præclarum locum tenet ; ad Tubaris Mœnique con-

confluentem *Wertheim*, Comitum inde denominatorum domicilium.

Maximam Franconiæ fertiliſſimamq; ac cultiſſimam partem EPISCOPATVS HERBIPOLITANVS, Stifft Würtzburg, occupat, ab occidente in *Ottonis ſylua*, vulgo Odenwald, incipiens, inde ad Coburgenſem vsque Ducatum trium dierum itineribus in longitudinem extenſus. Caput eſt *Herbipolis*, ſiue Würtzburg, ad Mœni ripam, Epiſcopi, qui Ducis Franconiæ titulum gerit, & academiæ ſedes, arcem pulcherrimam munitiſſimamque in altera ripa habens cum ſuburbio, quod ponte vrbi iungitur. Oppida ſubſunt ad Mœnam ſupra Herbipolim ſita *Ochſenfurt, Kitzingen, Schwarzach, Dettelbach, Völckach, Haſfurt,* & Arx *Mainburg* cum præfectura prope vrbem imperialem Schweinfurt, itidem Mœno impoſitam. Infra metropolim in flexu Mœni, quem is non ſemel facit, multa alia oppida ſunt epiſcopalis ditionis, quædam vero ad Moguntinum & Fuldenſem pertinent.

L 3　　　　　Supe-

Superior episcopatus pars campestris est, vbi præfectura *Raueneccensis*, oppida *Seslach, Ebern*; & notius ob munimenta *Königshofen* : tum & ad *Salam* amnem (sed alium, quam qui in Thuringia & Saxoniæ finibus fluit) *Neostadium*, & arx *Salsburg*, vbi Caroli Magni aliquando putatur sedes fuisse: præterea *Melrichstadium* & *Münerstadium* : deinde occidentem versus tractus allui ad montes, qui dicuntur bie Röhn, in eoque *Bischoffsheim* & *Fladungen*.

Episcopatus BAMBERGENSIS magis in ortum situs est quam Herbipolitanus. Vrbs præcipua & episcopi sedes *Bamberga* ad *Rednicium*, qui haud procul ab vrbe Mœno insinuatur : inter metropolin & Noribergam ad idem flumen medio loco est *Forcheim* egregium munimentum ; & *Auracum Ducis* siue Hertzogen Aurach, & alia : in septentrionem *Stafelstein, Lichtenfels*, & munitionibus validum *Cronach*.

Adiacet in occasum Ducatus COBVRGENSIS, tribus abhinc sæculis do-

dotali iure ex Hennebergica ditione
Saxoniæ Domui adquisitus. Caput *Co-*
burgum est Principis aula, gymnasio, &
adiacente in monte propugnaculo die
Weste nominatum, clarum: cetera oppida *Rotach, Hilpershusa, Römhild, Königs-*
berg, Heldburg & in Hennebergiæ ora
Eisfeld. Ex his *Coburg, Römhild* & *Held-*
burg Ducum fratrum ex Domo Gothana
sedes fuerunt: *Königsberga* ad austrum
sita & Herbipolensi territorio fere vndique cincta, Vinariensi olim Ducatui
ob vini prouentum attributa, post Gothanæ ditionis, ex eadem domo nunc
Duci Hilperhusano paret.

HENNEBERGIA hinc in hi-
bernum occasum vergit, olim Comitatus, maiori post Principatus titulo, propriis dominis, qui & alia circa Herbipolim & Mœnum multa possidebant,
parebat: exstincta autem illorum stirpe in tractum illum, qui hodieque *Hen-*
nebergensis regionis nomen habet, ex
fœdere successerunt Duces Saxoniæ, qui
etiam communi regimine, quod *Mei-*

L 4 *nunga*

nunc fuit, per LXX annos aut amplius administrarunt. Post diuisione instituta Electorali portioni, ad Domum Saxo-Numburgensem deuolutæ cesserunt quæ siluæ Thuringicæ propiora sunt, *Schleusinga*, olim Comitum ac Principum, nunc communis gymnasii sedes; *Sula*, armorum officinis nota: & *Kündorf* arx cum præfectura, ac vico *Benshusa*, qui etiam aliquando præfecturæ nomen habuit. Omnia autem ad fluuium *Vierram*, (𝔚erre) sita, qui tandem Fulda auctus Visurgis nomen adsumit, nempe *Meinungen*, & arx *Masfeld*, cum adiacentibus pagis plurimis; (in quibus etiam est *Henneberg*, cum eiusdem nominis montana arce, nunc in ruinis iacente, quæ initia huius Comitatus fuerunt) *Themar*, *Wasungen*, *Breitungen*, quæ a Dominarum monasterio cognominatur 𝔉rauen - 𝔚reitungen; hoc tempore, extincta Altenburgensi linea (cuius Meinunga, Masfeldum & Themara fuerant) subsunt familiæ Gothanæ, & *Meinunga* tertio genitus Ernesti

nesti Ducis filius sedem fixit, cui & *Sal-*
zunga, salinis notum oppidum, subiectum est, Vierræ appositum, olim ad Sa-
xonicos in Thuringia comitatus relatum.   Vnicum quod Hennebergenses
trans siluam in Thuringia oppidum te-
nuerunt *Ilmenau*, ad Vinarienses diuisionis pacto (argenti tamen fodinis,
quæ ibidem restauratæ sunt, communi
possessioni relictis) translatum fuit cum
iis, quæ ex horum subdiuisione Dux
Isenacensis nunc possidet, Zilbacum,
Zillbach, trans Vierram, venatoria domus cum saltibus ; & eodem tractu
Nordhemiam, quod Frigidius cognomi-
nant, **Kalten Nordheim**, cum vicina arce *Lichtenberg* ; ac oppidum *Ostheim*,
Franconici situs, sed Saxonici iuris.
Præfectura autem *Eischbergensis* siue
Fischbacensis, in Hassiæ & Fuldensi limite diuisionis sorti exemta, pro communi gymnasio, quod Schleusingæ est, re-
seruatur.   Pars etiam olim Hennebergiæ fuit, & hodieque ad Circulum Fran-
conicum pertinet, *Smalcaldia*, ad Thu-

L 5   rin-

ringicæ siluæ oram oppidum haud exiguum, non minus conuentibus Protestantium, & anno 1537. conscriptis ibi Articulis, quam fodinis suis & ferrariis officinis notum, iam cum adiacente territorio, in aliquot præfecturas diuiso, in potestate Hassiæ Landgrauii Cassellani.

Sunt etiam alius ditionis præter nominatas, permulta in tractu Franconico, sicut Moguntinus Archiepiscopus ad Tubarim *Bischoffsheim* & *Kœnigshofen;* Abbas Fuldensis *Hamelburgum* ad Salam possidet: Comites Castellani supra Herbipolim in tractu montano, qui Steigerwald dicitur, & infra ad Mœnum suas habent arces : Limburgenses etiam Dynastæ & Comites, qui pincernæ Imperii dicuntur : nec ita pridem principatus nomine auctæ sunt possessiones Comitum *a Schwarzenberg,* ab arce ita dicta in regione Steigerwald cognominati, vt alios taceamus, qui ex equestri nobilitate ad altiores dignitates adscenderunt, nouosque comitatus & dynastias

naftias formarunt, quod in Franconia
facilius fieri poteft, quia Nobilitas o-
mnis (excepta, quæ in Coburgenfi Ducatu & in Marchiōnatus Bayrutenfis
præfecturis Voigtlandicis habitat) a
principum poteftate libera eft, Imperatori fubiecta, ideōque die Freye Reichs-
Ritterschafft appellatur, quali iure etiam Suevi & Rhenani gaudent equites.
At Franconiæ ordo equeftris in fex vel-
uti pagos fiue tractus (Ort vulgo vocant,
id eft loca) diftributi fub præfectis, ex
fuo electis ordine, communionem
quandam confiliorum & tributorum
colunt. *a)*

L 6 In

---

a) In Circulo Franconico vlterius memorari
merentur fequentes Comitatus, de quibus autor paucula tantum verba fecit: nimirum Comitatus *Schwarzenbergicus,* qui iam Principali dignitate fulget, quorfum & pertinet
dynaftia *Seinsheim, Marckbreit,* oppidum
Mœno appofitum, *Hohen Landsberg,* arx
prærupto monti impofita, *Lunenfim* &
quædam alia. Comitatus *Hohenloicus,* qui
in diverfos ramos difpefcitur, de quibus alio

In RHENANVM tractum reuertimur, ad quem in prima circulorum
Im-

---

loco, principaliora loca funt, *Oeringen*, oppidum fat amplum, ad flumen Ohra, fedes
lineæ huius nominis, *Neuenftein*, *Wei-
skersheim*, ad Tubarim fluuium, *Schillings-*
furft, *Langenburg*, *Waldenburg*, *Pfedelbach*,
Bartenftein, omnes fedes fingularum Linearum, *Kirchberg*, oppidulum ad Jaxt fluuium,
Günzelrau, ad Kocher fluuium, non ignobile oppidum, *Sindingen*, ad eundem, *Schef-*
felsheim, moniale, & quædam aliæ. Comitatus *Wertheimenfis*, qui in duas lineas
difcerptus, nimirum in Lineam *Virneburgen-*
fem, & *Rocheforten fem*, quæ ad facra papi-
ftica deflexit. *Wertheim* ad Tubarim, amœna ciuitas, reliqua ignobiliora, multa autem
Electores Moguntini, & Epifcopi VVürz-
burgenfes, huic Comitatui fumma iniuria &
vi armata detraxere, quorum reftitutio adhuc fub lite eft & quæritur. Comitatus *Er-*
pachienfis, vbi *Erpach*, ampla ciuitas,
Brenberg, ad Mübling fluuiofum, caftellum
celfo monti impofitum, *Furftenau*, fedes peculiaris lineæ, ad eundem flumen, *Michel-*
ftad, locus fepulcralis Comitum Erpachienfi-
um. Comitatus *Caftel*, qui in tres præfecturas
difcerptus, nimirum *Caftel*, *Rudenhaufen*, &
Remlingen, *Caftellum*, vnde Comitatui no-

Imperii diuifione relata funt omnia ab Heluetiorum finibus ad Belgium & Weftphaliam vsque; & in latitudine, a Sueuia & Franconia ad Burgundiam & Gallorum fines comprehenfa, cum Lotharingiæ parte & epifcopatibus Metenfi, Tullenfi, Virodünenfi, & Bifontino. Sed mutata in iftis non pauca funt. Bafilcenfes tamen epifcopatus iuris Rhenani adhuc cenfetur, fed de eo iam fupra diximus, vt etiam de quibusdam oppidis ad Siluam Nigram & Rhenum fitis, Auftriacæ ditionis, cuius olim (vt nunc reliqua perfequamur) tota eft cis

L 7 Rhe-

men, iam in ruinis iacet, reliqua funt obfcura. Comitatus *Reinec*, circa Mœnum, cuius in Hiftoria fæpiffime mentio fit, in quo *Reineck*, arx & oppidulum ad *Syn* fluuiolum, *Lobr*, feu *Lahr*, ad fluuiolum eiusdem nominis, vbi fe in Mœnum exonerat, vniuerfus pene Comitatus hic iam Electoratui Moguntino paret. Comitatus, feu potius Baronatus *Limpurgenfis*, qui nunc domui regali Poruffiæ devolutus, *Limburg*, caftrum in ruinis iacens, *Gaildorf*, fedes olim Semper Freyen de Limburg, *Speckfeld*, Dynaftia & quædam alia.

Rhenum ad Siluam prædictam BRIS-GOVIA, das Breißgau, & duo primaria eius oppida, quæ adhuc in Gallorum potestate fuerunt, *Brisacum* ad Rhenum, ab anno 1638. & *Friburgum*, paullo remotius a flumine, academia nobile, ab anno 1677; nunc Rysvvicensi pace ambo Austriacis restituta: sed Brisacum mox aliam fortunam belli subiit; Pace tamen Baadensi Imperatori 1714. restitutum. In hoc tractu est etiám *Heitersheim*, sedes Magistri ordinis Ioannitici per Germaniam: ad Rhenum medio inter Basileam & Brisacum situ est *Neuburgum*, etiam Austriaci iuris, in quo Dux Saxoniæ Bernhardus, Brisaci expugnator, mortem obiit.

Ex Transrhenanis primum reducenda LOTHARINGIA, quæ a Gallis occupata fuerat, nunc autem Rysvvicensi pace suis Ducibus restituta. Olim *Regnum Lotharii* erat, vnde & nomen superest, post ad hos fines redacta, vt ab occasu Campaniam; a septentrione Luzenburgensem Ducatum &

Bi-

Bipontinum: Alſatiam ab ortu: a meridie Comitatum Burgundiæ habeat. *a)*

Flu-

---

a) Origo domus Lotharingicæ multis fabulis in-
voluta eſt , communiter ex familia Ducum
Moſellanorum deducitur , nulla tamen certa
fide autorum. Moderni Duces deſcendunt a
Renato II, vti videre licet,

Renatus II. Dux Lotharingiæ. † 1508.

Antonius dux Lotharin-giæ, Sator lineæ prin-cipalis.	Claudius dux Gviſæ-us, conditor lineæ paragiatæ.

Franciſcus, dux Lothar. † 1545.

Carolus II. dux Lothar. † 1608.

Franciſcus, comes Vaudemontii , qui Stemma
propagauit. † 1632.

Carolus III. dux Lothar. matrimonio ſibi iunge-
bat Nicolæam filiam Heinrici ducis Lotharingiæ, † 1675.

Nicolaus Franciſcus ſecundo genitus Caroli
III. primum Cardinalis, poſtea dux. † 1670.

Carolus IV. Leopoldus, quem Galli in exilium
eiiciebant, † 1690.

Leopoldus Joſephus Carolus, modernus dux
Lotharingiæ, nat 1679. pace Noviomagenſi
& Risvvicenſi reſtituebatur.

Vxor Eliſabetha Charlotta, filia ducis Aureſia-
nenſis.

N. filius hereditarius, nat. 1707.	N. filia, nat. 1711.

Flumina quibus rigatur, sunt *Mosa*, Gallis *Meuse*, nostris 𝕸𝖆𝖆𝖘𝖊; *Mosella*, & *Saravus* siue *Sara*: *Araris* quoque (*la Saone*) in hisce oris nascitur, sed breui post fontes tractu excedit fines Lotharingiæ. Mons notissimus *Vogesus*, Gallis *le mont de Vauge*, qui Lotharingiam ab Alsatia & ex parte etiam a Comitatu Burgundiæ disterminat. Sermo gentis plerisque locis est Gallicus.

Diuiditur hæc Lotharingia, *la Lorraine* incolis, in tres partes, Lotharingiam propriam, Ducatum Barrensem, & tres Episcopatus. PROPRIA LOTHA-RINGIA ad ortum vergit, eiusque caput est *Nancy*, Ducum sedes, supra quam in septentrione *Vaudrevange* prope Saarbruck, *Chasteau*, *Salins*, *Saarwerden*: & duabus leucis, a Nancy, *Amance*, Almentia; *Saarburg* ad Saravum, & *Pfalzburg* in Alsatiæ limite: *Luneuille*, *Rosieres*: in meridiem a metropoli recedunt *Vaudemont*, *Mirecour*, *Neufchatel*, *la Mothe*, *Darnei* ad Ararim fontibus vicinum: vicus *Plombieres*,

ther-

thermis celebratus. Ad Mosellam *Re-
miremont*, *Eſpinal*, Spinalium, *Bayou*,
Caſtel, Castellum in Vogeſo ſiue cum
Moſellæ cognomine. At *Saarlüis*, inter
Saarbrück & Saarburg medium, a rege
Galliæ nouiter extructum, & ei *a*) pacis
lege conceſſum.

BARRENSIS Ducatus magis occidentalis eſt, circa Moſam & Moſellam vsque. Vrbs primaria *Bar le Duc*,
Baroducum, inter Nancy & Chalons
Campaniæ medium : *Clermont* in Campaniæ confinio : & ad Moſam *Vaucou-
leur*, *Void*, *Commercy*, *S. Michel* : inter
Moſam & Moſellam *Vezeliſe*, propo
Vau-

---

a) *Pont a Mouſſon*, Muſſipontum ad Moſellam,
  Academia clarum, *Marſal*, olim egregie
  munitum, nunc in ruinis iacet, *Dicuſe*, ad Scil-
  le fluuium, paria fata habuit, vti & *Moyenvic*,
  ſic ad eundem fluuium, munimentis quibusdam de nouo inſtructum, *Kauffmanns Saarbruck*, ad Saaram, olim imperialis ciuitas,
  Vaudrevange, ſeu *Walderfangen*, ad eundem
  fluuium Curiæ Juſtitiariæ ſedes. *Nomeny*
  feudum Imperii eſt, & ob id dux Lotharingiæ
  pro ſtatu Germanici Imperii reputatur.

Vaudemont, *Stannay*, *Eftein*, *Conflans*: & ad Mofellam *Pont à Moufon*, inter Metz & Nancy medium : fed *Longwy* feu *Longwiz*, Longus vicus, manet Gallis ex fœdere pacis nouiffimæ.

EPISCOPATVS tandem in Lotharingiæ finibus funt METENSIS, TVLLONENSIS, & VERDVNENSIS, quorum cognomines vrbes, *Mez*, *Toul*, *Verdun*, olim imperiales erant, fed fuperiori fæculo abreptæ, & Monafterienfi pace Gallis conceffæ, ab reliqua Lotharingia poffeffionis iure differunt.

Metz, Metæ, Diuodurum, cognominis epifcopatus, olim etiam regni, caput, ad Mofellam perampla vrbs, fedes nunc fupremæ curiæ fiue Parlamenti. Fruftra obfeffa à *Carolo* V, poftquam in Gallorum poteftatem venerat. *Toul*, Tullum, ad eundem fluuium, fed in meridiem plus fita ciuitas, haud longe à Nancy : *Verdun* autem fiue Verodunum, ad Mofam, itidem epifcopalis.

Inter Lotharingiam & Rhenum ALSATIAE Landgrauiatus eft, diuifus
in

in superiorem & inferiorem, Westphalica pace quidem, quantus Austriacus erat, ad Gallos translatus, nunc autem Pace Rysvvicensi & exitiosa Pace Baadensi plenarie Gallis cessus. Huic in limite ad Burgundiam, nisi in ipsa Burgundia, regiuncula adposita est Germanici iuris & ditionis Würtenbergicæ, Comitatus siue Principatus MONTIS-BELGARDENSIS, cuius oppidum præcipuum est *Mœmpelgard* siue *Montbeliard*, ad Vogesi radices. *a*) Alsatiæ superiori vel vt pars, Heluetiæ & Burgundis propior, inserta, vel vt finitima adposita est SVNTGOIA. in qua est *Mulhusa*, vrbs olim imperialis, iam Heluetico
foe-

_____

a) De origine Ducis huius sub ducatu VVürtenbergico actum, modernus Dux est
Leopoldus Eberhardus, nat. 1670.
Vxor Mad. Hedvvigerin, filia Senatoria, Oppido Olauviæ in Silesia, accepit titulum Comitissæ a Sponeck.

N filius,	N. filius,	N filia,	N. filia,
nat. -	nat. -	nat. -	nat. -

foederi innexa : *Pfirt* , Ferreta , olim ampli comitatus caput : *Befort*, & alia. In SVPERIORI illa Alſatiæ parte *En-fisbemium* eſt ad *Illum* amnem, Auſtriaci quondam regiminis ſedes, nunc Galli-cæ ditionis æque ac decem ciuitates, in quas titulo præfecturæ prouincialis (der Landvoigten) iura quædam habebat Do-mus Auſtriaca, *Colmaria* nempe & *Slet-ſtadium* ad Illum, & minora illis , *Mona-ſterium* (Münſter) in valle Gregoriana, *Ebenbeim* ſuperius, *Turingkbeim* , *Roſ-beim* & *Reiſersberg* Baronatus olim il-luſtris *Rappoltſteinienſis* , & oppidum *Rappoltsweiler*, exſtincta illa familia ad Palatinos Birkenfeldenſes peruenit : *Murbacbium* abbatia nobile eſt , quæ principis Imperii dignitate gaudet.

Epiſcopus quoque Argentoratenſis amplam iurisdictionem habet, in eaque *Ruffach*, & *Benfeldum* ad Illum , ſuperio-ris tractus ; cœtera pleraque inferio-res, nempe *Tabernas* Alſaticas (Elſaß Za-bern) aula epiſcopali, ſicut *Molsbemi-um* Ieſuitica academia, non ignota op-pida : præterea *Dacbſteinium* , & non
nulla

nulla etiam cis Rheni fluuium. Sed *Villa Episcopi*, vulgo 𝔅𝔦𝔰𝔠𝔥𝔴𝔢𝔦𝔩𝔢𝔯, Palatinæ Birkenfeldenſis, quam nominauimus, familiæ eſt. Comitum etiam Hanovienſium ex comitatibus *Lichtenbergenſi* & *Ochſenſteinenſi* heic aliqua circa Rhenum poſſeſſio eſt, in eaque ſedes aulæ *Busweiler.* Sed primaria & celeberrima Alſatiæ inferioris vrbs eſt *Argentoratum* ſiue *Argentina*, 𝔖𝔱𝔯𝔞ß𝔟𝔲𝔯𝔤, epiſcopali cathedra, academia & mercatu pernobilis, etiam munita, ſed iniquis Germaniæ fatis 1681. in Gallorum manus illapſa, iisdem Rysvyicenſi fœdere vti & Badenſi confirmata. Imperialis etiam libertatis, ſed ſub præfectura, vt diximus, & in decem ciuitatum numero, in inferiori Alſatia ſunt *Hagenoa, Landauium, Weiſſenburgum*, quod Rhenanum vel 𝔈𝔯𝔬𝔫-𝔚𝔢𝔦ß𝔢𝔫𝔟𝔲𝔯𝔤 dicitur ad diſcrimen alterius in Nortgoia, non minus imperialis ciuitatis, & quidem Landauium a Germanis 1702. recuperatum, 1703 itetum amiſſum, 1704. de nouo captum & 1714. turpiter amiſſum. Munimentorum nume-

numerum in hac Alſatiæ parte auget. etiam Ludouicianum, *Fort Loüis*, quod in
Rheni inſula inter Stollhofam & Raſta-
dium (quæ Badenſis Marchionatus oppida cisrhenana ſunt) Galli ædificarunt,
iisdem Rysvvicenſi & Badenſi pace cum
inſula relictum.

Alſatiam tractus inter Rhenum &
Moſellam excipit, quem quidam AV-
STRASIAM, ſed arctiorem, quam pro
veteri limite, vulgo Weſtrich vocant, in
quo præcipue ſunt Bipontinus Ducatus
cum cognatis aliis, *a)* ex oppidorum
diuerſitate, quæ Principibus ſedes præbent, varie denominatis, ſiue Palatinorum Rheni extra Electoratum portio: & pars Comitatus Naſſouienſis ad
Saram. Hoc enim flumine, & *Lutra,*
Bliſſa, Naha aliisque rigatur.

BI-

---

a) Domus Bipontina cum domo Electorali Palatina eandem originem habet, eius autem
Sator eſt Ludouicus niger, a quo deſcendit

ad pag. 263.

Georgius Wilhelmus cuius progenies in Carolo Ottone 1671. defecit.	Christianus I. *Brüsseilerensem* ramum condidit.

Christianus II. nat. 1637.	Iohannes Gelnhausensem ramum serit, † 1704.	Carolus.

Christianus III. Princeps hereditarius, nat. 1674.	Magdalena Iuliana n. 1686. ux. Ducis Holsatio-Norburgensis.	Iohannes n. 1698.
Louise, nat. 1678. uxor Comitis a Waldeck.		Charlotte Catharina n. 1699.
	Fridericus Bernhard, n. 1697.	Wilhelmus, nat. 1701.

Alexander, Palatinus Bipontinus,
† 1514.

Ludouicus, continuator lineæ Bipontinæ, † 1532.	Rupertus Veldenzem ramum ſerit, qui autem defloruit.

VVolffgangus, † 1569.

Philippus Ludouic9 li-neam Neoburgicam e-rexit, de quo po-ſtea.	Johannes Senior, † 1604. continua-uit lineam Biponti-nam.	Otto Heinricus Sulzba-cenſem plantauit, de qua actum	Carolus *Birckenfeldenſem* ſerit. † 1600.

Johannes II ſeu Junior, cuius ſtemma in Friderico 1661 exaruit.	Fridericus Caſimirus Landsber-genſem fundauit, † 1645. defe-cit 1675. in VVilhelmo Ludo-uico.	Johannes Caſimirus Kleeber-genſem ra-mum plán-táuit, a quo reges Sueciæ de-ſcendunt.

BIPONTINVS Ducatus nomen habet ab oppido *Biponto*, Zwenbrück, medio inter Saram & Lutram sita, Suecici Regis ex auita hereditate. Lotharingiam versus sunt montanæ arces *Lutzelstein* & *Lichtenberg*, munimentis, quibus præstabant, per Gallos nuper exutæ: iuxta Lutram *Lautereck* & *Meisenheim*: hinc ad septentrionem in tractu, qui vulgo Hundsrück, vel vt alii putant, ab Hunnorum præsidiis Hunnes-Rück vocatur, *Birkenfeld*, ac ad Mosellam *Veldenz*, pleraque oppida aut castra, quæ Principibus Palatinis, in plures familias diuisis, adhuc nomina, saltim habitationes dederunt. Olim heic Comitatus SPONHEIMENSIS fuit, ab arce vel monasterio *Sponheim* appellationem trahens, nunc Palatini iuris, ex parte etiam Badensis, cuius oppidum in prædicto Dorso *Simmern* aliquando separatam ex Electorali familiam Palatinam denominabat, postea ad caput gentis, Electorem, rediit: *Creuzenach* vero ad Naham; &

Trai-

Trarbach ad Mosellam, iuris mixti sunt
inter Palatinos & Badenses Principes, &
quidem *Trarbach* obsidione 1704. per-
pessum, nobilitatum, egregieque a
Gallis munitum fuerat.

Ad Saram, olim Sarauum fluuium
(die Saar) situm est *Saarbrück*, Comitis
e gente Nassouia sedes, cuius & *Ottwei-
ler* est, Blissæ impositum oppidum. Sed
castrum *Homburg*, & *Bitsch*, destructis
prius munimentis, Lotharingiæ Ducibus, quorum olim fuerant, pacificatione sunt restituta: & alius Pons Saraui,
Gallis *Sarbourg*, Lotharingiæ pars est.

LEININGENSIVM quoque Comi-
tum in tractu hoc portio est, quorum
munitam arcem *Daxburgum* Galli 1679.
diruerunt: altera linea paullo inferius
circa Wormatiam suas arces & oppida
habet, in quibus *Türkheim* est: alia
itidem in Hassiæ & Westphaliæ finibus,
quæ *Westerburgensium* cognomen gerit.
Etiam Rheni Comites, Wild, und
Rhein-Grafen, suas heic possessiones
tenent, vt *Taunum*, *Kyrnam*, *Wilden-*

M   *bur-*

burgum & alia : & SALMENSES a *Sal-*
ma ; in Lotharingiæ finibus fito oppido ;   ac FALKENSTEINENSES a
Falconis petra , IV. milliaribus a Cruce-
naeo in meridiem , VI. a Wormatia in
occafum diftante caftro , appellati , &
alii forfan huc referendi funt.

PALATINVS ELECTORA-
TVS, Chur-Pfalß, infra Alfatiam incipit, Rheno inæqualiter diuifus, & aliis territoriis varie permixtus. *a*) Cis
                                    Rhe-

----

a) Domum Electoralem *Palatinam* a Comiti-
     bus VVittelsbacenfibus deducunt, de qua in
     Introductione Genealogica actum, diuiditur
     in antiquam, mediam, & nouam, illa in
     Electore Carolo 1685. exaruit, hanc Philip-
     pus Ludouicus, Dux Neoburgici fundauit
       Philippus Ludouicus † 1614. a quo & linea
           Sulzbacenfis defcendit, vti antea dictum
       VVolffgang VVilhelmus, amplectitur facra
           papiftica, †1653.
     Philippus VVilhelmus, primus Elector Pala-
           tinus huius lineæ, 1685 † 1690
     Iohann. VVilhelm. modernus Elect. Palat.
           n 1658 absque prole, fratres eius funt
     Carolus *Philippus* n. 1661: locum tenens
           Tyrolenfis.
     Alex. Sigism. Epifcopus Auguftan. n. 1662.

Rhenum ad Nicrum caput eius *Heidel-berga* est, sedes Electoris & antiquæ academiæ, triste fatum bello Gallico experta, ad idem flumen superius est *Mosbach* ; inferius *Ladenburg*, diuisi iuris inter Palatinum Electorem & Wormatiensem Episcopum : altero ab Heidelberga milliario in septentrionem est *Weinheim* ad viam, quæ Montana dicitur, die **Bergstraß** ; pari interuallo in austrum, *Wiselech :* in Würtenbergico limite siue Craichgoiæ, *Eppinga*, & *Breten*, patria Melanchtonis : in Franconiæ, *Boxberga :* dein Mœnum versus *Vmstat* cum Hassis Principibus commune: ad Rhenum in Alsatiæ finibus, & quidem in sinistra ripa *Germershemium*, a Gallis nunc restitutum : in ripa dextra iuxta confluentem Nicri *Manhemium*, munitum & ad Belgicam elegantiam non ita pridem instauratum oppidum cum arce *Fridrichsburg*, post a Gallis euersum: cui vicina fuit arx *Egelsheim*, ex qua nunc turris restat, cui Ioannes xxiii, P. R. in Constantiensi concilio

exauctoratus, aliquamdiu inclufus fuit.
Hinc interiectis alienæ ditionis partibus, in finiftra Rheni ripa eft *Oppenheim:*
& poft Moguntiam *Ingelheim* non procul a Rheno, quam quidam patriam
Caroli Magni, inuitis autem doctioribus, crediderunt : & infra Bingium eidem fluuio *Bacharach* adiacet, & in oppofita ripa *Cauba* ; generofioris vini
prouentu nobilitata loca. Sunt, qui fibi Bacchi aras heic in Rheni parua infula
inueniffe videntur, vnde nomen alteri
oppido fubnatum effe exiftimant. In
medio flumine caftellum quoque eft
Palatii nomine, Pfalß, præfidio Electoris cuftoditum. Sed ad citeriora reuertimur. Prope Naham fluuium
Creuznach, Crucenacum fedet, quod
fupra nominauimus : inde Wormatiam verfus *Alzeia*, arx, oppidum, &
præfectura fpatiofa : inter Wormatiam
& Manhemium *Frankenthal*, munitum
haud procul Rheno oppidum : ad Lutræ fontes *Lutra Cafarea*, Renferslauter,
& hinc auftrum verfus *Neapolis* Nemetum,

tum, ſiue Neuſtadt an der Hart, ad riuum, qui Spiram defluit, ibique Rhéno
miſcetur, der Speirbach, vnde nomen
Spiram vrbem traxiſſe côniiciunt. Nam
in finibus Palatinatus huius ad Rheni ſiniſtram ripam poſitæ ſunt imperiales vrbes, epiſcopatibus inſignes, nempe,
quam modo diximus. *Spira*, Nouio-
magus Nemetum, nuper imperiali iudicio illuſtris, poſt a Gallis euerſa, iam
e ruinis iterum exurgit. Epiſcopo eius
parent *Tabernæ Rhenenſes*, Rhein Zabern,
in Alſatico Rheni litore: *Bruchſalia*,
vltra dextram Rheni ripam, ad montes,
qui nomen habent. der Bruhrain: *Philips-
piburgum* autem, antea *Vdenheim*, a Philippo Chriſtophoro Spirenſi epiſcopo
valide, & validius a Gallis poſthac munitum ad idem flumen dextrorſus, poſt
expugnationem & pacis leges ſub præſidio Imperatoris Romani eſt: oppidi autem iura & commoda penes epiſcopum
Spirenſem eſſe debent. Hinc *VVorma-
tia*, Worms, diei vnius itinere in eadem ſecundi fluminis ripa inferior,

M 3   quam

quam Spira est, in veteri Vangionum tractu, multis imperii comitiis clara, sed 1689. a Gallis diruta : eius autem episcopo praeter vicos circumiectos, subest, vt diximus, ex parte *Ladenburgum*, Nicri ripae adpositum oppidum. In finibus Palatinatus est etiam arx *Ebernburg*, ad Naham amnem, vbi flumen Alfen recipit : Dynastarum de Sickingen erat, nouissimo bello multum memorata, obsessa, capta & munimentis nudata.; nunc dominis suis restituta.

MOGVNTINVS Archiepiscopus & Elector, si quis alius Imperii Princeps, disiectis & disseminatis prouinciis praeest. *a*) Nam in Franconia ad Moenum ac Tubarim multa, in Thuringia Erfordiam, in Brunsuicensium cishercinienfi tractu Eichsfeldiam regionem:

in

---

a) de Archi-Episcopis & Electoribus Ecclesiasticis Germanici Imperii in Introductione mea ad Jus publicum Germanicum actum, & vlterius de illis in supra indicato tractatu agetur.

in media Haſſia Fritzlariam, Naumbur-
gum, & Amelburgum, & alia poſſidet,
quæ ſingula ſuis locis enumeramus,
nunc ea tantummodo perſequentes,
quæ circa Rhenum ſunt ac Mœnum a-
mnes. *Moguntia*, 𝔐𝔞𝔦𝔫𝔱, metropolitana eccleſia, electorali ſede, & academia illuſtris vrbs, Rheno adiacet, vbi
is Mœnum recipit, 1688. Gallis tradebatur, quibus 1689. operoſa & cruenta
obſidione, auxiliante primario Electore Saxoniæ, eripiebatur. Patrum memoria in confluentiæ angulo munimentum *Guſtauiburgum* Suecorum rex po-
ſuerat, cum ſtatiua ibidem haberet;
poſtea derelictum collapſumque. Ad
Rhenum præterea ſita ſunt *Elfelda* in
tractu Rhingouienſi (𝔜𝔥𝔢𝔦𝔫𝔤𝔞𝔲) & in
eadem ripa *Gerlzheim* ſiue *Gerresheim*
inter Oppenheimium & Wormatiam:
ad Nahæ confluentem *Bingium*, cui
propinqua in medio Rheno eſt famoſa
turris, quæ a muribus cognominatio-
nem trahit. Ad Mœnum inter Moguntiam & Francofurtum *Höchſt*, & remotiora

tiora ab flumine *Hofheim* & *Vrfella* oppidula. Quæ supra Francofurtum ad
eundem amnem sunt, in Franconiæ
quidem fines incurrunt, quod vero propinqua sunt Rhenanis, ad hunc locum
enumerationem seruauimus. Caput illorum est *Afciburgum* siue *Afchaffenburg*
prope *Spesharti* filvam, arce & ponte,
quo Mœnus iungitur, exornatum: supra quod oppidum *Klingenberga* est &
Milteburgum; infra illud *Seligenstadi-
um* & *Steinhemium*, parua quanquam
& vilioris nominis. Omnium autem
oculos ad se conuertit, in hoc tractu sita
ad Mœnum S. Imperii libera ciuitas
Francofurtum, Imperatorum electione
ac inauguratione, & frequentissimo
mercatu celeberrima, inter Franconiæ,
Wetterauiæ & Moguntinos fines media.

TREVIRENSIS Archiepiscopa-
tus & Electoratus ad Rhenum & Mosellam suas possessiones habet præcipuas,
quasdam etiam ad Saram, Blissam ac
Lanum: alias inter hæc flumina. Ad
Mosellam metropolis est & electoralis
se-

sedes *Treuiri*, Trier, vrbs antiquissi-
ma, praeterito bello aliquoties capta;
infra quam Castellum Tabernarum,
Berncastell; & trans flumen Vigillia-
cum, *VVitlich* est cum arce splendida *Ot-
tenstein*, ab Ottone Archiepiscopo exstructa, quae saepe aulam continet; sed
contra Trarbachum *Mont Royal*, nouum Gallorum munimentum ad Mosellam, pace Rysvvicensi dirutum: infra illud *Kochrimium*, a Gallis 1689. captum & crudeliter vastatum: & *Münster* cum Meynfeldiae cognomento, quod
ab oppido *Mayen* habet, tractum illum
Mosellanum denominante. Vbi Mosella Rheno infunditur, *Coblenz*, Con-
fluentia est, cui trans Rhenum munitissima arx *Hermanstein* siue *Ehrenbreiten-
stein* opponitur, Galli 1689. vehemen-
ter oppugnabant, irrito tamen successu.
Ad Rhenum supra confluentiam *Ober-
VVesel*, Vesalia superior, & *Bopartum*,
Bodobriga, in sinistra ripa: infra illam
Engers in dextra: ad Saram *Sarburgum*,
de quo supra diximus: & ad Blissam S.

M 5

VVen-

VVendel, Fanum S. Wendelini : ad Lanum *Limburg* in limite Westervvaldiæ, sed intus magis *Moniaborium,* Mons Thabor. EIFFALIAE etiam pars sub dominio Treuirensis electoris est : in qua præter alia oppida est *Sleida,* historici clarissimi Io. Sleidani patria : reliqua pars Iuliacensis ditionis est : sed & Comites MANDERSCHEIDENSES suas quoque possessiones in Eiffalia , & ipsam arcem *Manderscheid,* nominis & gentis originem, habent.

COLONIENSIS Archiæpiscopatus & Electoratus secundo Rheni flumine subsequitur, cuius respectu in superiorem & inferiorem, Ober, und Nieder, Stifft diuiditur. SVPERIORIS sunt ad sinistram Rheni ripam *Andervacum, Bonna,* sedes Electoris, a moderno Electore Gallis 1701. tradita, quibus 1703. breui, ast ignivoma obsidione erepta, Bataui adhuc præsidio firmarunt. Et *Colonia,* Cöln, vrbs ampla & imperialis, metropolitana ecclesia, academia, & antiquitatis monumentis clara,

ra, cui in altera ripa Tuitium, *Duyz*,
tanquam suburbium opponitur, sicut
fere Andernaco *Hammerstein* propugnaculum cum parvo oppido: & *Linz*,
atque *Vnkel* & *Königswinter*, in eadem
dextra ripa inter Andernacum & Bon-
nam : & paullo remotiora quædam a
flumine. Trans Rhenum haud procul
a flumine *Brüel*, Brulla, sita est, cardinalis Mazarini exsilium; & in Eiffaliæ limite *Lechenich*, & *Zülch* siue *Zulpich*,
Tolbiacum olim aut Tulpiaetum. IN-
FERIORIS & quidem in Rheni sinistra
ripa sunt *Zons*, *VVoringen*, *Neus*, Nouesium, *Ordingen*, Castra Hordeonis, cum
vicino *Lyn* : & tandem *Rheinberga* (quæ
& simpliciter *Berck* dicitur) in limite
Belgarum : Gallis a Rege Porussiæ 1703.
erepta, iam Electori Coloniensi reddita :
in ripa dextra infra Düsseldorfium *Key-
serswertha*, probe munita, 1686. Gallis,
qui occupauerant, extorta : iisdem 1702
erepta nunc iterum Electori Colonensi
restituta : & iuxta Erpam fluuium
Hulckrad prope Nouesium, ac in Gel-
M 6 driæ

driæ confinio *Kempen*. Cetera quæ pos-
fidet Coloniensis Elector, mox in Weftphalia enarrabimus.

Weftphalia proxima eft, quæ fi laxe
intelligitur pro Circulo Germaniæ, præter propriam Weftphaliam comprehendit Leodiensem quoque Episcopatum,
etiam Iuliacensem, Cliuensem & Mon-
tensem Ducatus, nec non orientalem
Frisiam, Oldenburgensem Comitatum
& Ducatum Bremensem. Nos fingula
persequemur, excepto Leodienfi episcopatu, supra a nobis cum Belgicis
prouinciis, inter quas fitus eft, explicato.

IVLIACENSIS Ducatus, inter
Lüzzenburgicum tractum ab occafu, &
Coloniensem archiepiscopatum ab ortu
terminatus, a Palatino Neoburgico, con-
trouerfo tamen iure, poffidetur. *a*) Caput eius *Iülich*, Iuliacum eft, munita
vrbs ad Ruram amnem. Cetera oppida *Düren* ad eundem fluuium, *Berchem*
ad Erpam, *Enkircha* inter vtrumque
me-

---

a) de origine modernorum ducum Iuliacenfium
supra in domo Palatina actum.

media : & *Gladbeck* in Geldriæ confinio. Pars EIFALIAE etiam Iuliacenſi agro innexa eſt, in qua Monaſterium, *Münſter Eiffel* primarium oppidum habetur. Et vrbs imperialis *Aquisgranum*, Aach, Caroli M. aula & ſepulcro, ac multorum imperatorum inauguratione nobilis, in tractu Iuliacenſi ſita eſt.

Ducatus BERGENSIS eiusdem iuris & poſſeſſionis, primariam vrbem habet *Düſſeldorſium* ad Rhenum, adhuc aulæ Palatinæ Neoburgicæ ſedem: *Mülhemium* ad idem flumen, ex aduerſo Coloniæ: Iure Stapulæ ab Electore Palatino iam donatum. *Sigburgum* ad Sigam, ſed Rheno proximum & abbatia nobile oppidum, & alias. Situs eſt Ducatus inter Colonienſem archiepiſcopatum & comitatum Marcanum iuxta Rheni flumen: vnde in ſeptentrionem ad Geldriam & Tranſiſalanam Belgicam pertingit

Ducatus CLIVENSIS ad vtramque Rheni ripam poſitus, ab ortu Monaſterienſem epiſcopatum proſpiciens &

M 7 comi-

comitatum Marcam. Poſſidetur ab Electore Brandenburgico , nunc Boruſſiæ
Rege. *a*) Oppida ad Rheni dextram ripam munita ſunt *Weſel*, Veſalia , iuxta
Lupiæ confluentem ; *Emmerick* prope
diuortium , cui Schenckii munimentum
impoſitum eſt : *Rees* loco inter hæc medio : ſuperius iuxta Rœram, Weſtpha-
licum amnem , ſed proxime Rheno in-
fundendum , *Duisburgum* academia ornatum. Trans Rhenum oppida *Calcar*,
Santen, *Grier* ; & quod caput regionis
eſt, eique nomen dat & Principis arcem,
Cleve ſiue *Clivia* : munitiora ſunt *Burick*
ex adverſo Veſaliæ , & *Orſoy* , prope
Reinbergam , qua parte comitatus
M E V R S E N S I S adiacet, ditionis Arau-
ſionenſis, cuius caput *Mœurs* ſiue Meur-
ſa exiſtit. *Gennepum* autem ſiue *Genap*
ad Moſam longius remotum oppidum,
vbi illa Nierſam recipit, cum arce adiacente & munita, iurisdictionis Cliuen-
ſis eſt.

WEST-

_____

a) de Origine Electorum Brandenburgenſium
poſtea agatur.

WESTPHALIA a Ducatu Mon-
tensi, qui ad Rhenum est, ad Frisiam vsque & Comitatum Oldenburgensem late septentrionem versus extensa, ab ortu
Hassiam & Brunsvvicenses terras, ab occasu Transisalanam Belgicam prospe-
ctat. Rigatur *Visurgi*, Weser ; *Amisio*,
Emse, *Lupia*, Lippe, & *Rura*. Variis dominis subest. Nam, vt ab iis incipiamus,
quæ cum antea explicatis connexa sunt,
Rex Borussiæ, Elector Brandenburgicus,
tanquam Cliviæ Dux, possidet Comitatus Marcam & Rauensberg. MARCAE,
circa Ruram & Lupiam spatiosa regio,
Cliuensi subiecta regimini, primaria oppida habet *Soest*, Susatum, & *Hamm*,
Hamonam, ad Lupiam: minora sunt
Vnna, prope Ruram, & *Weerdenum*, abbatia nobile, sicut etiam *Essen*. Tremo-
nia autem, *Dortmünd*, in hoc tractu sita, est libera & imperialis. RAVENS-
BERGAE comitatus hinc in septentrionem distat inter Lippiensem situs &
principatum Mindensem. Eius oppida *Bilefeld*, & *Herford*, & hoc illustri
abba-

abbatia fœminarum ornatum: prope
Bilfeldam arx munita *Sparenberg*, sedes
præsidis (*Landtrost*) totius prouinciæ:
Hall, a collapsis salinis nomen trahens:
Engern, Angria, olim oppidum, nunc
vicus amplissimo templo & Witekindi
monumento nobilis; & *Vlotha*, vicus
ad Visurgim, stapulæ nauium ius habens: arces cum subditis præfecturis
Sparenberg, de qua diximus: & *Lim-
berg*, & vnde nomen comitatui est *Ra-
vensberg* prope fontes amnis *Hessela*.

Coloniensi Electori etiam tractus inter Rhenum & Lupiam paret, nempe
Ducatus ANGRIAE & WESTPHA-
LIAE cum comitatu ARENSBERGEN-
SI, in quibus sunt *Arensberg* ad Ruram,
Werla inter Vnnam & Susatum media,
Meschede ad Ruram, *Balik*, *Fradeborg*,
& alia. Portio inde in occasum sita,
(sed Coloniæ & Rheno ad boream &
ortum) im Weſt, id est Weſt vocatur,
item RECKLINGHVSANVS tractus,
cuius sunt *Recklinghusa*, *Hornburg*, & ad
Lupiam

Lupiam *Dorſten.* Sequuntur Epiſcopatus & primum quidem

MONASTERIENSIS, inter

Tranſiſalanam ad occaſum : Oldenburgenſem comitatum a ſeptentrione: Ravensbergenſem ab ortu : Marchienſem & Ducatum Weſtphaliæ a meridie. Caput *Monaſterium,* Münſter, vrbs epiſcopalis & notiſſima pacificatione illuſtris: ad Lupiam *Werna, Halten, Dulmen :* ad Amiſium *Warendorp :* media *Kœsfeld, Meppen, Vecht, Clopenburg, Abus,* cum aliis præfecturis & prætoriis.

OSNABRVGENSIS hinc in ortum diſtat. *Osnabruga* epiſcopalis ad

Haſam amnem, pacificatione, quam modo diximus, clarior facta ; aula epiſcopi (qui alternis vicibus Catholicus & ex domo Ducum Brunſvvicenſium & Luneburgenſium Lutheranus eſt) *Iburgi* plerumque ſedet altero ab Osnabruga milliario. Cetera oppida ſunt *Quakenbrück* ad idem flumen *Haſe;* & *Vœrda* inter vtramque fere media. *Mella*

ad

ad Elſam : *Hontenburg* ad lacum *Dum-merum* : præterea *Forſtenau* & alia.

Plus in orientem ad Viſurgim vſque vergit MINDENSIS olim epiſco-patus, nunc principatus, Electori Bran-denburgico Weſtphalica pacificatione conceſſus, ſaluis tamen iuribus *Minden-ſis* ciuitatis, quæ primaria huius tractus eſt, ad Viſurgim perinunita. Prope ab-eſt arx *Witekenſtein*, quam ſedem aiunt Witekindi fuiſſe, cuius & alia ad vr-bem monumenta oſtenduntur. Subſunt oppida & præfecturæ, *Petershagen*, cum ſplendida arce, olim epiſcoporum ſede : deinde *Haus-Berga, Schlüſſelburg, Reinenberg, Raden*, præfecturæ : *Lubbeke* autem oppidum, ſenatum dimidium ex nobilibus habet.

PADERBORNENSIS epiſco-patus in auſtrum magis & ad Haſſiæ fi-nes declinat inter Lippienſem & Wal-deccenſem comitatus. *Paderborn* vrbs e-piſcopalis prope *Lipſpringam*, quod ad Lupiæ fontes oppidum eſt. *Warburg* ad Dimolam fluuium : *Herſtel* ad Viſur-gim :

gim: *Lüda* ad Ambram siue Emmer fluuium: arx *VVevelburg*: & quæ acidulis notæ sunt, *Drieburg* & *Brakel* oppida,
ac vicus *Schmechten* prope Drieburgum,
in austrum situs Brakelium versus : *Del-
brügg*, magnus vicus, Bructerorum vl-
timorum sedes : & *Solikoten* a salinis
nominatum oppidum : sed *Neuhaus*,
ad Alisonis & Lupiæ confluentem, sedes
Episcoporum.

Abbatia CORBEIENSIS finitima in
ortum solis, cuius abbas, imperii princeps, non modo *Corbeiam*, Visurgi ap-
positam, sed etiam *Huxariam* vulgo
Höxter, ad idem flumen sitam ditione
tenet, quanquam Huxaria in clientela
est Domus Brunsvvicensis & Lunebur-
gensis.

Illustres quoque Comitatus in his oris
sunt. In finibus Monasteriensis episcopatus Transisalanam versus, comitatus
BENTHEMENSIS situs est, cui STEIN-
FVRTENSIS & trans Amisium TE-
CKLENBVRGENSIS accedunt. Op-
pida *Benshem*, & *Steinfurt* gymnasio cla-
                                        rum,

rum , *Schuttorp*, *Nortborn*, & *Neobusium*
ad Vechtam. In iisdem finibus LIN-
GENSIS comitatus est, ab oppido *Lingen*
in Amisii ripa , nomen trahens , sub dominio iam Regis Borusiæ , tanquam
Principis Aurasicani. DIEPHOLTANVS
magis inde in ortum distat circa lacum
Dummerum : nunc Duci Luneburgi-
co Cellensi subiectus. Ex oppidis nota
sunt *Diepholt*, & *Neuwarten*. Inter hunc
comitatum & Visurgim HOIENSIS, ex
maiore itidem parte Brunsuicensis &
Luneburgicæ ditionis , nomen ducens
ab *Hoia*, ad Visurgim sita , quamuis
Nienburgum pro capite regionis habea-
tur. Alia oppida vel arces præfecturarum
sunt *Liebenau*, *Diepenau*, *Bruchusa*, & cœtera. At in *Vchtam* & *Freudenbergā* ius habent Hassorum principes Casselani, quas
ipsi Tecklenburgicis comitibus in feudum contulerunt. In austrum post
Mindensem principatum subiacet LIP-
PIENSIS, vbi *Lippia* (Lipstadt) est ad
cognominem amnem siue *Lupiam* , certis pactis Cliuensi Duci , nunc Electori
Bran-

Brandenburgico, exceptis quibusdam
iuribus, quæ Comitibus manent, subiecta: *Detbmolda* sedes Comitum, *Lem-
govia, Blumberga*, cum arce, & monasterio, vbi sepulcra sunt Comitum; & *Vsla*
salinarum fonte prædita. PYRMON-
TANVS comitatus, ab oppido & arce
Byrmont appellatus in hoc etiam tractu
est, cuius possessio Waldeecensibus comitibus post multas lites confirmata
fuit. Celebrantur hic acidulæ, quæ
Pyrmontana cognominantur. SHA-
VENBVRGICVS autem comitatus Visurgi flumine dissectus, in Westphalica
ripa *Rintelium* habet, academia ornatum, ditionis Cassellanæ: in altera ripa
Oldendorpium, eiusdem iurisdictionis,
vti etiam *Saxenbagen*; & *Obernkirchen*
marmoris & carbonum fodinis nobilitatum. At *Büchenburg* sedes Comitis
ex Lippiensi familia: cuius ex pacto etiam *Studbagen* est, vbi sepulcra comitum; & *Steinbude* ad lacum inde nominatum. Nomen regionis ab arce
montana est *Schauenburg*, nunc prætorio

torio circumiacentis Haſſorum præfecturæ.

Septentriones & Oceanum ſpectat
OLDENBVRGICVS comitatus, cui
adnexus DELMENHORSTENSIS, v-
terque a primario oppido cognominatus, & exſtincta nuper familia propria,
Daniæ nunc regi hereditatis iure ſubdi-
tus. Oppidum autem *Ieueram* cum dominio adiacente, haud procul ab *Iada*
æſtuario ſitum, ex eadem hereditato
principes Anhaltinæ Serueſtani acceperunt, quanquam arx præſidio Danorum teneatur. *Chriſtianiburgum* nouum
munimentum Danorum prope vicum
Varelium. Propior Oceano ORIEN-
TALIS FRISIA ſiue principatus EM-
DANVS eſt, cuius caput *Emda* ad Ami-
ſii oſtium ſita, libertatem præſidio Belgarum tueri perſeuerat. *Aurik* autem
ſedes principis : & *Norda* portu nobilis ; præterea *Fredenburg*, *Grietſiel*, &
minora alia : *Leer* prope Amiſium, vbi
Ledam recipit : *Stickhuſa* arx munita ad
eundem Ledam fluuium.

HAS-

HASSIA ſuccedit inter Weſtphaliam & Thuringiam media. *a*) Diuiditur in ſuperiorem, quæ Rheno propior; & inferiorem, quæ ad Thuringiam ae ducatum Brunſuicenſem vergit, ſiue, vt ex imperantium familiis atque ſedibus nominantur, in *Caſſellanum* principatum, qui inferior ratione ſitus eſt, licet ordinis prærogatiuam habeat ; ac *Darmſtadinum*, qui ſuperior. *Superioris* maiorem partem comitatus CATI-MELIBOCENSIS abſoluit , ceteras Wetterauia præbet , & tractus montanus, dictus *Vogelsberg*, ac finitima loca. Sed comitatus *Catimelibocenſis inferior*, qui circa Rhenum eſt , a principe proprio, ex Caſſellana domo oriundo, pos.

ſide.

---

a) Origo domus Haſſiacæ ab antiquis Ducibus Brabantiæ deducitur, fundauitque eam Heinricus, *Infans*, ſeu Puer Haſſiæ nominatus. Sed mittimus antiquiora tempora, *Philippus* Magnanimus Sator eſt modernæ Sereniſſimæ domus Haſſiacæ, cuius poſteri in diuerſos ramos abiere, prout ſequens Schema mdnſtrat,

Philippus Magnanimus, Landgrauius Hassiæ, † 1567.

VVilhelmus IV. feu sapiens fundator Lineæ Caffellanæ

Georgius I. Conditor Rami Darmstadiensis † 1596.

Mauritius † 1632.

VVilhelmus V. † 1637.
VVilhelmus VI. † 1663.
Carolus, hodienus Landgra-
vius Caffellanus, nat 1654.

Fridericus, fator Lineæ
Eschwegensis † 1655.
Philippus, Lineam Philips-
thalenf. condidit, n. 1655.

Ernestus, fundator Li-
neæ Rheinfelsensis,
† 1673. facra auita
dereliquit.

Fridericp VVil-
helmus,
Princeps
hæredita-
rius, nat.
28 April.
1676.

Maximi-
lianus n.
n. 1682. 1689.
VVilhelmus, nat. 1692.

Carolus,
Philippus
n. 1683
n. 1686.
Georgius, n. 1691.

VVilhelm9 Carolus,
Rothenbur- VVanfrie-
genfem ra- denfem ra-
mum ferit. mum erexit
† 1688. † 1711.
Ern. Leop. Christianus
nat.1684. n. 1685.

sidetur. Caput eius *S. Goar*, vulgo *S. Gewêr*, Rheno adpositum, cui imminet árx *Reinfelsa*, probe munita, quæ præsidio iam Castellano tenetur; & trans Rhenum obiectum aliud munimentum, vulgo die Raß dictum, a Gallis 1703. medio hyeme acriter quidem oppugnatum, vano tamen successu. In quo tractu etiam sunt vtrumque *Castimelibocum*, vetus & nouum, & acidulis celebre *Swalbacum*, altero a Moguntia milliario. *a*) DARMSTADINAE partis est totus comitatus *Superior*, & quædam ex inferiore, cum aliis adiacentibus. *b*) Præcipuum oppidum *Darmstadium*, aula Principis illustre: a quo ad Heidelbergam *via montana*, die Bergstraß, ducta, iuxta quam *Zwingenberga* sita; a Gallis 1692. occupata,

N   postea,

---

a) Huc & pertinet paruulus Rhingouiæ districtus *Henrich*, seu terra Henrichia, nominatus, *Gebbershausen* oppidulum non ignobile.

b) Fundator Lineæ Darmstadiensis est Georgius I, alias *Pius*, nominatus, filius Philippi Magnanimi.

poftea, quam antea Saxones fuderant, recepta eodem anno. Et *Eberftadium*: *Rraubach* in inferiore comitatu oppidum cum arce prope Reinfelfam, fed in dextra Rheni ripa : *Ruffelsheim* munimentum ad Mœnum prope Moguntiam, a Gallis autem 1689. vaftatum. *Vmftad* autem mixtæ iurisdictionis cum Palatinis : fed *Homburg* vor der Höhe (montes ita vocantur) principi proprio

---

Georgius I. † 1596.

Ludouicus V. Darmftadienfem Lineam continuauit †1626.	Fridericus Homburgenfem ramum plantauit. † 1638.
Georgius II † 1661.	Fridericus. † 1708.
Ludouicus VI. † 1678.	Fridericus Iacobus. n. 19. Mai. 1693.
Erneftus Ludouicus, modernus Landgr. Darmftad. n. 1667.	

| Ludouic9 Princeps hæreditar. n. 5. Apr. 1691. | Francifc9 Erneftus n. 15. Iun. 1695. | Ludouic9 Iohannes n. 15. Jan. 1705. | Iohannes Carolus n. 25. Aug. 1706. |

prio paret ex Darmstadina domo originem ducenti. *a*) Adiacet dynastia *Epstein* cum oppido huius nominis & arcibus, ex quibus vero Moguntinus Elector etiam aliquid possidet. In Wetterauia, aut prope illam, *Gissa* ad Lanum, academia & munitionibus clara: *Buzbachium* ex quarta parte Solmensi comiti subiectum: *Nidda*, olim comitatus caput: *Weizlaria* imperialis, nunc Spira Nemetum euersa, sedes imperialis Cameræ siue Iudicii: etiam *Fridberga* imperialem libertatem contra castri cognominis, die Burg, & quæ de eo pendent, nobiles ac liberos possessores, eiusque Burggrauium, adhuc tuetur. Ad Auium montes (Vogelsberg) *Grunberga*, *Vlrichstein*, *Schottena*; & ad Svvalmam fluuium

N 2 *Als-*

---

a) *Gerau*, oppidulum haud procul a Sachsenhausen, cuius districtus terra Gerauiensis, das Gerauer Ländgen nominatur. *Trebur*, Triburium, notissima, & ampla olim ciuitas, a Concilio 896. ibi habito satis clara, iam vix pagi faciem retinet.

Alsfeldia, cui propinqua arx venatoria *Ramroda*, vbi præfectura illius tractus est. Ad Ohmam *Nomburgum* cum huiusdem fluuii cognomine. Waldekiam versus ad Ederam *Battenberga* : in quo limite etiam est dynastia ITTERENSIS cum oppido *Itter* & arce *Völe*.

INFERIORIS HASSIAE *Cassella* caput, ad Fuldam vrbs permunita & principum sedes : ad idem flumen *Melsunga, Rotenburgum, & Herschfeldia*, abbatia olim, nunc principatus nomine insignis. In Fuldensis abbatiæ confinio ad Vierram, vt secundo flumine descendamus, *Vach*, cum vicina arce *Creuzburg*, nunc *Philipsthal* ab habitatore Landgrauio nominata: & in Thuringiæ finibus *Treffurt*, ex tertia parte; reliquæ Electoris Saxonis sunt & Moguntini: *Wanfrida, Eschwega, Allendorfium* salinis notum, *Wizenhusa* ; inter Fuldam & Vierram *Spangenberga*, *Lichtenauia* ac *Friedenwaldum* : inter Fuldam & Schvvalmam *Homburgum* cum Hassorum cognomento: adSchvvalmam

Zie-

Ziegenhain munitissimú oppidum, quondam caput comitatus cognominis : & *Treisa*, prope Ederam amnem *Gudesberg*, in quo tractu *Frizlaria* dicto flumini imposita est, ditionis Moguntinæ : inter Fuldam & Waldeccensem comitatum *Elsinga* ac *Zierenberg* : Lano alluitur *Marpurgum*, academia nobilitatum oppidum, quod cum Giessa & aliis præfecturis, quæ superiorem principatum, das Ober-Fürstenthum constituebant, Ludouicus senior, 1606. sine liberis defunctus, ad agnatos Mauricium Cassellanum & Ludouicum iuniorem Darmstadinum testamento transmisit. Sed enatæ inde sunt controuersiæ damnosæ, bellorum caussæ, tandem transactione finitæ, qua Marpurgum cum proximis oppidis & præfecturis, *Rauschenberga*, *Franckenberga* & *Kirchhaina* ad Cassellanos peruenit ; Giessa cum pluribus præfecturis supra enumeratis, atq; ita paullo plus quam dimidia Marpurgensis successionis pars Darmstadinis mansit: sed *Ohmoeburgum*, siue *Amel-*

N 3   *bur-*

burgum, montanum ibi ad Ohmam oppidum, Electoris Moguntini est.

Comitatus, præter Hassorum ditioni
subiectos, multi Hassiam circumiacent,
aut finibus illius innexi sunt. Inter
Rhenum & Westphaliam tractus est
montosus *Westerwald*, in quo plures
comitatus se contingunt. Non enim
LEININGENSIS modo, qui a *VVe-
sterburgo*, eius regionis castro, denominatur, ibi possessiones habet, sed ISEN-
BVRGENSIS etiam, & amplior his
NASSOVIENSIS, in duas stirpes dudum prorsus separatas diuisus. Earum
vna, ex qua Adolfus Imperator fuit, a
possessionibus ad Saram transrhenanis
Sarepontana cognomen sumsit, ad quam
cis Rhenum & in Wetterauiæ finibus
pertinet *Idstein* & *VVeilburg*; itemque
Vuisbadena, & prope Giessam *Gleiberga*
in monte, aliaque: altera stirps a castro
& oppido *Dillenburg* generaliter denominatur, in multas lineas diuisa, quæ
omnes nostro tempore Principum dignitatem adeptæ sunt. Ex iis erant,
qui

qui paullo poſt ſæculi ſuperioris initia,
Cabilonenſi ſtirpe exſtincta, matrimo-
nii & ſucceſſionis iure Auraſionenſem
in Gallia Narbonenſi principatum , &
Belgicas poſſeſſiones , quas Princeps
Auraſionenſis adhuc habet, adquiſiue-
runt.   Reliqui *Dillenburgi, Hademariæ,
Sigenæ* & aliis locis ſedes habent.   *Naſ-
ſau,* vnde nomen eſt genti illuſtriſſimæ,
arx diruta cum oppido cognomine in
dextra Lani ripa , tertio a Confluente
milliario, diuiſi inter familias iuris eſt.
At *Betlſtein* , itidem trans Lahum ; &
tertio a Gieſſa milliario *Herbornæ* gy-
mnaſio clara : Dillenburgenſibus pa-
tent, quorum etiam eſt portio comita-
tûs D I E T E N S I S cum oppido *Diet,* in
ſiniſtra Lani ripa, Confluentes verſus :
altera pars , in qua *Emſe* cum thermis celebratur, eſt Haſſorum Darmſtadienſi-
um ita, vt etiam Naſſouiis aliquid iuris
maneat.

Supra Darmſtadium , trans Mœnum
Franconiam verſus & in ſilua Othonica
Comitatus (ab aliis ad Circulum Fran-

conicum refertur) est ERPACENSIS, a castro cognomine dictus, qui aulam habet *Fürstenauie*, & munitam arcem; sed communis cum Lövvensteiniis siue Wertheimensibus potestatis, *Breubergam*. VVITGENSTEINIENSIS ad Lanum cum oppidis *Laßbe*, supra quod in monte vetus arx *VVitgenstein*; & *Hamburg*, & *Berleburg*, vnde familiæ discriminantur. Quæ etiam nomen a Sainensi Comitatu petunt. SAYNENSIS autem Comitatus inde Rhenum versus situs, non in Wetterauicis, vt Witgensteiniensis, censetur, sed Circuli est Westphalici, eiusque illa pars, in qua *Altkirchen* primarium oppidum est, ad Duces Isenagenses (quorum mater vidua Saynensis comes est) pertinet: alia, cuius est *Hachenburg* oppidum, cum arce in monte a Burggrauiis de Kirchberg possidetur. VVALDECCENSIS autem inter Westphaliam & Hassiam superiorem situs *VValdeccam* ad Ederam habet antiquam Comitum sedem ac nominis originem: *Corbachium* primarium

um comitatus oppidum : *VVildungam*
acidulis nobilem, *Arolfam* arcem &
præfecturam, *Mengringhufam*, *Landau*,
Freienhagam, & monasterium *Nezzam*,
quod Comitum sepulcra continet. Sol-
MENSIS comitatus in Wetterauia positus, & ab antiqua arce *Solms* dictus,
secundum oppida *Hungam*, *Laubacum*
& *Liebium* suos Comites distinguit.
Quibus adduntur *Braunfelfa* munita,
Greiffensteiniam, & *Rüdelheim*. BVDIN-
GENSIS cum Isenburgensi coniunctus,
Budingam habet ad Semam fluuium : &
HANOVIENSIS inter Haffiam, Franconiam ac abbatiam Fuldensem. *Hano-*
uia, Hanau, nitidum munitúmque oppidum comitatus primarium est : post
illud *Schlüchter*, *VVindecken*, *Bobenha-*
fa : sed *Münzeberga* variæ iurisdictionis. De ceteris ad Rhenum possessionibus in Alfatia dictum fuit. *Gelnhufa*
in Hanoulensi tractu libera & imperialis est.

ABBATIA FVLDENSIS, post hunc
comitatum inter Franconiam & Haffi-

am sita, facile omnium abbatiarum primas tenet. Abbas imperii princeps & Imperatricis archicancellarius, *Fuldæ*, vrbe ad cognominem fluuium, sedem habet, multis præfecturis diues, sed oppida, quæ subsunt, minus sunt nobilia, *Geisa*, *Salmünster*, ac alia. BVCHONIA, siue Buchen, hic tractus appellatur a siluis faginis denominatus, inter quem & Hassiam oppidula interiacent, nobilium equitum possessiones, vt *Schliz*, & *Lauterbach* cum arce *Eisenbach*; & pagis circumiectis. *Fischbergensis* præfectura, olim pars abbatiæ, ab Hennebergiæ dominis oppignorationis iure communiter possidebatur, abbas autem Fuldensis iam reluit.

SAXONIA INFERIOR Ducatus amplissimos continet, Brunsuicensem, Luneburgensem, Magdeburgicum, Bremensem, Verdensem, Holsatum Meklenburgicum, Lauenburgicum, cum principatibus Halberstadiensi, Suerinensi, & Ratzenburgensi, ac liberis aliquot ciuitatibus.

Du-

ad pag. 299.

† 1546.

Henricus, funda[v] nebergensem, Augustus, hæred[] ducatum Br[] † 1666.	Wilhelmus Iunior, sevit modernum domum Lu-neburgicum.
Rudolphus Au-[g]us, gustus, sedem ha-bebat *Brunsvi-gæ*, †1704. abs-que mascula prole.	

nat.

Ernestus Ferdinandus, nat. 1682.
vxor, Eleonora Char-lotte, Prineeps Cur-landiæ.

[]ius
[]s,
[]4.

Augustus Wilh[] nat. 1662. *ἄπαις* []

Elisabetha Chr[]tta stina, nat. 169[], uxo[r] vxor moderni I[]is Be-perator. Car[o]s.

Ducatus BRVNSVICENSIS &
LVNEBVRGENSIS , eiusdem
quanquam gentis, distincti principatus
sunt, & Brunsuicensis in Guelferbyta-
num, Calenbergensem (qui nunc Han-
noueranus est) & Grubenhagensem sub-
diuiditur. *a*) Erat etiam Göttingensis
portio aliquando peculiaris principatus,
ex Calenbergensi deductus : hodie vero secundum familias, quidquid huius
gentis est, diuiditur in Luneburgicum,
Cellensem, (qui iam cum Hannouera-
no coaluit) Brunsuico-Guelferbytanum,
& Calenbergicum Hannoueranum
principatum, ad quem Grubenhagensis
maiores partes referuntur.

N 6   GVEL-

---

a) Haud parua lis est inter Genealogicos scriptores, vnde origo domus Luneburgicæ deducenda, his eam a VVittekindo, illis a Bil-
lungis deriuantibus, sed veriores videntur ii
esse, qui Billungos fundatores faciunt. Ma-
neant autem hæ lites sepositæ, sicuti & diuersas antiquas lineas huius domus iam non
attingimus, Brunessus, Lineæ antiquioris
Zellensis fator est uniuersæ iam florentia Po-
tentissimæ Domus Luneburgicæ.

GVELFERBYTANI vrbs primaria
est *Brunsuiga*, ampla, nec non munita,
nuper nundinis celebrioribus aucta:
Guelferbytum (Wolffenbüttel) bene munitum, aulam principis habet & biblio-
thecam incomparabilem: *Helmstadium*
vero academiam Iuliam: *Regia Luttera*
(Königs Lutter) abbatia præsignis est &
sepulcro Lotharii II, R. imperatoris:
Schœninga salinarum fontes habet: præterea *Scheppenstedium*, arx *Hessem*, a-
liaque minora oppida & prætoria permulta eo pertinent: sed hæc in circuitu
iuxta Brunsuicum & Helmstadium:
prope *Leinam* fluuium *Gandersheminum*
virginum abbatia illustre: ad Visurgim
Holzmünda & paullo remotius a flumine *Oldendorsium*. *a*)

Hinc

---

a) *Riddagshausen*, haud procul a Brunsuiga
cœnobium olim non ignobile, quod & adhuc, licet Euangelicis addictum sacris, floret; *Salzthal*, pretiosissima, & deliciis
Principum dicata atx, *Blanckenburg*, Comitatus, vbi *Blanckenburg*, castra autem
Rheinstein, Heimburg, Hartingen, Lauen-

Hinc Grubenhagensis principatus, cum Callenbergensi fere hoc tempore coniunctus in occasum & meridiem vergit. Ciuitates sunt *Eimbeck* & *Osteroda :* in Herciniæ autem tractu montana oppida *Clausthal* & *Mons Andrea,* argentifodinis nota : & arx *Herzberg ;* prælatura *Walkenried,* & cœnobium *Ilefeld,* scholarum post reformatam religionem domicilia : *Argentifodinæ* aliæ in Hercinia cum oppidis *Cellerfeld* & *Lautenthal* ab Electore & Ducibus communiter possideatur : *Wildeman* autem & *Grund* a solis Ducibus. Ibi & a salinis nominata *Hala Iulia* sub vetusta arce *Harzburg.* *Scharzfeld,* vbi summe admiranda specus, arx munitissima est. At *Goslaria* huius tractus ciuitas libera & imperialis est. Ad au-

N 7　　strum

---

burg, & *Hunburg* nunc in ruinis iacent, *Bebern,* sedes est peculiaris lineæ Brunsuicensis, *Calvörde,* aditum ad *Tremling* aperit, *Lucklum* Equitibus ordinis St Iohannis paret, *Wernigeroda* Comitatus huc quidem pertinet, sed feudum Brandeburgicum est, Comitibusque Stolbergensibus paret.

ſtrum Thuringiæ finitima eſt EICHS-
FELDIA, a longo tempore Mogunti-
ni iuris, cuius primarium oppidum
Duderſtadium ad *Bodam* fluuium: dein
Heiligenſtad, VVorbis, & alia minora.

In CALENBERGENSI *a*) ſiue Han-
nouerano *Hannovera* ad Leinam amnem
vrbs primaria eſt ac nitida, Electoris ſedes. Proxima *Herrnhuſa*, ſeceſſus principis, inſtar oppidi exædificata. *VVuns-*
dorff altero ab Hannouera milliario:
tertio abeſt *Neuſtad* cum cognomine *am*
Rubenberg, ad Leinam amnem. In
auſtrum longius recedit *Northeim* prope
idem flumen; & *Göttinga*, Eichsfeldiæ
finitima. *Calenberg* autem, vnde nomen principatui, arx eſt vetuſta, altero
ab vrbe milliario ad Leinam, olim principum ſedes, nunc prætorium præfecturæ, inter quam arcem, & Hannoueram
Pattenſe eſt oppidulum: ad Vierræ & Fuldæ confluentem *Münda*: ad ſilvam Sol-
lin-

---

a) Series Potentiſſimorum horum Principum
hæc eſt

VVilhelmus, de quo supra † 1592.

Georgius † 1641.

Georgius VVilhelmus, Dux Cellensis † 1705, cum quo hic ramus effloruit.

Ernestus Augustus, primus Elector, huius Linea † 1698.

Georgius Ludovicus Elector Luneburg, & nunc Rex M.Britan. n 1660.

Maximilianus VVilhelmus, nat. 1666.

Ernestus Augustus, nat. 1674.

Georgius Augustus, Princeps Electoralis & regius M.Britan. nat. 1683. uxor VVilhelmina Charlotta, Princeps Onolzbachensis, nat. 1683.

Fridericus Ludovicus, nat. 1707.

Anna, nat. 1709.

Amalia Sophia E-leonora, n. 1711.

Elisabetha Caroli-na, nat. 1713.

lingenſem *Vslaria* ; & ad Viſurgim *Bo-
denwerder* ac *Hamela* munitæ ciuitates.
Et aliæ præfecturæ multæ ſunt cum ſuis
prætoriis, vt *Coldingen,Ricklingen, Laue-
nau, Lauenſtein* , &c.

In Luneburgenſi Ducatu *Lunebur-
gum* vrbs prima eſt , ſalinis diues : *Bar-
dewicum* vicinum , olim peramplum,
nunc vicus ; *Cella* ad Alleram nitidiſſima & longo tempore ſedes Principis :
ſupra hanc ad eundem amnem *Gifhorn* :
inter Cellam & Hannoueram medio
ſitu *Burchdorffium* , oppidulum cum
prætorio : inter Albim & Alleram *Vl-
zen* , & permulta minora oppida, prætoria , ac monaſteria : ad Okeram a-
mnem *Meinerſen :* In Verdenſi confinio
Walsroda virginum cœnobio ornata :
Drömling famoſiſſimus ſaltus eſt , cuius
in hiſtoriis belli tricennalis ſæpe mentio fit : ad Ietzam *Danneberga* , aliquando principum ſedes ; & *Luchow* oppidum ad eundem fluuium , qui vbi Albi
inſinuatur, *Hizger* ſiue *Hizacker :* ad Lu-
ham , vbi Albi confunditur, *VVinſena :*
　　　　　　　　　　　　　　　ad

ad Albim *Harburgum* cum castro egregie munito, vno milliario ab Hamburgo.

Comitatus, qui ad Domum Brunsuigo - Luneburgensem pertinent, sunt ad Herciniam siluam *Blanckenburgensis*, oppida *Blankenburg* & *Haselfeld*, in quo tractu est ingens specus spectris, vt fama est, horribilis, die Baumanshöhle, *Dasseliensis* ad Sollingam siluam ex oppido *Dassel* nominatus : *Hallermundensis*, *Ierxheimensis*, *Ebersteinensis*, & alia dominia.

Inter Hannoueranos Guelserbytanosque fines episcopatus HILDESHEIMENSIS continetur, cuius *Hildeshemium*, ecclesia cathedrali ornatum, vrbs praecipua est : cetera oppida *Peina* ad Fusam, *Alfeldia* ad Leinam, & alia.

Ab ortu Brunsuicensem tractum Ducatus Magdeburgensis & principatus Halberstadiensis attingunt. MAGDEBVRGENSIS quondam Archiepiscopatus, sed Westphalica pace Ducatus ditionis Brandenburgicae factus, vrbes

bes duas habet præcipuas, *Magdeburgum*
ad Albim, metropolitana ecclesia insignem: & *Hallam* salinis prædiuitem ad
Salæ flumen, in Misniæ confinio, olim
Archiepiscoporum, post Administrato-
rum, adhuc etiam Regiminis prouincialis domicilium, nuper Fridericiana
academia auctum. Ceterum Ducatus
hic in suos circulos diuiditur Salanum,
Siluaticum & Ierichauiensem. CIR-
CVLVS SALANVS, Saal-Creiß, habet præter Halensem vrbem, amplissi-
mam præfecturam *Gibichensteiniensem*
cum subditis oppidulis *Lebichün, & Cön-*
nern, denominatam ab antiqua arce *Gi-*
bichenstein prope Halam ad idem Salæ
flumen sita, aliquamdiu olim Archiepiscoporum sede. Præterea huius circuli est *VVettinum*, infra Halam altero
milliario, itidem Salæ appositum, illustris quondam Comitatus caput. Adiacet arx & pagus *Rothenburg*, vnde præfectura eius tractus nominatur. Medio loco est nobile monasterium *Montis*
Sereni, Lauterberg, S. Petro dicatum,
vnde

vnde Petersberg nunc dicitur ; quod
sepulcra Comitum Wettinensium tenet ; adhuc nuper Saxonici iuris, nunc
Brandenburgici. Vlterius secundo flumine est *Alsleben* oppidum cum arce.
CIRCVLVS SILVATICVS Holtz-Creiß,
à medicis siluis dictus, inde longe ad
metropolim vsque excurrit , quam &
ipsam suo ambitu comprehendit. Oppida sunt *Calbe*, quód in præfectura sua
etiam *Aken* comprehendit : *VVandsle-
ben, VVolmirstadt, Obisfeld, Haldensle-
ben, Frosa*, & in Halberstadiensi limite
Egeln ; ac *Stasfurt*, salinis suis non ignobile, cuius, quemadmodum & *Salza*,
itidem salis fontibus celebratæ, sed Albim versus reductæ, senatus ex equestri-
bus constat familiis. *Schönbeck* ad Albim , Capituli est Magdeburgici. Ex
his præfecturas adiunctas habent *Calbe,
VVanzleben, VVolmirstadt, Obisfeld, E-
geln:* aliæ præfecturæ huius circuli à
prætoriis aut vicis nominatæ sunt, *Al-
vensleben, Dreyleben, Hötensleben, Som-
merschenburg*, sat nobilis olim comitatus:

tus : quibus diues quædam accedit , a
molendinis dicta, Mühlen-Voigtey, sub-
urbanas partes quoque Magdeburgi
complexa. CIRCVLVS IERICHAVI-
ENSIS in Marchiam vsque procurrit.
Oppida sunt *Ierichau , Sandau , Loburg,*
singula cum præfecturis : & præfectura
Alten-Plathe. Sed *Grabauiensis* est nobilium de *Plathe.* Tria oppida , quæ olim
archiepiscopatus erant, *Iüterbock, Burgk,*
& *Dame* , (quæ cum præfecturis , quas
denominant , *Iüterbackiensem circulum*
constituebant) Westphalica pace exemta sunt & Saxonibus concessa, e quibus postea singulari pacto *Burgk* ad
Brandenburgensem Electorem rediit : de
ceteris in principatu Saxo-Querfurtensi
dicemus. Singulis circulis sunt sua Monasteria, e quibus nobiliora *Bergen* apud
Magdeburgum : & *Hillersleben* , Fri-
dericianæ academiæ donatum : *Zin-
na* &c.

HALBERSTADIENSIS celebris o-
lim episcopatus, nunc principatus Westphalica pacificatione, Brandenburgico
Ele-

Electori paret, fitus inter Brunsuicen-
fem tractum ab occafu, Magdeburgen-
fem a feptentrione, Anhaltinum a meridie.   Oppida funt *Halberftadium* primarium, quod ecclefiam cathedralem
habet, & Regimen principatus. Proxima *Grüninga* cum arce, fede quondam
epifcoporum; & præfectura circumia-
cente; *Ofterwick*, olim Salingftede, altero ab Halberftadio milliario cum præfectura : tertio abeft *Horenburg* fiue
Hornburg: *Ofcherfleben* ad Bodam fluuium altero milliario ab vrbe in feptentrionem : at *Afchersleben*, Afcaniam
quam multi dicunt, ab vrbe in Auftrum
diftat milliariis quatuor. Præfecturæ etiam cum prætoriis & vicis funt *Hars-*
leben, Kroppenftädt, VVeberlinga, & ceteræ.   Etiam pars comitatus *Hohnftei-*
nienfis, confiftens in dynaftiis *Klettem-*
berg & Lora, pace Weftphalica huic
principatui confirmata fuit, fed in feudum poftea Comitibus Witgenfteinien-
fibus conceffa. Vtraque ab arce nomen
habet, cui fubeft præfectura.   Arx *Klet-*
ten-

tenberg adhuc sedes Comitis Witgenstei-niensis fuit, & in præfectura eius tria oppida continentur, nempe tribus horis a Nordhusa *Ellrich*, vbi nunc Comitis est regimen, sed subditum Halberstadiensi : deinde *Bleichenroda*, & *Saxa*. Eodem iure infeudationis Comitatus *Reinsteinensis* ad principatum Halberstadiensem reuolutus est : in quo *Reinstein* (alii *Regenstein*) arx desolata, quæ nomen dedit : *VVesterhusa* vicus cum præfectura : & *VVesterburg* in finibus Brunsuicensis principatus : *Blanckenburgum* autem olim coniunctum cum Reinsteiniensi possessione, iam in ditione Ducum Brunsuicensium & Luneburgensium existit. In eodem tractu *VVernigeroda* ad Comites Stolbergenses pertinet, sed ita, vt tutelæ ius Elector habeat Brandenburgicus : Comitis autem sedes est in *Ilsenburg*, arce oppido vicina.

Infra Magdeburgicum Ducatum ab Albi ad Visurgim Ducatus BREMENSIS CUM VERDENSI est, itidem ex ecclesia clesiastico statu in hanc formam Germanica pace mutatus, & Suecorum ditioni subditus: *Brema* ad Visurgim celebri emporio libertas pristina, relicta fuit & eodem foedere confirmata. In Ducatu BREMENSI autem sunt *Stada* ad Svvingam fluuium prope Albim, sedes regiminis hactenus Suecici, a Danis cum vniuerso Ducatu 1712. occupata, quem iam regi M. Britanniae vendidere: *Buxtebuda* ad riuum Essam, *Bremervörda* ad Auvvam sedes quondam archiepiscopi; arx *Ottersberga* ad Wemmam : *Carlsburgum* ad Visurgim, recens oppidum, regis conditoris nomen referens : omnia haec probe munita, nisi quod ipsi Succi, nuperrimo bello edocti, quorundam munimenta deieciste & ad breuiorem redegiste numerum dicuntur.

VERDENSIS ex episcopatu principatus nunc eiusdem ditionis, metropoli *Verda* gaudet ad Alleram prope Visurgim sita vrbe : praeter hanc *Rotm-*

tenburgo ad Wemmam : quibus VVil-
desbusium adiungitur in Westphaliæ si-
nibus ad Huntam positum oppidum:
Itidem a Danis Regi M. Britanniæ ven-
ditæ.

LAVENBVRGENSIS Saxonum Du-
catus angustis finibus circumscribitur.
Eius oppida sunt *Lauenburg* ad Albim,
Möllen, a Lubeccensibus nuper restitutum, & arx *Razeburgum*, cum oppido,
& sedes vltimi Ducis *Neuenhaus*, ac
alia : etiam pars *Hadeliæ* tractus inter
ostia Albis & Visurgis, vbi *Otteren-
dorp* ad fines Ducatus Bremensis est:
in Bohœmia *Schlackenwert*, & alia
eiusdem Ducis fuere ex materna hereditate. *a)*

HOL-

---

a) Totus hic Ducatus Domui Luneburgicæ
iam paret, tradito a Domo Saxonica omni
Iure, quod in illum habebat, Schlackavver-
da autem Marchionibus Badensibus iure
vxorio paret.

ad pag.

niæ, † 1586.

i III. regis Daniæ.

Frideri ugustus, nat. 11. Ian. 1673. Epi-
glob ubecæ, & Adminiftrator Duca-
ctio tiæ.
Uxor na Friderica, Princeps Durla-
Car

| † 12 iderica Ama- Carolia, nat. 1708. her ft. a na, nat. 1709. | Adolphus Fridericus, nat. 1710. Fridéricus Auguftus, nat. 1711. Friderica Sophia, nat. 1713. |

HOLSATIA *a)* inde per australem chersonesi Cimbricæ partem septentrionem versus, excurrit in plures partes diuisa, Stormariam circa *Storam* a-
mnem; Ditmarsiam ad oceanum: Ducatum Slesvvicensem ; Holsatiam propriam, & Wagriam ad mare Balticum.
STORMARIAE ad Albim est *Glücksta-*
dium & *Wedelia :* ad Storam *Izehoa :*
medio loco *Grempa, Bramsteda, Vtersen,*
& comitatus *Pinnebergensis*, ab oppido
Pinneberga nominatus : trans Storam
Wilstria & alia. Sed hæc omnia ditiô-
nis Danicæ. DITMARSIA autem diuisa est: *Heida,* & *Lunda* ad Eidoræ o-
stium, parent Slesvvicensi Duci : australia Regis sunt, in quibus *Meldorpi-*
um est præcipuum.

O

SLES-

---

a) Quænam vera sit huius Domus origo, non satis liquet, nobis præsentem eius Statum tenère
sufficiat Diuiditur in duas Lineas regiam,
seu Glückstadiensem, de qua supra actum,
& Ducalem, siue Gottorpiensem, cuius
fundator *

SLESVVICENSIS Dueatus ad Duces huius nominis, vt feudum Danicum, adhuc pertinuit, *Sleswicum*, caput regionis, ad *Slyam* æstuarium, cum vicina arce *Gottorf* Ducum sede: *Glücksburgum* pariter Ducis habitaculum iuxta sinum Flensburgicum: *Husum* quoque ad Heueræ ostium, ex aduerso insulæ *de Strand* appellatæ, domicilium Ducum vel Viduarum est; *Töninga* ad sinum, in quem *Eidora* influit, munitionibus clara: a Danis post longam obsidionem 1713. capta, munimentisque omnibus nudata. *Fridericopolis* siue *Fridericbsstadt*, vno milliario a Töninga, quatuor a Slesvvico municipium, multis immunitatibus ornatum, subditum Duci Slesvvicensi, habitatur a variæ religionis confessoribus, maxime a Belgis Arminianis, qui patria pulsi noui oppidi in his oris condendi occasio fuerunt, præterea *Appenrade* contra insulam Alsen: *Ekrenfort* ad sinum cognominem: *Suabstadium, Gardinga*, & in superioris Iutlandiæ limite *Tondern* ad oceanum occiden-

cidentalem. HOLSATIAE autem PRO-
PRIAE sunt *Rensburgum* & *Segeberga*
Danici iuris, etiam castrum *Christian-
preis* siue *Fridrichsort :* cui proximum
Kilonium, *Kiel*, habet academiam Ducis Holsati, cui etiam eiusdem orae subdita sunt alia, vt *Bordesholm*, vnde initia academiae, quae eiusdem praefecturae
reditibus conseruatur. WAGRIAE tandem est *Plöna*, Ducum certae familiae,
sed eiusdem gentis habitaculum : *Ran-
zaw*, vnde comites nominantur : *Eut-
num* sedes Lubeccensis episcopi, itidem ex domo Holsata : *Oldesloa* ad
Trauam , *Trittouia*, *Oldenborg*, *Neustadium* ad Balticum mare , *Traventhal*,
a pace 1700. ibi conclusa, notum. Sed
omnium clarissimae sunt in his oris libe-
rae ciuitates ac emporia nobilissima,
Hamburgum ad Albim, cui Danicum
oppidum *Altena* propinquum & vere
suburbanum est : a Suecis 1713. cremata,
nunc ex cineribus iterum resurgit. Et
Lubecca ad Trauam amnem , altero ab
eius ostio (cui *Travemunda* portus caus-

sa apposita est) siue a Baltico mari, sa-
pide.   Insulæ in mari orientali ad Holsatiam pertinent, ALSEN, angusto freto a continente seiuncta : Ducibus sedes præbent arcibus præclaris exornatis,
Sonderburgum nempe & *Nordenburgum*,
quibus familiæ principum discriminantur: & FEMERN, Fimbria, Wagriæ
opposita, & his minor ARROE, Fioniæ ab ortu hiberno subiecta.   Sed in
has quoque ius sibi rex Daniæ vindicat.
In occidentali mari sunt *Nordstrand*,
Fora, *Sylt*, ad litora : remotiora a continente *Heilgeland*, parua cum munito
portu, in eaque pharus Hamburgensis
est nocturno lumine viam in ostium Albis nauigaturis præmonstrans.

Inter Holsatiæ limites & Pomeraniæ
medius est MECKLENBVRGI-
CVS Ducatus, qui etiam *Megalopolita-*
nus dicitur, *a*) duobus adhuc nuper
prin-

---

a) Communis ferme opinio est, Duces Mega-
politanos a regulis obotritorum descendere,
quod ita in medio relinquimus. Præsentem
statum intuente Conditor eorum est

principibus subiectus, pars nempe oc-

ad pag. 318.

2.

Adolphus Fride-Iohannes	Albertus II.
Schwerinen	lineam *Gustrobiensem*

Fridericus, qui ex plantavit † 1636.
bus familiam pr Gustavus Adolphus †
vit, † 1688. 1695. qui ramus iam
defloruit.

Carolus Chri
Leopoldus, Lud
nat. 1679. n. 16

Swan, *Teterow*, M debuscum, *Plau*, ad flumen cognomine,
Waren ad lacum: *Ribbenicium* propugnaculum iuxta ostium Reckenicii fluuii oceano se infundentis: item *Star-*

gard

gard, vetus cognomine ad Pomeranæ
vrbis difcrimen, eum titulo dynaftiæ:
& *Brandenburgum* Nouum, *Strelitz*,
principis fedes ; *Mirow*, *Fredland*,
Wefenberg. Commune Tribunal vtriusque Dueatus eft *Sternberga* ad War-
nam amnem, ficut *Roftochii* communis
Ducum & fenatus oppidani academia,
quæ ciuitas multis priuilegiis ornata
eft. Ita adhuc Mecklenburgicæ regiones diuifæ fuerunt: exftincto autem Gu-
ftrovienfi Duce, pleraque eius ad Sue-
nacnfem deuoluta funt. *Wifmaria*
autem caput Mecklenburgici tractus,
portu & mercatura infignis ac munita
vrbs, inter Lubecam & Roftochium fita, Germanica pace in Suecorum poteftatem venit.

Hactenus de inferiore Saxonia : ad
fuperioris circulum progreffuri ab auftro prouincias repetimus, in quo tractu
prima THVRINGIA ab occafu Haf-
fam, a Septentrione Brunfuicenfem
ducatum & comitatum Mansfeldenfem,
ab ortu Mifniam & Voigtlandiam, ab
austro

Saxonica ... ...
tamen erroneum, ab antiquis enim Comitibus Bredzefenfibus originem traxit : antiquiora huc non pertinent, Elector Fridericus II.
feu Placidus, duos relinquebat filios, qui duas
feparatas Lineas plantavére. †

ad pag. 319

1464.

Erneftus Albertus, qui lineam Albertinam
defcei quæ iam Electoralis sevit, de
Ctoral qua inferius.

Iohannæ Familiæ Ducales Erneftinæ

Iohannes Georg, ra- Vinariense Marckfulen-didit.	Erneftus Pius, *Go-thanam*, quæ ite-
t, † 1686.	rum in diverfos ra-mos abiit. † 1675.

Ienæ, iam Ifenati

Wilhelmui-eus, Princepa tarius, nat. ux. Alberti Naffau-I	Charlotte Wilhelmina nat. 1703.	Chriftiana Wilhelmina nat. 1711.

prima THVRINGIA ab occafu Haffiam, a Septentrione Brunfuicenfem
ducatum & comitatum Mansfeldenfem,
ab ortu Mifniam & Voigtlandiam, ab
auftro

auftro Franconiam profpicit. Diuerfis
dominis fubiecta eft, maiori tamen ex
parte Ducibus Saxoniæ & Thuringiæ
Landgrauiis, æquis fere inter Electolem & Ducalem lineam portionibus,
diuifione nempe poft obitum Wilhelmi
Ducis, qui folus poffedit, ante ducentos
annos facta, ita vt Vnftruta amne fere
pro termino conftituto, quæ ad auftrum
iacent, Ernefto Electori : quæ ad boream, Alberto Duci tribuerentur, Erfordia in medio relicta. *a)*

Vt vero methodi noftræ ductu ab occafu incipiamus, Haffiæ finibus contiguus eft Ducatus ISENACENSIS,
cuius primaria vrbs & Principis fedes
Ifenacum eft, cui arx *VVartenburgum*
im

O 4

----

a) Communis Parens totius Potentiffimæ Domus
Saxonicæ reputatur VVittekindus M, quod
tamen erroneum, ab antiquis enim Comitibus Bredzefenfibus originem traxit : antiquiora huc non pertinent, Elector Fridericus II.
feu Placidus, duos relinquebat filios, qui duas
feparatas Lineas plantavêre, †

imminet. Præfecturas habet ad Vierram, *Crainbergam*, arce diruta ; & oppida *Gerstungen*, *Berkam* (hoc quidem
communis cum Hassiæ Principe iuris)
ac *Cruciburgum* : at *Marcksula* est arx
cum pago, vno ab Isenaco lapide, Vierram versus. Cetera huius principatus
in Franconiæ sita limite, in Hennebergia enumerauimus ; & alias præfecturas ac oppida in Vinariensi & Ienensi
tractu dicimus.

GOTHANVS *a*) Ducatus a *Gotha* nomen habet gymnasio clara, sed celebri-
ri ob sedem Principis in arce, quæ olim
Grimmenstein vocabatur , sed ex fundamentis restituta ab Ernesto Pio, melio-
ris ominis caussa *Friedenstein* appellata
fuit. Haud procul absunt præfecturæ
ad radices Thuringicæ siluæ, arx *Tennen-*
berga cum subiecto oppido *VValdersbu-*
sa ; & quæ monasteria fuerunt, *Rein-*
hardsbrunn , monumentis Landgrauiorum adhuc conspicuum ; & *Vallis*
Geor-

a) Sator huius Serenissimæ Domus est ‡

ad pag. 320

superius.

Fridericus †Ernestus —Hild-	Iohannes Erne-
Fridericus n burghausensem.	stus Saalfelden-
ux. Magdal	sem.
Princ. Anha	

| Fridericus | Ludovicus Er- | Mauritius | Friderica |
| n. 1699. | nestus n. 1707. | n. 1711. | n. 1715. |

Sator, † 1706.

Ernestus Ludolmus	Antonius Ulricus
g. Uxor ,	nat. 1687.
Princ. regi	
Ex priori ma	

| Iosephus Bernus | Louise Dorothea | Carl Friderich |
| hereditarii | nat. 1710. | nat. 1712. |

fs nat. 1655.

phus Fridericus Wilhel-
us Hollandinus , nat.
802.

| Ernestus Fri na Elisabeth, | Emanuel Friedrich |
| nat. 1707 1713. | Carl, nat. 1715. |

fs, nat. 1658.

Christian.	Sophia Wil-	Franciscus	Henriette
Ernestus,	helmina , n.	Iosias , nat.	Albertina,
n. 1683.	1693.	1697.	n. 1698.

Lineæ, Confis iterum exaruêre.

Georgii: ex altera parte ad Geram *Ichtershusa*, etiam quondam monasterium, cui proxima est arx *VVachsenburg* cum ampla præfectura : at quæ in opposito monte sita est *Mülberga*, fere diruta, ex Saxonica in Moguntinam potestatem rediit soluto pignoris nexu : tertio monti *Gleisba* incumbit, de qua postea dicendum est, & ab hae tres-istæ arces *Gleichenses* vocari solent, quamlibet diuersæ ditionis. Vno a Gotha milliario splendidissimum prætorium exstruxit Fridericus Dux in vico *Erfa*, cui a suo nomen dedit *Friedrichswerth*. Hinc ortum versus

VINARIENSIS Ducatus est: *a) Vi-*

O 5 *naria*

---

a) Iohannes Ernestus, Vinariensis Lineæ Sator, de quo supra, † 1683.

VVilhelm. Ernestus Dux Saxo-Vinariensis, nat. 1662, improlis.	Iohannes Ernestus † 1707.	
	Ernestus Augustus, nat. 1688.	Iohanna Charletta nat. 1693.

Rami eius Ienensis, & Altenburgensis defloruerunt.

nariæ ad Ilmum amnem, a comitibus
Orlamundanis ad principes translata,
per aliquot sæcula his sedem præbuit.
Arcem in ea nouam Wilhelmus
Dux nostra memoria exstruxit, & a se
VVilhelmiburgum nominauit. Vinariæ
subest *Butstadium*, mercatu boum non
ignotum, & alia in viciniis minora oppidula: & ex Altenburgensi nuper Ducatu per pacta Principum decerpta præfectura *Roslauiensis* cum oppidulo *Sul-
za*, exceptis tamen salinarum fontibus,
qui Altenburgici iuris mansere, quamquam ægre nunc ab aqua insipida repur-
gantur. Erfordiam versus mille & amplius iugerum lacus est, a cygnis nomen
fortitus (der Schwan-See) sed diuisione fraterna Isenacensis ditionis cum
circumiectis pagis factus. *a*) De *Ilme-
nania*, etiam Vinariensis ditionis, in
Hennebergide diximus.

Qui

---

a) *Buttelsted*, paruum quidem sed non ignobile oppidum, *Dornburg*, oppidum & arx,

Qui vero nuper I E N B N S I S principatus a Bernhardo, Wilhelmi Vinariensis filio, constitutus erat, exstincto 1689 Ioanne Wilhelmo, Bernhardi filio vnico, dissolutus diuisione est, & *Iena* oppidum cum præfectura, (non autem academia, quæ communiter a principibus, vt antea, possidetur;) & in septentrionali Thuringia *Alstedium*, olim Palatinatus Saxonici pars, ex Altenburgensi Ducatu nuper huc translatum, Isenacensibus accessere: *Dornburgum* autem ad Salam, arcem & oppidum cum adiacentibus pagis; & arcem *Cappellndorf* cum præfectura, Vinariam versus, & trans Salam *Bürgellam*; oppidum & præfecturam, Vinarienses Duces forte acceperunt.

A L T E N B V R G I C A E in Thuringia ditionis sunt ad Salam *Salfeldia*, abbatia olim imperiali, nunc Gothanæ familiæ Principis sede nobilis: *Orlemunda*, vbi

O 6 Sala

---

excelso monti impositum, cuius radices Scala evadit. *Cranichfeld* dynastia, cum oppido eiusdem nominis.

Sala fluuius Orlam recipit, oppidum, a quo potentes olim Comites nominabantur: arx *Leuchtenburgum* cum subiecto oppidulo *Kala* : & infra Ienam, Numburgum verſus, *Camberga*, singula cum præfecturis in vtramque Salæ oram extenſis: ad Thuringicam ſiluam, qua Coburgum itur, *Grefenthal*. Cetera partis Altenburgiæ in Miſnia recenſemus.

In centro fere Thuringiæ, vt hodie terminos habet, inter Gotham & Vinariam medio itinere ſita eſt *Erfordia* ſiue *Erfurtum*, vrbs munita, & totius prouinciæ maxima, cum pagis multis a Moguntino archiepiſcopatu domui Saxonicæ iniuſte erepta. Arces habet non adeo munitas duas, vnam patrum memoria intra mœnia exſtructam in monte, vbi S. Petri monaſterium eſt : alteram, quæ a S. Cyriaco nomen ducit, extra vrbem, olim virginum monaſterium. Academia Erfordienſis in antiquiſſimis Germaniæ numeratur, ſed de die in diem ob accreſcentem religio-

nem

nem Papisticam deflorescere incipit. Mediam vrbem amnis *Gera* perluit, qui altero ab ea milliario in *Vnstrutam* defertur. Hic circa *Mülhusam* imperialem in Thuringia, sed prope Hassiacos fines, ciuitatem ortus, totam inde regionem vario flexu permeans infra Numburgum Salæ miscetur.

In tractu hoc quatuor præfecturæ sunt maiores, quæ ad hodiernam Electoralem lineam, ab Alberto Duce propagatam, *a*) diuisione, de qua diximus, peruenerunt. Primaria est in vrbe *Langensalza* prope Vnstrutam: *VVeissensea* proxima, a lacu nomen habet, ad quam & paruum oppidum *Kindelbrück* pertinet. *Sangerhusa* remotior ad septentrionem; & tandem Salam versus *Eccardsberga.* Istæ autem præfecturæ omnes subsunt Principi Saxonico WEISSENFELSENSI, secundum pacta, quæ cum Electore Saxoniæ habet; sed huic speciatim

O 7

---

a) Originem lineæ Electoralis Saxonicæ supra attigimus; præsens eius status hic est:

Albertus, filius secundogenitus Electoris Friderici II. † 1501.

Iohannes Georgius I. Elector Saxoniæ † 1656.

Johannes Georgius II. Elector, Propagator li- neæ Electoralis, † 1681. sensu.

Augustus, Sator lineæ Weissenfel- sensis.

Christianus, fun- dator lineæ Mer- seburgensis.

Mauritius, con- didit lineam Ci- zensem.

Joh. Georgius III. † Tubingæ 1691.

Joh. Georgius IV. † 1694. annu.

Fridericus Augustus, Elector & Rex Poloniæ, nat.1670.

Christiana Eberhardina, Princeps Baruthensis, nat. 1671.

Fridericus Augustus, Princeps Regio-Electoralis, nat.7.Oct. 1696.

tim reſeruata eſt iurisdictio in Equites, quos *Schrifſſaſſios* vocant, ſiue præfecturis non ſubiectos. Retinuit etiam Elector *Tenſtadium*, oppidum inter Salzam & Weiſſenſeam, & partem oppidi ac præfecturæ *Trefurtenſis*, de quo in Haſſia, in cuius finibus Trefurtum ſitum eſt, prædiximus. Sunt & minores in Thuringia præfecturæ Principis Weiſſenfelſenſis, *Sachſenburgum*, arx cum pagis aliquot ad Vnſtrutam, a Vinarienſis lineæ Ducibus ſuperiori ſæculo ad Electorem Auguſtum translata: & inde propius diſtans caſtellum *Heldrunga*, cuius munimenta iam maximam in partem deſtructa: arx *Wendelſtein* cum pagis, itidem ad Vnſtrutam; & *Sittishenbach*, quod monaſterium fuit: ſed hæc ad nouum principatum Querfurténſem, de quo poſtea dicemus, referuntur.

Hactenus de iis, quæ Ducibus Saxoniæ in Thuringia ſubiecta ſunt: reliqua fere in *Comitatus* deſcribuntur, quorum ampliſſimus eſt SCHWARTZBVRGICVS, prin-

principatui non exiguo æquiparandus:
iam etiam, principali dignitate dona-
tus, licet magna cum contradictione domus Saxonicæ: multa tamen habet clientelæ nexu Saxonicæ Ducibus vtriusq;
lineæ obstricta, cotera Cæsarei aut Bohœmici iuris, itemque Moguntini.
Diuisus hodie est in duas agnatorum
stirpes: alterius partem integram nunc
tenet, qui *Rudolphopoli* ad Salam (Ru-
delstadt) arce egregia cum oppido, resi-
det, cuius etiam est castrum *Schwartz-
burg*, quod genti nomen dedit, ad a-
mnem Svvarzam, prope siluam Thuringicam : nec procul inde oppidum
Königsee, situm est ; tum *Ilmena*,
(Stadt Ilmen) ad amnem eius nominis
infra Ilmenauiam : dein Salam versus
Blankenberga & Leutenberga ; & ista
quidem in australi Thuringia : in boreali eidem subiecta est *Frankenhusa* salinis nota ; *Heringa & Kelbra* in tractu,
qui ob fertilitatem dicitur die gülbene
Au, Planities aurea. Alterius lineæ portio inter duos fratres hodie distributa
est,

est. Natu maior *Sondershuse*, in aquilonali Thuringiæ parte aulam habet; nuper etiam in Principum ordinem euectus; eiusdemque est *Ebeleben*, arx a Nobilibus eius nominis redemta, quæ aliquando sedem comitibus præbuit; & *Greussena* prope Vnstrutam: iunioris aula est *Arnstadii*, meridiem versus, duobus ab Erfurto milliariis, oppido eleganti cum arce splendida: communem habent arcem *Geranam* (Gehren) cum pagis haud paruis ad siluam Thuringicam, feudum imperiale. *a*)

Comites STOLBERGENSES in Thuringiæ finibus apud Herciniæ radices *Stolbergam* tenent: quædam eius comi-

---

a) *Bodungen*, oppidulum ad fluuium Bode, *Augustburg*, ex ruinis castri Käfernburg extructa, deliciisque Principum sacrata arx, *Plau*, Plauia, ad Geram oppidulum, in vertice montis rudera visuntur castri *Ehrenburg*, sedes olim dynastarum a *Wizleben*, *Keula*, sedes antehac Principis Antonii Guntheri.

comitatus a Schvvartzburgensibus pignoris iure possidentur: alia Stolbergen-
sium in aliis prouinciis sita sunt, vt
Werningeroda in limite & diœcesi Halberstadiensi, feudum Electoratus Brandenburgici : *Ortenburgum* & *Gedera* in
Wetterauia : & *Schwarza* in Henneber-
gico territorio inter Kundorfium & Su-
lam. HOHNSTEINIENSIS Comi-
tatus arces & præfecturæ *Lora* & *Klet-
tenberga*, in confiniis Herciniæ & Eichsfeldiæ, Westphalica pace Halberstadiensi principatui adiecta sunt, de quibus in
Saxonia inferiori egimus.

Familia Comitum GLEICHENSI-
VM multas olim possessiones in Thuringia habuit, sed exstincta illa distractæ
omnes fuerunt. *Blanckenhayn* supra Ienam, Ilmum versus, arcem & oppidum,
feudum Moguntinum, maiori ex parte
Comites Hazfeldii tenent: pars litigio-
sa est; etiam *Cranichfelda* inferior ad Ilmum; superior autem Gothano Duci
paret. *Rembda*, ab excessu Gleichensi-
um ad Duces delata, academiæ Ienensi
ad

ad falaria adfignata eft, ficut & *Apolda*
ad Ilmum, Vicedominorum olim patrimonium. *Ehrenftein* arcem cum aliquibus pagis, feudum Cæfareum, fub
initium fæculi proximi Gleichenfes Comites Schvvartzburgico Rudelftadienfi
vendiderunt, fitam haud procul Cranichfelda. *Obrdrufium* oppidum non
fpernendum, ad filuam Thuringicam in
territorio Gothano, vltimi Gleichenfis
Comitis fedem, Hohenloici ex Franconia Comites obtinuere : TONNAM
dynaftiam, Gothano agro Vnftrutam
verfus finitimam, ex Gleichenfi hereditate per Schenckios ad Waldeccenfes
Comites deuolutam, Dux Gothanus
Fridericus emtione adquifiuit, in qua
Tonna Comitum (Grafen Tonna) arx,
cum oppidulo, præcipuus locus eft.
Caftrum *Gleichen* inter Gotham & Arn-
ftadium, vt diximus, in monte Mül-
bergæ oppófito, feudum Moguntinum,
Hazfeldiis collatum eft, qui Comitum
Gleichenfium titulum gerunt perinde
ac Hohenloici:

Co-

Comitatus BEICHLINGENSIS, exstincta superiori saeculo familia, itidem dissipatus est, maiorem tamen eius partem ipsumque castellum *Beichlingam* cum pagis plurimis circa Vnstrutam & Lossam amnes sitis, equestris, sed splendidissima Wertheriorum familia in territorio electorali Saxoniae tenet, clientela tamen feudali Comitibus Stolbergensibus adstricta, qui & tributorum partem per conuentionem cum Electore ex istis aliisque suae clientelae locis percipiunt.

SCHENCKIORVM siue Pincernarum, de *Tautenburg* cognominatorum illustris familia non multo post Gleichensem exstincta est. Inde *Tonna*, quam ex Gleichensi successione habuerant, ad Waldeccios (sic pactis cautum erat) vt supra dixi, concessit : *Tautenburgum* & *Brisnitia Dominarum* (Frauen Prießnitz) cis Salam ; & *Trebra inferior* vltra flumen , ad Electorem Saxoniae feudi iure deuoluta, nunc in ditione Ducis Saxonis Numburgensis sunt.

Ordo

Ordo Teutonicus, de quo in Franconia dictum est, in Thuringia etiam aliquot arces & prædia habet, quas *Com-
mendas*, Teutſche Häuſer, ſiue Commen-
dur Höfe vocant. Quatuor earum cum
pagis ſuis (diſtractis aliis) BALLIVIAM
THVRINGIAE (die Valley Thüringen)
hodie conſtituunt, ſuntque *Zwezena* ad
Salam prope Ienam, Balliuii ſiue præfecti ſedes ; & prope eam *Lebſten* in monte: nec procul *Liebſtet*, vno a Vinaria
milliario : ſed *Neilſtedt* ad Vnſtrutam
prope Tonnam eſt. Elector Saxo-
nicus territorii ius in Ordinis prædia &
pagos habet, & præfecti ſiue commen-
datores primum inter Equites in comitiis prouincialibus poſt Mareſcallum,
qui nobilitatis caput eſt, ſedem ſumunt:
ſed per hoc ſæculum Balliuia Thuringi-
ca alicui ex Saxoniæ Ducibus conferri
conſueuit. *) Ad Vnſtrutam amnem
haud

---

*) Modernus Poſſeſſor eſt Chriſtianus Augu-
ſtus, Dux Saxoniæ lineæ Cizenſis, qui ad
ſacra Pontificia deſciuit, inde & Romanæ Eccleſiæ Cardinalis eſt.

haud procul Weiſſenſea ſitum eſt *Griſſtedt*, aliud prædium huius ordinis, quod vero ad Balliuiam Haſſiacam refertur.

Imperiales ciuitates Thuringiæ duæ ſunt, *Mülbuſa*, quam ſupra memorauimus, in Haſſiæ finibus ſita : & *Nordhuſa*, Herciniam verſus in Hohnſteinenſis & Schvvarzburgenſis comitatuum collimitio. Vtraque tamen Saxoniæ inferioris circulo adſcribitur. *a*)

MISNIA Thuringiæ ab ortu adiacet, vulgari nunc appellatione omnia a Sala ad Albim, & ſic non veterem modo Miſniam, ſed & Plisnenſem & orientalem prouinciam, das Oſterland und Burggraffthum an der Pleiſſe complectens. Pars occidua duos Epiſcopatus habet MERSEBVRGENSEM, *b*) &

NVM-

---

a) Jus Clientelare, quod domus Electoralis Saxonica olim in Northuſam habuit, Elector & Rex Pruſſiæ 1703. emtione accepit.

b) Lineam Merſeburgenſem fundauit, vt ſupra dictum.

Christianus , filius Joh. Georg. I. Elect. Saxon. † 1691.

Christianus II. † 1694.

Augustus , Sator rami Zörbigensis , † 1715.

Heinricus , qui Spremberga-sedet , nat. 1661.

Mauritius VVilhel-mus, nat. 1688.

Fridericus Erdmannus , † 1714.

Carolina Augusta, nat. 1691.

Christiana Friderica , nat. 1697.

Henriette Charlotte, Princeps Nassau-Idsteinensis, n. 1693.

NVMBVRGENSEM. *a*) Illius caput *Mersburgum* est, ad sinistram Salæ ripam, cathedrali ecclesia , & olim Episcopi , nunc Administratoris aula insigne oppidum : dicitur & Martisburgum , quamquam verius a paludibus, quas veteres *Mar* vocabant , quam a Marte nomen accepisse videtur. Reliqua oppida cum præfecturis sunt *Steudiz* Lipsiam versus : *Lützenum* inter Lipsiam & Weissenfelsam, cruenta Suecorum victoria 1632, nobile : & trans Salam *Lauchstett*, Palatinatus olim Saxonici pars. Regitur hic episcopatus a Principe Saxonico ex domo Electorali, eique parent ex vicinia Misnia orientem versus oppida & præfecturæ *Delitsch*, sub quo *Landsberg*, olim in titulis Marchionum; *Zörbigk*, & ad Muldam *Bitterfelda* in Anhaltini principatus confinio, inter quam & Hallam *Brene* est, eiusdem iam iuris, olim Comitatus nomine & dignitatibus insignita,

Al-

_____

a) Lineam Numburgensen seu Cizensem seuit,

Mauritius, filius Joh. George I. † 1681.

Mauritius VVilhelmus,
nat. 1664.

Christianus Augustus,
nat. 1666. **Cardinalis.**

Heinricus † 1713.
2. ux. Anna Friderica, Princeps
Holsato-VVisenburgensis, nat.
1665.

Maria Amalia, Prin-
ceps Poruffo-Regia,
nat. 1670.

Mauritius VVilhelmus, nat.
1. Dec. 1704.

Dorothea VVilhelmina,
nat. 20. Mart. 1691.

Alterius episcopatus *Numburgum* vrbs primaria est. ad Salam sita, non minus nundinis suis celebris, quam cathedrali ecclesia, cui etiam peculiaris pars vrbis die Freyheit subiicitur: secunda *Zeiz*, Ciza, ad amnem Elystrum (Elster) episcoporum aula & collegiata ecclesia nec olim ignobilis, nunc noua arce *Mauricioburgo* magnifice ornata Duci Saxoniæ ex Electorali familia, Administratori episcopatus, sedem præbet, cui præter ea, quæ in Hennebergia ac Thuringia diximus, atque mox in Voigtlandia dicemus, in Misniæ oris ad Elystrum *Pegauia* oppidum cum præfectura paret, altero a Ciza milliario Lipsiam versus, singulari titulo antehac ab Electore adquisitum.

Inter Mersburgum & Numburgum ad Salam *Weisenfelsa* siue Leucopetra sita, quæ etiam sedem dat Principi Electoralis familiæ, *a*) & arcem habet splen-

___

a) Fundator lineæ VVeissenfelsensis est

Augustus, filius Joh. Georg. I. Electoris, † 1680.

Johannes Adolphus, † 1697.

Albertus, † 1692.

Henricus, a quo ramus Barbyensis descendit, nat. 1657.

Johannes Ge-orgius, † 1712. nat. 1682. mo-dernus Dux Weissenfels.

Friderica Eli-sabetha Prin-ceps Saxo-Ise-nacensis, nat. 1669.

Christianus, nat. 1682.

Christiana, nat. 1690.

Georgius Alber-tus, nat. 1694.

Henrietta Maria, nat. 1697.

Anna Maria, nat. 1683.

Sophia, nat. 1684.

Johann. Adolphus nat. 1685.

ux. Louisa Christiana, Comitissa Stolbergensis, ex qua nullos adhuc liberos suscepit.

Johanna Magdalena, nat. 1708.

Friderica Amalia, nat. 1712.

splendidam, a conditore Augusto, archiepiscopatus Magdeburgici Admini-
stratore vltimo, denominatam, qui etiam gymnasium oppidi *Augusteum*, &
fundationem & nomen debet. Huic
præter illa , quæ in Thuringia memorauimus, duæ præfecturæ Cissalanæ parent, quamuis in conuentu prouinciali
Thuringicis accensitæ , *Weissenfelsensis*
omnium in his regionibus maxima : ac
Freiburgensis , etiam satis ampla, ab arce montana *Freiburgo*, prope Numburgum appellata , infra quam oppidum
eiusdem nominis ad Vnstrutam iacet,
qui fluuius non procul inde Salæ infunditur ; & ad hanc pertinent etiam alia
minora oppida, *Lancha* ad eundem a-
mnem Vnstrutæ, & *Müchela* Salam versus, *Stösen*, iudicio quod quotannis ibi
habetur nota, & quædam alia. Nobilitas autem vtriusque tractus præcipua
Electori Saxoniæ subest.

Meridiem ortumque versus ALTEN-
BVRGENSIS Ducatus est , Gothanæ
nunc ditionis post exstinctam lineam
Altenburgensem anno 1672, *Altenbur-*
gum

gum nomen dedit, celebris ciuitas prope Pleiſſam, arcem capacem habens &
ampliſſimam præfecturam, cuius etiam
ſunt minora oppida *Smöllen* & *Lucca*:
meridiem verſus *Ronneburgum* peculiarem præfecturam conſtituit. Vltra Elyſtrum, ad occidentem *Eiſenberga* arx &
oppidum, cui non exigua præfectura adiuncta eſt, Principi ex Gothana familia
aulam præbet: contermina eſt alia præfectura inter Eiſenbergam & Leuchtenburgum in Thuringiæ finibus ab oppido *Ro-
da* nomen trahens.   Cetera in Thuringia diximus.

Reliqua fere cuncta Miſniæ, ELE-
CTORI Saxonico ſunt ſubdita.   Vt a
Thuringiæ finibus incipiamus, *Porta*,
celebre quondam Benedictinorum monaſterium iuxta Salam prope Numburgum, ſcholam habet e tribus, quæ *Principum* dicuntur, (Fürſten-Schule) fere
maximam, vbi etiam eccleſiaſtica præfectura in Nobiles, Electori proxime in
hoc tractu, vt diximus, ſubiectos, exercetur.   Inde ſex milliariorum iter eſt,
per Numburgenſem, Weiſſenfelſenſem
                   P 3   & Mers-

& Mersburgensem dioecesin ad *Lipsiam*, celeberrimam Electoris vrbem Pleissæ fluuio adiacentem, qui castello intra moenia *Pleissenburgo* nomen dedit. Hæc vrbs non solum litterarum studiis & laudatissima academia, sed mercaturæ etiam opibus, & prouinciæ tribunali clarissima, merito inter primas Germaniæ ab exteris etiam connumeratur. In austrum nunc conuertimur, vt secundo Muldæ flumini adposita perlustrare possimus. Voigtlandiæ ibi proxima est *Zwickau*, Cygnea, quam Mulda alluit, ciuitas inter quatuor, quæ primariæ in comitiis Saxonicis habentur, post Dresdam, Lipsiam & Wittebergam numerata. In descensu Muldæ infra Schönburgicorum regionem, de qua post dicemus, *Rochlitium* est: & infra hoc *Coldicium*, vtrumque arce, hoc etiam spatioso viuario insigne: citerior ad Pleissam *Borna* est; sed ad Muldam *Grimma*, vbi schola est Electoralis: vlterius *Leisnizium*, post quod oppidum, minoribus omissis, sequitur

quitur ad Muldam *Wurzena*, tribus a
Lipsia orientem versus milliaribus, vbi
Episcopatus Misnensis regimen habetur ; & infra eam *Eulenburgum*, & *Die-*
bena prope Bitterfeldam, vltimum Saxonici iuris ad Anhaltinos fines oppidum. Adscendentibus iterum ad Bohœmiæ confinia præfecturæ aliæ sunt
Electorales, ab arcibus aut oppidis denominatæ, *Schwarzenberga*, *Stolberga*,
Wolkenstein, & *Lauterstein*, nec ignobile
oppidum, *Chemnicium* ad amnem eiusdem nominis: nec procul inde arx abest eximii operis, cui conditor Augustus
Elector nomen dedit *Augustiburgum*:
Oederam, oppidum metalliferum, inferius *Waldhemium* arx & oppidum; dein *Nossena*; arx itidem conspicua cum
oppido ad alium *Muldam* ex montibus
metalliferis venientem, qui maiori eius
nominis, de quo diximus, postea miscetur. Illi supra Nossenam adiacet
Freiberga, vrbs egregia, vbi celeberrimæ argenti fodinæ sunt, & arx, Henrici Ducis, religionis in sua parte instau-

ratoris,

ratoris, a quo Electoralis hodierna Linea defcendit, quondam fedes: & templum B. Virgini olim dicatum, in cuius crypta Electorum, Albertinæ lineæ, fepulcra habentur. Inter alia oppida metallica in hoc montano tractu, (*das Ertz Gebirge*) funt notiora *Annaberga*, *Marieberga*, & prope Zvviccauiam *Schneeberga*. Vnde tribus milliariis abeft in Bohœmiæ finibus oppidum nouum *Johann Georgen Stadt*, ab exfulibus Bohœmis & aliis habitatum: præfectura vero rei metallicæ Freiberga exercetur. Infra hunc montium tractum vltra Muldam *Ofibatium* oppidum occurrit cum fpatiofa præfectura, dein *Mifna*, (*Meißen*) ad Albim, quæ prouinciæ nomen dedit, cathedrali ecclefia, eaque ingenua fiue exemta ab archiepifcoporum ephoria; itemque Marggrauiorum & Burggrauiorum aulis etiam olim nobilis, nec hodie incelebris caftello electorali & illuftri fchola. Tribus fupra hanc milliaribus *Drefda* vtramque fluminis ripam occupat ponte lapideo

iun-

iunctam. Electorale in ea palatium
tanto Principe dignum , ipfa publicis
priuatisque ædificiis , fi qua alia Germaniæ, fplendidiffima, etiam munitiffima
ac populofa eft. Supra illam flumini
adiacet Bohœmiam verfus *Pirna* oppidum haud fpernendum eum arce munita *Sonnenſtein* : & in proximo mirandi
fitus & operis munimentum *Kœnigſtein:*
in ripa trans fluuium *Hohenſtein* &
Mauritioburgum , arx egregia, Electoris qui condidit, nomen referens. Haud
procul abfunt hinc Bohœmiæ trans Albim , inde Lufatiæ termini : inter
vtrosque Electoralis ditionis funt *Schan-
dauia, Radeberga , Biſchofswerda : &
Stolpena,* epifcoporum Mifnenfium o-
lim fedes. Infra Dresdam & Mifnam
Mülberga eft, clade Ioannis Friderici
Electoris , Vinarienfis lineæ progenito-
ris, famofa: dein contermina Saxoniæ,
quæ propria dicitur , *Torgauia* , Electorum Erneftinæ lineæ fedes, cum ponte,
quo Albis iungitur, & arce prifci quidem
operis, fed quod dominorum magnitu-

P 5   dinem

dinem referat. Hæc præcipua Electoralis
Mifniæ, prætermissis minoribus oppidis,
quæ anguftia breuiarii non capiebat.

In Mifniæ finibus prope Voigtlandiam funt pauca extra Saxonicam iurisdictionem, quanquam non omnia extra
illius potentis Domus clientelam. Circa Muldam fua poffident S C H O N B V R-
G I I Domini fiue Comites, in Lineas di-
uifi ab oppidis *Glaucha* & *Waldenburg*
denominatas. Glauchenfis lineæ eft
Glaucha, vno a Zwiccau milliario; &
Rochsburg, *Wechselburg*, *Penigke*, fingu-
læ iam Comitum fedes ex illa linea:
Waldenburgenfis autem lineæ eft *Wal-*
denburg, fedes Comitis ; & dynaftiæ
Lichtenftein ac *Hartenftein*, ab oppidis &
arcibus nominatæ. E quibus quædam
Saxonicæ, pleraque Bohemicæ clientelæ funt. *Wildenfelfa*, Dynaftarum
quondam eius nominis fedes, exftincta
illorum gente, ad Solmenfes Comites
venit : *Planitium* eft Promnicii Comitis : at *Wiefenburgum* itidem propinquum Zvviccauiæ, non ita pridem Prin-

cepe

ceps Holſatus ex Sonderburgica familia,
ab Electore earum poſſidet.

VOIGTLANDIA, vetus, vt cre-
ditur, *Variſcorum* ſedes, inter Franconiam ab auſtro, & Miſniam a ſeptentrione & ortu, partem Bohœmiæ itidem ab
ortu hiberno ; & Thuringiam ab occaſu ſita, *Elyſtro* fluuio, quem fundit, longe ſecatur, in oris etiam Sala & Mulda
alluitur. Vatiæ iurisdictionis eſt. Auſtrales enim partes, vbi Curia (*Hof,*)
& Wonſidelium eſt, Marchioni Bayru-
tenſi ſubiectæ ſunt, & in circulo etiam
Franconico cenſentur: quæ circa Elyſtrum ſunt, aut ad Muldam inclinant ac
Bohœmiæ fines, iuris ſunt Saxonici:
cetera Ruthenicæ ditionis. Auſtrales
partes in Franconia expoſuimus. Quæ
Saxonici iuris ſunt, pleraque Principi
Numburgenſi ſubiiciuntur, diuiſa in
duas præfecturas ad Elyſtrum ſitas, quarum inferior ab oppido *Plauia* , quod
caput iſtius tractus eſt, denominatur,
poſito ad prædictum flumen, & ſub ſe
oppidulum *Paſſam* continet: ſuperior

P 6 ab

ab arce *Voigtsberga* nomen accepit, vnde minora oppida ius petunt *Adorfium* & *Oelfnicium* ad Elyftrum fita, & hoc quidem proximum arci iam dictæ; illud vero fuperius prope fines Bohœmiæ. Equites autem huius regionis præcipui, ampla prædia, etiam oppidula nonnulla poffidentes, vt *Auerbach*, *Reichenbach*, & cetera, Electori fubfunt Saxonico cum aliis paruis oppidis inter Elyftrum & Muldam ad Bohœmiæ fines fitis.

Adiungitur huic parti regiuncula a Sala ad Elyftrum extenfa, orientalis quondam Thuringiæ pars, fuperiori autem fæculo a linea Ducali ad Electoralem translata, & nunc Principi eius familiæ Numburgenfi fubiectæ. Tribus præfecturis conftat, ex quibus minor ceteris, fuper Salfeldiam in vtraq; ripa locis montofis pagos habet; arcem autem vetuftam & oppidulum in dextra ripa Salæ, quod a montis fui figura *Ziegenrück*, Dorfum capræ vocatur. Secunda, quæ ab Orlemündanis Comitibus ad Principes venit, ab arce diruta *Arnshaug*

(Ar-

(*Arnonis cliuo*) nominatur, cui oppidum *Neostadium* adiacet ab amne modico *Orla*, cui adpositum est, cognominatum. Tertia præfectura est *Weidensis*, ab oppido & arce *Weida* sic dicta, sitis tertio a Ciza lapide, ad eiusdem nominis exiguum amnem, qui infra paullo, prope *Mildfurtum*, quod monasterium fuit, in Elystrum cadit. Minora oppidula, vt *Auma* & *Triptisium*, illud in Neostadiensi, hoc in Weidensi tractu, eiusdem ditionis Saxonicæ Numburgensis sunt. Multæ & heic sunt Nobilium arces ac prædia, ex quibus *Oppurgum* ceteris eo nomine notius est, quod ad Ronouium, Bohemum Comitem, cum aliis peruenit, eiusque sedes est, situm prope Neustadium.

RVTHENICORVM Comitum (die Herren Reuſſen) reliqua portio Voigtlandiæ est. In duas stirpes, quas lineas vocant, diuiduntur. Lineæ senioris oppidum & sedes est *Grazium* in ripa Elystri amnis, inter Plauiam & Geram fere medio loco, cum vicis & pagis il-

lius regionis : iunioris primarium oppidum *Gera* eft , itidem ad Elyftrum
altero a Ciza milliario fitum , regimine communi huius lineæ , &
gymnafio nobile , nec non Comitum fede , fed hac extra vrbem in arce vicina. Cetera oppida funt *Schlei-
za* inter Elyftrum & Salam medio fitu :
& *Salburgum* ad Salam : ac trans hunc
amnem *Lobenfteinium*, fingula cum arcibus, in quibus Comites diuerfarum
familiarum , fed lineæ , quam diximus,
iunioris habitant , præter Salburgum,
quod, domino defuncto Geranis, acces-
fio factum eft.

Hæc ab occafu Mifniæ : ab ortu LV-
SATIA (Laußitz) adiacet in fuperiorem & inferiorem diuifa. SVPERIO-
REM, quæ auftro & Bohæmiæ finibus inclinat, fere fex ciuitates confituunt, quæ
a focietatis vinculo die Seths-Städ-
te vocantur , funtque *Budiffa* fiue Baut-
tzen, caput prouinciæ, regiminis ac col-
legiatæ ecclefiæ fedes ad Spreham a-
mnem : *Görlitium* ad Niffam , & Si-
ttauia

tania ad Bohœmiæ fines ; & hæ tres vrbes ceteris fplendidiores funt, etiam fcholis celebribus inftructæ : reliquæ funt *Lübauia*, vulgo *Lieben*, antiquiffima inter Hexapolitanas, & in conuentu earum primum locum tenens : *Cameniia* fiue *Camiz* in Mifniæ finibus, & *Laubana* Silefiam verfus. Cetera huius Lufatiæ extra Hexapolim, ignobiliora funt. Tota vero antea Bohœmici iuris, Pragenfi pace Electori Saxoniæ collata, & aliis deinde pactis confirmata, eidem hodieque fubeft.

INFERIOR LVSATIA feptentrionem & Brandeburgicas regiones refpiciens, faltim maior eius pars, eodem tempore & pacto, quo fuperior, ad Domum Saxoniæ Electoralem translata, nunc Duci eius familiæ Mersburgenfi paret, qui *Lübbenæ* ad Spreham regimen prouinciæ conftituit. Diuiditur in circulos a primariis oppidis denominatos, quæ funt *Luccau*, *Calau*, *Gubben*, & *Spremberg*: folus ille, in quo *Lübben* eft, de qua iam diximus, ab amnis anfractu,

Krum-

Kramsprelscher Kreiß vocatur, in quo
etiam arx *Zaucha* est, cui præfectura pagorum adiungitur. *Forsta* autem ad
Neissam sita est. Ceterum Comites
Promnicii heic suas possessiones habent,
quorum alter *Pförtenam* tenet, vbi etiam
aulæ sedem constituit: alius eadem illustri gente *Sora* domicilium habet, cui
subsunt plura dominia *Tribel*, *Naum-
burg*, *Trena*, & reliqua: at *Sonnenwalda*,
Misniam versus, est Comitis Solmensis:
& *Lübbenauia* Comitis de Lynar. Equites quoque S. Ioannis heic suas possessiones habent (Ordens.Amt) *Friedland*
& *Schenkendorf*, sub magisterio Sonnen-
burgensi, de quo in Marchia dicemus.
Quædam etiam huius tractus sunt Electoris Brandenburgici, *Cotbus*, *Bescau*,
ad Spreham : & *Peiza* munita valide.
Contra Lusatiæ, saltim situs ratione, ex
vicina Misnia iunguntur *Dobrilug*, nouum oppidum cum arce & præfectura,
cui *Kirchaina* subest : & *Finsterwalda*,
itidem cum præfectura; quæ nihil commune cum tribunali Lusatiæ habent,

sed

sed ex Misnico Merseburgensi ius petunt.

SAXONICA SVPERIOR eademque PROPRIA, inter Misniam, Thuringiam, Brunsuicensem ac Halberstadiensem Brandenburgicumque tractum posita diuersis dominis subiecta est, in diuersas etiam regiones diuisa.

Saxoniei iuris est primum PORTIO ELECTORALIS circa Albim, cuius caput *Wittenberga* est, eidem fluuio appositum oppidum, academia percelebri & reformatæ religionis initio longe clarissimum, neque male munitum. Minora *Dübena* ad Muldam medio itinere inter Lipsiam & Wittenbergam: *Schmideberga* inter Muldam & Albim: in dextra huius ripa *Brettina* cum arce *Lichtenburg* inter Wittenbergam & Torgauiam: at *Iessena, Schweinicium* ac *Herzberga* cum aliis, trans Albim in mediterraneis sunt. Deinde

PRIN-

PRINCIPATVS QVERFVRTENSIS, cuius in Thuringia ac Magdeburgensi Ducatu mentionem fecimus, atque Duci Saxonico Weissenfelsensi est subditus. Nomen accepit a *Querfurto* in Thuringiæ, Misniæ & Mansfeldici comitatus confiniis sito oppido, cum arce aliquantum munita, & præfectura, quarto ab Hala milliario. Præter Thuringicas autem, quas diximus, præfecturas, Saxenburgicam, Heldrungensem, Wendelsteiniensem & Sittichenbaeensem; huc pertinebant tria oppida cum circumiacentibus pagis, in totidem præfecturas descriptis, longe a Querfurto trans Albim in Brandeburgico huiusque, quam tractamus, Saxoniæ collimitio sita, *Jüterbock, Dama, & Burgk,* auulsa ab archiepiscopatu Magdeburgico Westphalica pacificatione : sed vltimum *Burgk*, nuper singulari pacto ad Electorem Brandenburgicum rediit. *Barby*, inter Magdeburgum & Salæ confluentem Albi adiacens oppidum cum Comitatus titulo, Principi Weissenad pag. 355.

Ioachimus I

Iohannes Georgius fundavit Deſſauienſem Lineam.	Chriſtianus in Anhalt. Bernburgi 1621.	
†	Chriſtianus † 1656	Iohannes Ludovicus † 1704. in Dornburg.
Leopoldus, modernus Princeps Anhalto - Deſſauii, nat. 1676. ux. Anna Louiſe de Foſen, principali dignitate donata, nat. 1677.	Victor Ama 1634.	
	CarolusFrideric. Princeps hered. nat 1668.	Iohann Ludovicus n. 1688.
	Eliſabetha Albertina n. 1693.	Chriſtianus Auguſtus n. 1690.
Wilhelmus Guſtavus, n. 1699. Leopold Maximilian. n. 1700. Dietericus, nat. 1702. Fridericus Heinricus Eugenius, nat. 1705. Louiſe, n. 1709. Mauritius, nat. 1712.	Charlotta Sophia, nat. 1676.	Sophia Chriſtiana, n. 1692.†
	Auguſta Wilhelmina n. 1697.	Iohann Fridericus nat. 1695.
	Victor Fridericus nat. 1700.	
	Friderica Henrietta nat. 1702.	

senfelsensi subiectum est. Nouus ergo
hic Principatus conflatus ex iis partibus
est, quas Dux Weissenfelsensis possidet,
ad Electoralem domum olim per se non
pertinentes.

Nobilis pars huius Saxoniæ est etiam
ANHALTINVS *a*) principatus
ad Salam & Albim inter Misniam a meridie, Magdeburgensem ducatum a septentrione situs. Diuiditur quadripar-
tito secundum vrbes præcipuas & familiarum sedes, quæ *Dessau*, *Zerbst*, *Kö-*
then, & *Bernburg* sunt. *Dessauia*, prope Albim sita, vbi is fluuius Muldam
recipit, habet aulam principis, cui minora oppida cum præfecturis subsunt
Ragun, *Gesniz*, & in Halberstadiensi confinio

---

a) Origo domus Anhaltinæ ab antiquis Comitibus Ascaniæ & Ballenstedi deducitur, HEIN-
RICVS Pinguis primarius fundator hodiernæ familiæ Anhaltinæ est, quæ olim Electoratum Saxoniæ tenuit, nunc in diuersas lineas dispescitur. Ex Prosapia dicti Heinrici
Pinguis descendit †

confinio. *Schandersleben*: huius quoque
partis eſt arx amœniſſima *Oranien-*
baum, feceſſus Principum :, etiam *Rade-*
gaſt prædium inſtar præfecturæ. *Cothe-*
niana pars tenet oppidum *Köthen* inter
Muldam & Salam ſitum, cuius principi
ſubſunt *Nienburg* cum comitatus titulo,
& præfecturæ *Wansdorf, Giſſen*, & alia.
In hoc tractu plurimæ nobilitatis Anhaltinæ ſunt prædia. Serneſtum autem,
Zerbſt; itidem caput Anhaltinæ tetrar-
chiæ, trans Albim ſitum, cum Principis
ſui aula gymnaſium totius Anhaltini
principatus commune ſeu indiuiſum
tenet, ex maiori parte Reformatæ religionis, præter ſcholas alias, Lutheranam
& Reformatam. Ad illam portionem
pertinent *Goswik*, Wittenbergam verſus oppidum : & minora *Lindau, Rosla*,
& alia cum præfecturis. At *Bernbur-*
genſis portio a *Bernburgo* ad Salam oppido & principis ſede nominatur, ei-
demque ſubſunt *Ballenſtadienſis* comitatus ad Herciniam ſiluam, & ibidem *Ge-*
renroda, abbatia olim virginum illuſtris,
& alia.

& alia. Ex hac portione deriuata est *Hazgerodensis* itidem familiam denominans, cuius sunt *Hazgeroda* ad Herciniam oppidum, & minora alia ; vbi etiam antiqua arx *Anhalt*, principatus origo : ad Salam autem *Plözgau* cum præfectura.

Adiacet huic tractui inter Thuringiam & Herciniam, Comitatus MANS-FELDENSIS, ab arce montana & olim bene munita *Mansfeld*, cui oppidum eiusdem nominis subiacet, appellatus, vnde vno milliario distat *Islebia*, patria Lutheri, oppidum comitatus præcipuum. A longo tenpore comitatus hic respectu iuris superioris diuisus fuit inter Electores, Saxonicum, & Brandenburgicum tanquam Ducem Magdeburgensem. Saxonici iuris sunt oppida *Eisleben*, *Heickstedt*, & probe Vnstruram in Thuringiæ finibus *Artern*, quod quondam pars Palatinatus Saxonici fuit ; adhuc Comitis sedes, qui vero in arce Mansfeld nunc habitat. Accedunt his oppidis præfecturæ *Rammelburg*, *Endorf*, aliæ.

Bran-

Brandenburgici iuris sunt oppida *Maußfeld, Schraplau, Gerbstedt,* & *Leimbach* : ac plures præfecturæ sine oppidis, *Seeburg, Erdeborn, Hedersleben, Polleben, Holz-zell, Friedeburg* ad Salam cum arce eius nominis montana, imminente flumini; *Helfta,* aliæ.

QVEDLINBVRGENSIS ABBATIA inter Halberstadiensem principatum ab ortu, Anhaltinum a meridie, & Herciniam siluam sita, vrbem habet *Quedlinburgum* ad flumen Bodam, sedem Abbatissæ illustrissimæ, sub clientela adhuc nuper Electoris Saxonici, nunc Brandenburgensis.

MARCHIO BRANDEBVRGICA *a*) proprie dictam Saxoniam, suis prouinciis excipit, terminos a septentrione habens Mecklenburgicum Du-

---

a) Origo Augustissimæ Domus Regio-Electoralis Brandenburgicæ absque omni contradictione, a Comitibus & Burggrauiis Hohenzollerensibus deducitur, licet nondum expeditum sit, unde hi Burggrauii orti: Domus Electoralis fundamenta autem iecit

Fridericus, primus Elector Brandenburgi † 1440.

†

Johannes Sigismundus Elector, † 1619.

Georgius VVilhelmus, † 1640.

Fridericus VVilhelmus, ob res praeclare gestas Magnus dictus, † 1688.

Fridericus III. Primus rex Pruſſiæ, † 1713.

Fridericus VVilhelmus, modernus rex Pruſſiæ, & Elect. Brandenb. nat 1688.

ux. Sophia Dorothea, Princeps Elect. Hanno-uerana, nat, 1687.

Fridericus Henricus Fride-ricus, n. 1709.

Philippus VVil-helmus † 1711.

Albertus Frideri-cus, nat. 1672.

Christianus Lu-douicus, nat.

Carolus, n. 1705.

1677.

Fridericus VVil-helmus, n. 1700.

Anna Sophia Charlotta, n. 1706

Sophia Louiſa, n. 1709.

Fridericus, nat. 1710.

Friderica Augusta, nat. 1709.

Carolus Fridericus, nat. 1712.

Ducatum & Pomeraniam: ab ortu Poloniam & Silesiam: a meridie Ducatum Magdeburgicum, & ab occasu Luneburgensem. Rigatur fluuiis Albi, Oderi, Spreha, Havela, Warta, Netezia, & aliis. Diuiditur in quinque partes, Marchiam Veterem, Nouam, Mediam, Vkeram, & Pregniciam.

VETVS Marchia occidentalis est, & Luneburgensem ac Magdeburgensem Ducatus cis Albim fluuium contingit. Oppida præcipua sunt *Tangermünda* ad Albim, vbi Tangeram amnem recipit: infra hanc *Stendelium* ad Vchtam amnem, vno ab Albi lapide: proximum *Arneburgum* Albi adpositum oppidulum: & *Werbena*, vbi eidem fluuio, sed ex opposita ripa, miscetur Hauela: in occasum ab Albi recedunt ad Vchtam *Osterburg*, ad Alandam *Seehausen*: & vlterior *Gardelebia* siue *Garleben*: septentrionem versus ad lacum, *Arentsea* paruum oppidum cum monasterio virginum nobilium: ad flumen Ietzam *Soliquella* siue *Soldwedel*, in veterem & nouam diuisa. Trans

Trans Albim PRÆGNICIA inter
Mecklenburgensem ducatum & Marchiam Mediam sita, oppida habet *Per-
lebergam* & *Wilsnacum* modico ab Albi
interuallo : *Wittberg* autem inter v-
trumque flumini propius adpositam :
sed *Hauelberga* ad Hauelam, quæ paullo
infra Albi jungitur, quondam episcopatu suo nobilior. Inde in ortum succedunt *Prizwalcka*, & prœlio notum Sue-
corumque victoria 1639. *Wittockium* :
castrum *Zechlinum* sedes quondam
Templariorum. Adiungitur ab ortu
RVPINENSIS comitatus, in quo sunt
Rupinum Vetus & Nouum, lacu pisco-
so separata. Vetus, origo comitatus,
nunc vicus est cum arce : Nouum, oppidum haud ignobile nec immunitum.
Alii hunc Comitatum Marchiæ Mediæ
accensent, quæ iam sequitur.

MEDIA MARCHIA circa Haue-
lam & Spreham a Lusatia Oderam vsque & Vkeram Marchiam late extenditur. Caput fuit, quod nomen toti Marchiæ dedit, *Brandenburgum* Vetus, a quo

Q   No-

Nouum Hauelæ fluuio diuiſum : ſed illuſtrior hodie vrbs *Berlin* , Berolinum,
ad Spreham amnem , qui Coloniam,
Cöln , cum fluminis huius cognomine,
inde ſeparat. Hæc Colonia ad Spreham , quæ etiam Colonia Marchica vocatur , habet arcem ſplendidiſſimam,
Electorum a longo tempore , nunc etiam Regis ſedem. Adiecta tria alia noua oppida, ex ſerenis nominibus appellata, *Dorotheenſtadt, Fridrichs-werder,* &
Fridrichsſtadt. Circumiacent amœnis-
ſimi ſeceſſus, *Oranienburg* ad Hauelam ;
Charlottenburg , Reginæ nomen referens , quod antea erat Lüzzelburg :
Schönhauſen , & *Fridrichsfeld :* quibus
Potsdam addi debet , iam in oppidis me-
morandum. Ad eundem fluuium Spreham , Luſatiam verſus , *Fürſtenwalda*
eſt, & vbi is Hauelæ infra Berolinum infunditur, *Spandauia* oppidum cum adiacente caſtro validiſſime munito. Inferius ad hunc amnem inter Spandauiam ,
& Brandeburgum *Potsdamum* cum
ſplendida arce , quæ ſeceſſüm præbet
Re-

Regium : inter Brandeburgum & Hauelbergam *Ratenauia* itidem iuxta Hauelam. Tractum hunc ab Hauela, quo alluitur, *Hauelandiam*, appellant, das Haveland, in cuius ora Pregniciam versus sunt *Rinow*, & *Frisacum*, quod inter & Rupinum aliud munimentum iacet, *Fehrberlinum*, tum aliunde, tum proximo bello Suecorum clade perquam notum. Sed præ termissis aliis post Hauelam sunt ortum versus *Bisenthal, Bernow, Strausberga, Münchberg,* & *Beliz* ; & ad Oderam *Francofurtum*, academia & mercatura nobilissimum, infra quam vrbem *Lebussa*, eidem fluuio adiuncta, episcopatum olim insignem habuit. *Oderburg* in insula Oderæ munitum castrum, sed oppidum in ripa ex aduerso. Nec mirandum opus Friderici Wilhelmi Magni, Electoris Brandenburgici, heic prætermitti decet, quo Spreham & Oderam *nauigabili fossa* coniunxit, vt per illa flumina ex Baltico mari in Oceanum, magno mercaturæ compendio, transiri possit.

VKERA Mediæ ex septentrione adiacet iuxta Pomeraniæ fines. *Prenslow*
ad lacum Vkeram caput est : *Potslow*,
ibidem ; infra lacum *Presow*, *Granzau*,
& in confinio Pomeraniæ *Strasburg*, ac
propugnaculum *Lä keniz*. In meridiem
vergunt ad altos lacus posita oppida
Templinum & *Neoangermünda* : in ortum, ac Oderam versus, *Stendeliben*.
Ad Oderam *Suet*, Principis Marchionis
sedes, quod illius præsentia & splendore in dies nitidius exsurgit. - Ad præfecturam ei oppido adiunctam etiam *Vir-
raden* pertinet.

NOVA MARCHIA supra Pomera-
niam ab Odera ad Poloniæ fines extensa est. Munimenta habet egregia, *Cü-
strinum* ad Oderæ & Wartæ confluentem : *Landsberga* ad Wartam, vbi Netezam alium amnem suscepit : *Driesen*
in Poloniæ confinio ad Netezam, vbi
Tröga flumine augetur. In occidentali parte, quæ ad Oderæ flexam recedit, *Beerwald*, *Morin*, & *Soldin* ad
lacus proprios, & *Lippeen* : item *Dam*,
Cüstriniben ; ad Pomeraniæ fines *Kö-
nigs-*

nigsberg, & magis orientalis *Arenswalda;* vnde in septentrionem adscendit *Reez,* & alia; ad Trögam eodem tractu, *Kalis, Falckenburg, Drabem.* Regiuncula STERNBERG inter Oderam & Wartam sita, huic Marchiæ parti adnumeratur. *Sternberga* in meditullio eius posita, æquali ab fluuiis interuallo, nomen dedit: ad Silesiæ fines *Reipzig* prope Oderam, *Proffen, Königswald;* & prope Wartam supra Oderæ confluentem *Sonnenburg,* sedes Magistri Ordinis Iohannitici per Saxoniam, Marchiam & Pomeraniam, adhuc ex Marchionibus Brandenburgicis electi.

POMERANIA Balticum mare à tergo; Mecklenburgensem Ducatum ab occidente; ab ortu Borussiam; à meridie Marchiam habet Brandeburgicam. Diuiditur generatim per Oderam fluuium in Citeriorem, **Vor.Pommern**, quæ ex fœdere Westphalicæ pacis iam in Suecorum ditione est; & Vlteriorem, **Hinter.Pommern**, eodem fœdere Electori Brandenburgico confirmata. Q 3 *Cite-*

CITERIOR in minores quoque prouincias diuiditur, quæ ab vrbibus earum primariis Bardo, Gutskovia, Wolgaſt & Stetino denominantur: ſed quia non omnes ſubiecta oppida eodem modo diſpenſant, omnia autem vnius iam ſunt imperii nempe Suecici; naturæ ſitum in enumeratione potius, quam aliorum arbitria perſequemur. In finibus ergo Mecklenburgicis prope Reckenicii oſtium *Damgarten* propugnaculum eſt; & in auſtrum recedens *Tribbeſfed*; ſed auſtralior vltra Penam *Treptowia* Vetus: ſupra mare *Gardum:* ſed illuſtrior *Stralſunda*, munita, cum portu contra Rugiam inſulam; quæ Auſtriacam obſidionem 1628. fortiter ſuſtinuit; minus autem 1678. Brandenburgicam: *Gripswalda* academiæ ornamento præclara. Ad Penam fluuium, qui ab occaſu in ortum fertur, *Demminum*, operibus ſeptum, contra Mecklenburgicos fines: inde ſecundo flumine *Loizia*, *Gutskouia*, & propius Vſedomiæ inſulæ *Anclamum* munitionibus præſtans: *Wolgaſt* vero, vbi fluuius ille, iam

freto similis, hanc insulam claudit, vrbs
clara & probe munita : & tandem castrum *Penemunda*, a Prussis 1715. occupata. Ad Vkeram *Passewalcka*, *Torge-
tow* & *Vkermünda* : ad Oderam *Iasenix*,
Oderburgum, & nobilius his omnibus
Stetinam permunitum emporium, etiam
gymnasio clarum, caput totius Pomeraniæ, ciuitas fide in suum regem & for-
titudine insignis, quæ diutius obsessa
1677. vix ruinis suis, vt se dederet, mo-
ueri potuit: a Saxonibus & Russis 1713.
oppugnata, vi sequestrationis a rege
Prussiæ iam tenetur : ad idem flumen
Garz propugnaculum aduersus Marchiam. Interiora in Bardensi tractu *Grimma, Franzburg, Richtenberga.*

Insulæ citerioris Pomeraniæ, eædemes
Suecici iuris, minoribus omissis, tres celebres sunt. Rvgia illarum maxima
& occidentalis cum *Principatus* titulo
oppidum habet *Bergen*; & arcem *Put-
bus*, sedem sui dynastæ : plures vicos,
nec non litora diuersis locis communi-
ta: vsedom Baltico mari a septen-
Q 4 trione,

trione, & ab austro parte sinus, qui &
Iulinam prætendit conclusa, inter duo
ostia, Penæ ab occasu, & sinistro Oderæ, cui *Swine* nomen est, ab ortu continetur. Primarium oppidum etiam *Vsedom* appellatur, sinui iam dicto adpositum. WOLLINA siue Iulina in orientem proxima, Oderæ ostiis *Swina*,
quod diximus, & *Diuenauio* compre-
hensa : latus australe sinus claudit, der
grosse Haf, per quem Odera Oceanum
petit : *Wollin* eiusdem nominis oppidum huius insulæ præcipuum est : vtrique etiam ostio munimentum est adiectum. *a*)

Vlterioris Pomeraniæ siue Transoderanæ pars quædam, Oderæ adiacens ab
dextra ripa, etiam in Suecorum ditionem Westphalico & Stetinensi pactis
venerat : quæ pace in Fano S. Germani
facta, ad sola oppida *Dam* ex aduerso
Ste-

_____

a) Vniuersa Pomerania citerior, bello quod
    adhuc durat misere vexatur, de quo vlterius
    vid. Histor. Nachricht des Kriegs in Schwe-
    den p. 1, 2, 3.

Stetini, & *Golnauiam* restricta ita est , vt
Golnauia tamen pignoris loco in potestate sit Brandenburgica , sicut reliqua
omnia Transoderanæ Pomeraniæ. *Ca-*
minam episcopatus olim, nunc Principatus Brandenburgici caput, inter quod
& Stargardum pæne medium est *Quar-*
kenbergs quod nuper auspicatius nomen
Fridericiburgi induit.   At totius prouinciæ caput est *Stargardum* , operibus
circumuallatum , Ducatus titulo olim,
nunc Regis Electoris ornatum regimine; haud procul a finibus Marchiæ Nouæ. Austtalior est *Piriza* : ad Regam
amnem *Regenwalda*, *Greiffenberga* , &
Treptouia Noua : quo pertinent etiam
omnia , quæ episcopatus Caminensis
fuerunt.   Quæ pars in ortum sequitur
Cassubiæ , & vltra hanc Venedorum
Ducatus nominibus insigniuntur.

CASSVBIÆ præcipua vrbs *Colberga*
est ad ostium Persantæ fluuii sita, portu,
& munimentis prædita , etiam salinis
opulenta. & vectigali : ad eundem a-
mnem *Belgardum* & *Cœrlinum* : citra

Q 5   *Beet-*

Beerwalda : vltra fontes, *Stetinum No-*
uum, & propius mari *Casimiriburgum*,
Zanow, & sedes olim Caminensis episcopi *Cœslinum*. Cassubiam ab ortu sequitur
Ducatus VANDALIAE siue Venedorum,
das Herzogthum Wenden, cuius primaria vrbs est *Rugenwalda* ad Wipperam
haud procul ab ostio, cum nouo portu :
Slaga ad eundem amnem : cis eum *Cran-*
ge, *Polnow*, *Rumelsburg* : vltra illum *Stol-*
pe ad Stolpam cognominem fluuium,
eiusque portus *Stolpemunda* propter o-
stium illius. Magis orientales dynastiæ
duæ sunt *Lauenburgensis* & *Bütauiensis*,
Polonicæ antea ditionis, sed ab anno
1667. fœdere & pacificatione Brande-
burgici iuris factæ. Oppida illius sunt
mari propinquiora *Lauenburg*, *Smolsin*,
& *Lebe* : *Bütow* interius ad mediterranea
Borussiæ recedens. Hæ pars fuerunt Po-
merelsiæ ; pars reliqua Poloniei iuris
manet, & ad Vistulam vsque porrigitur,
vt Dantiscum etiam comprehendat : &
nunc sæpe sub Borussia censetur, sed de
his in Poloniæ regno.

CA.

CAPVT XI.
DE
BOHOEMIA.

BOHOEMIAE regnum in media fere Germania situm , nec minus Germanicis prouinciis, ac populis, quam perpetuis siluis cinctum est. *a*] Ab ortu habet Silesiam & Morauiam , alioquin partes eius regni , si late metimur ; a meridie Austriam , ab occasu Palatinatum & Voigtlandiam ; a septentrione Misniam & Lusatiam. Diuiditur in suos circulos, appellationem dante singulorum fere vrbe primaria. In centro quasi sita est caput regni *Praga* , quam *Mulda* fluuius secat , diuersus a Misnico huius nominis amne , vrbs splendida ac

Q 6 regum

---

a) Bohoemia , cuius originem & deriuationem vid. ap. Dubrav. in Hist Bohem. l. 1 & Avent. Annal. l. 1. suos olim reges habuit , iam autem Domui Austriacae paret , cuius Genealogicam deductionem retro quaeras.

regum quondam sede, archiepiscopatu,
& pervetusta academia inprimis clara, a
quo ager circumiacens *Pragensis* circulus appellatur, sed sine oppidis aliis.
Caurzimensis circulus ad Muldam & Albim est prope Pragam, eiusque oppida
sunt *Kaurzim*, *Broda* Bohœmica, &
Brandeisium cum illustri arce in sinistra
Albis ripa: a qua ad Silesiæ fines in septentrionem extenditur circulus *Boles-
lauiensis*, Bunklauer Creiß, oppida eius
ad Albis dextram ripam, vbi Gisera infunditur, *vetus Fanum Boleslai*, & supra
illud *Nimburg*: ad Giseram *Boleslai Fanum Nouum*: ac *Friedland* in finibus Silesiæ. *Litomerciteusis* in occasum æstiuum declinans, Albis tractum persequi-
tur. *Leitmeriz* ad Albim, quæ supra
paullo flumen Egram recuperat, episcopalis: *Milnik* ad Albis & Muldæ confluentem: *Teplicium* propter thermas
non incelebre, prope abest trans Albim
& Egram a Misniæ finibus. A Muldæ
sinistra ripa incipit *Slaniensis* circulus,
vbi *Slany* siue *Slan*, & *VVelbar*, illud remotius

motius a Mulda; hoc propinquius, inter Pragam & confluentem. Hinc occasum & Voigtlandiam versus est *Zatecensis*, Saşer-Creiß : ad Egram sunt *Ziateck* siue *Sats* ; & *Cadan*, conuentibus aliquot nobilitatum. Conterminus est *Elnbogiensis* circulus, proximus Voigtlandiæ, vbi ad *Egram* amnem sunt vrbes *Elnbogen*, & *Egra* vicinis acidulis nobilitata. Infra Elnbogiam celeberrimæ *thermæ*, quæ *Carolinæ* a Carolo IV. appellantur : post quas *Sclackenwerda* in ditione nuper Saxonis Lauenburgensis : vltra eam septentrionem versus *Vallis Ioachimi*, argenti fodinis nota. Hinc in meridiem vergit iuxta Palatinatus limitem *Pilsensis* circulus, ab vrbe præcipua & munita *Pilsen* nominatus, Warta & Misa confluentibus fere cincta. Inde Pragam versus *Podbracensis* est, & in eo *Bemunum* ad Wartam amnem, ac *Carlstein* munimentum : *Rakonik* vltra Wartam, etiam tractum denominat : iuxta Muldæ ripam sinistram in austrum adscendit *Prachensis*, in quo *Pisek* ad flu-

Q 7. men

men *Ottwam* eſt : ab ortu attingit & in
dextra ripa *Muldauienſis* circulus, cui
Bechinenſis coniunctus eſt.   Ibi *Tabor*,
& longius in auſtrum declinans *Budweis*
ad Muldam, munita oppida ex Huſſi-
tico & aliis bellis non ignota. *Zaslaui-*
enſis heic ad Albim deuergit : *Czaslow*
in medio tractu, *Kolin* & arx *Libice* ad
Albim & *Teutſchbrod*. Sed *Chrudimen-*
ſis, Morauiam verſus, in quo *Parduwiz*
ad Albim munitum oppidum, *Chrudim*
autem vti & *Caſtrowiz*, cis flumen. *Hra-*
decenſis, Königin Gräßer Creiß, ab Albi
ad Sileſiam procurrit. *Königin Gräz*
vrbs primaria & epiſcopalis, quæ viduis
reginis olim ſedem præbuit, hinc Albi,
illinc Orlizia prope confluentes adfuſa.
·*Iaromirs* ſuprà eam, etiam Albi & alio
amne confluente conclusa : arx autem
Chlumniz in occaſum diſtat ad amnem
Cidlinam, ſuperiori bello cognita. In
Sileſiæ finibus eſt Comitatus GLACENSIS
cum oppido *Glaz* & aliis, olim Hardec-
cenſium comitum poſt defunctos proprios dominos ; nunc Bohœmiæ accen-
ſitus.   Hæc

Hæc de Bohœmiæ propriæ regno, hereditario iure nunc Domui Auſtriacæ ſubiecto, cuius clientes ſunt comites, domini, equites, ſuis prædiis, quibuſdam ſatis amplis, perfruentes. Ad idem regnum pertinet Marchionatus

MORAVIAE, 𝔐äħren, *a*) orientem proſpiciens inter Sileſiam ac Poloniam a ſeptentrione, & Auſtriam & Hungariæ partem a meridie. *Olmüz* epiſcopalis a Marcho amne cincta, & *Brinn* cum arce *Spielberg*, ad Swartam, prope Zvvittæ confluentem præcipuæ vrbes & bene munitæ. Ad Marchum præterea *Tobitſchau, Kremſier*, infra Olmüzium, & *Hradiſch:* & in altera ripa *Oſtrow,*

---

a) Morauia, quæ pars terræ, quam Marcomanni incolebant, ſuos olim reges habuit, poſt, a Carolo M. ſubacta, Francis paruit, perque miſſos regios recta fuit; Germaniæ dein Inſperatores Duces ibi conſtituere, qui tandem hereditarii facti: earumque linea extincta, in Patrimonium regum Bohemiæ venit, quod Archiduces Auſtriæ tandem accepere.

Oſtrow, ac munimentum aduerſus Hungariam *Kalitſch*: vltra Marchum *Stern-*
berg & *Vngariſchbrod*: cis cum *Proſnitz*
inter Olmüz & Kremſier, *Göding*, *Au-*
ſpitz: ad Bohœmiæ fines *Iglaw*, Iglauia,
ad eiusdem nominis flumen ſatis culta
& munita: & *Trebitz*, *Elwaniz*, *Kauniz*,
a quibus non procul in Auſtrum diſtat
Crumlau: in ſeptentrionem *Meſeriz*:
ad *Tegam* fluuium, *Znaim* non inele-
gans: infra amnem auſtrum verſus *Ni-*
claſburg, *Feldsburg*, *Eisgrub*, & alia,
quæ a quibusdam Auſtriæ adnumerantur.

SILESIA *a*) quoque a Bohœmiæ
regno pendet, & Bohœmiam cum Morauia

---

a) Sileſii non ſunt Taciti Elyſii, ſed Pars Quad-
rum, olim Poloniæ tributorii, dein vltro iuris
Bohemici facti. Germaniæ fuit Prouincia, de
quibus omnibus Conring. de fin. imper. videndus. Mirifice a Papicoliſ vexan-
tur, & licet pace Altranſtadienſi 1707.
facta, aliquot Templa Euangelicis reſtituta
ſint, illi tamen hos tractatus ferme plane in-
fregêre, qui alias Euangelicis Sileſiorum pa-

rauia ab austro habet, sicut Lusatiam ab
occasu ; Marchiam Brandenburgicam
a septentrione, ab ortu Poloniam. O-
dera fluuius oblique totam secat ab
ortu hiberno ad occasum æstiuum procurrens. In *superiorem* & *inferiorem;*
dein vtraque in multos principatus diuiditur, qui a primariis vrbibus nominantur. SVPERIORIS ac orientalis
est in Morauiæ Hungariæque confinio
Teschenensis Ducatus: oppidum *Teschen,*
Tessina ; trans Oderam ad flumen El-
sam, cui in extremo fine *Iabluncka* adiacet, validum contra Hungariam munimentum : cis Oderam & Oppam a-
mnem, Morauiam versus, *Troppau,*
Oppauia, & *Iegerndorf,* Carnouia, ambæ Ducatuum nomina & minora oppida continentes : ad Oderam *Ratibor* &
Oppeln, pariter vrbes ducalis dignitatis, a
longo tempore coniunctos principatus
ha-

---

rum vtilitatis attulere, Suecis vbique con-
niuentibus, vid. prolixius neue Schlesische
Kirchen-Historie Part. 1. 2.

habuere : vtrique subsunt oppida non
pauca, maxime ad fines Poloniæ.

INFERIORIS Silesiæ Ducatus sunt
Brigensis, cuius vrbs princeps *Brieg* ad
Oderam est inter Oppeln & Vratislauiam, & in subiectis oppidis *Olaw* præcipuum ad eiusdem nominis amnem, qui
Oderæ iuxta Vratislauiam insinuatur.
Hinc in austrum inclinant *Neissa* &
Monsterberga; illa ad fluuium cognominem, munita & aliquando sedes Vra-
tislauiensis episcopi; hæc paullo in occidentem remota prope fontes Olauii,
vtraque Ducatus honore insignita.
Neissa etiam *Grotkauiam* cum principatus titulo in ditione sua tenuit, haud
procul inde, Brigam versus, sitam:
Monsterbergæ, etiam sua sunt oppida,
quæ iam præterimus. *Breslaw*, Vratis-
lauia, non tantum principatus sui, sed
totius Silesiæ caput, ad Oderam in angulo sita, quem confluens Olauus cum
isto amne facit, vrbs episcopalis, sed
multæ libertatis, gemino gymnasio ac
amplis commerciis clara. Trans Oderam

ram & Weidam *Oels*, Olſna , & *Bernſtad*
ad Weidam, ambæ Ducum ſedes e gente
Würtenbergica : cis Oderam , Bohœmiam verſus, ſunt *Sweiniz*, & *Ligniz*, & inter has media *Iaur*, Iurauia, ſingulæ vrbes principatuum titulo illuſtres. Svvid-
nicio ſubſunt oppida *Striga* ſiue *Strigo-
nia* ad Polſnicium amnem , vbi terra ſi-
gillata effoditur ; & metalli fodinis laudatum *Gottsberg* , vltra fontes huius a-
mnis. Ad Iurauiam pertinet *Hirſch-
berga*, thermis vicinis celebrata inter Boberis & Zackæ confluentes, ſupra quos
ad radices montium , qui a Gigantibus
nomen trahunt, (*Rieſenberg*) eſt *Schmid-
berga* ; infra autem hos ad Boberem
Lemberg, & *Bunzlau*, Boleslauia, patria
Martini Opitii ; & ad Queiſſum prope
montana Bohœmiæ *Greiffenberga* , in
Luſatiæ confinio. Lignicium vrbem
ducalem circumiacent *Goldberg* , *Parch-
wiz*, *Wolſtadt*: & trans Oderam *Wolau*
cum principatus nomine , ſed inſerti
plerumque Lignicenſi Ducatui. In
a ripa poſt Bartſchæ confluentem,
Glogau ſita eſt ſiue maior Glogauia, in
cuius

cuius principatu sunt *Gura* inter Oderam & Bartscham ; *Schwibusium* prope
Crosnam : cis Oderam *Sprottau*, *Grün-*
berg, *Neustad*, ac alia. *Sagan* Itidem Ducalis ciuitas ad Boberis & Queisi confluentes a Lusatiæ finibus haud longe
remota est , cui *Pribusum* ad Neissam
Lusaticum, *Numburgum* ad Boberim , &
alia subiecta sunt. *Crosna* autem , etiam
Ducatus olim Silesii caput, ab Oderæ &
Boberis confluente cincta , cum circumiecto agro ; est ditionis nunc Brandenburgicæ. Rateboriensis & Opelensis
principatus post alias mutationes ac dominos, certis pactis Poloniæ Regi , saltim vsusfructus eorum concessus fuit.
Olsnensis, vt diximus ; a Ducibus tenetur ex gente Würtenbergica ; Neissen-
sis ab episcopo Breslauiensi : Saganen-
sem post fata propriorum Ducum a Saxonicis adquisitum & aliquamdiu posses-
sum ; Mauricius Elector ; permutatione
facta, Domui Austriacæ reddidit , a qua
diuersi post hac , tandem princeps L
korvvicius accepit. Reliqui princip

iam vacui defunctis dominis ad Impe-
-ratorem, tanquam Bohœmiæ regem,
clientelæ iure deuoluti sunt, vt nuper
defuncto yltimo Brigensi Duce 1675.
Ducatus Brigensis & Lignicensis cum
principatu Wolauiensi. Præterea dynastiæ illustres in Silesia sunt, *Plessensis*
ab oppido Plesna (*Plessen*) dictus in
Teschinensis Ducatus & Poloniæ confinio, quæ a Promnicio Comite, So-
ranæ lineæ, nunc possidetur : *Trachen-*
bergensis iam sub dominio Schafgot-
schensis Comitis, ab oppido *Tracken-*
berg, ad Bartscham flumen sexto milliario a *Breslauia* in septentrionem sito,
appellata : & aliæ.

CAPVT XII.
DE
REGNO BORVSSIAE.

Borussia, siue Prussia, amplissimas regiones comprehendit, *a*) inde a
Ger-

---

a) Porussia suos olim reges habuisse, in aperto est, deque veteri hoc regno Hartknochius

Germania, poſt Pomeraniam, longiſſime in ortum, & in ipſam Lithuaniam excurrentes: & æque late ex ſeptentrione a Curlandia in auſtrum verſus ad Poloniam vsque propriam extenſas. Controuerſiæ quondam acres Equitibus Teutonicis cum Poloniæ regno de poſſeſſione fuerunt, quæ tandem ita compoſitæ, vt Polonis manerent citeriora; reliquas omnes partes, qui vltimus Magiſter Ordinis erat, ALBERTVS Marchio Brandenburgicus, Ducatus titulo poſſideret, ipſe Dux primus Boruſſiæ, ſed ſub Polonica clientela. Hunc nexum ſoluit FRIDERICVS VVILHELMVS Magnus, & ſupremi Boruſſiam ſuam iuris fecit: filius FRIDERICVS in Regni ſublimitatem, in qua nunc feliciter perſtat, euexit.

Diuiditur Boruſſiæ regnum a longo tempore, etiam cum Ducatus eſſet, in

tres

---

in eius deſcriptione videndus. Iam de nouo regiam dignitatem, licet pro parte tantum, euectum, domuique Brandenburgiæ paret, cuius genealogia ſuperius tradita fuit.

tres magnas partes fiue circulos, qui
funt *Sambia*, Sambland; fecundus *Natangia*; tertius *Oberlandia*.

▸ SAMBIENSI circulo, qui maiorem
partem inter Pregelam amnem & finum
illius vsque ad mare Balticum & finum
Curonienfem (Curtfch Haf) fitus, la-
tiores tamen limites habet, & hos fines
transgreffus, in feptentrionem & orientem longe lateque procurrit : in hoc,
inquam, circulo eft regia & caput totius
Regni *Königsberg*, Regius Mons, feu
Regiomontum, vrbs amplisfima, in tria
oppida maiora, quorum quodlibet fuo
gaudet fenatu atque iuribus, diuifa. Primum vocatur Vrbs vetus, die alte Stadt:
alterum *Kniphoff* feu *Kneiphoff*: tertium
Lœbnitz. Ex tribus his conftat vrbs
magna *Königsberg*, academia & commerciis clarisfima. His accedunt minora alia, quæ & ipfa inftar oppidorum
funt, inter fe fingula diftincta, quorum
præcipuum dicitur die Burg-Freyheit,
in quo eft arx digna Rege: academia
autem & templum cathedrale funt in
Knip-

Kniphof. Omnia hæc vnis munitionibus cinguntur : castellum vero *Fridrichsberg* extra vrbem ad Pregelam est.

Præterea in hoc circulo sunt *Fischhausen*, occasum versus ab Regio Monte ad eundem sinum : & ad ostium sinus *Pillau*, egregium munimentum, quo aditus ex Baltico mari in Borussiam custoditur : *Neuhausen* vero, propius Monti Regio, viuarium habet Regis. In ortum ab regia recedunt *Tappiau*, *Welau*, Velavia, a pace 1657 ibi inter Polonos & Brandenburgicos facta, satis nota, *Alterburg*, & *Insterburg* : & simul septentrionem versus *Labiau*, ad *Dewen* fluuium, non longe a sinu Curonico. Vlteriora hinc *Tilsit*, ciuitas populosa, quæ & *Tilse* scribitur : & *Ragnit*, arx cum præfectura. Longissime ad septentriones & fines Samogitiæ, in extremo sinu Curonico est *Memel* siue *Mümmel*, validum in limite munimentum cum oppido.

Ex his præfecturas maiores siue capitaneatus habent Fischhausen, Tappiau, Neu-

Neuhausen, Labiau, Insterburg, Ragnit, Tilsit, Memel. Primi autem capitanei sedes est in arce *Schacken.* Minores præfecturas & oppidula alia præterimus.

NATANGIA est pars media regni Borussici, in cuius circuitu sunt, occasum versus a Regiomonto, ad oblongum sinum (Frische Haf) *Brandenburg* ; & prope illum *Heiligenpeil :* in mediterraneis in auftrum vergunt ab regia *Creutzburg,* & *Dómnau* ; ac *Eilau* cum cognomento Borussiæ : *Bartenſtein* & *Schippenpeil* ad *Allam* flumen : & inferius ad eundem amnem *Fridland :* vltra flumen, ortum versus, *Bårten, Raſtenburg, Nordenburg, Angerburg* ; & in meridiem declinantia *Lözen,* siue *Letzen :* item *Rein, Ioannisburg,* & *Lyck :* ac vlterior *Olezke,* siue *Olecko.* Ex quibus suos capitaneos & maiores præfecturas habent Brandenburg, Bartenstein, Raſtenburg, Olezke, Barten, Angerburg, Lözen, Rein, Ioannisburg, & Lyck: præterea præfectos etiam habent *Balga,*

R   & Se-

& *Sebeßen*. Itidem præterimus minora oppida & minores præfecturas.

OBERLAND tertius circulus est Regni Borussici, isque occidentalior, qui prope ad Vistulam recurrit, vbi eius oppida sunt *Marienwerder*, & *Riesenburg*; deinde est *Holland* cognomento Borussicum; & *Saalfeld*, *Morungen*, *Libstadt*, *Hohenstein*, *Osteroda*, & *Ortelsburg*; ac magis in meridiem secedentia *Neidenburg* & *Soldau*; & minora plurima, quæ transimus. Omnia hæc, præter Saalfeld, præfecturas amplissimas suosque capitaneos habent: quibus alia præfectura, dicta *Preussisch-Marck*, adnumeranda: Saalfeld autem aliis ornamentis est insignitum.

Nam cum duo olim *episcopatus* in vniuersis, quas enarrauimus, Regni Borussici regionibus fuissent, alter *Sambiensis*, & *Pomesanus* alter; (*Pomesania* autem dicebatur Oberlandiæ tractus, si non maior pars, in quo sunt Saalfeld, Libstadt, Osteroda & alia) eorum nunc loco sunt duo *Consistoria*, Sambiense,

quòd

quod in ipso Regio Monte; & Pome-
sanjense, quod in oppido est Saalfeld.

Sunt præterea tres *prouinciales schola.*
Circuli Sambiensis schola prouincialis
(præter multas Regii Montis) est *Tilsa*
siue *Tilsit* ; circuli Natangici , *Lycca*:
circuli Oberlandici *Saalfelda.*

De Polonicis Borussiæ partibus in
ipso Regno Poloniæ disseremus.

CAPVT XIII.

DE

POLONIA.

Poloniæ fines sunt ab ortu Borysthenes siue *Dnieper* fluuius distinguens
a Moscouia : *a*) a septentrione mare
R 2 Bal-

---

a) Poloni a Lechis descendunt , vt Bohemi a
Zechis , si traditionibus credendum , primum
Duces habebant , ex quibus Boleslaus Cho-
bry ab Imperatore Ottone III , regium Diadema accepit. Per aliquot secula Imperio Germaniæ tributaria fuit, vid Conring. de fin. Imper.
perandacter licet Schulzio , in Polonia sua.

Balticum & Liuonia : a meridie iuga
Carpati, quibus ab Hungaria feparatur:
ab occafu Silefia, Marchia & Pomerania. Diuiditur in Poloniam propriam
& Lithuaniam, quamuis a trecentis hæc
annis Poloniæ coniuncta fuit : accedit
pars Germaniæ, Pomerelliæ nempe, &
Boruffiæ, quæ Polonica cognominatur. Diuifio in maiores prouincias talis eft:

POLONIA MINOR, aliis fuperior,
Silefiæ & Morauiæ contermina, in tres
Palatinatus (Wonwodfchafften) Craco-
uienfem, Sendomirienfem, & Lublinenfem
diuiditur. Primi caput Cracouia eft
(Krackau) ad Viftulam, vrbs regia, academia

---

nunquam tributaria, hoc negante, contra
omnem tamen Hiftoriæ fidem Violento dein
modo Germaniæ fe fubtraxit, regesque fibi
conftituere coepit, qui olim hereditarii erant,
iam electitii funt. Modernus Auguftiffimus
Rex Poloniæ, eft Fridericus Auguftus, Elector Saxoniæ, qui 1697. tronum adfcendit,
cuius Genealogia fupra demonftrata, quem-
que Suecia, 1700. in admodum fatale, adhuc durans bellum implicuit.

demia, commerciis, & salis fodinis inclita. Subsunt ei *Biecz*, *Ofwiciin*, *Za-
tor*, *Sandecz*, *Slaukow*, *Wieliczka*, & *Se-
neria* in lacu.

Secundi Palatinatus sunt *Sendomir* ad
Vistulam caput eius : oppida *Opatow*,
Radom, *Solecz*, *Ilza*, *Rakow*, Sociniano-
rum quondam receptaculum : *Zarnow*,
Wieslicz, *a*) alia.

Tertius Minoris Poloniæ Palatinatus
est Lublinensis , cuius vrbs primaria
Lublinum mercatu nobile : oppida *Ca-
simir*, *Cremiernikow*, *Vrzendow*, *Lulow*,
Parkovv,

POLONIA MAIOR quibusdam ,
quidquid post minorem superest Polonicæ ditionis, præter Lithuaniam, quæ
pars separata est, dicitur. Alii Poloniam maiorem angustioribus finibus
includunt, eique cum Cuiauia, tanquam parte illius, septem tantum Palatinatus adsignant , quinque Poloniæ
R 3 ma-

---

a) *Pintschoff*, seu Pinczow, fatali prælio 1762,
inter Saxones & Suecos hic commisso, nobilitatum, cuius victores Sueci erant.

maiori strictim acceptæ ; duos Cuia-
uiæ : separantes hinc maiores prouincias , Russiam Rubram , Massouiam,
Podlachiam, Volhyniam , alias.

Quod vero recentiores hanc diuisionem suam faciunt, nos illam etiam se-
quemur de Prouinciis his maioribus &
cuius prouinciæ Palatinatibus (Way-
wodschafften) ordine & distincte acturi.

De Polonia minore, quæ prima prouinciarum erat, supra dictum est. Itaque
POLONIA nunc MAIOR sequitur,
quæ etiam *Inferior* dicitur , sita inter
Oderam & Vistulam , & a Warta flu-
mio oblique secatur. Eius primus *Palatinatus* est *Posnanus*, in quo vrbs *Posen*
siue *Posna*, ad Wartam flumen sita primum locum tenet : *a*) alterum , *Gne-
sen* siue *Gniesen*, quæ archiepiscopum habet, qui primas Regni est : *b*) Oppida
sunt

---

a) a Saxonibus non contemnendis munitionibus iam cincta , antea Sueci tenebant , vbi
1704. a Saxonibus frustra oppugnabatur, sed
postea in eorum venit potestatem.
b) ab aliis in Palatinatum Kalischensem refertur.

funt *Vskovv*, *Miedzyrzecze*, *Koscia* : &
ad Wartam *Sulpcza* & *Pysdm*, *a*)

Secundus *Palatinatus* Poloniæ maioris eft *Kalischensis*, contra Silesiam positus : cuius caput eft *Kalisch* inter Wartam & Oderam. *b*) Oppida alia funt
Land ad Wartam ; *Naklo* & *Chocia*.

In hoc tractu , nescio an in eodem Palatinatu, eft *Svverin* ad Wartam Teutonici cultus oppidum.

Tertius Palatinatus eft *Stradiensis*, itidem ad Wartam situs ; sed superiorem.

R 4   Pri-

───────────────────────

a) *Frauenstad*, non ignobile oppidum, fatali
inter Suecos & Saxones 1706. hic facto prælio nobilitatum, *Lissa*, Polonorum Lissa dicta, 1707. incendio ruinis data, ex quibus
iam surgere incipit, *Ruritsch*, paria fata cum
Lissa habuit.

b) Ob prælium inter Regem Augustum, & Suecorum ducem deMardefeld, 1706. hic commisso, memorabile, de quo confarcinator Geo-
graphiæ specialis, qui nomen Melissantes ad-
sumsit, p. 33. multa, Regi Augusto iniurio-
sa, mendacemque de illa adfert relationem.
Cœterum hæc oppida a Teutonicis & Euangelicis habitantur.

Prima vrbs est *Sirat* siue *Siradia*, ad iam dictum amnem posita: cui subsunt oppida *Wart* ad cognomine flumen: *Petricovv*, *Lask*, *Boleslavv*, & *Vielun*: & hoc postremum etiam regiunculam denominat, in quo non tantum ipsum Vielun, sed Boleslovv etiam situm est.

Quartus Palatinatus est *Rauensis*, inter Wartam & Vistulam flumina, cuius caput *Rava*: deinde *Lovvitz*; *Wolvvorz*, sedes episcopi Cuiauiensis: *Crombiu*, *Gostinin*, *Viasdum*.

Quintus Poloniæ maioris Palatinatus est *Lenczicensis*, itidem inter Wartam & Vistulam, sed in occasum magis declinans. Princeps vrbs est *Lenczicz*: oppida *Orlovv*, *Bresin*, *Piatek*.

CVIAVIA sequitur, pars Poloniæ maioris, quæ vero nonnunquam ab ea distinguitur: diuisa in duos Palatinatus, *Brzestensem*, & *Inovvlocensem*. Prioris caput est *Wladislavv*, deinde *Brzest*: oppida, *Nisavv*, *Radzieovv*, *Kovvalovv*, alia: posterioris palatinatus sunt *Krusvvick*, *Bydgosty*, *Solec*, alia.

Pro-

Prouincia tertia Poloniæ maioris est MASSOVIA, circa Viſtulam poſita regio, & in ſeptentrione Boruſſiam contingens. Caput prouinciæ eſt *Warſau*, ad Viſtulam, vrbs inclita & comitiis regni celebrata : *a*) in cuius palatinatu ſunt *Wiſna*, *Lombze*, *Czernirusk*, *Wiſſegrod*, *Rozan*, *Warka*, *Pultovvsko*, *Tarcin*, *Grodzyeck*, *Praſnitz*.

Palatinatus ſecundus huius prouinciæ *Ploskovvenſis*, dictus ab vrbe *Ploskovv* ad Viſtulam; ſed infra Warſauiam, ad fines Boruſſiæ. Subſunt oppida *Sieprecz*, *Strevsko*, *Radzanovv*, alia.

Tertius Palatinatus Maſſouiæ eſt *Dobrinenſis* inter Cuiauiam & Boruſſiam. Vrbs præcipua *Dobrzin*, quæ & *Dobrina* dicitur. Oppida *Ripin*, *Slonsk*, *Gorzno*.

PODLACHIA, prouincia quarta, inter Maſſouiam & Lithuaniam, vrbem *Byelsk* habet præcipuam : dein *Drogizin*, & *Mielnick* ad flumen Bug : præ-

R 5 terea

---

a) *Villa noßa*, Palatium regium, non longe a Varſovia diſſitum.

terea *Knyſſin*, vbi viuarium regium eſt:
Mordi ad lacum; & *Auguſtovv*, amplam
eiuitatem opus Sigismundi Auguſti : &
Waſilkovv, ad fluuium Narevv : & oppidum *Narevv*, ad flumen eiusdem nominis: *Bransko*, & *Suras.* a)

BORVSSIAE etiam partem, quam
posſident Poloni, inter prouincias maiores numerant, eamque in quatuor di-
ſtribuunt Palatinatus, qui ſunt Pomerel-
lia, Marienburgenſis, Culmenſis, &
Varmia. Et hæc quoque nunc pars,
quamquam ſita cis Viſtulam, ſeu inter
Pomeraniam vlteriorem & id flumen,
a multis Boruſſia vocatur. Caput huius partis eſt *Dantzig*, quæ Latine Geda-
num, dicitur, etiam Dantiſcum, vrbs
magna & commerciis opulenta; mul-
tæque

---

a) *Tykozyn*, ad fluuium Narew, oppidum eum
Caſtellania, ob paludes circumfuſas, & ad-
iectas munitiones inter fortiſſima Poloniæ
propugnacula reputatur. Pace Altranſtadienſi cautum erat, vt copiæ regis Poloniæ hoc
oppidum euacuarent, ſed iam iterum tenent.

tæque libertatis; etiam gymnasio clara; ad siniftrum Viftulæ alueum posita,
ad cuius oftium habet egregium munimentum *Weixelmünda* dictum : propinquum vrbi *Oliua*, vbi nobilis pax
1660 fuit fancita. Ad eandem ripam
Dirfchau, Saetz, & alia; ad maris finum
Pautzke : intus *Schöneck*, *Bifchmarck*,
Kifokau, *Stargard*, & alia.

Trans Viftulam Borussia Polonica in
tres Palatinatus, vt dixi, feu magnas præfecturas diuiditur, e quibus *Marienbur-
genfis* habet *Marienburg* ad dextrum alueum Viftulæ, qui *Nogat* vocatur : deinde *Elbingam*, bene munitam, etiam
commerciis nobilem : *a*) item *Stum*,
& *Chriftburgum*.

In *Culmenfi* præfectura funt *Culm* ad
Viftulam, epifcopalis vrbs; fed epifcopi
fedes eft *Culmenfee*, inde in ortum redu-
R 6 cto

a) Regi Poruffiæ oppignoratam, qui & illam
1698. Præfidio firmabat, Polonis tamen refti-
tuebat, & a Ruffis dein 1710. occupabatur,
qui itidem copias fuas iam deduxêre.

cto oppide. Supra Culmam est *Thorn*, Thorunum, ad idem flumen, munita vrbs, & præter alia ornamenta etiam colloquio ibi habito celebrata : *a*) infra Culmam *Graudentz* ; & alia.

Tertia Transvistulanæ Borussiæ, & Polonici quidem iuris, præfectura est *Varmiensis*, quæ & episcopatus habet titulum, nostris dicta *Ermeland* ; aliàs *VVarmia* & *Varmia*, remotior a Vistula, ad Samblandiam vergit. Oppida potiora sunt *Braunsberg*, munitum : a tractatibus ibi conclusis notum. *Heilsberg* sedes episcopi Varmiensis : & *Frauenberg* ad sinum Frische Haf dictum, vbi capitulum episcopatus est. Minora sunt *Allenstein*, *Gutestadt*, *VVormitz*, cetera.

Vltra Borussiam & Curoniensem situm est SAMOGITIA, quam Poloni etiam in prouinciis suis recensent : quidam cum Curlandia, quam contingit, enar-

---

a) a Rege Sueciæ 1703. post diuturnam obsidionem capta, omnibusque munimentis nudata.

enarrant, fed male, quia iuris eft diuerfi.
Vafta regio, fed minus culta, in qua oppida nominantur, *Roftene*, *Mednick*,
epifcopi fedes, *Poniwiefs*, *Cowna*, & *Bir-
fen*, verfus Curlandiam.

Ex finibus ad interiora regni remea-
mus, vbi VOLHYNIA occurrit inter
Lithuaniam & Podoliam, non magna
prouincia. Vrbs primaria *Lutzko*, epifcopalis: deinde oppida *Vlodimir*, *Krze-
menec*, *Brodi*, *Gonftantinow*, *Zsbaras*,
Wifniowiec, *Zaslaw*, *Olika*, *Medziboz*,
& alia, fed minora.

Contra RVSSIA RVBRA tanto minor eft & nobilior, cuius fines quidam
ita late proferunt & extendunt, vt Podoliam etiam & Kiovienfem tractum com-
plectatur, quæ vero ab aliis feiungun-
tur, Podolia, vt prouincia feparata;
Kiovv, vt Mofcovæ ditionis; pars regionis etiam, vt Tartarorum. Caput
prouinciæ eft Leopolis, *Lemberg*, vrbs
ampla & valide munita, archiepifcopalis, academia & mercatu clara. Subfunt in palatinatu eius *Grodek*, *Iavvo-*

R 7 *rovv*

rovv thermis nobile, *Zolkievv*, & in occasum recedens *Premislia* ad flumen Sa-
nam , episcopalis. ; & hinc in septentrionem *Iaroslavv* vrbs mercatu & nundinis celebrata : *Reslovv*, & *Sambor*,
Hungariam versus : *Halicæ* autem ad
flumen *Niester* : & trans flumen, *Stry*.
siue *Sirium* ; & ad Walachiæ fines *Snia-
tin* : præterea *Brzezan* ; *Podhaiecz* ; *Sa-
nock*, & *Crosna* ad fines Hungariæ.

Chelmensis palatinatus, qui etiam ad
Russiam referri solet, in septentrionem
adsurgit. Principalis vrbs *Chelm* , a
Lublino in ortum sita, episcopatu prædita. Subsunt *Crasnislavv* , *Zamoiski*,
siue *Zamoskia*, *Ratno* , & *Lynbovvly* ad
flumen Bug.

Inter hunc episcopatum & Leopo-
lim est *Belz*, vrbs ampla, a qua etiam
Russiæ quendam palatinatum denominant, eique subdunt *Busko* , *Grabovv*,
Sokal, alia.

PODOLIA post Russiam est, cuius
caput *Kaminieck* prope Tyram siue Nie-
sterum amnem, adversus barbaros pro-
pu-

pugnaculum, a Turcis captum 1671, pacificatione Carlouizensi 1699. redditum. Ad idem flumen supra Kaminieck, nec vero longe inde, est *Zvvanick* siue *Czvaviec*, contra Turcas, cum Kaminicum tenerent, a Polonis emunitum ; & inter hoc & Kaminicum, nouum *S. Trinitatis* munimentum , ex proximo bello notum ; & *Choczyn* , Turcorum clade nobilius factum. *a*) Alia oppida, contra barbaros munita, sunt *Laticzovv, Husiatinovv, Czartikovv:* infra metropolim ad flumen Niester est *Mochilovv* septentrionem versus *Bar*, & *Miedzibos*, & *Trembovvla:* in ortum, *Braclavv*, vnde etiam palatinatus denominatur : sub quo *Winnicza*, & *Nimirovv* , superiori bello saepe memoratum : praeterea *Iarosau*, *Chmielnic*, & alia, omnia Kosacorum

---

a) Turcae 1714. validissimis munimentis id firmare cœperunt, vnde error Melissantes patet, qui Geographiae suae specialis p. 37. hoc oppidum inter munitissima castra refert.

corum finibus vt vicina, ita excursatio-
nibus exposita.

VKRAINA an etiam Poloniæ prouincia sit, dubitatur., Aiunt vivocis tantum limitem & extrema significari : sed
non quæuis extrema regni ita vocari solent, verum sola quæ sunt ad Borysthenem siue Dnieper fluuium. Si itaque
tractus ille a Kiovv ad ostium amnis ita
nominatur, & olim Polonici iuris fuit;
quid obstat, quo minus etiam prouincia
appelletur ? Sed plurima eius iam in
Moscouorum, Tartarorum & Kosacorum potestate sunt.

A Kiovv, quæ vrbs Moscouorum est
ad Borysthenem, in occasum est *Biala-*
grodke : in austrum, sed distans longius
a flumine, *Bialaczerkievv*, superiori bello a Polonis seruata : inferius ad idem
flumen *Techtimerovv* & *Kudak* sunt Kosacorum: *Czyrkaßy a*) *Czecberin* Mo-
sco-

---

a) Baturin ad flumen Nevin ad eos etiam pertinent, quorum vltimum, a Ruffis 1709. captum deletumque fuit, sedes erat Mazeppæ,

scouorum : *Humax* autem in flumen Bogum versus situm est.

Altera pars reipublicæ Poloniæ est LITHVANIA, *a*) Littau, cum titulo *Magni Ducatus*, suis legibus, magistratu, exercitu etiam separato, firmo tamen nexu coniuncta cum Polonia, cuius regem etiam suum Lithuani agnoscunt. Diuidunt in Lithuaniam *propriam*, & *Ruſſicam*. Illius tres sunt Palatinatus, Wilnensis, & Bresciensis. Illius, etiam Lithuaniæ totius

———

Ducis Kosaccorum *Bultaſa*, ad flumen Vorsklo, a Ruſſis 1709. occupata, munitaque, ob cladem, quam Sueci eodem anno a Ruſſis in conspectu Pultavæ accepêre, in æternum memorabilis erit.

a) Duces olim suos habebat, quorum vltimus Jagello, qui post acceptum baptisma, nomen Vladislai IV. ferebat, soliumque regium Poloniæ adscendebat, hanc Prouinciam Poloniæ inseruit, cum qua iam connexa, rationes tamen suas multis in rebus adhuc diuersas ab illa habet.

totius caput est *Vilna* seu *Wilna*, die
Wilda, vrbs ampla, academia & episcopatu insignis : sub qua sunt *Osinian,
Bratislau, Wilkomitz*, & alia. Secundi
vrbs praecipua *Troki*, Trocum, a Vilna
in occasum recedens : ad quam pertinet
Grodno iuxta Niemen fluuium, vbi comitia celebrantur : *a) Lida* & *Vpita* oppida. Tertii palatinatus siue Bresciën-
sis, quae regio etiam *Polesia*, vt diximus,
vocatur, sunt *Brescia* & *Pinsk* notiora ;
obscura cetera.

In Lithuania Russica vrbes, quae Pa-
-latinatus denominant, sunt Nouogrodek, Mscislavv, Witeps, Minski, &
Polocz.

Sub *Nouogrodek* sunt oppida *Zluct,
Wolkowisko, Nesvvitz*, alia : sub *Msti-
lavv*, qui tractus ad Borysthenem pro-
fertur, sunt ad ipsum hoc flumen *Sklovv,
Reczycza*, & *Strissin* : praeterea *Modzir,*
                          & *Dam-*

---

a) A moderno Rege multis munimentis aucta,
obque diuturna castra, quae rex Sueciae 1706.
contra Saxones & Russos hic habebat, non
ignobilis.

& *Dambrovvnuna*: Sub *Witeps* tanquam

totius caput est *Vilna* seu *Wilna*. Hic

ad pag. 403.

Gotthard Ketler, Nobilis Gedici, &
primus Dux Curlandiæ, &
Vxor, Anna Princeps Megal

Wilhelmus, exul, ob
Sophia, filia Alberti,

Iacobus, Dux Curlan
Louise Charlotte, filia helmi.

Fridericus Casimirus,
† 1698.
1. Uxor Sophia Amalia,
2.   Elisabetha Sophirgica,
iam uxor Ducis Sax

Maria   Dorothea,   Eleo   Wilhel-
nat. 1684. uxor   Charlo   1711.
March. Brandenb.   16 na, filia
Albert. Frider.   annis Ale-
am vidua.

Deflornit ergo hæc Domus, Fe nullos liberos
habente, eventusque doceb

& *Dambrovrnuna :* fub *Witeps* tanquam metropoli *Orsha* & *Mobilovv*, vtraque ad Borysthenem: fed *Mobilovv* mercatu infignis, alia eft ab illa Podoliæ, fupra memorata : fub *Minski* funt *Boriffovv*, *Odruczko*, & alia : fub *Poloce* tandem *Dzifna*, *Vfacz*, & *Druba*.

Flumina Poloniæ maiora funt *VVar-ta* cis Viftulam, effundens fe in Oderam: deinde *Viftula* (*VVeixel*) in Balticum exit mare : *Bug*, diuerfus a Bog, fe Viftulæ mifcet : *Niemen* (Nemenus) in finum Curonienfem exoneratur : *Duna*, fiue *Dvvina*, in maiorem finum, qui fupra Curlandiam eft, effluit : *Niefter* autem feu Tyras, & *Bog*, ac *Dnieper* fiue Borysthenes, in Pontum Euxinum. * Hæc de Polonia, maiorem partem ex fide & relatione Bernardi Connor: certiora & diftinctiora non fnueni.

In Polonici regni clientela eft etiam Ducatus CVRLANDIAE, cum SEMI-

GAL.

---

a) Genealogia Ducum Curlandiæ hæc eft, pa-rebat enimolim ordini Teutonico.

GALLIA, a septentrione Borussiæ oppositus, & Baltico mari ac Düna fluuio, quo a Liuonia separatur, interceptus, Curlandia ad occasum est : Semigallia ad ortum, ac Dunam versus : *Mittau* principis munita sedes ad Semigalliam refertur, etiam *Pauska* & arces *Dobli-num* ac *Neuburg* : citeriora sunt Curlandiæ propriæ, vt *Goldinga*, *Pilten*, & *Schrunden*, omnia Windouiæ flumini apposita : maritima *VVindavv* ad fluminis dicti ostium, & *Libau* : at *Grubin* paullo remotius a mari. Sed hoc discrimen negligitur vulgo, & Curlandiæ dicuntur esse etiam, quæ in Semigallia sunt posita.

CAPVT XIV

DE

MOSCOVIA, TARTARIA EVROPAEA ET KOSACORVM REGIONE.

MO.

MOSCOVIA *a*) olim *Sarmatiæ*
& *Scythiæ* Europææ maior pars,
nunc quoque *Ruſſia* dicitur, ſed *Alba*,
ſeu *Magna*, vt ab Ruſſia Rubra ſeu Minore Poloniæ prouincia, diſcrimine-
tur. A Succiæ & Poloniæ finibus ad
Caſpium mare & Tartariam Magnam,
indeque ad fretum Waigats latiſſime
extenditur. Diuiditur in quatuor magnas prouincias, Moſcouiam occidentalem, Moſcouiam orientalem, Lap-
piam Moſcouiticam, & Tartariam
Moſcouiticam. Addi iam poteſt pars
quinta, Moſcouia Polonica, ſiue ex
prouinciæ, quæ ad Boryſthenem & in
Vkraina Moſcouis Poloni, etiam re-
centiſſima modo facta contra Turcos
ſocie-

---

a) Antiquum ſtatum regni Ruſſici iam omit-
timus, qui in Herberſteinii Commentariis rerum Moſcouitarum, Olearii Itinerario &
aliis videri poteſt : Moderni Czaaris Genealogia hæc eſt,

Michael Fæderwiz, Czaar, † 1645. ætatus erat Georgius Romanovv,

Alexius Michaelovviz, Czaar, † 1676.

Fædor Alexievviz, Czaar, † 1682. absque prole.

Joan Alexievviz, Czaar, Duscus, † 1696. regno exclusus 1688.

Peter Alexievviz, modernus Czaar, nat. 1672.

1. Uxor, Ortofoka, filia Boiaris Lupuchino, iam monialis.
2. Catharina Alexiviena de Alboad, Livena, & vidua Obrist Lieutenant de Tiesenhausen, iam uxor regens.

Alexius Petrovviz, nat. 18. Febr. 1690. Charlotte Christiana Sophia, Princeps Brunsfuicensis, nat. 1694. uxorata 1711.

1.

2.
Nathalia, nat. 1714.

focietate , concefferunt. *a)* Singulæ
partes in plures Ducatus aut minores
prouincias difpenfantur , quarum plæ-
ræque ab vrbibus nomen habent primariis.

In MOSCOVIA OCCIDENTALI
caput totius imperii eft *Mofcau* , fita in
Mofcouia propria , vrbs maxima cum
amplisfima arce, Czari fede, ad fluuium huius nominis , qui poft mifcetur
Occæ. *Nouogardia* magna , incolis *VVe-
liki* cognomine, noftris *Neugard* , a Mô-
fcua in occafum æftiuum diftat , ad a-
mnem Volcauiam, qui ex lacu Ilmeno
exit :

_____

e) Ruffiæ autem iam omnino annumeranda
Liuonia , & in illa imprimis *Petersburg*, vrbs
in his oris facilis primaria , a moderno Czaare
ædificata , a quo & nomen fere. Magna,
ampla, dives , & præclara ciuitas eft, fedes
per aliquot annos aulæ Czarianæ, de dieque
in diem magis augetur, meretur de illa legi
peculiaris relatio de ædificatione huius oppidi ; Caftellum *Cronfchlos* idem opus eft hô-
dierni Czaaris, de quo & iam memorata relatio confulenda.

exit: ad eundem lacum *Starorussa*. In
Liuoniæ finibus *Ploskovia*, cum tractu
quodam ad Dünam, vbi *Dunaburgum*
adhuc Moscòui possederunt: inter Nò-
uogardiam & Moscouiam *Bielki*, *Tvver*,
siue Tuveria, *Reschouia*: in bóream a metropoli recedunt *Rostouia*, *Ieroslauia* ad
Wolgam, *Bieleiezoro*, *VVolagda*, *Kar-*
gapol, & ad oceani sinum, in quem
Dvvina exoneratur, Angelopolis, *Ar-*
changel, in dextra ripa siue ostio, emporium celeberrimum: licet maxima mercaturæ pars iam Petropolim, iussu moderni Czaaris, translata sit. Sinistrorsus
S. Nicolai ad aliud ostium, etiam emporium, sed minus celebre. In ortum a
Moscouia vrbe sunt ad Occam *Colomna*,
Resan, (prouinciæ adhuc caput, sed fere
in ruinis iacens, e quibus tamen oppidum vicinum *Pereslaf* videtur enatum)
Cassimogrod, *Moruma*: inter Occam &
Wolgam *Susdal*, *VVolodimier* ad a-
mnem Klesnàm. Occidentali Moscouiæ
pactis accesserunt, quæ Polonici antea
iuris erant, *Smolensko* ad Borysthenem:
Kyou

Kyow ad eundem amnem in Vkraina;
vtraque cum amplo territorio: & inter-
iacens ab ortu *Seueria* prouincia, cuius
caput eſt *Nouogardia* cognomine Seue-
rienſis.

ORIENTALIS Moſcouia minus
culta eſt. *Niſnouogrod*, ſiue *Niſneogar-
dia*, quæ & ſimpliciter *Niſen* vocatur,
ſita ad confluentem Wolgæ & Occæ,
poſt quem *Waſiligorod* paruum & immunitum: in ſeptentrionali parte ad Dvvi-
næ & Yugæ confluentem *Vſtiuga* emporium, & vlterior *Permawelik*, caput regionis *Permski*. LAPPONIA Moſcouitica frigoribus horret, & inculta eſt,
nec in ea memorabile oppidum, niſi
Cola, cuius portum mercatores adeunt.

TARTARIA Moſcouitica ad Aſiam
potius quam Europam pertinet. Cum
vero fines Europæ & Aſiæ ſupra Tanaim
confuſi ſint, nec explicatu facile, vbi de-
ſinat Europa; quæ Moſcouitici imperii
ſunt, heic adiungere viſum eſt. Tribus
autem prouinciis maioribus conſtant,
Tartariæ magnæ ſubtractis, *Siberia* in

S   ſepten-

feptentrione, vbi *Tobolk* oppidum eft, &
hæc ad Obium amnem vsque excurrit; *a*) *Aftrakan* in meridie fupra Cafpium mare ad Wolgæ oftia : & media
Cafan ad Wolgæ in auftrum deflexionem. De Siberia fatis fint, quæ diximus: *Cafan* vrbs magna, Wolgæ appofita, minore fluuio Lafanka caftellum
ambiente: caput eft prouinciæ feu regni Cafani, cui ab ortu adiacet trans
Wolgam *Bulgaria* Mofcouitica, etiam
regni titulo ornata, in quo *Bulgar* vrbem ponunt primariam., ad paruum
flumen, quod paullo infra *Kama* confluentem eidem Wolgæ mifcetur. Intra Cafan & Aftrakan ad Wolgam funt
Samara, *Saratof*, *Czaritza*, *Tzornogar*,
pleraque munita oppida & præfidiis cu-
ftodita. Ad diuortia autem Wolgæ &
prope oftia *Aftrakan* eft, vrbs magna &
valide munita, etiam emporium, ac regni

---

a) *Tumen*, *Iaphnim*, ad flumen Ivera, *Pobem*,
ad fluuium Taffa, & alia quædam, vltra 20.
enim oppida in Siberia iam numerantur.

gni Aſtrakani caput, ad quod etiam *Ter-*
ki pertinet, Moſcorum aduerſus Perſiam
oppidum extremum, ideoque munitionibus atque præſidiis firmum, in litore
occidentali maris Caſpii poſitum, iuxta
Circaſſos & Georgicos. *a*)

Religio Moſcouis Græca eſt: patriar-
cha Moſcuæ ſedet: metropolitæ ſiue archiepiſcopi Nouogardiæ Magnæ, Roſto-
uiæ & Caſani: epiſcopi Pleſcouiæ, Reſani,
Colomnæ, Susdalii, Tvveræ, Tobolſkæ,
& Aſtrakani: gens barbara & a litterarum cultura abhorrens.

TARTARIA Europæa *b*) ſiue Mi-
S 2 nor

---

a) Sed Ruſſi imperium ſuum vsque ad Murum
Sinenſem iam extulére, multaque in Tartaria
Aſiatica, nimirum in Tartaria Daurica, Oſtia-
ca, Moggolica, oppida atque caſtella exſtru-
xerunt, de quo Itinerarium Isbrandi conſu-
lendum.

b) De origine, atque familia Principum Tartarorum Europæorum, qui Crimenſes vocantur, nil certi dicendum; ob paucum commercium, quod nobis cum iis eſſe ſolet. Modernus Tartar Cham *Gelim Keray* nominatur,
de cuius autem patre, uti & eius Præ- & An-
teceſſoribus nil in comperto habemus.

nor Moſcouiam a Meridie attingit, &
in tergo Euxini Ponti extenditur ad Tanaim & Mæotim paludem. Non autem vnius nominis Tartari Europæis
noti ſunt. In Aſiæ finibus *Kalmucci*, &
Nogaii Tartari, eorumque multi in regno Aſtracano & finitimis locis imperio
Moſcouorum ſubjecti ſunt : in Vkraina Tartari Lipkouienſes (Lipfer) antea
Polonis ſubditi ; nunc Turcicis rebus
ſtudentes ; *Caßremyſſi* in Podoliæ finibus : *Budziacenſes* in Walachia : *De-
brucienſes* circa oſtia Danubii ; ſed omnium famoſiſſimi *Crimenſes* ſiue *Precopenſes*, qui in cherſoneſo Taurica & vicinis
ad Pontum, ac Mæotim locis habitant,
Turcorum clientes ac tributarii, nec non
ſocii bellorum, ſicut etiam ſacris Mo-
hammedanis coniuncti ſunt, quidam
ſolos peninſulæ habitatores ab oppidis
illius Crimenſes & Precopenſes vocant ;
ceteros, qui extra illam colunt, *Noga-
ios*, quorum partem Aſtrakano iam regno dedimus. Cherſoneſi vrbs primaria eſt *Bacieſaræy*, Baccalara, in meditullio

tullio posita, sedes Chami siue principis
Tartarorum, cui peninsula paret, præter
Caffam, emporium mari adiacens, quod
Turcorum est, loci veteris Theodosiæ situm, aut prope illum : *Krim* oppidum
nunc exiguum paullo remotius a mari,
& *Precop* siue *Or* in Isthmo : *Kerci* ad
Bosporum. Extra peninsulam *Nogaii*
sparsim habitant & sine oppidis. Supra ostium Tanais *Asow*, siue *Ozow*,
munitum oppidum, quod præsidio te-
nebatur Turcorum, qui infra illud, vbi
rursus arctatur æstuarium ante paludem
Mæotim, in vtroque litore castella posuerunt, vt claudere paludis aditum ca-
tena possent, vt prædatoriæ naues ab Euxino Ponto arcerentur; hæc cum vrbe
Asovv capta a Moscouis anno 1696.
sed pace 1711. cum Turcis ad Pruth fluuium facta, vna cum Asovv, reliquisque
castellis reddita. *Tana*, quæ ibidem fuit,
teste Chardino, recentissimo peregrina-
tore, nunc in ruinis iacet.

Tartariæ minori iam etiam adiicitur
tractus ad Euxinum Pontum inter Bo-

rysthe-

rysthenis & Danubii ostia comprehen-
sus, olim Walachiæ pars, in quo sunt
Tartari *Oczacouienses*, inter Bogi & Tiræ
siue Niesteri ostia, ab *Oczakowa* iuxta
æstuarium Borysthenis, in quod Bogus
cadit, sito oppido appellati: *Budziacen-
ses*, a regione BVDZIAK, quæ vel ipsa
BESSARABIA est, vel pars eius, cognominati, qui in ponti ora colunt, a
Tyra ad Danubium. Oppidum *Bessarabiæ*
præcipuum & munitum est *Bialogrodum*
prope Tyræ siue Niesteri ostium, (vnde *Bialogrodenses* etiam Tartari appellantur) sub dominio aut clientela Turcorum. *a*)

KO.

---

a) *Bender*, etiam Teckina, & Teckina Bender
dictum, ad fluuium Niester, ignobile alias
oppidum, a Turcis autem, post amissum
Asouv, & pacem Carlovicensem egregie munitum, cui Castellum firmissimum adiecêre.
Post cladem Suecorum Pultauensem asylum
regis Sueciæ, vsque ad annum 1713. fuit, vbi
Turcæ eum in Temisdoccam, Thraciæ oppidum transportauere, vnde tandem 1714. in
Germaniam soluit.

KOSAKI circa Boryſthenem & Tanaim ſunt, & duplicis quidem generis *Zaporopsky*, Zaporouienſes, quaſi vltra *Porohi*, id eſt gradus & cataractas Bóryſthenis, habitantes, & in inſulis Boryſthenis ac tractu Vkraniæ Kiouienſi ſub tutela regni Poloniæ : & Koſaki *Donskii*, Donische Kosaken, inſulas Tanais, qui hodie *Don* vocatur, incolentes, & hi ad imperium Moſcouiticum pertinent. Vtrique maximis vtuntur priuilegiis, habentque ſuas leges, ſuos magiſtratus & militiæ præfectos: etiam olim Poloni ſuis munimentum *Techtimironium* ad Boryſthenem ſitum conceſſerant, quod cum poſtea ereptum irent, & nouum, quod *Hudak* vocatur, ad compeſcendos illos in eadem ripa exſtruerent; bellum Coſſacium ortum fuit, vix tandem poſt mutuas clades memoria noſtra conſopitum. Defecerunt aliquando ad Turcos, ſed retracti in fidem & ſocietatem Polonorum. In ſacris Græcorum ritus & inſtituta ſequuntur.

S 4 CA-

CAPVT XV.

DE
WALACHIA, MOL-
DAVIA ET TRANSIL-
VANIA.

DAciæ veteris hæ partes funt, olim Hungariæ regno coniunctæ, poft auulfæ & in Turcorum clientelam abreptæ. Termini fingularum admodum confufi & in vulgatis libris ac geographicis tabulis turbati ac peruerfi funt. *Moldauiam* enim loco Walachiæ ponunt, Ruffiæ Rubræ conterminam, quæ tamen auftralior eft & Danubium attingit; contra in Moldauiæ loco conftituunt *Walachiam*, quæ Polonicis prouinciis propinquior eft, vti ex horum temporum bello, inter Polonos & Turcos gefto, didicimus; etiam Baudrandus ex Polonico legato, aliisque incolis huius regionis.

WALACHIA itaque, diftincta à Moldauia, quam laxiore fignificatu com-

comprehendit, a septentrione Russia
Rubra & Podolia, ab ortu Bessarabia;
a meridie Moldauia, ab occasu Transiluania terminatur. Fluuius *Prut* mediam quasi secat, qui in austrum decurrens Danubio miscetur. *Iass* siue caput
regionis est ac sedes Hospodaris siue
principis, cui Walachia, quamuis sub
Turcica clientela, adhuc subiecta fuit.
Sorock, *Niemiec*, & *Roman*, munita:
Stephanowiza ad fluuium Prut: *Chuz-
kau* siue *Sozkowa*, etiam aliquando principis sedes, dein *Zwinien*, & alia oppida
obscura, saltim Germanis inaudita. Fluuius *Dunay* vltimo hoc bello memorabilior factus.

MOLDAVIA hinc in austrum iacet & Danubio terminatur. Oppida
eius sunt *Bucoresta* munita sub Turcico
praesidio: *Tergouisco* ad *Ialonizam* fluuium sedes principis: inde in septentrionem *Buckow*, Bachouia, episcopalis,
quae male Brascouia in tabulis dicitur:
Ialoniza ad eundem huius nominis a-
mnem, sed longius in austrum reducta:

S 5 *Lon-*

Longenouia Transiluaniam versus : *Arcin*
ad Alutam : iuxta Danubium *Zorza,*
Briolanum Flox, & alia. *a*)

TRANSILVANIA noſtris Sie-
benbůrgen, quaſi Septemcaſtrenſis a ſe-
ptem *burgis*, Walachiæ & Moldauiæ ab
occaſu adiacet ad Hungariam vsque ex-
tenſa, cuius & ipſa olim pars fuerat. O-
lim ſuum principem habebat, Auſtriacæ
clientelæ , pace Carlovizenſi adeptæ,
quam pater eius pro Turcica reſumſe-
rat. *b*) Rigatur regio ab ortu *Aluta,*
vulgo *Alt* flumine ; ab occaſu *Mariſo,*
nunc *Marocz* vel *Meriſch* ; in quem *Co-*
kela, medio tractu decurrens, ſe inſinuat,
ſicut *Samus* ſeu Zamos in Tibiſcum ſiue
Teiſſe.

---

a) Superiori anno Turcæ , Branconem , Principem, ſeu Hoſpodarum Moldauiæ , vna cum
filiis, miſere interfecerunt, vxoremque eius atque filias in ſeruitutem vendidère , cauſa huius
Tyrannidis diuitiæ erant, quas miſer hic Princeps acquiſiuerat.

b) Familia Principum Tranſyluaniæ defloruit,
vltimo Principe, Michaele Apaſi, Viennæ
1713 defuncto, Tranſyluania itaque in Prouinciæ formam ab Auſtriacis iam redacta eſt.

Teisse. Vrbium caput est *Hermannstadt*
siue Cibinium, vnde & *Zeben* dicitur,
ad paruum amnem situm, qui paullo
infra Alutæ miscetur: vrbs insignis &
munita est, ac sedes principis. Trans
Alutam in finibus Walachiæ, *Brassouia*,
nostris *Cronstadt*, quasi Stephanopolis,
in tractu qui vocatur *Burzland.* Ad Co-
kelam fluuium *Schesburg*, Segesvvaria,
& *Medwisch*, Mediesus: ad Marisum
Weissenburg. Alba Iulia, sedes aliquando
principis, etiam gymnasii, quod Enyedinum dicitur translatum esse; superiori anno egregie munitum. Prope ab
altera ripa ortum versus abest *Müllen-
bach*, Zabezus. Post Marisum, Hungariam versus *Coloswar* siue *Glausenburg*,
Claudiopolis, castello 1715. munita, &
longius in septentrionem remota. *Nösen*
siue *Bistritium* probe munitum. Hæ sunt
illæ præcipuæ vrbes, quæ in Transsiua-
nia laudantur, Germanorum coloniæ;
quas minora oppida circumiacent, etiam non pauca munimenta. Vltra Alutam sunt *Fogarasch* & *Terzwar* muni-

nionibus valida in tractu, qui *Burzland*
vocatur, cuius etiam *Braßouia*. Inde
ad septentriones est regio, quæ ZECK
vocatur & incolæ *Siculi*, Zeckler, Scy-
thæ, vt putatur, originis homines, multis pagis ac oppidis habitantes, e quibus
Neumarck præcipuum est: & ab his dicuntur septem burgi esse conditi, qui
nomen regioni dedere, *pagi* alias Sicu-
lorum dicti, v. g. *Sepß*, *Orbay*, *Kezdi*,
& cetera. Inter Cibinium & Zabesum
Mons S. Michaelis, & prope Marisum
Hunniad, montanæ munitæque arces;
inter Millenbacum & Hunniadem *Sas-*
waras siue Bros ad Marisum: in eodem
tractu inter hunc amnem & Alutam vicus *Varhel*, ruinis Vlpiæ Traianæ & Romanæ antiquitatis reliquiis, quæ in agro
illo adhuc visuntur, illustris. Prope Albam Iuliam *Enyedinum & Zlatna* sunt,
illud gymnasio principis, vt diximus;
hoc auri fodinis celebratum, sicut, quod
inde in septentrionem longius distat
Neostadium ad Hungariæ fines, fodinis
argenti. Inter Colosvariam & Albam
Iu-

Iuliam *Torda* siue *Tera*, aliis *Fernburg*: ad Sanum *Burglos*, cui *Viwar* propinquum in paludibus est: in australi parte Temesvvariam versus fauces sunt, quas *portam ferream* appellant. Ad Transiluaniam etiam ex vlteriore Hungaria saepe referuntur, aliquando a principe Transiluano possessa; *Varadinum*, propugnaculum famosum, *Etsched*, quod sepulcra habet principum, etiam Ragozkii vltimi; & alia, de quibus in Hungaria Superiori dicemus.

Incolae Transiluaniae sunt praeter Siculos Scythas, quas memorauimus, Germani siue Saxones, atque Hungari; vrbes plures, praesertim primariae, a Germanis habitantur. Quod ad sacra attinet, ciuitates pleraeque Lutheranae religioni; nobiles Reformatae, vt plurimum, addicti sunt: immixti etiam sunt multi Photiniani adeo, vt ecclesias etiam, & scholas adhuc in Transiluania habuerint.

Transiluaniae in austrum vsque ad Danubium tractus subiacet, quem dubius

S 7 sit,

fis, cui regioni, Hungariæ an Tranfiluaniæ adfcribas. Sunt hic portæ, quibus aditur Tranfiluania, vulgo Eifenthor vocatæ. Ad Danubium *Orfaua*, *Pefcubera*, Moldauiam verfus, & in infula quadam Danubii fortalitium *St. Caroli*, *Vipalancka*, *Rem*, atque alia, quæ Turcis nunc iterum parent.

CAPVT XVI.

DE

HVNGARIA.

HVngaria, *a*) vt nunc funt limites, Auftriam atque Stiriam ab occafu, a fe-

---

a) Hungaros reliquias effe Hunnorum atque Avarorum fcriptores Hungarici ipfi confirmant, vid. Bonfin. rer. Hungar. l. 1. dec. 1. Oftrocokzy origin. Hungar. part. 1. fuos olim reges habuerunt, iam autem in patrimonio Domus Auftriacæ funt, quæ matrimonio hoc regnum fibi acquifiuit. Plane nunc hereditarium eft, ita vt & in fexum fœmineum fucceffio cadat. Ab anno 1703. vsque in annum 1711. annis ferme Hungaria autore Principe Ragozky, rebellis extitit, dicto tamen anno iterum reconciliata, licet pace hoc Euangelicis Hungaris non adeo bene profpectum fit.

a septentrione Carpatos montes, (Car-
pak vulgo) quibus a Polonia diuiditur :
ab ortu Transiluaniam : ab austro Drauum flumen habet Sclauoniæ distermi-
natorem. Per Danubium, diuiditur in
Superiorem, a sinistra ripa ad Poloniam
vsque procurrentem : ac *Inferiorem*,
quæ ab altera ripa ad Croatiam ac Sclauoniam extensa est. Quamuis autem
vsus fere obtinuerit, vt tractus tantùm-
modo Carpatis montibus vicinus superioris nomine plerumque appelletur ;
malumus tamen terminos sequi , quos
ipsa natura constituit.

SVPERIORIS Hungariæ siue *Trans-
danubianæ* ex Austria venienti prima vrbs
est *Presburg*, Posonium, per sesquisæcu-
lum fere caput regni post amissam Budam, decimo a Vienna milliario in ripa
Danubii sinistra , qui fissus ibi incipit
maiorem insulam, quæ *Schütt* vocatur,
complecti. Inde quarto in septentrionem milliario *Modoru* oppidum ; ac
ortum versus *Tyrna*, Tirnauia, ad flumen
eiusdem nominis munita & sedes archi-
epi-

episcopi ad capituli Strigoniensis, quoad Strigonium in potestate Turcorum
fuit: & ad Wagam *Trentschin*, *Schinta*,
& medio inter hæc loco nouum munimentum *Leopoldinum*, Leopoldstadt, ex
aduerso *Freystedelii* in altera ripa ponte
coniuncta siti oppidi ; ad *Nitriam* a-
mnem *Neutra*, Nitria, episcopalis, & infra illam *Neubusetium* validius munitum, ereptum a Turcis 1663. recuperatum 1685. a Cæsareis. *Granus* fluuius sequitur, cui in montanis, vbi natus fuit,
Cremnitium adpositum est: vbi Danubio
intimatur *Barkanum* adiacebat, Turcis
ademptum æquatumque solo. Nunc
illum tractum relicto Danubio persequemur, qui a montibus, metalliferis
præsertim denominatur die Bergstädte.
Post Grani fontes, *Neusol*, *Altsol*, & inferius *Sebeniz*; singula quodammodo
munita: super illa *Keisermark*, vulgo
Käsmark, in Poloniæ finibus prope
Patakinum, & in Sepusiensi comitatu
(vulgo *Zyps*) *Neudorff*, *Wablendorff*, *Lu-
biola*, *Donnersmarsk* & ad Wagam *Bela*,
quæ

quæ cum aliis eius comitatus (XIII enim
numero sunt) vetusto nexu oppignorationis Poloniæ regno subiecta sunt. Regiæ autem, vt vocantur, & liberæ ciuitates sunt *Eperies* ad Taroczam fluuium,
celebris nuper gymnasii, sed breui post
ortum extincti, sedes: & vbi is fluuius
Hernatho siue Kannertho coniungitur,
Kesckau, Cassouia, firmis munitionibus
cincta & caput ciuitatum submontana-
rum: *Leutsch*, Leutschouia, in Sepusiensi, *Baresseld*, siue *Bantsan* in Poloniæ
finibus: *Czeben* autem harum minima
altero a Leutschouia milliario. Infra
Leutschouiam in austrum Altsolum
versus subiacet *Zipserhaus*, *Zapolia*, *Ro-
senau*, *Muran*, *Torna*, *Dewyn*, *Villeck*, in
euius expugnatione 1593. Tarich reper-
tum fuit, quod Schickardus interpreta-
tus est: inde Cassouiam versus *Karpen*,
Carponia, & *Sepsi*: inter Cassouiam &
Agriam *Zatwar* ac *Putnock* siue *Bosnack*.
Infra Altsolum *Schemnicz*; at Danubium versus prope Granum amnem *Le-
uenza* siue *Lewa*.

Post

Poſt Grani oſtium *Nouigradum* tertio a Danubio lapide: *Erla*, Agria 1687 deditioni Chriſtianis reddita: *Onoth* ad confluentem Tibiſci & Hennertæ: ſupra Agriam *Zendre*, ad Bolduam; infra illam *Hatwan*, quinto circiter a Buda milliario. Inter Granum & Budam in Danubio *inſula Andree*, & contra eam ſiniſtro alueo adpoſita *Waizen*, Vacia, epiſcopalis, ſuperiori bello deſolata: poſt Budam inſula *S. Margarethæ* ſiue *Rätzenmarck*, ſupra quem *Maroz* vicus; infra autem *Colocza*, id eſt *ad Statuas Coloſſas*, archiepiſcopalis vrbs. Ad *Tibiſcum* fluuium, vulgo die *Teiſſe*, vbi is prope a Danubio abeſt, cui miſcetur, *Titul* ſitum eſt, ſuperiori bello ſæpius occupatum: ſuperius in eadem ripa *Segedinum*, iam egregie munitum: & vltra, vbi idem fluuius Zagyvvan ex Hatvvano deſluentem recipit, *Zolnock*, vbi pons Tibiſci; & rurſum ſuperius in eadem ripa, vbi Bodrocho augetur, munitum oppidum *Tokay*, cuius ager vini fertilitate celebratus eſt, inde ortum verſus ad amnem

Sa-

Samum sunt *Samosuibar* , & aduersus
Transiluaniam propugnacula *Zatmar*
& *Kalo :* post Tibiscum infra Tokayum
Debrezin : inter Cassouiam & Tibisci
fontes ad Carpati radices *Monkatsch,*
validissimum munimentum, quod Tö-
kelianum præsidium post longam obsidionem Cæsareanis tradere coactum
fuit : ibidem *Vngwar,* & *Bessarmin :* inter Samum & Chrysum (vel *Körösch*) qui
Waradinum alluit, *Zeckelheida* , firmiter
quondam munita ; pacis fœdere 1664.
destructa, inter quam & Waradinum *S.*
Iob munitio : ipsum *Waradinum,* nostris
Großwardein , Transiluaniam versus situm oppidum munitum cum validiore
arce 1660. a Turcis ereptum ; a Cæsareis
1692. recuperatum est : infra Waradinum *Gyula* 1695. deditione capta, & ad
Tibiscum *Czongrod* , & vbi is Mariscum
recipit, *Chonad* ex aduerso Segedini :
modico ab amne interuallo *S. Nicolai,* ex
aduerso Zolnocci : ad Marisum *Arath,*
egregie munitum propugnaculum ; *Lip-*
pa & *Ienö* in finibus Transiluaniæ :

Ziu-

Zeutba, ad Danubium , ob cruentum prælium , Turcis 1691. hic commissum, cuius victores Christiani erant , satis notum oppidum. Et infra hæc ad flumen Tömös *Lugos* , & *Karansebes* in finibus Transiluaniæ australis, Turcicæ iam possessionis , vti & permunita vrbs *Temeswar*, ad eundem fluuium, Turcorum præsidio tenetur , reliqua omni Hungaria superiori , pace Carlovicensi, Christianis relicta.

In Hungaria INFERIORI & *cisdanubiana* a finibus Austriæ post lacum *Peisonem*, Reuſiedler See , in tractu ripensi Danubiano sunt , & quidem ad oram *Schütta* maioris insulæ *Altenburgum* , cum Hungariæ cognomento, & vbi pars Danubii insulám circumfluens *Rabum* amnem recipit, *Rab* , Iaurinum , æque firmum propugnaculum , ac *Comora* in angulo insulæ orientali , vbi ex aduerso *Waga* fluuius Danubio se intimauerat, Inter insulam & Strigonium prope Danubium sunt *Dotis* , ac austrum versus oppidum cum arce munita *Martinsberg*:

Stri

Strigonium autem, vulgo *Gran*, vrbs archiepiscopalis Danubio, vbi ex aduersa
ripa Granum flumen recipit, proxime
oppofita, & Turcis 1683. erepta. Inter
Strigonium & Budam fupra *Andrea* infulam *Vicegradum*, arx in excelfo monte
iuxta Danubium, oppidum vero fubie-
ctum, eiusdem nominis, in ruinis iacet,
quod nitidum olim & faepe reges palatio
amoeniffimisque hortis excepit. Dein
Buda, vulgo *Ofen*, vrbs regia & caput totius Hungariae, 1686. operofa obfidione
a Caefareis fociisque exercitibus recuperata, ponte coniunctum in altera ripa *Pe-*
ftum habet paruum quidem, nec tamen
immunitum oppidum. Infra Budam
vnius horae itinere abeft infula, quae
Ratzenmark vocatur & *S. Margaretha:*
& poft illam in eadem ripa *Bendola*, &
infra Coloffas *Tolna:* inde *Sarwitz* fluuius Danubio mifcetur, & poft illum
Caraffus, in quo periit rex Ludouicus:
inter hunc & Drauum itidem in Danubii ripa *Mobatz*, infelici proelio, quo rex
Ludouicus victus fuit, vti & praeclara
victo-

victoria Chriſtianorum 1687. nobilitatum oppidum.

Et hæc iuxta Danubii oram : in medio autem inter Danubium & Drauum tractu prope Auſtriæ confinia vno a lacu Peiſone (Neuſiedler See) milliario abſunt *Eiſenſtadium* & *Oedenburgum*, Sempronium, vulgo *Sopron*, & hoc quidem pari interuallo a Vienna & Poſonio: *Güntz* ad lacum cognominem inde in meridiem vergit, & longius apud Rabi fluminis deflexionem *Kerment*, & Fanum *S. Gotbardi*, nobile victoria Chriſtianorum 1664: inferius *Sarwas* ad Rabum; & vltra hunc fluuium *Papa*, *Palotta*, & *Veſprinum*, epiſcopale oppidum : illa mediocriter, & hoc fortius munitum; & *Alba Regalis*, vulgo Stul Weiſſenburg, ad *Sarwizium* amnem, nuper ditioni Chriſtianæ reddita, cum arce *Zambeck* inter hanc vrbem & Budam medio itinere, & *Simontorna* ad prædictum amnem inferius, a quo *Kaposwar* in auſtrum nonnihil recedit. Inter Albam Regalem & Sigethum, *Koppan* & *Segeſt*. Tan-

Tandem in tractu iuxta Drauum flumen
Hungariæ limitaneum, *Serinwar* ad Murum, qui paullo inferius miscetur Dra-
vo : cui additum munimentum erat
Neu Serinwar , Canischæ oppositum,
quod Turci 1664. deleuerunt. *Canischa*
permunita haud procul abest a Stiriæ
confinio, 1600. Christianis erepta, &
recuperatum a Christianis, cuius munitiones quidem post pacem Carlovicensem deiiciebantur, iam autem refectæ
sunt. Adiacent minoris quanquam nominis, tum oppida, tum arces, *Salawar*
ad Salam amnem , *Comora* minore,
Kessheli : vlterior *Presnicia* inter quam
& Sigethum *Babocza ?* ipsum autem *Si-*
geth, munitiónibus validum, Turcis ereptum fuit, cui *Turbeck* propinquum est.
Quæ vero hinc ad pontem vsque Esse-
kianum sequuntur supra Drauum posita, vt *Quinque Ecclesia* , Fünfkirchen,
vrbs episcopalis & commerciis nota, atque *Siclos* , eodem bello Christiani receperunt. *Darda* quæ pontem tueba-
tur, ab iisdem diruta cum magna parte
pon-

pontis fuit, in cuius inftauratione Turci olim fruftra defudarunt. Omnis enim Hungaria inferior Chriftianis iam etiam paret.

CAPVT XVII.

DE

CROATIA, SCLAVO-NIA, BOSNIA ET DAL-MATIA.

NVnc quæ inter Drauum & Adriaticum mare funt, expediemus. CROATIA cum regni titulo a Drauo mare verfus Adriaticum inter Carinthiam & Marchiam Vindorum ab occafu, Sclauoniam, Bofniam & Dalmatiam ab ortu extenditur. Ad Drauum *VVaradinum*; inter Drauum & Sauum funt *Creuz*, *S. Georg*, & *Iabanitz* munita oppida: ad Sauum *Chraftowitz*, *Agram*, Zagabria, epifcopalis; trans Sauum ad Culpam *Petrinia* munimentum, & *Sifek* fiue Sifcia ad eius cum Sauo confluentem, iuxta infulam, quam Sauus facit.

Sege-

Segesticam ; ad alios confluentes , qui inferius Vnnæ miscentur, *Carlstad*, Carolopolis , bene munita vrbs & caput Croatiæ Austriacæ, ficut *Wibitsch* ad Vnnam Croatiæ Turcicæ, a Christianis 1693 frustra obsessum. *Costainiza* siue *Costanowiza* & *Dubiza* ad eundem amnem. *Wudschin* siue *Bushin* , altero a Petrinia milliario a Christianis tenetur, etiam *Zrin*, siue *Serin*, vnde origo & nomen est nobilissimis Comitibus : Siquidem omnis reliqua Croatia ab Vnna fluuio Christianæ iam est ditionis.

SCLAVONIA post Croatiam inter Drauum & Sauum vsque ad Danubium continetur , bello nuper gesto, tota iuris Austriaci facta. In limite prope Drauum est *Prodanitz* , & caput quondam Austriacæ in hoc regno possessionis *Copronitz* , oppidum cum arce munita; & in ortum vlterior, Turcis 1684. erepta, *Verebiza*, siue *Berzecbe* : inter vtrumque amnem *Posega*, superiori bello recuperata : ad Sauum,

T *Noui-*

Nouigrad, *Sopo-Wina*, *Brod*, & *Arby*:
post quæ Danubium versus est RASCIA,
pars orientalis Sclauoniæ, in eaque *Ca-*
ra ad fluuium *Biczbi*; *Wilak*, olim *Sir-*
mium, vrbs quondam eximia & episcopalis, nunc fere in vicum redacta, ad
fluuium Bofvvetam, qui infra eam Sauo miscetur: *Kelpe* ad Sauum: ad Danubium supra Saui confluentem, *Petre-*
wardinum, egregie munitum, & *Carlo-*
wiza, a Pace 1699 ibi facta, sat nobilitata; & vbi 1691 Turcicus exercitus in castris suis oppugnatus, victus & cæsus fuit, *Sálankemen*, inter Petrowardinum &
Albam Græcam situm: ac prope Drauum *Walpo* munimentum ad amnem
eiusdem nominis, & vbi is Danubio infunditur, *Valakowar*: & quæ Hungariæ
ponto longissimo iungitur *Esseck*, vetus
fortassis Mursa, Drauo apposita, qui se
infra eam vrbem in Danubium exonerat, nunc validius emunita, postquam
in Christianorum potestatem venit.
Omnis enim Sclauonia Christianæ iam
est ditionis, excepto illo tractu, qui
iuxta

iuxta Salanckemen incipit, & recta linea vsque ad Sauum fluuium pergit.

BOSNIA, siue Bossina, inter Croatiæ partem ab occasu, Sauum fluuium
a septentrione, Seruiam ab ortu & Dalmatiam a meridie sita, nomen habet a
fluuio *Bosna*, qui mediam secat, & ex
aduerso Sclauonici oppidi Asky in Sauum infunditur.   Alias etiam in *superiorem*, quæ australis est, & Ducatus dicebatur; & *inferiorem* siue regnum, quæ
septentrionalis est, dispescitur.   Tota
est iam Turcicæ ditionis.   Ad Croatiæ
fines in ripa Saui *Gradisca*, etiam pars
eius trans flumen in Sclauonia sita est:
inde *Iaicza*, oppidum in monte situm
cum castello munitissimo prope Var-
bam fluuium: vnde longe in ortum remota *Saraio*: sed Dalmatiam versus
Banialuca est, sedes præfecti Turcici ad
amnem Cetinam: & *Tina* episcopalis ad
Titium fluuium, cuius episcopus est
primas Croatiæ. *Dulma* itidem episcopatu olim insignis in limite Dalmatiæ,
nunc diruta iacet, nec *Werbosania* iam

T 2   vete-

veterem dignitatem conseruat, pago
quam vrbi similior. Cetera sunt obscuriora, vt *Krupa*, *Glucuran*, & alia.

DALMATIA nunc omnis tractus
est, qui inter Croatiam Bosniamque &
partem Seruiæ, a septentrione; & A-
driaticum mare ad meridiem, ab Histria
ad Albaniam seu Macedoniam vsque
protenditur, & veterem etiam Liburni-
am comprehendit. Innumeras insulas
habet, quarum plurimæ cum maritimis
continentis terræ partibus in ditione
Venetorum sunt: reliqua continentis
sub dominio Turcorum: parua portio
Ragusiensi reipublicæ paret.

Vt veteris Liburniæ terminus erat a-
mnis *Titius*; ita tractus, qui ab Histria
ad hoc flumen est, quamquam sub Dalmatiæ nomine, a Dalmatia propria atque veteri distinctus, diuiditur in Croatiam maritimam, Morlachiam, & Comitatum Iaderensem. *Croatiæ* nomen maritimæ regionis parti datur, quæ olim,
pars Croatiæ fuit, vnde etiam insulis vicinis, vt *Vegiæ*, *Arbæ* aliisque cogno-
　　　　　　　　　　　　　　　men-

mentum eſt. Præcipua eius loci vrbs eſt
Zeng, ſiue *Segnia*, olim Senia, epiſcopalis
& probe munita, Auſtriacæ ditioni ſubdita. MORLACHI late ad Bebios vsque montes habitant, ſub dominio antehac Turcorum, ſed nuper excuſſo iugo in Venetorum tutelam conceſſerunt,
Turcis vndique infeſti atque graues.
IADERENSIS Comitatus, inde ad vsque Titium amnem quaſi in peninſula
ſitus, caput habet *Zaram*, quæ olim Ia-
dera erat, diuitem & munitam vrbem ac
archiepiſcopalem, mari fere circumda-
tam, cum caſtello firmiſſimo, in quo
præfeĉtus ſedet ſummus Dalmatiæ Venetæ. *Zara* autem *Vecchia* caſtellum
eſt longius inde in ortum diſtans: vt
pari interuallo occaſum verſus abeſt *Nona*, Ænona, vrbs epiſcopalis, etiam mari
maiorem partem præcincta.

A Titio amne, qui nunc *Kerka* dicitur, ad Albaniam vsque DALMATIA propria eſt, in eaque *Sebenicum*, vrbs epiſcopalis & permunita ad os Titii fluminis:
& orientem verſus *Trau*, Tragurium,

etiam in ora maris siue insula ponte continenti iuncta, oppidum paruum, sed episcopali dignitate, contra Boam insulam: ad proximum sinum rudera *Salona* veteris, & post illum ex ruinis Salonæ nata vrbs *Spalatro*, Spalatum, archiepiscopalis; & breui ex interuallo *Almisa*: a Salona iv, a Spalato vi milliariis in septentrionem distat arx *Clissa*, antea Turcicæ ditionis, sed a Venetis 1648 expugnata, iisdemque cum agro adiacente, pacis Cretensis fœdere confirmata: vrbs *Narenta*, Naro siue Narona, ad alium sinum, in quem eiusdem nominis fluuius cadit, nuper cum adiacente castello *Opus* ad eundem amnem sito in fidem se dedidit Venetorum, quorum nunc omnia sunt, quæ recensuimus, *a*)

Sequi-

---

a) Quibus & vlterius parent, *Castelnuobo*, Castellum in excelso monte positum, & 1687. expugnatum, *Cattaro*, ad sinum eiusdem nominis, munitionibus validissimis clarum, *Ciclut*, Castrum ad confluentias Na-

Sequitur territorium reipublicæ R A-GVSINAE, quae nuper clientelam Turcicam, qua constricta erat, abrupisse, & se Imperatori, tanquam Hungariæ Regi, exemplo maiorum, certis pactis in fidem tradidiſſe ferebatur, an permanſerit in ea, non eſt certum ſatis. Ceterum *Raguſa* respublica libera, & archiepiſcopalis; etiam opulentum emporium, portu percommodo instructum. Subeſt ei *Stagnum* oppidum, *Hillis* peninſula, & *Melita* inſula, cum paruo tractu continentis: *Raguſa* autem *Vecchia* in loco veteris Epidauri eſt, ia ortum a Noua mediocri ſpatio remota, iam fere deſerta.

Eximius inter inſulas (quarum reliquas infra enarrabimus) & metropolin portus eſt *Sanctæ Crucis*, itidem in ditione reipublicæ Raguſinæ.

T 4 Ex-

... reptæ, & Norin fluuii, 1688 Turcis ereptum, *Chnin*, ſeu *Kntn*, caſtrum itidem bene munitum, vti & *Sing*, quæ omnia a Venetis iam tenentur, licet *Sing* a Turcis obſidione hoc anno tentatum fuerit.

Extrema Venetorum ditionis sunt *Cattaro*, Catarum, propugnaculum ad cognominem sinum, qui Ragusinam regionem ab ortu respicit; & in citeriore sinus litore *Castel nouvo*, munitissimum oppidum cum duobus castellis, a Venetis 1687, & munimentum *Clobuch* in Arcegouina, 1694 expugnatum : & *Pastrovecchio* in limite Albaniæ.

DALMATIA TVRCICA est maiorem partem mediterranea, de cuius oppidis eorumque situ non satis certi sumus in tanta tabularum librorumque sterilitate. Bello horum temporum, & Morlackorum excursionibus notiora facta, *Licca*, supra Sebenicum *Trebigna*, supra Ragusam olim episcopalis: *Duvares*, *Imoschi*, & alia, e quibus nonnulla in Morlackorum aut Venetorum potestatem sunt redacta, vti de *Sing & Clim* non dubitatur; de ceteris fama incertior est. In his finibus aut prope illos est etiam regio *Arcegovina*, quæ præfectum habet Bassæ titulo & honore ornatum, qui maritima Venetorum circa Narentam fluuium

tium infeftauit, quod nunc parcius facit; amiffo Caftello Nouo, qui princeps
Arcegouinæ locus eft. In maritimis
Turcorum adhuc funt *Scardona* ad æ-
ftuarium Titii, aut quia vrbs fere in ruinis
iacet, vicinum caftellum, quanquam fæpius Venetorum armis oppugnatum,
Macarfca, olim epifcopalis, inter Spalatum & Narentam e regione Bratiæ; &
Rifano fiue *Rifine*, Rhizinium vetus, in
ora finus Rhizinienfis, qui nunc *Golfo
di Cataro* vocatur. Cetera veteris Illyrici nunc Albaniæ accenfentur, de quibus in Græcia agemus. *a)*

INSVLÆ Adriatici maris fiue Golfo
di Venetia ex parte Italiæ funt *Veglia*,
Vegia; *Cherfo*, Crepfa; *Ofero*, Abfo-
rus, quæ & Aufara dicitur, Crepfæ ponte

T 5 in

---

a) Dalmatia, vti & Bofnia, & Croatia proprios olim reges habuerunt, quæ regna, quo
iure ad Domum Auftriacam peruenerint, Ludouici in Germania fua Principe, lib. 1. prolixius tradidit, vide & Introduct. meam in
Geneal. German.

in freto coniuncta & ambæ Abfyrtides
funt Strabonis; atque hæ iuxta Morlachiam: *Grande, Pafina, Bua,* fub Zara &
Tragurio: *Liffa,* Iffa; *Brazza,* Brattia;
Lefina fiue *Liefina,* Pharia; *Curzola,*
Corcyra Nigra, inter Spalatum & Narentam: atque hæ omnes cum plurimis
minoribus fub poteftate Venetorum, ex
iisque proprios epifcopos habent *Veglia,*
Arbe, Ofero, la Brazza, Lefina. Ragufi-
næ etiam reipublicæ funt fuæ infulæ,
quarum præcipuam *Melitam,* vulgo
Meleda, fupra memorauimus cum peninfula Hylli, quæ hodie *Sabioncello*
dicitur: quibus nunc infulas *Mezzo*
& *Auguftam* cum aliis quibusdam adiicimus.

CAPVT XVIII
DE
ITALIA.

ITalia, vbi Adriatico & Tyrrheno Si-
culoque mari non clauditur, ad Galliam & Germaniam fub Alpibus ab occafu

adpag. 4

* 53.

:rreum dictum. † 1580.

dix, † 1630.

iarum.

Victor A:a; Franciscus Princeps Ca-
Carolus hi, † 1656.

1. Vxor Eius Mauritius, Comes de
Aurelih, † 1673.

2. M:

de Nei

xus   Eugenius Louise Phili-
Victor A Co- Franciscus, in perta, Virgo
Vxor A:bis- omni orbe no- de Carignan
filia,   tus terror, nat. dicta, nat.
magnz:nia   1663.   1667.
Concubire,
in Gall

Maria A:d Emanuel, Eugeni- N. N. fi-
† 17 1, Princeps de us, nat. lius, nat.
Maria Gal. Soiffons, nat. 1692.   1697.
regis H   1687.
Victor A:
Carolus E
Victorius
concub
Victoria F
dem co

casu & septentrione: & inde in ortum
flexa ad Marchiam Vindorum, Croatiam & Dalmatiam procurrit. Diuiditur hodie secundum varia dominia &
possessiones, Romani Pontificis, Regis
Hispaniæ tanquam regis Neapolitani &
Ducis Mediolanensis; Reipublicæ Venetæ, Ducis Sabaudiæ in tractu Pede-
montano, Magni Ducis Tusciæ, Ducum
Mantuani, Mutinensis, & Parmensis;
Reipublicæ quoque Genuensis, & Luc-
censis. De singulis agemo non secundum
ordinem iam relatum, sed vt partes geographica sepositione, initio ab Alpibus
facto, consequuntur.

PEDEMONTIVM, *a) il Pie-*
T 6 *monte*

---

a) Origo Ducum Sabaudiæ, secundum opinio-
nem quorundam Genealogices scriptorum a
Ducibus Saxoniæ, & inprimis a VVittikin-
do, & Comitibus Ringelheimensibus deriuatur, quo iure autem, siue iniuria hoc
fiat, iam non est disquirere. Sed mittimus antiquiora tempora, & nouis inhærem-
tes, moderna Domus Sabaudica a Carolo III,
siue bono, ortum trahit, *

monte incolis, prouincia fubalpina eft, quafi *ad pedes montium* , fub dominio Ducis Sabaudiæ, ab ortu Mediolanenfi ducatu, a feptentrione Valefia, ab occafu Delphinatu & Sabaudia, a meridie Genuenfi agro & mari Liguftico terminata. Præter Pedemontium proprium diuerfos comitatus, vt Aftenfem, Niceenfem, marchionatum Salutiarum, & partem ducatus Montisferrati continet. Rigant Padus, *il Po,* Duria, *Dora,* Tanazus, *Tanaro* , & alia flumina.

In PEDEMONTIO PROPRIO eft *Turino,* Augufta Taurinorum, caput totius principatus, ad Padum fluuium, qui ibi Duriam recipit, vrbs nitida & munita, aula Ducis Sabaudici, academia & archiepifcopatu ornatiffima , a Gallis 1706 maxima obfidione petita , quam tamen, amiffo prælio, ingenti detrimento foluere cogebantur. Adiacet iuxta Padum *Moncaglier* , Mons Calerius, feceffus Ducis, & *Veneria :* etiam *Carignano,* & *Chieri,* Gallis *Quiers,* Cherium : ad Duriam *Sufa,* Segufio , fub ra-

dice Cottiarum Alpium, cum Marchionatus titulo : & *Ivrea*, Eporedia , episcopalis, caput tractus Canapicii : ad
Sturam amnem *Fossano* , quasi Fons sa-
nus ; inter quem & Salutias medio itinere *Savigliano* Sauilianum est : austrum
versus *Mondovi*, Mons Regalis , episcopali dignitate ; aliquoties rebellis fuit,
iam muris nudatus. Et *Raconigi* : in
occasum ad Padi flumen *Pignerol* , Pina-
rolium, oppidum munitum , quod multos annos in potestate Gallorum fuit;
sed redditum Duci pacificatione 1696,
deiectis prius, quæ circa erant, munimentis.   Prope in austrum a Pinarolio
Lucerna distat, quæ *Vallem Lucernensem*,
inter montes regiunculam , denominat.

Cetera, quæ ad Pedemontium late dictum referuntur, sunt SALVTIARVM Marchionatus in occasum hibernum vergit,
Caput *Saluzzo* , Salutiæ : *Carmagnola*,
Carmaniola , quanquam in Pedemontii
proprii territorio posita: contra huc situs
ratione referri potest *Cunio* , Cuneum,
Gallis *Coni*, valide munitum , inter Gese

T z   & Stu-

& Sturiæ confluentes. Comitatus NI-
CAENSIS ad Alpes maritimas positus,
olim pars Galliæ fuit. *Nizza*, Nicæa,
mari adiacens, munita, a Gallis superiori bello capta, pace tamen restituta, cui
portus *Villa Franca* finitimus est : & in
mediterraneis *Barcellonetta* : at *Monaco*,
portus Herculis Monœci, principem
proprium habet sub tutela Gallica. Comitatus ASTENSIS præcipua vrbs est
Asti, Asta ad Tanarum fluuium, episce-
palis : & *Cherasco*, Gallis *Querasque*,
Clarascum, inter Albam & Montem
Regalem, prope eundem amnem : *Villa
Noua d' Asti* inter Astam veterem & Turinum medio loco : *Verua*, Veruea, arx
munita ad Padum, post operosam obsidionem a Gallis 1704 occupata, post tamen 1706 iterum derelicta, cui in altera
ripa *Crescentinum* opponitur. Ducatus
AVGVSTANVS in septentrionem vergit, a principe vrbe *Aosta*, Augusta Prætoria in Salassis, ad Duriam amnem sita, cognominatus. Minora dominia
sunt *Vercellense* & *Bugellense* : vrbes
Ver-

Vercelli, Vercellæ, munita in confinio Mediolanensi, quo olim pertinuit, a Gallis 1714 occupata munitionibusque nudata. Et *Biella*, Bugella, ad amnem Ceruum, inter quas *Masseranum* sub proprio principe. Tandem quoque Pedemontii finibus ad vtramque Padi ripam MONS FERRATVS *a*) seu Ducatus *Montferratensis* immixtus est, eiusque pars Duci Sabaudico paret, pace Clarasci 1631 inita, cuius oppida sunt *Trino*, Tridinum, & *Alba*, Alba Pompeia,

---

a) Ducatus Montferratensis suos olim Duces habuit, qui tamen penitus defloruere, hinc omnis a Duce Sabaudiæ iam possidetur, invito licet Duce Lotharingiæ, qui magnas in eum prætensiones formare solet, de quibus Strederi Theatr. Prætenf. consuli potest. Postquam modernus Dux Sabaudiæ 1703 Cæsareas partes amplexus esset, vigore tractatuum ea pars huius Ducatus, quæ alias Duci Mantuano parebat, illi adiudicata fuit. Possidet ex Pace Vltraiectensi Dux Sabaudiæ etiam *Exilles, Fenestrelles, Perousam, Chaumontium,* & quædam alia, ad Delphinatum pertinentia, vti & ex Ducatu Mediolanensi ei quædam attributa sunt, de quibus infra.

peia , ad Tanarum fluuium : reliqua
pars Mantuani Ducis eft ; in eaque
Acqui, Aquæ Stateliæ, & *Nizza* cognomento *de la Paglia*, Nicæa Palea : &
prope Cafale *Moncalvo*, Mons Caluus : *Cafale* autem, Gallis *Cafal*, Montis Ferrati caput, & epifcopale oppidum, Pado impofitum, medio inter
Turinum & Mediolanum fitu, Dux
Mantuanus 1679 Gallorum regi vendi-
derat, fed ereptum a Germanis fuit 1695
& munitiones folo æquatæ, iam autem
de nouo reædificatæ. Proximus eft ab
ortu

MEDIOLANENSIS Ducatus
a) *Stato di Milano*, fiue Regis Hifpanici

***

a) Etiam hic Ducatus fuos olim Duces habebat,
quorum linea deficiente, in Hifpanorum venit poteftatem, qui eum ab Imperio in feudum recognofcebant. Defuncto Carolo II,
Rege Hifpaniarum, Dux Andegauenfis eum
occupabat, poft pugnam autem apud Tauri-
num 1706. Cæfareis copiis infeliciter commiffam, Mediolanenfis Ducatus, vti & reliqua omnia, quæ Galli in Italia tenebant, Cæ-
fari, vigore ea propter erecti tractatus, tra-

nici in subalpina Italia possessiones.
Caput *Mediolanum* est, *Milano* incolis,
nostris Meyland, vrbs populosa, archiepiscopatu, academia & gubernatoris
Hispanici sede insignis. Subsunt ei cis
Padum septentrionem versus *Como*, Co-
mum, ad lacum Larium : inde occasum
versus *Varese*, Baretium, & ad Verba-
num, vulgo *Lago Maggiore*, Angleria siue *Anghiera* ; *Sesto*, Sextum, *Arona* &
Canobium. Quæ vlteriores circa hunc
lacum sunt quatuor præfecturæ , olim
Mediolanensis Ducatus, a longo tempore Heluetiorum potestati subiectæ sunt:
oppida earum præcipua in ora lacus sunt
Locarnum, *Luganum*, & *Bellenz*, siue *Bel-
linzona*, olim Belitio. Sed de his quoque
in Heluetia dictum fuit. A metropoli
vergunt in occasum *Nouara*, *Vigevano*,
Viglebanum, episcopale oppidum *a*):
Mor-

---

dita fuere; Pertinet ergo Mediolanensis tractus iam ad Domum Austriacam.

a) Oppidum hoc, eiusque territorium, magnos
motus inter Imperatorem & Ducem Sabaudiæ

Mortara, & in meridiem *Lumellum* iam pagus, vnde regio *Lumelliana* iuxta Padum nominatur: *Pavia*, Ticinum, vrbs clara episcopatu & academia ad fluuium Ticinum, *il Tesino*, qui modico post spatio in Padum cadit : ab ortu *Marignano*, Melignanum ; & ad Adduam *Lodi*, Laus Pompeia, aut potius ex ruinis & nomine huius vrbis in vicino loco orta : & trans flumen siue in sinistra ripa *Picighitone*, Piceleo, munitum oppidum : & post Adduæ ac Padi confluentem *Cremona* vrbs episcopalis ; in cuius territorio *Picighitona* cum munita arce? *Casale Maius* ; ac tandem *Sabionetta*, Sabuloneta , inter Padum & Ollium (*Oglio*) fluuios, sub præsidio Hispanorum suum principem habens.

Trans Padum Mediolanensi ducatui subsunt *Valenza*, *a*) Valentia, Padó
pro-

hactenus dedit, hoc vigore tractatuum, 1703 & 1706 factorum, illud vindicante. Lis hæc iam tantum quiescit, nondum enim sopita est.

a) Hæc vrbs, vna cum Alexandria, Dertona, & regione Lumelliana, vi tractatuum, iam nominatorum, a Ducatu Mediolanensi abscissa,

proxima poſt Caſale, & munita: *Ales-*
ſandria, Alexandria, epiſcopalis, cognomine *della paglia,* itidem munita ad flumen Tanarum; *Anona* caſtrum ad eundem fluuium Aſtam verſus: *Tortone,*
Dertona, ad Iriam amnem etiam epiſcopalis. In maritimis Liguriæ Hiſpanus
rex *Finalium,* Marchionatum poſſidet,
ybi *Finale* eſt oppidum cum portu &
munimentis in ora Genuenſium occidentali: *a)* & in Etruriæ litore *Orbitel-*
lum, Telamone, Portus Herculis, Portus S.
Stephani, & *Portolongone* in vicina inſula
Elua, de quibus in Etruria dicemus. *b)*

Ab ortu Mediolanenſem Ducatum
VENETORVM *c)* respublica contingit,

Ducique Sabandiæ tradita ſunt, de quibus
omnibus vita Caroli III. moderni Imper. P. 1.
2 3. 4 conſulenda.
a) Marchionatum *Finalium* modernus Imperator 1714 Genuenſium reipublicæ vendidit,
qui & illam iam poſſident, contradicente licet Rege Hiſpaniarum. Vid. 𝕸𝖊𝖑𝖙𝖘 & 𝕾𝖙𝖆𝖆𝖙𝖘
𝕾𝖕. ad h. a. & 𝕾𝖈𝖍𝖑üſſel 𝖟𝖚𝖗 𝖍𝖊𝖚𝖙. 𝕳𝖎ſt. ad h. a.
b) Ex his *Orbitello,* Porto *Ercole,* & Porto S.
Stephani Auſtriaci iam ſunt iuris.
c) Venetorum Statum, feudum olim & Pro-

git, quæ inde inter Alpes & mare ad Illyricum vsque porrigitur. Caput sunt *Venetiæ*, vrbs mirandi situs, paruis insulis Adriatici maris, litori Italiæ Transpadanæ vicinis, imposita, ædificiis splendida, commerciis opulenta & armis potentissima, cui in Italia parent Istria, Forum Iulium, Marchia Taruisina, & pars Lombardiæ orientalis. Proximus ad Venetias tractus D V C A- T V S V E N E T V S vocatur, cuius in insulis aut litoribus sunt tres episcopales vrbes *Chiozzi*, Clodia Fossa, *Torcello*, Torcellum, & *Caorle*, Captulæ. I S T R I A peninsula Illyrico contermina

hinciam Imperio Germanico subiectam fuisse, nemo forsan historiæ peritus negabit, Venetis licet id strenue abnuentibus, at contra omnem fidem historicam hoc faciunt, consule Conring. de fin. Imper. & Squitinio della liberta Veneta, seu scrutinium libertatis Venetæ. Iniuste in libertatem se vindicauerunt, seu potius Imperio Germanico se subtraxêre; seriem autem Ducum Venetorum, (Doge nominant) vide sis in Frescati relatione di Venetia. Iam nouo sumtuosissimo & cruento bello Turcico hanc rempubl. implicitam videmus.

mina, atque extrema pars Italiæ, vrbes habet *Capo d' Istria*, Iustinopolim; *Citta Nuova*; ac *Albana*, Albonam; & intus *Parenzo*, Parentium; & *Polam*, omnes episcopales: sicut etiam quod in ora Istriæ situm est Austriacæ ditionis *Trieste*, Tergeste. In orientali ora Austriacis subiecta est *Pedena*, Petina, etiam episcopalis; cum aliis adiacentibus, & supra eam in limite Vindorum Marchiæ *S. Viti* Fanum : quod supra memorauimus, cum tractum illum in Germania recensebamus. Ad Carinthiam a mari pertinet FORVM IVLIVM, *Friuli*, nostris *Friaul*, cuius primaria vrbs est *Vdine*, Vtinum, episcopali dignitate; & inter hanc & Aquileiam *Palma*, perfectum munitionis exemplar: *Maranum* in paludibus ad mare; ad septentrionem & Tirolem versus *Pieue*, Plebs, cognomine *di Cadore* in tractu *Cadorino* siue Cadubrio : nomen autem regioni est ab oppido Foroiulionsi, vulgo *Ciuidal di Friuli*, quod in ortum ab Vtino inclinat. *Concordia* rudera episcopale ius conseruant, episcopo

scopo in portu Romatino (*il Porto Gruaro*) oppido ad Romatinum fluuium, degente. Reliqua pars Fori Iulii Austriacis paret, in qua *Aquileia* prope mare, olim vrbs amplissima, nunc desolata, cuius episcopus patriarchæ dignitatem adhuc retinet, quamquam Vtini plerumque commoratur : supra hanc *Gradiscia* & *Goritia*, Vindorum Marchiæ ab aliis adnumerata.

MARCHIA TARVISINA, *la Marca Treuigiana*, Foro Iulio in occasum adiacet. Princeps vrbs est *Treuiso*, Taruisium, XVIII m. p. distans a Venetiis : supra quam *Oderzo*, Opitergium ; *Ceneda*, Ceneta ; *Feltre*, Feltria, & *Bellunum*, omnes episcopales vrbes præter Opitergium, quod iam exiguum est.

LONGOBARDIA VENETA tractus orientalis est regni Longobardici, ac ceteris eius regni partibus, id est Pedemontio, Mediolanensi, Mantuano, Mutinensi & Parmensi Ducatibus, etiam Romandiola viciaisque Regionibus auulsa, vrbes insignes habet, & in maritimis quidem sunt *Padoua*, Patauium, aca-

academia laude celebris, & *Rovigo*, Rhodigium, Cœlii Rhodigini patria : in mediterraneis a Patauino ad Mediolanensem limitem *Vicenza*, Vicentia; *Verona* ad Athesin (*Adige*) fluuium; *Brescia*, Brixia, & *Bergamo*, Bergomum; & *Crema*, omnes episcopales. Inter Veronam & Brixiam lacus est Benacus, nunc *lago de la Garda*, cui *Garda*, quæ nomen dat, & *Salo* adiacent; & vbi ex illo Mincius emanat, *Peschiera*, Piscaria, valide munita. In agro præterea Veronensi ad Athesin *Legnago*, Leonicum, & inter Veronam & Vicentiam *Arzignano*, & alia, Et tantum de Venetorum possessionibus.

Liberi principatus in Lombardia sunt Mantuanus, *a*) Mutinensis & Parmensis,

---

a) Duces Mantuani a Gonzagis descendunt, qui olim rectores ciuitatis Mantuæ erant, vltimus huius familiæ, *Carolus IV* diem suum emortualem 1708 subibat, & quidem, ob arreptas partes Gallorum à Cæsare & Imperio excommunicatus: defloruit ergo in illo omnis stirps Gonzago-Mantuana: Sed ex hac domo descendunt etiam Principes *Guastallenses, Sabionedenses, Castiglionenses*, & *Nobellarenses*, vt sequens Genealogia demonstrabit.

Ferdinandus I Gonzaga, frater Friderici, primi Ducis Mantuani, † 1557:
Cæfar Gonzaga, Dux Amalphitanus, † - - -
Ferdinandus II. Princeps Guaftallensis, † 1632.
Andreas Gonzaga, Comes St. Pauli, qui ftirpem propagauit, † - - -
Vincentius Gonzaga, Dux Guaftallensis, poft obitum nimirum patruelis,
Ferdinandi III, primi Ducis Guaftallensis. † 1714.
2. vxor Maria Victoria, filia 2. iam dicti Ducis Ferdinandi III.

Antonius Ferdinandus, Dux Guaftallen-
fis, nat 1687. accipiebat 1708. a Cæ-
fare in feudum Principatus Sabionedæ,
& Buozzolæ.

Iofephus Maria, nat. Maria Ifabella,
1690. nat. 1680.

Stemma Principum de Sabioneda & Bozzolo in Iohanne Francisco, 1703. defloruit, fundator erat Iohannes Francifcus Gonzaga, Comes Sabionedæ, † 15--
origo autem Genealogica lineæ Caftiglionenfis hæc eft,

Rudolphus Gonzaga, † 1494.
Ludouicus Gonzaga, dynafta Caftiglionenfis, occidebatur 1521.
Ferdinandus Gonzaga, primus Marchio Caftiglionenfis, † - - -
Chriftianus, Comes de Solferino, qui Stemma propagauit † - - -
Ferdinandus Gonzaga, modernus Princeps Caftiglionenfis, nat. 1649.
   ex Laurentia Pica, Principis Mirandulanenfis, aliquos filios genuit,
   quorum nomina tamen ignorantur.
Domus Nouellarenfis a *Feltrino Gonzaga* deducenda, † 1371.

Alphonfus Comes Nouellarenfis † 1679.
Camillus III. modernus Dux Novellarenfis, nat. 1649.
N. filius, nat. 1702.

fis, quibus paruus accedit, Mirandula-
nus. MANTVANI caput est *Mantua*,
vrbs nitida & episcopalis, Ducum sedes,
in Transpadana regione, ad fluuium
Menzo siue Mincium, inter Padum & Veronam; dein *Guastalla* in Cispadana *a)*
& alia parua oppida. Quæ in Monte
Ferrato Dux Mantuanus possidet, ibidem memorauimus. MVTINEN-
SIS *b)* Ducatus primarie *Modena* est siue Mutina, in Cispadana vrbs munita
& episcopalis, etiam Ducum propriorum

---

a) *Goito*, ad Mincium, præterito bello sæpius
memoratum, & bene munitum oppidum,
Guuernolo, ad eundem fluuium, *Canneto*
ad Oliuum fluuium, *Borgoforte*, ad Padum,
Louxara, ad confluentiam Crostolli in Padum, superiori bello sæpissime memorata oppida, præprimis pugna, 1702 inter Gallos,
& Austriacos ibi commissa, Luzzaram admodum nobilitauit. *Ostio*, Ostium, in confiniis
Venetorum.

b) Mutinensium Ducum origo ex domo Estensi
descendit, ex qua Cæsar Estensis 1598 ab
Imperatore Rudolpho I, in primum Ducem
Mutinensem creabatur, vnde hodierni Duces orti.

Caesar Estensis, primus Dux Mutinensis, † 1628.

Alphonsus III. † 1644.
Franciscus I. † 1658.

Alphonsus IV. † 1662.

Maria Beatrix Eleonora, uxor defuncti regis Iacobi II. M. Britanniae, exul in Gallia 1701. obiit, iam Romulis.

Rainaldus, modernus Dux Mutinensis, nat. 1655 Cardinalitiam dignitatem 1694 depofuit, a Gallis in exilium missus, iam autem plenarie restitutus, Vxor Charlotte Felicitas, Princeps Brunsuicensis, nat. 1671.

Benedicta Ernestina, nat. 1697. æt. 1698.

Franciscus Maria, Princeps hæreditarius, nat. 1698.

Amalia Iosepha, nat. 1699.

Iohannes Fridericus, nat. 1700.

rum domicilium : cetera oppida funt
Carpi, Carpium , *Corregio* , Corregium ;
Berſello, Brixellum , a Gallis 1703 occupatum & munitionibus nudatum.
Finale di Modena ad Panarum amnem ;
& epiſcopale *Regio* , Regium Lepidi.
Inde in occaſum ſub Pado ſitus eſt Ducatus PARMENSIS, *a*) cuius primaria
vrbs *Parma* Ducum ſede , academia &
epiſcopatu clariſſima eſt : ei ſubſunt
Placentia, *Piacenze* , ad Padum ; & *Bor-*
go S. Domnino, Burgus S. Domnini, pariter epiſcopales : & *Florentiola.* MIRAN-
DVLA,

---

a) Domus Farneſia Ducibus Parmenſibus originem dedit , ex quibus Petrus Aloyſius Far-
neſius a Papa Paulo III. in primum Ducem
Parmenſem creabatur.

Petrus Aloysius Farnesius, de quo iam dictum, occidebatur 1547.

Odoardus I. Dux Parmensis † 1646.
Rainutius II, Farnesius, † 1694.

Odoardus II. Farnesius † 1693.
Vxor, Dorothea Sophia, Princeps Electoralis Neoburgica,

Franciscus Farnesius, modernus Dux Parmensis, nat. 1678. Vxor, vidua defuncti fratris, 3.

Elisabetha, nat. 1692. vxor Philippi V. regis Hispan.

Habet & adhuc fratrem *Antonium Farnesium*; nat. 1679.

Prætendit quidem Papa, ducatus, Parmensem, & Placentinum feuda Sedis Papalis esse, at mendacia papalia sunt, vid. Conring. de fin. Imp. & defunctus Imperator Josephus, gloriosissimæ memoriæ, abunde demonstrauit, hanc prætensam feudalem subiectionem inter reliquas nugas papales numerandam esse, vid. §ebben Josephi, cura Bibliopolæ Ludov. Glodischii.

DVLANO principi *Mirandula* a) paret in Mutinensi confinio Padum versus; cum paruo territorio, in quo *Concordia* est sub titulo comitatus.

GENVENSIS Respublica Liguriæ maritima tenet fere omnia, pauciora ex

_____

a) Duces Mirandulani a Picensibus orti sunt, quorum Alexander Picus, ab Imperatore Ferdinando II, 1619. in primum ducem Mirandulanum euehebatur.

    Alexander Picus, de quo iam dictum. † 1637.

    Galeotus III. Picus, obiit 1637. ante patrem,

    Alexander II Picus, Dux Mirandulæ, & Concordiæ, † 1691.

    Franciscus Picus † 1689. ante patrem.

Vxor, Anna Camilla, ex domo Borghese, iam vxor Principis a Cellamare.

_____

Franciscus Maria Picus, Dux Mirandulæ, nat, 1688. ob amplexas partes Gallorum a Cæsare proscriptus, Duxque Mutinensis Ducatum Mirandulanum ab Imperio 1711. in feudum accepit, viuit iam Madridi gratiæ & mensæ Philippi V.

ex mediterraneis. *a*) Ab occasu Nizæ-
ensem comitatum habet siue partem Pedemontii maritimam : ab ortu Etruriam. *Genua* vrbs splendida & commerciis diues etiam archiepiscopalis, mari
Ligustico apposita in medio suarum
possessionum litore. *b*) Ab occasu vlti-

V 4 *mum*

---

a) Genuensium respublica subiecta terra fuit
Imperii Germanici, adhuc etiam nexu feudali ei vinculata est, quod *Conringius* de sa-
ker, latius deduxit. Et has ob causas præ-
teritis bellis, Imperatores Leopoldus, & Josephus, ei contributiones indixere, magno licet animi tangore Genuensium. Sed optan-
dum esset, vt Imperatores Germanorum, Jus,
quod Germania in vniuersam Italiam habet,
efficacius exercerent, ipsumque Imperium
Italiæ feuda non adeo obiecta tractaret.

b) a Gallis 1684. innumeris ferme globulis ignivomis horrendum in modum vexata, quibus
nitidissima vrbis pars incendiis dabatur, iam
tamen eo superbior ex cineribus surrexit. *

* Hac horrenda iniectione ignium respublica Genuensium cogebatur, Ducem (Doge.) Lutetias Parisiorum mittere, vbi ad
genua regis Galliarum prouolutus, iram regis abiectissime deprecabatur.

mum eius ditionis oppidum eſt in litorali tractu *Vintemiglia* , Intemelium, prope Moneœi portum ; dein minoribus prætermiſſis *Albenga* , Albingaunum, & *Noli*, Naulum , ambo epiſcopalis dignitatis, quibus interiacet *Finale*, Hiſpanorum oppidum portu inſtructum, de quo ſuprà diximus : & quod iam in Genuenſium poteſtate. Inter Vintemigliam & Albengam *Oneglia* ſiue Onelia in litore poſita eſt, Sabaudicæ ditionis, cum principatus titulo. Poſt Naulam *Vado* ſeu *Vai*, Vada Sabatia, portus & arx munita ; inter quam & Genuam *Savona* , vrbs epiſcopalis & ſatis culta , in quam Dux Sabaudiæ prætenſiones ſuas habet. Metropolin ab ortu Etruriam verſus ſequuntur in hoc litore *Porto Fino*, Portus Delphini, *Rapallo* , Rapallum, ad paruum ſinum ; *Seſtri di Leuante* , Segeſta Tiguliorum, *Porto Venere*, Veneris Portus, & ad paruum ſinum, qui olim Portus Lunæ vocabatur , *Spezzia* ſiue *Spetia*, Spedia, *Sarzana*, Serezana, epiſcopalis cum arce permunita, ad Macram ſluuium

um haud procul ab oſtio, Genuenſium
vrbs vltima aduerſus Tuſciam. In mediterraneis clariora ſunt *Brugneto*, Bru-
netum, epiſcopale, ſub radicibus Apennini, inter Segeſtam & Spediam : &
Serravalle in limite Mediolanenſi : at
Pontremoli, Apua, in tractu quidem Ge-
nuenſi ad Macram eſt, ſed magno Duci
Tuſcorum ſubdita. Præterea inſula
Corſica cum paruis adiacentibus Genu-
enſibus ſubiecta eſt, de qua ſequenti capite poſt Siciliam & Sardiniam dictari
ſumus.

TVSCIA ſiue ETRVRIA nunc
Toſcana, *a*) in ortum excipit, cuius ma-
V 5 iorem

---

a) Origo magnorum Ducum Toſcaniæ ex Me-
diceis deducitur, qui mercatura tantas diuitias
corraſerant, vt principalem Dignitatem am-
bire non dubitarent, ſiquidem magnus Dux
Hetruriæ ab Italis communiter maximus mercatorum nominari ſolet, cum & adhuc ſat
pinguem mercaturam exerceat. Coſmus autem de Medicis, primus Dux Toſcaniæ erat,
quam dignitatem Papa poſtea in ampliorem,
magni nimirum Ducatus titulum commuta-
bat, invito licet Cæſare, qui tandem certis ſub
conditionibus, Papali huic metamorphoſi
conſenſum præbebat.

Cosmus I, primum Dux, dein Magnus Dux Hetruriæ, † 1574.

Ferdinandus I. Magnus Dux, in locum defuncti fratris Francisci, deposita Cardinal-
litia dignitate, fuccedebat. † 1608.

Cosmus II. † 1621.
Vxor, Maria Magdalena, filia Caroli, Archiducis Austriæ.

Ferdinandus II. † 1670.
Cosmus III. modernus Dux Magn. Hetruriæ, nat. 1642.
Vxor, Margaretha Louife, filia Gastonis, Ducis Aurelianensis.

Ferdinandus III. *Princeps He-*   Maria Anna Louife,   Johanna Gasto.
reditarius, nat. 1663. † 1714.   nat. 1677. vxor, Anna Maria Fran-
vxor, Violenta Beatrix, filia   Elect. Palat.   cifca, primogenita de-
Electoris moderni Bavariæ,   functi Ducis Saxo-
nat. 1673.   Lauenburgici.

Rumor hactenus fuit, Magnum Ducem testamentum, in præjudicium domus Palatinæ
Electoralis, & in favorem Ducis Aurelianensis condidisse, de quo tamen adhuc nil
certi constat. Quidscit forsan hæc res, & mors regis Galliarum omnibus conceptibus
longe aliam faciem induet. De cætero, etiam Magnus Dux Hetruriæ Vasallus est Imperii Germanici, quod ius Vasallagii, præterito bello ab Imperatore Josepho strenue
exercitum fuit.

iorem partem magnus Dux Tuſciæ, Florentinus Princeps, poſſidet; partem maritimam Hiſpani vt ſupra diximus; Pontifex orientalem ſub *patrimonii Petri* titulo: occidentalem Luccenſis Reſpublica, ſed perexiguam. Termini ſunt a Macra ad Tiberim, vt veteris Etruriæ. Inter Macram & Arnum eſt

LVCCENSIS Respublica, parui territorii *a*) *Lucca*, Luca, vrbs validæ munitionis & ſui Iuris, optimis legibus temperata, etiam epiſcopalis: *Borga a Mozzano* & alia minora ei ſubiecta ſunt. *Maſſa* autem inter Sarzanam & Luccam maritima paret proprio principi.

MAGNVS DVCATVS TVSCIÆ, vulgo *Gran Ducato di Toſcana* inter mare & Apenninum a Luccenſi agro ad Patrimonium Petri extenſus eſt. Caput

V 6 Fi-

_____

a) Quod de omnibus Statibus Italiæ dictum fuit, id de hac republica quoque dicendum eſt, eam nimirum feudum Germanici Imperii eſſe, vid. Conring. l. cit. vlteriorque indagatio huius rei ex Iure noſtri Imperii *Publico* recenſenda.

Fiorenza, Florentia ad Arnum, vrbs florentissima, Magni Ducis sedes & Archiepiscopi : inde occasum versus *Pistoia*, Pistoria, & *Prato*, Pratum, vrbs elegans & munita, vtraque episcopalis, sed sub vno episcopo : & ad Arnum inter Florentiam & Pisam medium *San Miniato al Tedesco*, Miniatum Teutonis, pariter episcopatu insignitum oppidum : & prope metropolim, in ortum æstiuum, *Fiesoli*, Fæsularum ruinæ, episcopalem dignitatem seruantes : & Tiberim versus *Arezzo*, Aretium, & *Certona* itidem episcopales ciuitates, vti etiam quæ inde in meridiem vergunt *Colle*, Collis, *Volterra*, Volaterra, *Monte Pulciano*, Mons Polifianus ; & *Montalcino*, Ilcinum, *Pienza*, Pientia olim Corsinianum; & *Chiusi*, Clusium, & *Soana*, Suana, in limite orientali ; & maxime hinc in septentrionem distans *Borgo di San Sepolcro*, Burgus S. Sepulcri, iuxta Tiberim in Vmbriæ ripa ; omnes vrbes episcopales, excepto, quod medio loco cum arce munita situm oppidum est *Radisfato*, VII m. p. a finibus Pontificiæ ditionis

nis: at *Siena*, Sena, archiepiscopalis, etiam academiæ nutricia, inter Collem &
Volaterram ab occasu, & Montem Po-
litianum ac Pientiam ab ortu. In maritima ora magni Ducis sunt *Pisa*, Pisæ,
ad Arnum fluuium prope ostia, archiepiscopatu & academia vrbs nobilis:
Livorno, Liburnus portus, celebre emporium: in quo quælibet secta Christiana, vti & Iudæi libero religionis exer-
citio fruuntur. *Vada*, Vada Volater-
rana, vicus cum portu: *Piombino* autem, Plumbinum, e regione Iluæ insulæ, proprio principi paret sub clientela
olim Hispanici regis, iam Archiducum
Austriæ, cuius præsidio castellum vrbis
tenetur. Insulæ etiam *Iluæ*, nunc *Elba*,
pars erat Hispanicæ ditionis, in qua
munimentum *Portolongone* situm est,
quod iam Philippo V. paret: reliquam
partem magnus Dux possidet, cuius est
Porto Ferraio, Portus Ferrarius aliud
propugnaculum. In continente eiusdem Ducis vltra hanc insulam sunt duæ
paruæ episcopales vrbes *Massa*, Veter-

nenfis cognomento , & *Groffeto* , Rofe-
tum. Quæ feqúuntur in litorali hoc.tra-
ctu vsque ad Caftrenfem principatum,
Hifpanici hactenus iuris fuerant , videlicet *Telamone* , *Orbitello* , & *Porto Hercule* ,
cum *Argentario* monte , de quibus fupra
mentio facta. Reliqua pars Etruriæ in
Ecclefiæ prouinciis explicabitur.

TERRITORIVM ECCLE-
SIAE, *a*) vulgo *Stato della Chiefa* , ab
oceafu Magnum Ducatum Tufciæ &
Mutinenfem ; a feptentrione Venetorum

---

a) Vniuerfum territorium Ecclefiafticum , ex
emendiis & fictis donationibus coaluit , quas
fuperftitio & negligentia plerorumque Imperatorum confirmauit , & adhuc tolerat. Hie-
rarchia autem figmentum eft , quod fcripto-
rum rationem fanam vti & *Politicam* e dia-
metro auerfatur , de quo *Pufend.* cap XII.
Introduct. & ibi Dn. *Thomafius* confulendus.
Plerique *Politici Papatu* duplici modo confi-
derant , vt nimirum perfonam ecclefiafticam
& fecularem ; quoad vltimam inter *Principes*
collocant , at malé , fummo enim dolo , &
iniuftiffimo modo iuribus Germanici Imperi
fe fubtraxit. Sed tranfeant hæc quocunque
Genealogia modernia Papæ hæc eft

Carolus Albani, Vrbinensis, qui Officio Camerae Magistri in domo Cardinalis Barberini fungitur.

Johannes Franciscus Albani, nat. 1649. Vrbinensis, prнmium Cardinalis, postea 23. Nou. 1700 in *Papam* electus, ex quo Nomen *Clementis XI* assumsit, partibus Galliae spiritum in modum addictus.

Horatius Albani, † 1712.

Hannibal Albani, nat. 1687. Cardinalis 1711.

Carolus Albani, nat. ---

Alexander Albani, nat. ---

Romae in aula populi vitam exhibens

rum regiones , ab ortu Neapolitanum
regnum adſpicit; eſtque totum in poteſtate Pontificis Romani. Partes eius
ſunt *Campania Romana,* (la Campagna
di Roma) hoc eſt Ager Romanus , Ti-
beri & Aniene fluminibus mari infero
& Neapolitani regni limite comprehen-
ſus : *Patrimonium Petri*, ſiue reliquum
Etruriæ orientalis: *Sabinorum ager* , (la
Sabina) trans Anienem : *Vmbria* , vbi
Ducatus *Vrbinas* & *Spoletinus* , quibus
Peruſinum tractum adiiciunt , quamquam verius in Etruria , ſed extra patrimonium Petri , ſitum : *Romandiola* ſupra Vmbriam cum Ducatu *Ferrarienſi:*
Marchia *Anconitana* infra Vmbriam in
loco veteris Piceni. *Beneuentum* Nea-
politanis prouinciis circumſcriptum eſt.
Initium facimus ex Etruria , vbi ſubſti-
teramus.

PATRIMONIVM PETRI , quod a
Mathilde illuſtri fœmina & Tuſcorum
comite pontifici donatum dicitur , pars
Etruriæ eſt inter Martam , ex Vulſinio
lacu ruentem, ac Tiberim ; & Senenſem

tractum. Caput eius *Viterbo*, Viterbium, a quo boream versus supra Glanis & Tiberis confluentem distat *Orvieto*, Vrbeuetum siue Vrbs vetus, olim Oripitum, in eiusque agro Viterbium versus *Bagnarea*, Balneoregium; in ora Vulsinii lacus (*lago di Bolsena*) orientali *Monte Flascone*, Mons Flasconis, & supra lacum *Aquapendente*, Acula siue Aquula; ad Tiberim paullo supra Naris confluentem *Orti*, Hortanum: infra illum, *Ciuitas Castellana*; ad amnem *Pozzolo* inter Romam & Viterbium *Nepi*, Nepet, eique vicinum *Sutri*, Sutrium: ad Martam prope ostia *Corneto*, Cornuetum: superius ad eundem amnem *Toscanella*, Tuscania, in confinio Ducatus Castrensis: ad mare *Ciuita Vecchia*, Centumcellæ, portu celebre oppidum & nauali Pontificis: & ad Tiberis dextrum ostium *Porto*, Portus Romanus, vrbs fere excisa, episcopatu tamen suo seniorem Cardinalem denominans. Omnes etiam ceteræ, quas tam recensuimus, episcopales ciuitates sunt, licet

Tu-

Tuscaniensis Viterbiensi ; Sutrinus Nepesino ; Hortanus Castellanensi ; Montis Flasconis episcopatus Comuetensi plerumque coniunctus sit. Ab anno 1649 accessit *Ducatus Castrensis*, inter Martam & Portum Herculis ; & tractus *Roncilionensis* inter Viterbium & Sutrium situs, qui antea Parmensis ditionis fuerunt : sed bello propter necem episcopi orto & pactis tandem composito, cesserunt Pontifici, qui Castrum vrbem munitam (*Castro*) funditus euertit, eiusque episcopatum transtulit Aculam. *Farnese* proximum Castro, & *Montalto*, Mons Altus cum portu, eiusdem Ducatus fuerunt : *Ronciglione* autem, Roncilio, oppidum Sutrio vicinum, caput tractus peculiaris. Adiungitur *Perusiense territorium* inter Glanim (nunc *Chiana*) & Tiberim positum. *Perugia*, Perusia, ciuitas academia & episcopatu nobilis inter Trasimenum lacum & Tiberim sita, vnde lacui iam nomen est, *Lago de Perugia*. Hinc in septentrionem adscendimus, inde in austrum progressuri. Ro-

ROMANDIOLA propria, a Venetorum peninfula Rhodigienfi , Ducatu
Ferrarienfi, & Florentina parua portione, quæ Apennino fubiacet, diſtincta,
pars eſt maritima eispadanæ Galliæ ad
vsque Ariminum. Mari Adriatico adpofita funt *Ravenna* , archiepifcopalis
vrbs & olim Italicarum munitiſſima,
quæ Gothis Italiam tenentibus aulam
Imperatoris, mox Exarchi habuit, quaſi
altera Roma. vnde nomen regioni fuit
inditum: epifcopales , *Ceruia* , & *Rimi-
no*.; Ariminum. A mari recedunt itidem epifcopales *Imola*, Forum Cornelii,
Faenza, Fauentia, *Forli*, Forum Liuii,
Cefena ad Sapim amnem, *Sarfina* ad eundem, in vicum pæne redacta: fed omnibus his maior & celebrior *Bologna* , Bononia , in occidentali parte Romandiolæ latius finite , vrbs academiæ antiquitate & archiepifcopatu nobiliſſima. In
Septentrionem adiacet Ducatus *Ferrari-
enfis*, a fine fuperioris feculi ditionis Ec-
clefiaſticæ factus, & ipfe in Romandiolæ
limitibus. *Ferrara*, Ferraria, in præcipuis

puis Italiæ vrbium numeranda, Padi ramo adpofita, epifcopatum habet, ficut etiam *Comachio*, Comaclum, in ora lacus cognominis fitum: *a) Francolinum* ad alium Padi ramum incili coniunctum Ferrarienfi: *Ponte di lago Scuro* munitus ad eundem amnem tertio a Ferraria lapide. Peninfulas, vt Ariani, a caftro *Ariano* denominata; S. Georgii & alias, ibi Padus diuortiis fuis efficit. Sequuntur iuxta mare

VRBINAS DVCATVS, Vmbriæ tranfapenninæ pars potior & media. *Vrbinum* caput regionis, vrbs archiepifcopalis: circumiacent epifcopales ab occafu *Foffombrone*, Forum Sempronii;

ab

_____

a) Oppidum hoc Imperator Jofephus fedi papali, & quidem fummo cum iure detraxit, ab innumeris enim feculis feudum Germanici Imperii fuit. Lis adhuc durat, & longius foret, illum hic loci fufe adducere, adeundi eius caufa funt diuerfi hactenus emanati tractatus, præprimis obfervations fur une lettre, Bouchart l'affaire du Comachio, *Leben Caroli III* moderni Imperat. P. 1, 2, 3, 4. Ius Imperii in Italiam.

ab auſtro *Cagli*, Callium, & *Gubio*, Eugubium; & ad Tiberim *Citta di Caſtello*, Tifernum Tiberinum: ab ortu *S. Leo*, *Vmbrania*, & *S. Angelo in vado*: ad mare *Peſaro*, Piſaurum, *Fano*, Fanum Fortunæ, *Senigaglia*, Senogallia. Hinc ſub mari ſuccedit

MARCHIA ANCONITANA, *Marca d'Ancona*, vetus Picenum, nomen ſortita ab *Ancona*, proxima poſt Senogalliam vrbe, portu inſtructa & epiſcopatu: vnde in ortum *Loreto* eſt ſiue Fanum Mariæ Lauretanæ, peregrinationibus nobilitatum, cuius epiſcopatus Recinetenſi coniunctus eſt: *Fermo* autem, Firmum, in eadem ora vrbs archiepiſcopalis; vltra quam *Ripa Tranſonis*, epiſcopalis æquo vt quæ intus ſitæ ſunt, *Ieſi*, Æſis ad Æſim fluuium: *Oſmo*, Auximum; *Recanati*, Recinetum *Tolentinum*, *Camerinum*, *Macerata* caput totius Marchiæ & ſedes præfecti Pontificii; *Aſcoli*, Aſculum, ad Truentum fluuium, *Montalto*, Mons Altus, inter Aſculum & Firmum, *S. Seuerino*, Septempeda, aut

ex

ex huius ruinis natum oppidum, iuxta
Potentiam fluuium.

Vmbriæ *Cisapenninæ* Ducatus s po-
letinvs pars maxima & præcipua;
vrbes autem Apennino propiores *Assi-
so*, Asisium, *Fulique*, Fulginium, & *Nor-
cia*, Nursia : medio loco *Spoleto*, Spo-
letium, caput ducatus : prope Tiberim
Todi, Tuder ; ad Narem *Narni*, Narnia,
& *Terni*, Interamnia, *Amelia*, Ameria,
& ad Velinum amnem *Rieti*, Reate, in
confinio Neapolitani regni.   Omnes
etiam hæ episcopales vrbes ; sabinvs
autem ager nunc admodum angustus,
vnum tantum episcopatum habet, vni
ex sex antiquioribus Cardinalibus collatum, cuius sedes seu cathedralis ecclesia
est Manlianæ , vulgo *Magliano* , quod
oppidum prope Tiberim situm Sabini
tractus primarium censetur : castrum
Lamentana ad Alliam ex oppido No-
mento reliquum est.

Campaniae romanae est *Ro-
ma* vrbs ad Tiberim, olim orbis domina, hodieque antiquitatum monumentis,

tis , & Pontificis domicilio magna-
tumque palatiis illustrissima ; *Tivoli*,
Tibur , amœnum & episcopale oppidum ad flumen *Teverone* , est Anienem ; *Palestrina*, Præneste, *Frascati*, Tu-
sculum, & *Albano*. Albanum , olim villa
Pompeii, tres episcopatus habent senio-
ribus ex Cardinalium collegio conferri
solitos, ad quam dignitatem etiam *Ostia*,
ad ostium Tiberinum sitæ , evectus episcopatus est. Cetera maritimæ oræ sunt
Nettuno, Neptunium, Antiatium olim
navale; *Astura* castrum, & prope Ufen-
tis ostium *Terracina* , Tarracina , nunc
exigua & male culta, æque tamen episcopalis , ac quæ intus supra eam sitæ
sunt *Belitri* sive *Velletri*, Velitræ; *Segni*,
Signia ; *Anagnia*, *Ferentinum*, *Alatri*,
Alatrium , *Veroli*, Verulæ. Minora
sunt, saltim sine dignitate episcopatus,
Gallicano, Gabii, *Riccia*, sive *Ariccia*, castrum ; etiam *Savello*, Sabellum , sed
semidirutum: *Gandolfo* , in Albæ Lon-
gæ loco , castellum : *citta Lavinia* , seu
della Vigna : & prope Pomptinas paludes

des *Cisterna, Cora, Sermoneta*, muhitum oppidum ; *Sezze*, Setia, plerumque sedes episcopi Tarracinensis: *Casa noua*, *Piperno*, P*i*pernum , in limite Neapolitano.

REGNVM NEAPOLITA-NVM, Hispanici hactenus iuris fuit, *a*) Italiam reliquam complectitur, diuisum in XII prouincias, quas ita percensebimus, vt primum quæ a Latio ad Siciliam vsque sunt cis Apenninum & iuxta inferum mare, enumeremus : deinde quæ sunt ad mare Adriaticum trans Apenninum. Oppida pleraque episcopalis dignitatis sunt : quapropter solos archiepiscopatus adnotabimus

                 TER-

---

a) Neapolitanos reges olim suos habuisse ex Historia constat, dein in potestatem regum Hispaniæ pervenêre, hinc Dux Andegauensis, vt modernus possessor Hispaniarum Neapolitanum regnum ao. 1701. occupauerat, ex quo tamen, ope & interuentu Anglorum & Batauorum, 1707. eiiciebatur, ita, vt domus Austriaca regnum hocce iam teneat, cuius occupationem in Vita Caroli *III.* supra citati prolixius descriptam invenies.

TERRA LABORIS, vulgo *Terra di Lauoro*, Campania felix est & pars Latii Noui. Caput totius regni *Neapolis*, vulgo *Napoli*, ad mare sita, sedes regum quondam , nunc proregis Hispanici, vrbs archiepiscopalis ac populosa & diuersis castellis contra plebis seditionem munita. Inde Romam versus in ora maritima sunt *Pozzuolo*, Puteoli, *Auersa*, & *Capua* archiepiscopalis, ad Vulturnum & Lirim, *Carigliano* nunc dictum; *Calvi, Carinola, Tiano*, Teanum Sidicinum, *Sessa*, Suessa; & trans Lirim *Gaeta*, Caieta, munitissima cum portu sat tuto, 1707 post aliquam obsidionem a Cæsareanis copiis occupata, ac in Pontificii territorii confinio *Fondi*, Fundi. Post Neapolim mons *Vesuvius* , nunc *Monte di Somma* dictus, incendiis suis, quæ nec superiori , nec nostro seculo desierunt, famosissimus : a quo mari adposita sunt, *Vico, Sorrento*, Surrentum, vrbs archiepiscopalis, *Massa* : mediterranea *Aquinum, Sora* ad Lirim, *Venafrum, la Cerra*, Acerræ, *Caiazzo* , Calatia

X   ad

ad Vulturnum, *Caserta*, *Nola*. Subiacet
insula *Ischia* siuè Iscla , quæ oppidum
eiusdem nominis in scopulo permunitum habet, insulæ mole iacta coniunctum; minores sunt *Prochyta* siue *Pro-
cida*, *Nisita*, & aliæ. Excipit

PRINCIPATVS vterque, *vlterior* in
mediterraneis : *citerior* in maritimis.
VLTERIORIS est *Conza*, Compsa , archiepiscopalis, ad radices Apennini in
Hirpinis ; circumiacent *Auellinum*, *la
Cedogna*, *Monte Verde*, *S. Agate di Goti*,
Fanum Agatæ Gothorum, *Sant' Angelo
di Lombardi* , *Fricento* , Frequentum.
Etiam *Beneventum* in hoc tractu est, archiepiscopalis vrbs, sed cum agro circumiecto Pontificiæ ditionis. CITE-
RIORIS, quæ ferè Lucania est, archiepiscopales sunt *Amalfi* & *Salernum* ad
sinum Salernitanum : alia maritima
oppida *Scala*, *Minuri* & ad proprium
sinum *Policastro* , nunc ferè desertum :
reducta a mari *Sarne* sub Vesuuio, *Noce-
ra* , *Nuceria*, *Capacio*, *Compagna*, *Mar-
sico*, *Nusco*, *Ravello* & alia.

CALA-

CALABRIA etiam vel *citerior* est vel
vlterior, sed vtraque non veterem Cala-
briam, sed Bruttiorum agrum & aliam
Magnæ Græciæ partem comploctitur, &
à Lucania & Tarentino sinu ad Siculum
fretum procurrit, vtroque mari contenta. CITERIORIS caput *Consenza*, Con-
sentia, at *Rossano*, Roscianum, archiepiscopale sub sinu Tarentino; inter quem
& Scyllacium *Bisignano*, Besidiæ; *Cassa-
no*, Cosa; *Cerenza*, Geruntia; *Marto-
rano*, Mamortium. VLTERIORIS
præcipua vrbs *Casanzaro*, Catacium, ad
oram maris Ionii, vt etiam *Belcastro*,
Bellicastrum; *Cotrone*, Croton; *Squil-
lace*, Scyllacium; *Santa Severina*, Sebe-
rena, archiepiscopalis: at iuxta Tyrrhe-
num mare *S. Euphemia*, *Tropea*, *Nicote-
ra*, *Regio*, Rhegium, archiepiscopale ad
fretum Siculum, multis munitionibus
iam ornatum, *Bona* iuxta promontorium Herculium, nunc *Capo di Spartiven-
to*; vicinum Leucopetræ promontorium iam *Capo dell' armi* dicitur: *Capo di
Stilo* est infra sinum Scyllacium.

X 2 In-

Inter superum mare & Apenninum,
aut etiam hoc monte incluso, est A PRV-
TIVM, vulgo *Abruzzo*, itidem duplex.
VLTERIVS Anconitanam Marchiam
contingit, Marsos, Vestinos & Piceni
partem comprehendens. *Aquila* sub
Apennino caput regionis: cetera oppida
Atri, Adria, *Temmo*, Interamnia; *Ciuita di Penna*, Pinna, & *Campli*: CITE-
RIORIS vrbs primaria *Lanciano*, Anxa-
num, æque archiepiscopatu ac *ciuita di
Chieti*, Teatea in Martucinis insignita;
minora oppida *Pescara*, Aternum, ad
Adriaticum mare: *Ortana*, *Solmona*,
Sulmo & alia. Aprutio adiacet Co-
mitatus MOLISINVS, a *Molisia* castro dictus, cuius oppida sunt *Larina*,
Triuentum, *Guardia Alfares* & sub A-
pennino *Isernia*, *Æsernia*, & *Boianum*.

CAPITANATA respondet Apuliæ
Dauniæ. *Manfredonia* archiepiscopalis
est apud ruinas Siponti: *Asculum*, Apu-
lum, *Vieste*, *Apenesta*; *San-Seuero*, *Be-
nino*, *Troia*, *Voltuuera*, Vulturaria. BARIA-
NVS ager, *Terra di Bari*; Apuliæ Peuce-
tiæ

tiæ pars maior, nomen habet a Bario,
Bari, archiepiscopali ciuitate, cuius dignitatis est etiam *Tiani*, Tranium, vtraque vrbs maritima; sicut etiam interia-
centes *Biseglia*, Viglia; *Molfetta*, Melfi-
ctum; *Giovenazzo*, Iuuenacium: sed
supra Tranium *Barletta*, Barulum, sedes Nazareni archiepiscopi titularis:
infra Barium *Monopoli*: a mari recedunt *Rupum*, *Bitonto*, Batuntum: *Bisel-*
tum, *Conuersanum*: intus *Grubine*.

BASILICATA, pars Lucaniæ mediterranea, etiam Apuliæ. *Cirenza*
Acherontia, oppidum præcipuum: cæ-
tera *Lauellum*, *Mons Pilosus*, *Venosa*, Ve-
nusia, *Murus*, *Rapolla*, *Potenza*, Potentia, *Tricarium*, *Adelphis*, & in monte
Tursi ad mare.

HYDRVNTINA prouincia, *Terra di*
Otranto, vetus Calabria siue Messapia
est, cuius nunc caput *Lecce*, Aletium habetur: *Otranto* autem, Hydrus siue Hy-
druntum, portu celebratur, supra quam
vrbem in eadem ora *Brindisi*, Brundu-
sium, itidem portu nobilitatum, & *Ostu-*

num : auſtrale latus tenent *Matera* archiepiſcopalis, *Caſtellaneta, Motula, Taranto,* Tarentum, & in extremo angulo Sallentinorum *Nardo,* Neritum, *Galliopolis, Vgento,* Vxentum, & *Aleſſano,* Alexanum : ſed *Oria,* Vria, ad Apenninum inter Brunduſium & Tarentum.

CAPVT XIX.
DE
INSVLIS ITALIAE.

ILluſtriores maioresque inſulas, quæ inter Italiam & Africam ſunt, proxime poſt Italiam adimus. Maxima illarum eſt

SICILIA, *a*) cuius regnum aliquan-

---

a) De antiquo ſtatu Siciliæ iam nil attinet dicere, conſulendus eſt de illo Cluuerius in Sicilia ſua antiqua. Pars hactenus fuit Monarchiæ Hiſpanicæ, ſed Pace, Wtraiecti 1712 concluſa, interuentu miniſtrorum reginæ Annæ, vti & regum Franciæ & Hiſpaniæ, in nouum, & particulare regnum erectum, Ducique Sabaudiæ traditum fuit, maxime licet

quando coniunctum fuit Neapolitano,
hactenus vtrumque in ditione Hispanorum fuit.   Diuiditur hodie in tres prouincias siue *Valles*, quarum quælibet angulum continet promontorio famoso
insignitum. Prima est VALLIS DEMO-
NA, *il Val di Demoni*, in cuius septentrionali latere est *Cisalu*, Cephalodium,
Patti, Pactæ, *Milazzo*, Mylæ: in orientali iuxta fretum *Messina*, vrbs populosa
& archiepiscopalis, etiam commerciis
opulenta, a qua Pachynum versus sunt
Scaletta castrum, *Taormina*, Tauromini-
um: *Catania*, Catana, cum portu, prope radices *Ætnæ* igniuomi, (nunc *Mon*

X 4

Gi-

---

contradicente domo Austriaca. Dux itaque Sabaudiæ iam & rex est Siciliæ, quam
insulam possessione etiam accepit, tradenti-
bus ei illam Hispanis.   Quieta possessio adhuc sub lite est, domo Austriaca eam constan-
ter repetente, & euentus docebit, num hic
nouus rex in numero cæterorum regum man-
surus Super hac re adeundi, Welt & Staats
Spiegel / clauis ad modernam Historiam, &
alii eandem materiam tractantes

Gibello) episcopalis, sed terræ motu 1693 euersa.

Secunda VALLIS NETINA, *il Val di Noto*, inter ortum & austrum concludens Pachynum promontorium. Orientalis lateris post Demonam Vallem in ora maris sunt *Lentini*, Leontium, *Augusta*, a Friderico II. Rom. Imperatore & Siciliæ rege condita, parua quidem sed munita in peninsula 1693 motu terræ & maris ita hausta, vt nihil eius supersit; & *Siragusa*, Syracusæ, duplici portu instructa, sed a veteri splendore deficiens eodem motu cum aliis multis quassata: *Noto*, Netum, vnde cognominatio Vallis petita est: in latere australi *Camerana*, *Terranoua*, & cetera. Tertia est

VALLIS MAZARA, *il Val di Mazara*, ad occasum extensa, in cuius litore australi, *Gergenti*, Agrigentum, *Calata*, *Belota*, *Sacca*, Thermæ Selinuntiæ, & *Mazara* prope Lilybæum promontorium, sed ex ruinis Lilybæi oppidi *Marsala* nota propter portus capacitatem, cuius ostium Carolus V obstruxit. Inde in
septen-

septentrionem funt *Trapano*. Drepa-
num, & *Palermo*, Panormus, regni primaria & fedes proregis & archiepifcopi, eique proxima vrbs archiepifcopalis
alia *Mont Reale*, Mons Regius. Hæc
in litoribus: quæ intus recedunt, pleraque funt obfcuriora, faltim Germanis minus cognita, v. g. *Calatagirone*,
Calata Hieronis, in Valle Netina; *Ca-
latifimi*, in Valle Mazara, & cetera.

Infulæ quoque *Vulcaniæ* fiue *Æoliæ*
ad Siciliam pertinent inter Mylas & Lu-
caniam fitæ, e quibus *Lipare* epifcopum habet.

SARDINIA *a*) quoque regni dignitatem adepta Hifpanici iuris erat.
Primaria vrbs *Cagliari*, Calaris, ad fi-

X 5 num

---

a) Sardinia ab Anglis 1708 claffe occupabatur,
domuique Auftriacæ tradebatur, quæ iam illam poffidet: fed pace cum Philippo V nondum facta, poffeffio eius omnino dubia manet. Propofitum fuit, Electori Palatino illam, fub regni titulo, tradere, irrito tamen
fucceffu, vid. interim de hac re, la Sardeigne
Parangraphe de la Paix.

num auſtralis lateris, ſedem proregi &
archiepiſcopo præbet ; *Iglesias*, Villa
Eccleſiæ, prope rudera Sulcitanæ vrbis:
Palma caſtrum.　In latere occidentali
Oriſtagni, Arborea, & *Saſſaris* ; Turris
Libyſonis , archiepiſcopales : *Boſa*,
Algher & *Aragoneſe* epiſcopales : ab ortu
Terra Nona, & alia obſcura.　Adiacent
plures minores inſulæ, vt *Aſinaria*, *Tau-
laria*, *S. Antiochi*, *S. Petri*, & aliæ.

CORSICA inter Sardiniam & Li-
guriam in poteſtate eſt Genuenſis reipublicæ.　*Baſtia* caput inſulæ & ſedes
gubernatoris portu prædita ſatis capaci
in parte boreali inſulæ : *Bonifacium*, &
Porto Vecchio, Portus Vetus, in auſtrali ;
Calvi & *l'Ajazzo*, Adiacium in occidua;
Corte, Curia, in meditullio.　A Corſica
pendet etiam parua inſula Capraria, *la
Capraia*, inter illam & Tuſciam poſita.

Tandem etiam MELITE, vulgo
Malta, celeberrima inter Europam &
Africam inſula, huc referri debet, quia
eiectis Saracenis, paruit regibus Siciliæ,
donec Ioanniticis equitibus a Carolo V

con-

concessa fuit, qui hodieque possident, *a*) Vrbs noua insulæ, & munitissima, est *Valleta* ad oram maris, quod orientem spectat, vbi equites equitumque Magister commorantur : *Medina* siue *Cita Vecchia*, Vetus Melite, vrbs episcopalis, in mediterraneis est. Portus quoque *di Marza Sirocco*, qui austrum prospicit, vtrimque castellis munitus est. Inde in occasum æstiuum modico interuallo abest minor insula GAVLOS, hodie *Goza*, etiam in ditione

X 6

a) Quæstio Iuris Naturæ & religionis est, num bellum, quod hi Equites contra Turcos perpetuo gerant, defendi possit, licitumque sit? Qui in affirmatiuam prorumpunt, neutrius vera fundamenta intelligunt, hinc omnino concludendum, hocce bellum, neque ex principiis Iuris naturæ, neque ex fundamentis nostræ religionis pro licito declarari posse. Turcæ apparatibus suis BELLICIS, quibus adhuc intenti sunt, Equitibus hisce maximum timorem iniecére, propterea & paribus præparatoriis se opponunt, sed vanus videtur timor esse, quem tamen euentus melius declarabit.

ne equitum Melitensium : castellum habet eiusdem nominis.

CAPVT XX
DE
GRAECIA.

GRaecia Illyrici, Moesiae & Thraciae terminis, ac ora maris Adriatici, Ionici ac Aegaei circumscribitur. Diuiditur in Albaniam, Macedoniam, Graeciam propriam & insulas.

ALBANIA pars Macedoniae occidentalis etiam Epiri & Illyrici nonnulla complectitur. In Dalmatiae limite post sinum Catarensem sunt in maris ora, *Antiuari*, Antibarum, quondam archiepiscopale oppidum, & *Dulcigno*, Olchinium : intus *Scutari*, Scodra, & *Driuastum* iuxta lacum Scodrensem, omnia Turciae ditionis ; Scutari etiam sedes Bassae. Sed haec in veteri Illyride quam *Drilo*, nunc *lo Drina* fluuius ab Albania propria disterminat, ad cuius ostium est *Alessio*, Lissus, & vltra sinum

D-

Drinenfem *Durazzo*, Dyrrachium, cum portu : *Croia*, Scanderbegi patria, & *Albanopolis*. Vlterior in litore Adriatici maris *Valona*, Aulon vrbs capta a Venetis 1690 , & munimentis exuta.

EPIRI nunc partes fuccedunt. *Ioánina* , intus fita ampla ciuitas, veteri Chalcocondylæ interpreti eft Caffiope. In litore *Chimera* intra Ceraunios montes, qui inde *Monti della Chimera* dicuntur : *Butrinto* , Butrotum , *Gomenizza*, *Panarum* cum portu , & tandem *Preuefa* munita, fere in loco Nicopoleos , ad os Ambracii finus, Turcis nuper 1684 a Venetis erepta : fupra finum vrbs munita *l'Arta* fiue *Larta*, quam vulgo Ambraciam putant effe, alii ftrenue negant. Sinus ipfe modo a Preuefa modo a Larta cognominatur.

MACEDONIA hodie in fuas quoque prouincias diuiditur , vt funt *Iamboli* inter Thraciam & finum Thermaicum : *Comenolitari* in Theffaliam propendens : *Ianna* partem Theffaliæ, quæ ab auftro & occafu eft, complecti dicitur: quibus *propria Macedonia*, quæ veterem situm retinet, a chorographis adiungitur. Singularum terminos constituere difficile est, quod mediterranea Græciæ nostris hominibus nondum satis sunt cognita. Vrbes ergo præcipuas tantummodo notamus. In propria inter Albaniam & Thermaicum sinum, *l'Ocrida*, Achridia siue Achrys, in Albaniæ confinio : *Beria*, Berœa : eique vicina *Näusa*, Νάυσα Græce : Pella nunc est pagus : *Edessa*, *Chitro*, Citrum, ad occidentalem oram prædicti sinus : in Iamboli *Salonichi*, Thessalonica, Græcarum vrbium facile primaria & celebre emporium ad extremitatem sinus Thermaici, qui inde *Galfo di Salonichi* nominatur : *Cassandra*, *Emboli*, Amphipolis, & trans Strymonem *Philippi*, & *Cavala*, Oesyma. In Thessalia citeriore vrbs *Ianna*, ampla & archiepiscopalis : in vlteriore *Larso*, Larissa, & ad Magnesium sinum, *Armiro*, & *Volo*, a quibus etiam cognomen sinui olim Pasagetico, datum est.

GRAE-

GRAECIA PROPRIA in *Livadiam* siue Helladem distinguimus, & *Moream* siue Peloponnesum. LIVADIA strictim dicta, Achaia est; late quidquid inter Thessaliam, Ambracium sinum & Peloponnesum patet. Post Lartam, de qua diximus, & Ambracium sinum in maritima ora *Lisimo, Alsipo, Neocastro* & alia: clarissima autem, quae sequitur, *Lepanto*, Naupactus, a Venetis 1687 expugnata, vigore tamen pacis Carolovizensis munimentis nudata, vnde Crissaeus sinus *Golfo di Lepanto* vocatur: supra medium sinum *Salona.* Ad alterum sinum (Salaminum puta, nunc *Golfo di Engia*, quae Ægina insula est) sita sunt *Megra*, Megara, & *Athena*, olim quam hodie clariores, quod vix cadauer antiquae vrbis nunc reliquum est. In Boeotia *Thiva*, Thebae; *Ropos*, Oropus, ac *Scamino*, Sycaminum, & alia.

MOREA, *a)* Peloponnesus, plus illu-

---

a) Ex pace Carolovizii 1699 inter Turcos & Venetos facta, Morea his hucusque paruit, sed exarso inter vtrosque nouo iam bello,

illuftrata eft, præfertim in ora litorali.
Corinthus in ifthmo nomen retinet, non
autem veterem dignitatem.: fub Criffæo
finu Zacholi, Caftri, Cornaro: Rhium
autem cum oppofito in Liuadia An-
tirrhio Dardanelli nomen fortitur , in
latere occidentali Patras, Patræ, Chia-
renza, Clarentia, Cephaloniæ oppofita;
& Tornese, Belvedere ; in auftrali parte
Navarino, nouum, fed validum munimentum, Modon, Methone, ac ad Meffenium finum Coron, Corone, Calamata,
& diruta a Venetis Paffava; intus paullo fita funt Celafa, Navarino Vecchio,
Pylus Meffenia, & Cernata, a qua prope in ortum diftat Mifitra, quam vulgo
Spartam effe credunt, fed Sponio αυ-
τόπτη teftante quatuor aut quinque M.
P. ab ruinis Spartæ remota eft. In litore
poft finum Meffenium (Golfo di Coron)
Porto

_____

poffeffio admodum dubia eft, imo, fi vera,
quæ hactenus narrata fuerunt, Turcæ, validis-
fimo exercitu irruptione in Moream facta,
Corinthum atque Neapolim di Romania armis fuis occuparunt.

Porto-Vitulo, & *Maina* oppidum in extremo angulo, a quo tractus Laconiæ *Brazo di Maina*, regio Mainotarum appellatur, qui vtcunque libertatem contra Tureos adhuc defenderunt : *Colochina* ad sinum Laconicum, inde *Golfo de Colochina* vulgo appellatum : promontorium *S. Angeli*, Maleum : in litore ortum spectante *Malvasia*, Epidaurus Limera, vrbs vini prouentu nobilitata inter Maleam & Argolicum sinum : ad ipsum hunc situm *Napoli di Romania*, Nauplia id est Neapolis Constantinopolitani imperii, quia *Romania* non Thracia modo, sed quidquid Græci imperatores possidebant, vocabatur. *Drapolizza* proxima in occasum. Mediterranea minus cognita sunt, vt *Leondari*, Megalopolis ; *Argos*, & alia. Tota nunc Peloponnesus bello, quod adhuc geritur, Venetorum facta, vt nihil Turcis in ea relictum sit.

INSVLAE circa Græciam permultæ sunt. In mari Ionio Venetorum ditionis sunt CORFV, Corcyra, cum

cum munita vrbe eiusdem nominis &
aliis minoribus oppidis : supra Corcy-
ram *Saseno*, Sason : infra illam *Pachsu*
& *Antipachsu*, Paxon ; *S. Maura*, Leu-
cadia 1684 recuperata cuius munitum
oppidum, Ambracium sinum prospiciens, operibus continenti coniunctum
est. CEFALONIA, *Cephalenia*, cum
castro eiusdem nominis, & *Argostoli*
portu : ZANTE, *Zacynthus*, in eaque
cognomine oppidum : CERIGO, *Cy-*
there, supra Laconicam : Turcicæ autem potestatis adhuc sunt *Sapienza*,
Sphagia, inter Methonen (*Modon*) &
Coronen, *Sidra* ad Argolidem, *Engia*,
Ægina, iuxta Athenas. NEGROPON-
TE, Eubœa, cuius vrbs quóque primaria, olim Chalcis, *Negroponte* vocatur,
a Venetis 1689 frustra tentata : in Ægeo
mari, quod *Archipelagus* hodie dicitur,
Sciro, Scirus ; *Stalimine*, Lemnus ; &
Cyclades, *Milo*, Melus; *Argentara*, Ci-
molus ; *Paru*, Parus ; *Zea*, Cea ; *Sdille*,
Delus ; *Nio* ; Ios ; *Christiana*, Lagusa ;
Serfino ; Seriphus ; *Micone*, Myconos ;
Nixia,

Nitfiæ, Naxus, & aliæ. Sola *Tim*, Tenus, Andro.proxima, ex Cycladibus Venetorum ditioni hactenus manfit, a Turcis tamen 1715 occupata, episcoporum Latini ritus habens, præter confuetudinem ceterarum. Quæ ad Afiæ oram vergunt, vt *Scio*, a Venetis 1693 quidem recuperata, mox tamen fequenti anno amiffa, *Nicaria*, & his propinquæ, in Afia enumerabimus. C A N D I A autem, vetus *Creta*, poft Peloponnefum in meridiem & ortum declinans, Europæ accenfentur, toto nunc in ditione Turcorum, poftquam *Candia* metropolis (Græcis etiam *Creta*) 1669 amiffa fuit. Tres eius præcipuæ & permunitæ vrbes funt, omnes feptentrionali latere adpofitæ, *Canea*, quam Veneti 1692 fruftra obfidione petebant, *Retimo*, & *Candia*, de qua modo diximus : *Sittia* in parte orientali. *Candia* autem *Noua* caftellum erat Turcicum, Candiæ vrbi, cum adhuc Venetorum effet oppofitum, dirutum autem poft Veteris Candiæ expugnationem. *Standia* infula inftar portus eft vrbis Candiæ, cui a feptentrione adiacet :

cet: Venetis autem prope Candiam relicta *Suda*, infuperabile in fcopulo, vix
c c c perticis a Creta remoto, munimentum cum egregio portu: & *Spina Lon-*
ga, in eodem boreali tractu infula ; &
Carabuffa ab occafu Candiæ : fed hæc
poftrema 1691 ad Turcos proditione
rediit.

CAPVT XXI
DE
TVRCIA EVROPAEA.

TVrciam in Europa propriam vocant vtrumque Mœfiam cum Thracia, vulgo die Türckey. *a*) Mœfia autem

---

a) Turcos ex Afia oriundos veterumque Par-
thorum progeniem effe, ex hiftoria liquet,
fundamenta maximi huius Imperii, quod &
Porta Ottomannica nominatur, *Ofmannus I*
iecit, qui 1327 diem fuum fupremum obiit. Ex
huius pofteris *Mahomedes II*, 1453 Conftan-
tinopolin occupauit, ibique fedem Imperii fixit, † 1481. Pronepos eius *Solimannus II* Vi-
ennam 1529 obfidione petebat, † 1566, quod
& *Mahomet IV* 1683 intendebat, eodem tamen irrito fucceffu, qualem Solimanni obfidio
habebat, hinc & 1687 eius degradatio feque-
batur, † 1693. Pofteri eius hi funt,

Mahomet IV de quo iam. † 1693.

Muſtaphas II Imperator 1695, dictus Solio 1703, in carcere iam detinetur.

Achmet III modernus Imperator Turcorum, nat. - - -

Meche- Selim, nat.
mont, n. 1700.
1696.

Ibrahim
1703.

N. filia.
- -
1705.

Maho-
met nat.
1708.

N.N ge- - - filia, Gemelli
met nat. mellæ 1713, filia, &
1705. 1708. filius 1715

tem superior ex medio vsq; æuo *Seruiæ*;
inferior *Bulgariæ* ; Thracia *Romaniæ*
nomen retinet.

SERVIAE prima vrbs in Hunga-
riæ & Sclauoniæ confinio est *Alba Græca,* Griechisch Weissenburg, *Belgrad* Turcis, Danubio imposita : e præcipuis hodie Turcicarum; expugnata a Christianis 1688, sed altero post anno rursus a-
missa : infra quam in eadem ripa *Zen-
drew*, Spenderouia , quondam Seruo-
rum regia 1439 a Turcis occupata ; vltra quam *Widin* ; Viminacium ; *Boro-
viza, Bodon* , & tandem rudera *Pontis
Traiani.* Mediterraneæ in Constanti-
nopolitana via vrbes sunt *Samandria* , &
Nissa, capta 1689 a Cæsareanis; sed 1690
a Turcis recuperata ; vltra quam *Pyroth*,
a Cæsareis etiam capta ; & *Coitina* thermis amœna ; & Macedoniam versus
Ibar, Nouibazar, Scupi, Scopia, *Priesten*
siue *Pristina,* Vlpianum, *Procupie* , Pro-
copiana villa. *a)*

BVL-

---

a) Ab anno 1688 vsque ad initium anni 1690
Cæsarea arma omnem ferme Bulgariam occu-

BVLGARIAE laxiores aliquando fines fuerunt; quam Mœstæ inferioris. Nam *Achrida* etiam, Iuſtiniani patria in Macedoniæ finibus, regia Bulgarorum fuiſſe traditur. Iam vero propriam deſcribimus, *Ciabro* amne a Seruia diremtam. In via Conſtantinopolitana eſt *Sophia,* olim Sardica, vrbs prima & præcipua: ſupra quam Danubium verſus *Siliſtria* Baſſæ ſedes: & in ripa Danubii *Nicopolis,* iuxta quam Sigismundus, poſt imperator, a Baiazete 1395 ſuperatus fuit. Vlteriora minus nobilia ſunt circa

pauerunt, aſt negligentia forſan & prodiſtione ducum quorundam Cæſareorum, uniuerſa regio, vna cum Belgrado 1690 turpiſter, maximoque cum damno, iterum amitſebatur, de qua re vita Leopoldi I conſulenda. *Iagodua* ſeu *Iagodina* oppidulum ad Morauum fluuium, inter quod, & *Haſſan Baſſa* Palancka, copiæ Turcarum 1689 a Cæſareis fundebantur, qualem fortunam ad *Niſſam* & *Widinum,* eodem anno ſubibant. In hac regione eſt & ad Danubium, *Nouigrad* caſtellum, vti & fortalitium *Fetislau* ſuperiori bello Turcico ſæpius memorata.

ea Rhodopen montem : quæ vero Danubio aut Euxino Ponto adiacent, antiquis potius, quam barbaris nominibus hodieque appellantur, nisi quod Dionysopolis ad Pontum *Varna* vocatur, Vladislai Hungariæ regis funesta clade 1444 famosa.

THRACIAE mediterraneæ vrbes ad Hebrum sunt *Philippopolis*, *Adrianopolis*, quæ sæpe numero aulam Sultani tenet, & vbi in austrum amnis flectitur, *Traianopolis* : cis fluuium *Maximinopolis* : inter Adrianopolim & Byzantium *Chiurli*. Maritimæ sunt ad Ægeum mare *Neapolis* & *Maronea* : ad Hellespontum *Gallipolis*, *Dardanellum* Europæ, & *Nouum Castellum* eiusdem litoris, quibus æqualia munimenta in Asia opponuntur : ad Propontidem (Mare di Marmora) *Redosto*, *Chora* prope Heracleam ; *Siliurea*, Selymbria : & ad Pontum *Stagnara*, Phinopolis, *Matatia*, & alia : caput vero totius imperii Turciei ad Thracium Bosporum *Constantinopolis* est, vrbs amplissima & regia Sul-

Sultanorum, sicut olim Christianorum
orientis principum, *Galata* siue *Pera*
(quasi πέρας κόλπυ, trans sinum qui Κί-
ρας dicitur) pars eius aut suburbium
Christianis potissimum habitatur. Insulæ iuxta Thraciam in Ægeo *Tasso*, Tha-
sus, *Samandrachi*, Samothrace: in Pro-
pontide *Marmora*, Prœconnesus, mar-
moribus diues, vnde tum suùm nomen
habet, tum mari idem impertit.

CAPVT XXII
DE
NATOLIA.

Asia Minor pars erat orientalis Romani imperii, ideoque ἀνατολική, &
barbaro æuo corrupte *Natolia* appellata
fuit. Tota subest imperio Turcorum,
diuiditurque in quatuor maiores præfecturas. Occidentalis *Natolia propria* est,
sedesque præfecti (Beglerbeg) in vrbe
Cutaige, quod Cotyæum Phrygiæ erat:
septentrionalis, *Tocat* vocata, hoc est
Bithynia & Pontus, habet præfectum

Y *Tocata.*

Tocata, val *Trapezunte :* auſtralis pars, quæ Pamphyliam Ciliciamque comprehendit, *Caramina* dicta , *Cogni* vrbe , hoc eſt Iconio , præfectum ſuum excipit: orientalis & ad Euphratem excurrens, Cappadociæ pars & Armenia Minor, *Aladuli* vocatur , primariamque vrbem & gubernatoris ſedem *Maraz*, Euphratem verſus habet. Vrbes nobiliores ſub mari *Nigro* , id eſt Euxino Ponto ſunt *Fanaſtro*, Amaſtris ; *Sinope* cum portu *Armiro : Amnaſan*, Amaſia , & *Trebiſonde*, Trapezus ; ſupra mediterraneum mare , & quidem ex oriente *Laiazzo*, Iſſus ; *Tarſus* ; *Scalemure*. Anemurium , *Sattalia* , Attalia , *Porta Finicbo*, Portus Phœnices in Lycia : ab occidente , in ora Archipelagi , *Andramiti* ; Adramytium ; *Fochia* ſiue *Foia Vecchia*, Phocæa ; *Smyrna* illuſtre emporium ; *Figena* , Phygela ; *Epheſus* nomen retinet ; *Melaſſo*, Mylaſa ; *Palaiſchia*, Miletus ; *Boudron* caſtrum in agro Halicarnaſſi : ad Helleſpontum *Dardanellum*, Abydus, in Dardanorum regione,

vnde

vnde tam huic, quam oppofito in Europa caftello nomen-eft : & aliud nouum
munimentum fimili in Europa refpon-
dens: ad Bofporum *Scutari*, Chryfopo-
lis, a qua prope abfunt Chalcedonis
ruinæ ; *Ifmid*, Nicomedia ad Propon-
tidis finum. Mediterraneæ vrbes funt
Chutaige, Cotyæum Phrygiæ : *Anguri*,
Ancyra Galatiæ : *Suvas*, Sebaftopolis,
& *Tiagna*, Tiana, & præcipua *Tocat*,
Neocæfarea Cappadociæ: *Cogni*, Iconi-
um Lycaoniæ, *Adene*, Adana Ciliciæ,
Baffæ fedes & archiepifcopalis : & Armeniæ minoris *Maraz*, Metita, ac *Ma-*
latia, Melitene. In Bithynia *Ifnich.*
Nicæa ; *Nichor*, alia Nicæa ; *Burfia*,
Prufa, aliquando Turcorum regia : Ly-
diæ *Tira*, Thyatira ; *Filadelfi*, Philadel-
phia & ceteræ.

INSVLAE Afiæ minoris in Archi-
pelago nobiliores funt *Tenedus* ex aduerfo ruinarum Troiæ : *Metelino*, Les-
bus, cum oppido cognomine, id eft Mi-
tylene , vnde nomen corruptum eft:
Scio, Chios, fertiliffima, Smyrnenfi finui

oppofita, vrbem habens eiusdem nominis, de qua fupra actum ; *Nacaria*, Ica-
ria ; *Samo*, Samus e regione Ephefi ;
Lango, Cos, Halicarnaffo obiecta : *Ni-
zari*, Nifyrus prope *Capo di Crio*, Gnidi
promontorium: *Scarpanto*, Carpathus
inter Con & Rhodum ; *Piscopia*, Telos;
la Limona, Limonia: R H O D V S autem,
nunc *Rhodi* Italis, noftris *Rhodis* omnibus fæculis celeberrima, vrbem habet
primariam eiusdem nominis, archiepi-
fcopalem & permunitam, 1522 expugnatam a Turcis, in quorum poteftate
hodieque eft, veftigiis & monumentis
Ioanniticorum equitum, quibus antehac parebat, adhuc infignis ; C Y P R V S
deniq; maxima Natoliæ infularum, Syriæ & Ciliciæ obverfa, Venetorum fuit
ab anno 1489, quibus Turci 1570 ade-
merunt hodieque poffident, *Nicofia*,
Leucofia Græcis, in mediterraneis, infulæ primaria, Baffæ fedes & archiepifcopi Latini: *Cerines*, Ceraunia ad litus
feptentrionale, parum munita : *Fama-
gofta*, ad orientale, prope veterem Sala-
mina

mina siue Constantiam : ab austro *Sali-*
na, portus Europæis frequentatus, qui
etiam *Larneca* appellatur, a vico vnum
lapidem a mati distante, mercatorum
habitaculo eorumque consulis : *Kiti* siue *Chiti*, Citium, pagus quidem sed bono portu præditus; & in eodem latere
occasum versus *Limisso* sine muris emporium cum portu : & *Basso*, Paphus,
in ruinis quidem, tamen adhuc emporium. Promontoria notiora sunt *S. Epi-*
phanii maxime occidentale : & *S. An-*
dreæ in puncto vltimo ad orientem : *de*
Gate meridiem : *de Grega* ortum hibernum ; *Carmachiti* septentrionem pro-
spectat.

CAPVT XXIII
DE
ASIA TVRCORVM
RELIQVA.

QVæ a Natolia ad Persarum vsque
fines prouinciæ Turcis reliqua
sunt, vno capite complectemur cum
quibusdam aliorum finitimis.

SYRIA, nunc *Sorie* fiue *Sourie*, aliis *Soriftan*, Natoliam a mari mediterraneo excipit.   In litorali ora ab Iffico finu ad Ægyptum funt *Alexandrete*, Turcis Scanderona, celeberrimus portus ad finum Isfieum, cui alius a fecundo lapide *Baias* coniunctus eft, ex quo Turci nauigant Conftantinopolim : *Antakia*, Antiochia ad Orontem prope oftium : *Tripoli de Sourie*, Tripolis, portu capaci inftructa : *Gibletto*, Byblus ; *Baruti*, Betytus, & in Phoeniciæ tractu *Said*, Sidon, oppidum mediocre cum portu : *Sur*, Tyrus, fere in ruinis iacens : *Acre* fiue *S. Giouani d'Acri*, Ptolemais, portu celebris, quem Europæi frequentant : *Caffaria*, Cæfarea, in ruinis iacens : *Iaffa* autem fiue *Ioppe* magis culta, cuius portum Chriftiani petunt, qui recta tendunt Hierofoiymam : *Azotus*, & *Afcalon* a paucis habitantur : *Gaza*, Italis Gazara, a paullo pluribus.   Mediterranearum caput *Aleppo* eft, nobiliffimum emporium, inter Euphratem & mare fere medium, aliis Hierapolis veterum, aliis Beroea :

rœa: a qua in auftrum vergunt *Marra*,
fedes Baſſæ hereditarii; *Hama*, Apamea,
Hams, Emefa; *Damaſcus* vrbs ampla,
& Arabiam verſus *Taïba:* in Palæſtina,
Naploſa, Neapolis, Sichem vetus, ſub
monte Garizim, vbi Pontifex Samariti-
cus commoratur: *Sebaſte* ſiue Samaria
tota in ruinis iacet, a pauciſſimis habitata: *Ginin* maior vicus Arabis dynaſtæ,
ſed Turcorum clientis: *Hierſlyma* autem antiquitatis memoria, quam hodierno cultu celebrior, quod etiam de
Bethlehem, *Emaunie*, & aliis ſacris locis
ſciendum eſt. Ad *Libanum* montem
ſunt *Maronitæ*, populus Chriſtianus,
qui in ſacris puriore lingua Syriaca,
vulgo, Arabica vtuntur. Syriæ tres
ſunt maiores præfecturæ, Aleppenſis,
Damaſcena, & Tripolitana: minores
permultæ.

ARABIA non quidem tota Turco-
rum eſt, ſed maior eius pars ſubeſt principibus; quod vero plerique clientes
Turcorum ſunt, huc quoque transferre
viſum fuit. Triplex eſt: DESERTAE,
Y 4 quæ

quæ a Palæstina ad Euphratem vergit,
oppida funt *Anna* iuxta Euphratem,
Sumifcafac in limite Palæstinæ: *Mache-drabba* in via Alepum ferente : *Tangia*
Chaldæam verfus. PETRAEAE, in
meridiem ad finum Arabicum tendentis,
funt *Crac* fiue *Arac* aut *Herac* , Petra;
Buſſeret, Buſtra; *Tor* caſtrum cum portu ad Sinum Arabicum ; montes *Oreb*
& *Sinai* radicibus coniuncti cum *S. Ca-tharina* monaſterio. FELICIS finum
Arabicum verfus funt *Medina* fiue *Me-dinatalnabi*, & *Mecca*, hæc cunabulis, illa ſepulcro Mohammedis famofa , vtra-
que a Xerifo poſſeſſa magnæ libertatis,
& a Perfis æque & Turcis honore ac
muneribus culto, quod ex Mohamme-
de, vt eredunt, genus ducit : in eodem
tractu *Ziden* ad ipfum finum, & prope
os illius. *Zibith* , *Mocha* emporium , &
ad oceanum *Aden, Caxem , Dolfar , Ma-traca* fiue *Materca* oppidum & promontorium; *Curiate* ac in ora finus Ormu-
ziani *Calaiat* & *Mafcat* , antea Lufitanorum, nunc proprii principis , & Mafcat
qui-

quidem, si vera fama est, terræ motú nuper euersa : *Sobar* ad eundem sinum, & *Churfaken* siue *Orsaken*, ac *Lima*, sed *El-Catif* emporium, & *Bahr* ad sinum Persicum : intus paullo sub hoc sinu *Iemen* & *Mascalat* : & in austrum remotiora *Aman, Alibinali, Farmach* ; sed *Sanaa* & *Almacharana* os versus Arabici sinus. Insulæ Arabicæ sunt in sinu Arabico *Canaran* fertilitate insignis : in oceano *Curia* & *Muria* coniunctæ, & *Mazira*: in Persico sinu *Babaren* nobilis piscatu margaritarum.

DIARBEK Mesopotamiam etiam partem Assyriæ & Babyloniæ Turcicam, comprehendit. In ripa Euphratis sinistra septentrionem versus *Bir* : medio situ *Racca* vel *Racba* : austrum versus *Hella*, ex ruderibus Babylonis forsan nata : ex aduerso in Arabica ripa *Kufa*, prope ostium mixti Euphratis cum Tigride *Dalsera* siue *Bassora* ; emporium insigne, quondam sedes Bassæ Turcici, nunc proprii principis. Interamniæ vrbes *Orfa* seu *Ourfa*, Edessa : *Caufaset*,

& *Amid* fiue *Caramid*, Amida, Tigrim
verfus fita, cui etiam prouinciæ nomen
Diarbek aut *Diarbequir* interdum reddi-
tur; fedes eft farrapæ Turciei, & patriarchæ Iacobitarum : *Mardin* munita
inde auftrum tendit, & *Neskin*, vetus
Nifibis in vicum redacta : *Karafera* in
ruinis; *Moful* Tigri appofita, reliquias
Nini fiue Niniues tenere dicitur : *Afan-
chiuf* trans Tigrim eaput regionis & fæpe
præfecti fedes in confinio Armeniæ.
Bagdad ampla vrbs, vulgo Babylon per-
peram dicta, ad Tigrim ita collocata eft,
vt maior & fplendidior pars trans fluuium fit in ora Perfidis ; minor & immunita, cis amnem in Mefopotamia,
alteri tamen Parti nauali ponte adiuncta: bidui itinere in ortum diftat a ruinis antiquæ Babylonis; & Baffam habet Turcicum ; *Gezire* in infula Ti-
gris. A feptentrione Diarbechiam contingit

ARMENIA, Maior, cuius partes
Turcomania & *Gurdiftan* dicuntur, vnde
Turcæ primum progreffi. Illa ad fe-
pten-

ptentrionem & occasum, hæc in ortum
& meridiem prospiciens. Caput Tur-
comanniæ est *Erzerum*, Simyra, Bassæ
sedes in parte boreali ad fines Natoliæ,
vnde *Kars* in ortum vergit ad Persiæ limitem; *Van*, Ibanum in meridiem: in
CVRDORVM gente *Bitlis* præcipua est
sub Turcorum potestate: ceteræ principibus subsunt, vel Turcicæ vel Persicæ
clientelæ. Notitia recens ecclesiæ Armeniæ patriarchæ sedem constituit
Egmiatbin ; episcopales multas, vt
Muéni, Vskovang, cuius episcopus 1664
Biblia Armenica Amstelodami imprimi
curauit: *Virap, Gesargel*, & ceteras,
quarum situs nobis non constat.

GEORGIA, indigenis *Gurgista*,
ab Armenia in septentrionem inter Pontum & Caspium mare excurrit amplitudine Colchidem & Iberiam comprehendens. Sed hodie aliter diuiditur. Ponti
maritima *Mengrelia* vocatur in veteri
Colchide: inde ad Caucasum vsque
Terra GVRIEL: Iberia antiqua *Imi-
rite* vocatur, cui prouinciæ *Caket* &

Cartbuel magis orientales adiunctæ
sunt, Perfarum ditioni fubiectæ, faltim
in clientela illorum. Turcorum autem
sunt *Mengrelia, Guriel* : etiam *Imiretti-*
nus princeps siue regulus vectigalis illorum. Ad mare est castellum *Goniē a*
Ianizaris custoditum, inter quod & Ta-
rabeson, id est Trapezuntem, *Iriſſa* portus & emporium : supra Phasidem flumen *Anarghia*, Heraclea ; & *Iſgaour*
portus ac forum : *Sanatopolis*, Sebasto-
polis in hac ora in Chardino præteritur,
fortassis excisa : nec *S. Sophiæ* mentionem facit in Circassorum maritimis, sicut etiam vrbem *Faſſo*, Phasidem veterum, ad os cognominis amnis sitam in
figmentis numerauit. Guriekis pars,
etiam Caucasi, Turcis est subdita, pars
principi tributario. *Cotatis* ad Phasidem,
præcipuum oppidum : ac *Acalzika* in
Caucaso sedes Baſſæ Turciei : in Imiret-
ta *Scander* castrum, quasi Alexandria: &
Chitaria burgus vno a castro lapide. Cetera sunt obscuriora. *Caket* & *Cartbuel*
ad Persiam quidem pertinent & *propria*

am quafi *Georgiam* conftituunt : tamen
quod Turcicæ parti connexæ funt, verbo
liceat hic indicaffe, Carthuelis tria oppida effe *Gory, Aly, Suram,* & vrbem popu-
lofam *Tifflis*, quam quidam Artaxata
credunt effe in confinio Armeniæ Turcicæ, fedes principis Georgiorum, cui
magna libertas indulgetur, nec imperio
offenfus ad Turcos deficiat.

In feptentrionali hac plaga C O M A-
N I A fupra Euxinum Pontum ad Paludem Mæotim recedit fedes C I R C A S-
S O R V M, olim Bofporanorum, e quibus qui ad montana in boream colunt,
proprie *Cherkes* vocantur, & tractus eorum *Cara Cherkes*, Circaffia Nigra, pars
maritima feu Ponti ora *Abcas*; homines
vtrique, maximo mediterranei tractus
fiue *Cherkes* ab omni humanitatis cultu
alieni funt.

CAPVT XXIV

DE

PERSIA.

PErsia *a*) siue imperium Sophorum
a Tigri ad Indum fere inter Caspias
Por-

---

a) Persarum Monarchia olim latissima fuit,
non tamen pro 3 Monarchia reputanda,
nam narratio de IV Monarchiis figmentum
est, vid. Artopæ de IV Monarch. Abel de
IV Monarch. & alios. Veteres reges Persarum nominare, non opus, hodierni a *Sophis*
originem ducunt, quorum *Sophy*, qui progeniem a Calipha Aly deducebat, fundamenta
iecit, ex cuius posteris Schach Ismael I. regnum in iustam Imperii formam redegit.

Schach Ismael I. † 1524.

†

Schach Sefi I. antea Sam-Myrsa nominatus,
     † 1642.
   Schach Abas II † 1666.
   Schach Sefi II. † 1694.
   Schach Soliman II. modernus Persarum
Imperator, quantum constat, nam Europæi
cum hoc Imperio non adeo multum commer-
cii habent. De bellis, quæ Persæ cum Turcis
gessere, vbi & de qualitate regionum ac inco-
larum adeundus Minadow in Hist. Perf. Olearii Itin. Perf, & Tavernierii Itin. Orient.

Portas & Hyrcanum mare Oxumque a-
mnem a septentrione; &Persicum sinum
acIndicumOceanum a meridie patet.Se-
cundum Olearium prouinciæ eius sunt
Erak, Parthia ; *Schirvan*, vel *Servan*,
Media Atropatene : *Kilan*, pars Hyrcaniæ: *Adirbeizan*, Media Magna : *Tha-
briftan* Hyrcaniæ pars orientalis ; *Iran*,
Armeniæ & Georgiæ pars inter Cyrum
& Araxem: *Chorafan*, Bactriana ; *Sab-
luftan*, Paropamifus : *Sageftan*, Dran-
giana : *Kirman*, Carmania : *Chufiftan*,
Susiana, quibus *Diarbek* Mesopotamiam addit, quæ his temporibus in Turcorum potestate est.   Interpretatio prouinciarum non modo laudati auctoris,
sed etiam aliorum est, licet fieri vix possit, vt nouarum termini limitibus veterum ex æquo respondeant.

Regia Sophorum sedes erat initio *Tabris* vel *Tauris* in Media: post translata
fuit in *Caswin* seu *Casbin* Parthiæ vrbem:
tandem in *Isfahan* traducta fuit, eiusdem Parthiæ metropolim, vbi hodieque
persistit.   Sed nobiliores vrbes tam se-
cun-

cundum prouincias, quam ex naturali
situ delineabimus. Quæ sub tutela Persarum in Georgia sint, supra diximus:
addo ex ARMENIAE parte *Erivan* in
Georgiæ confinio, prope rudera Arta-
xatæ, tribus leucis ab Araxe (*Aras*) fluuio: & in Curdorum regione *Marand,*
Sofian, & *Salmas* ampliorem. Prouinciæ SERVAN siue SCHIRWAN est *Der-*
bent ad Caspium mare in iis angustiis,
quæ Caspiæ Portæ vocabantur, vltima
Persarum & limitanea : a qua in austrum *Schamachi* vrbs magna vergit:
Ardebil sepulcris regum clara : *Tauris* siue *Tabris* in Armeniæ confinio, antiqua
regia, vt diximus. In FERAKACEMI
cultissima regione totius regni sunt *Isfa-*
han, hodierna regia, in parte provinciæ australi : vnde in septentrionem
magis magisque prospiciunt *Com, Ca-*
schan siue *Cascian : Hamadan, Saba* siue
Sawa, Casbin, Soltania fere in ruinis iacens. In KILAN áut GILAN sunt *Rest*
siue *Rescht* iuxta mare Hyrcanum : *Fe-*
rabad magis orientalis, itidem in maris

ora,

ora', in tractu qui *Mazanderan* vocatur,
vnde vnius diei itinere in ortum abest
Eſtreſ oppidum noſtro ſæculo condi
cœptum. - In CHOROSAN *Mexat,ſeu*
Meſchet, & *Herat :* metropolis autem
Balch longius in ortum diſtat : ab ortu
hiberno adiacet regio, cui vrbs *Canda-*
bar nomen dat, L milliaribus a fluuio
Indo in occaſum remota, Indis, qui
poſſederant, a Perſis erepta. *Siciſtan* &
Makeran vtraque prouinciam, Drangia-
næ partes, denominant, illa in mediterraneis, hæc maritimis : KIRMAN autem ſiue Carmaniæ ad mare eſt *Guadel*
portu & Indicis commerciis non ignobile emporium. FARS eſt Perſia propria, eiusque vrbes *Schiras*, & *Lar :* Per-
ſepolis autem rudera ex parte *Cebilmi-*
nar (quaſi XL lumina ſiue turres lumina
habentes) appellantur. Inde per regionem *Paſſa* ad mare tranſitur, præter
oppidum *Darabghi*, a Dario, quem Da-
rab dicunt, tanquam conditore nominatum, quod Chan, id eſt ſatrapam habet. Ab ortu eſt regio *Meghoſtan*, quæ
ad

ad Ormuzianum vsque fretum vergit, solis æstu præferuida, cuius caput est *Minà* arx munita eum adiacente vico. Ab occasu CHVSISTAN, id est Susiane, contingit Persidem, vbi vrbs *Souster* videtur Susa antiqua esse, nunc primaria regionis.

Maritima tandem sinus Persici, qui a *Balsera* vel *Elcatif* cognominatur, vt diximus; perlustranda sunt. In faucibus sinus insula ORMVS sita, quæ regem habuit tributarium Portugallorum; eiectum inde a Persis 1622 Anglorum ope, qui vna cum Belgis ibi negotiationes exercent. Vrbs autem insulæ regia etiam *Ormus* vel *Ormuzium* dicta cum castello Portugallorum, nunc fere in vicum redacta est, ex cuius ruinis in continentis litore oppidum *Gombru* siue *Komron*; quod a victore rege *Bander Abassi* vocatur, propinquum Ormuzio; & *Bander Congo*, & *Riscel* creuerunt. Insulæ illius sinus sunt *Kesem* admodum Ormuzio vicina : & occasum versus *Larec* & *Kechmiche:* etiam ad Arabiam

deuer-

deuergens *Baharin* , piscatu vnionum
nobilitata , est Persici iuris : Arabum
autem princeps ad oppositum oppidum
Elcatif similem capturam possidet.

Hæc de Persarum imperio, inter quod
& Moscouiticum ad oram Caspii maris
occidentalem est DAGHESTAN prouincia, eiusque caput *Tarku*, inter Terki
Moscorum & Derbent Persarum limita-
neas vrbes situm , sedes est principis Tar-
tarici , qui regioni illi imperat.

CAPVT XXV

DE

INDIA.

INdia orientalis in quatuor partes diuiditur : septentrionalis inter Indum &
Gangem fluuios, aut paullo vltra illos
fluuios vtrinque extensa , *Indostan* vocatur & imperium magni *Mogolü*, quia
huic monarchæ partim subiecta est, partim in fide & tutela eius tenetur : deinde peninsula magna intra Gangem ab
Indi & Gangis ostiis in austrum late

ex-

excurrens: & alia peninſula extra Gangem, Chinenſi regioni in auſtrum oppoſita: & tandem inſulæ orientales.

MOGQLIS *a)* monarchæ imperium ab oceano in ſeptentrionem & Tartariam inclinat. Caput & regia eſt *Agra*, vrbs mediterranea, a qua in ſeptentrionem aliæ populoſæ & regnorum titulis ornatæ diſtant *Delli, Laber, Naugracut:* in occaſum *Bando:* in auſtrum *Scronge, Gualcor, Cbitor, Brampour;* in ortum *Sambal* & aliæ diuerſis plagis, nam xL plus minus regna ei ſubdita dicuntur, e quibus ad peninſulam magnam, quæ iam ſequetur, quædam inclinant.

Nam ad Gangis oſtia regnum BENGALA ſitum eſt, cuius vrbs primaria *Ougel* cis oſtia, *Daca* trans illa, *Patna* ſupe-

---

a) Magni Mogolis Stemma a Tamerlane deducitur, qui non paſtor vilis pecuarius fuit, vt quidam ineptiunt, ſed Princeps fortis Tartarorum, cuius filius, Miram-Cha, fundamenta Mogolici Imperii iecit, prout ex Hornii orbe Imperante, eius Vlyſſe peregrinante, & aliis videre eſt.

Mirum-Chan, seu Chan † 1408.
†

Sultan Babur, regnum Mogolicum in hodiernæ magnitudinis fastigium extulit. † 1532.

†

Aurang Zeb, notissimus inter omnes Mogolici Imperii reges, † 1707 ætatis suæ 91, eius bella Historiæ Indicæ narrant, adi. Tavernier Itiner.

Sultan Cha-Halem, antea Sultan Mahumed dictus, Magnus Mogul ab Ao. 1693, liget invito patre, iam tronum Mogolicum possidet.

Sultan Ekar, Exul in Persia.

Sultan Camvax, regnum Golcondæ 1693 amipuit, quod & adhuc tenet.

superius in citeriore ripa sita est. Post Indi ostia est regnum GVZARATE, quod etiam CAMBAYA dicitur ab vrbe *Cambaya*, extremo sinui eiusdem nominis apposita: cis sinum in insula continenti proxima *Diu* Portugallorum munimentum; trans eundem, siue in orientali eius ora, *Suratte* illustre emporium, vbi principem sedem mercaturæ Indicæ Angli collocauerunt; rex autem, Mogolis vasallus, non Cambayæ, sed paullo intus *Ahmedabada* commoratur. Inter Surattam & Cambayam *Barocci* est media; insula Anglorum *Cambey* infra eam.

A Suratta in austrum in magna peninsula cis Gangem situm est regnum DECAN, cuius regia vrbs VISAPOR in mediterraneis; maritimæ *Daman*, *Bassaim*, *Dabul*; *Chaoul* autem, *Manora*, & intus *Asserim* Portugallorum: post quæ ex internallo *Goa* sedes proregis Portugalli & caput coloniarum eiusdem nationis, cui *Salsette* insula adiacet exiguo freto, aut fluuiae potius diremta.

remta. Inde ora MALABARA auftrum
verfus fuccedit; in qua funt *Onor, Bar-
celor*, *Mangelor*, *Cananor*, *Cranganor*,
Cochim, Portugallorum munimenta, e
quibus Cochim & Cananor Bataui 1663
& reliqua fequentibus annis expugna-
runt: *Calecut*, inter Cananor & Cranganor, regni fingularis caput & primum Indiæ emporium, quod Lufitani,
promontorium Bonæ Spei 1498 præter-
vecti, adierunt. Extremum peninfulæ
huius magnæ promontorium in auftrali
angulo *Cap de Comorin* vocatur.

In orientali latere BISNAGARIAE
regnum, quod etiam NARSINGAE &
COROMANDEL vocatur, in auftrum
fpectat. Partes eius funt tres, *Bifnaga-
ria* propria, *Coromandel* & *Canara*. Præcipue vrbes *Bifnagar* in mediterraneis,
Narfinga in maritimis, a qua ad vsque
Comorinum promontorium est *Cro-
mandelia* propria, in eaque vrbi *Madu-
ra*, & *Negapatan* Lufitanis a Belgica focietate 1658 ademtum: arx *Trankebar*
Danorum orientalis mercaturæ præfi-
dium,

dium, a miſſionibus e Dania huc factis,
& adhuc durantibus, notum, *Gringi*, &
S. Thomæ colonia Portugallorum, &
Geldria arx Batauorum. Supra hoc regnum ſeptentrionem verſus iuxta ſinum
Gangeticum eſt regnum GOLCONDA,
euius duæ ſunt metropoles in mediterraneis *Golconda* & *Orixa*, a qua etiam
Orixæ regnum non raro vocatur: in maritimis *Maslipatan* & *Narſingpatan* : &
vrbs Anglorum *Matras* : cetera minus
cognita. Conſule tamen Theuenati, &
Tauernieri Itinerarii , vti & Chardini
Hodopoericon Indico-Perſicum.

In altera maiori peninſula vltra regnum Bengalæ & extra Gangem eſt primum regnum *Aracan* ; dein *Pegu*, a
primariis vrbibus nominata : poſt quæ
peninſula Gangetico & Siamico ſinu
arctata veterum Cherſoneſum Auream
conſtituit, cuius præcipue nunc vrbes
ſunt *Tauacerin*, & *Malacca* celebre emporium olim regia vrbs, poſt a Luſitanis
occupata, his autem a Batauis 1641 erepta, qui hodieque poſſident. Ad ſinum
regnum

regnum SIAM, cuius vrbs primaria &
regia fedes *Odia* prope oftia fluuii *Me-*
nan: a quo pendent fiduciario iure regna *Patanum* in Cherfonefo Aurea, *Pa-*
hanum, Lanianum & alia. *a*) CAMBODIA
ab ortu, & regna *Langoma* & *Sango* con-
tinguat. Vltimum eft regnum COCHIN-
CHINVM, Lufitanis Cauchim China,
quod magnum etiam finum cognomi-
nat, eiusque primariæ vrbes *Queboa* &
Banboa, cetera non fatis cognita.

Z IN-

---

a) Anteceſſorem moderni regis Siam, Galli, ſeu
potius Jeſuuitæ Gallicani perſuaſionibus adeo
demulcerant, vt Gallorum præſidio caſtellum Banckok, & quædam alia traderentur,
miniſtro ſupremo regni Siamici, Conſtantino
Phaulcon, natione Græcus, omnia ita dirigen-
te, qui & regem, ad legatos in Galliam mitten-
dos adducebat; rege autem hoc mortuo, oc-
ciſoque Phaulckone, omnes conceptus, quos
Galli ad ſubigendum Siam regnum, & expel-
lendos *Batavos* ex *India,* formauerant, ſimul
conciſi iaciebant, prout hæc omnia ex Itinerariis P. Tachard, Ieſuitæ, Mr. Chaumont, Legati Gallici, & aliorum, abunde liqueat.

INSVLAE ad Indiam orientalem pertinentes, sunt eis Gangem MALDI-VAE innumerabiles ante Malabariam peninsulam, ab ipsa natura in certas quasi classes descriptæ. Promontorio Comotino propinqua ab ortu CEILAN in primis opulenta, quæ videtur veterum Taprobana fuisse; regis sedes in mediterraneis est vrbs *Candi*: maritimam oram Portugalli tenuere, nunc Bataui, expugnatis illorum castellis, *Columbo*, *Punte de Galle*, *Negumbo*, & aliis, nam XIIII aut plura ibidem possident. *a)* In India extra Gangem est magna insula SVMATRA, quam Æquator circulis diuidit, freto diremta a Chersoneso Aurea siue Malacca; Angli & aliæ nationes in ora munitiones quasdam exstruxerunt. Australem partem fretum Bantamicum ab insula IAVA disiungit, continente regna *Macatan* & *Bantam*, ita a præcipuis vrbibus nominata, quibus inter-

---

a) Consule vlterius Robert Knoxii Itinerarium Ceglanense, & Baldei Histor. Malabaricam.

teriacet *Batauia*, antea Iacatta dicta;
praecipua Belgarum in oriento, & sedes
gubernatoris generalis. *Bantame*, ad
fretum sitae, Angli negotiatores plurimi
habitatunt, quos nuper filius regis Ban-
tamensis & vna patrem suum, Hollan-
dorum ope, eiecit, quae lis inter Anglos
& Belgas magno cum feruore discepta-
ta fuit. *Iapam* emporium Barbarorum
in borea parte insulae.

Aliae per quas Aequator transit, sunt,
BORNEO, eiusque vrbes *Borneo*, *Ben-
darmassin*, *Lave*, *Iormata*: & CELEBES
cum vrbe *Macassar* cuius regem Bataui
1667 subegerunt: & aliis *Tello*, *Glisson*,
Palacca, *Linques*, *Cattapan*: munitio
Iputampon, nunc *Roterdam* vocatur. GI-
LOLO itidem ab Aequatore secatur.

Inter Celebes & Gilolo MOLVCCAE
insulae paruae sunt *Ternata*, *Titor*, *Ma-
chian*, *Motir* & *Bachian*: quibus *Amboi-
na*, *Buoton*, *Banda*, *Cemm* & aliae con-
iunctae sunt. Ternata & Tidor reges
habent, sed tributarios Batauorum: *Banda* propria Batauorum ex dono Terna-
Z 2

tensis

tenfis regis, qui ibi *Naſſovium* caſtellum,
ſiue *Wilhelmiburgum* condiderunt : aliæ
in his inſulis arces ſunt *Victoria* Amboi-
næ, *Orania* Ternatæ, &c. *a*) SupraMoluc-
cas ſeptentrionem verſus ſunt PHILIPPI-
NAE 1546 auſpiciis Philippi Hiſpaniæ
regis ſubiugatæ , quæ ad hunc diem
præter *Mindanao*, quæ defecit , ſunt Hiſpanorum. Primaria illarum eſt *Manilba*,
quæ vrbem munitam & emporium habet
eiuſdem nominis, & aliam vrbem *Luſan*,
vnde & *Luſonia* a quibuſdam inſula nominatur. Hæc vt in boream ex Philippinis, ita in auſtrum *Mindanao* ſpectat: mediæ, obſcurioris ſunt nominis. Vltra Philippinas in ortum remotæ ſunt inſulæ *La-*
tronum ſiue *de las Velas* , quæ nunc etiam
inſulæ *Maria Anna* vocantur, a ſeptentrione in meridiem extenſæ, ab Hiſpanis
detectæ, & Hiſpanicæ adhuc ditionis.
Præcipuæ earum ſunt *Sanapa* , *Pagan*,
                                          Ve-

---

a) De his Batauorum Coloniis adeundâ Iti-
    neraria Indica , vtpote Herporti, Saari, No-
    gelii, Olitſchii, & aliorum, vti & Nauiga-
    tiones Batauorum Indicæ.

Volia, Inglese siue Anglica, *Mao, Ota* & ceteræ. *a)*

CAPVT XXVI

DE

CHINA ET TAR-TARIA.

CHINA siue SINA continentis Afiæ latus meridianum claudit, sic-ut Tartaria boreale. China ab occasu habet Indiam extra Gangem eiusque *Annanum* regnum, hoc est *Cotinsinum* siue Cochinchinum & *Thunquinum*: ab austro & ortu oceanum; a septen-trione Tartariam, a qua stupendæ lon-gitudinis muro seiuncta erat, sed tan-dem superato muro Tartari inuaserunt, & ad hunc diem possident. Diuiditur in amplas prouincias siue regna. Interiora minus sunt cognita, nec facile consenti-unt, qui de ea missionarii memoriæ tradi-derunt. In litore, Philippinis insulis im-posito, *Kanton* siue *Quancheu* vrbs ampla & splendida, quæ regionem illam deno-

Z 3 mi-

---

a) Consule Dampieri Nauigationes circa vni-persum mundum factas.

minat, vnde aduerſo flumine ad vrbes *Xaocheu*, *Nanhum* & alias nauigatur; A dextra fluuii ſunt prouinciæ *Quangſi* & *Yunnam*. A Nankum terreſtri medico itinere in *Nangan*, flumini *Chung* appoſitam vrbem, tranſitur, vnde iterum nauigari poteſt in *Nankang*, *Kucheu*, *Tayko*, *Kianſi*, *Nankun*, *Anhing*, & alias maiores vrbes, ac tandem poſt *Kiangi* & *Changi*, maximorum amnium, confluentem, in celeberrimam vrbem *Nanquin*, haud procul ab oſtio Kiangi poſitam, aliquando totius imperii regiam ſedem, hodieque frequens emporium. Inter hanc & Canton in litorali tractu prouinciæ *Chequiang* & *Foquien*: circa *Kiang* autem, ante confluentem, *Haquam* & ſuperior *Suchuen*: inde auſtrum verſus *Quicheu*.

Supra Kiangum ſeptentrionem verſus ſunt intus prouinciæ *Honan* & *Xanſi*, magno fluuio *Hoang* diuiſæ: ad mare vergunt *Xantung* & *Leaotung* cum peninſula *Corea*, quæ aliis inſula eſt. Habent & hæ prouinciæ populoſas vrbes, ſed

sed Europæis parum cognitas, vt in Xantung *Cinnan*, *Cingcheu*, *Tungam* : in
Leaotung *Leaoyan*: in Honan & Xansi
cognomines regioni, & alias plures,
præsertim ad nauigabiles amnes : sed
omnium clarissima est vrbs *Peking* in
prouincia eiusdem nominis, Tartariæ
limitem attingente. Hæc enim sedem
imperatori antea propriæ nationis,
nunc Tartaro inuasori præbet, quæ plurimis eruditorum videtur magna vrbs
Cambalu esse, & prouincia hæc, siue
China septentrionalis, ipsa *Cathaya*,
quam Marcus Paulus Venetus & alii
descripserunt.

Prodiit Lutetiæ noua descriptio 1678,
qua prorex *Kesingensis* 1674 rebellasse
traditur, & ad illud vsque tempus se
contra Tartaros tueri. Sedes prore-
gum ibidem dicuntur *Kesing*, *Foquin* &
Canton: Kesingensi prouinciæ subdun-
tur *Huquam*, *Quansi* & *Yunnam*. Sed
præstat de his tacere, quam plura dicere
incerta. Portus nobiliores tantummodo adiicimus, qui sunt in prouincia

Z 4 Quan-

Quantung *Canton* ; in Nanquinensi *Feiencien* ; *Tiencienwey* in Pequinensi.

Insulæ iuxta Chinam sunt ab austro *Ainam*, prope sinum Cochinchiniensem: & in Cantonio sinu plures paruæ , in quarum præcipua, *Gaoxara* dicta , vrbe & emporium *Macao* , antea Portugallorum , nunc ab anno 1668 Chinensium, qui expugnauerunt : sub Cancri Tropico insula *Formosa*, olim Belgarum, qui in proxima perparua *Taioiana*, castellum *Nouam Seelandiam* exstruxerant, sed 1662 vtramque , a Chinensi pirata *Coxinio* expugnatam, amiserunt. Nankinensi sinui & Coreæ peninsulæ obuersæ sunt *Iaponicæ* id est tres insulæ, quarum maxima *Iapan* siue *Iaponia*, indigenis *Niphon* vocatur ; & duæ mediocres *Xikok*, *Saikock*, quæ aliis *Ximo* est. Magna illa siue I A P A N in varia regna describitur, quæ cuncta subsunt imperatori, qui in vrbe *Iedo* mediterranea sedem habet. Ceteræ vrbes notiores sunt *Meaco* in meditullio insulæ, & *Osaky*, & ad mare Chinam versus *Nagata* : alias,

vt

vt Europæis parum notas, prætermittimus: incolæ moribus Chinensi populo non dissimiles: Christianis infensissimi, maxime Lusitanis; in Hollandos aliquanto mitiores. Ceterum nondum satis perspectum est, nam insula sit Iaponia, an Tartariæ, aut terræ *Iezzo* nuper inuentæ ex septentrione adhæreat: plurimi tamen insulam vocant, quos secuti sumus. Quæ in meridiem adiacent mediocres, æque ac maior, in ditione imperatoris Iaponensis sunt, etiam vrbes satis amplas habent, & XIECOX quidem *Samaqui, Hyo, Tonsa, Ava*: XIMO autem *Nangesaky, Anina, Cocora*, & alias. Huic ab occasu parua insula *Firando* adhæret, in qua Bataui pro commerciis suis, indulgente Iaponensium Monarcha, sedem fixerunt. *a)*

Z 5   TAR-

---

a) De Insulis Japonicis adeunda Franz. Caronis descriptio Japonica, Literæ Xauerianæ nonnulla quidem, has Insulas concernentia produnt, & multis fabulis de conuersione Ethnicorum refertæ sunt, quòd & de relationibus Iesuitarum Japonicis dicendum; pleræque enim illæ

TARTARIA Magna, olim *Scythia*
Asiatica, supra Caspium mare in extremum orientem & septentrionem vergit.
Ab occidente Moscouiticum imperium
habet, secundum lineam fere ex Wolgæ
& Obii ostiis deductam: a meridie magni Mogolis & Chinensium regionem:
cetera clauduntur oceano. Diuidunt
Arabes in plures prouincias vix nomine
notas Europæis: quæ causa est, vt vulgari diuisione retenta inspergamus tantummodo, quæ ex aliorum dispensatio-
ne in vsum nostrum conferre possumus.
Prima pars

TARTARIA DESERTA est occidentalis & Moscouiæ contermina, a Caspio

ad

---

tradita, fabulæ sunt, vti &, quæ de Martyriis
Christianorum Japonicorum ibi referuntur.
Apparuit paucis abhinc septimanis relatio ex
Japonia a Cleriso quodam Papistico in Europam missa, in qua mira, de propensione Monarchæ Japonici erga Christianismum nar-
rantur, at credat Judæus appella eiusmodi fa-
bulosis commentis, quæ vlterius discutere hic
loci non est.

ad Glaciale mare & *Obii* oftium extenfa.
Partem eius S I B E R I A M, cuius vrbs *To-*
bol caput eft, in imperio M[...]orum,
quibus paret, expofuimus : vlteriora
diuerfis fubfunt principibus. Qui re-
centes peregrinationes fcripferunt, ex
Tobol vrbe profectos per amnem *Irtim*
longo tractu fe nauigaffe tradunt, vsque
ad vrbem *Taram*, & inde longius per alias plures regiones.

M A W A R A L N A H R A, quafi Tranfo-
xiana, quæ etiam V S B E K, & *Zagathay*
dicitur, inter *Gieibun* & *Chefel*, id eft
Oxum & Iaxartem conclufa regio eft,
diuerfis fubiecta principibus. Vrbes funt
Samarcanda, Tamerlanis olim regia,
Bochara, fiue Buccara Auicennæ philofo-
phi & medici patria : *Fargana*, quam ita
quoque Abulfeda vocat ; quibus multi
Balch adiungunt, quam alii Perficæ
prouinciæ Chorafan metropolin faciunt. Ab occafu Cafpium mare eft, ab
ortu regnum *Tobbat* vel *Thibet* cum vrbibus *Thibet* & *Chotan*; & boream verfus *Cafcar*.

Z 6 TVR-

TVRKISTAN trans Iaxartem ac vltra Thibetum regnum, vetus Turcorum patria, antequam per Caucasias portas in Persiam, & inde in Natoliam irruptiones fecerunt. Principes huius regionis & vicinarum fere sine vrbibus in tentoriis habitant; ad ortum tamen ponuntur quædam in tabulis & vltra eos fines *Camul* siue *Xamo*. Fluuius *Irtis* nauigabilis, qui in Obium se exonerat, videtur haud procul ab his finibus iuxta oppidum *Bulagan* oriri, medio cursu varios principatus rigans, *Irdekulu, Kol, Ablay* & alios, quorum situm, vt & ipsum flumen, frustra in vulgatis chartis requisiueris.

CATHAYA ad orientem extrema est, in austrum tamen magis, quam in septentrionem propendens. In finibus vrbes notantur *Kokotam* vallo & turribus munita: & *Capty*, sita inter præcelsas rupes, quibus famosus murus Chinensis impositus est, vnde vii dierum itinere abest *Cambalu* metropolis Cathayæ & domicilium magni Chami

atque nunc etiam imperatoris Chinensis ; quæ secundum plurimorum sen-
tentiam ipsa *Pequin* est, caput Chinæ septentrionalis : vrbs ingentis magnitudinis, quam quidem non alluit, nec tamen ex longinquo præterfluit *Chatul,*
quo amne Hollandi in commerciis
vtuntur. Qui 1653 ex Moscouia legatus eo venerat, inter Cathayam *veterem*
& *nouam* distinguit : Cambalu in noua
ponit : veterem etiam *Karatsei* (forsan
Karakatai) vocari ait, & diuitiis nouam superare, præsertim martibus Zibe-
linis, quanquam nouæ etiam aroma-
tum prouentum tribuat. An vero Magnus Cham etiam veterem possideat,
non habet legatus ille, quod pro certo
adfirmet : quosdam ait plane dubita-
re. *a*)

NIVCHE autem, siue NIVRE, ea
Tartariæ pars, vnde profecti sunt qui
Chi-

---

a) De Cathaia consulendum Isbrandi Itinerarium Tartarico - Sinicum, relationes Iesuitæ
Verbiest, & aliorum, item Leibnizii nouissi-
ma Sinica.

Chinam occuparunt, non videtur multum diftincta effe a veteri, quam dicunt, Cathaya: cetera, quæ longiffime in feptentrionem tendunt, vt inacceffa Europæis, penitus obfcurata funt, & quas regiones *Naimam*, *Mongul*, aliasque tabulæ vocant, fuis auctoribus explicandas relinquimus, hoc folum adiicientes, permultos effe, qui *Tataros* potius, quam *Tartaros*, hos populos vocari contendant, a Chinenfibus Tatari nominantur.

CAPVT XXVII

DE

AFRICA.

Afia nunc omni perluftrata, ab ortu in occafum reuertimur, Africam quoque, qua breuitate fieri poteft, explicaturi. Primum autem maritimam oram interni maris ab Ægypto ad Gaditanum finum; deinde interiora etiam, quantum nota funt, recenfebimus.

AEGY-

AEGYPTVS, *a*) *Misir* Turcis ex Ebræo
nomine Miyraim, ab Arabia supra mediterraneum mare ad Barbariam vsque extensa, Turcicæ nunc ditionis est. *Nilo* fluuio rigatur, qui vero non septem hodie,
sed tribus tantum ostiis in mare effunditur, reliquis arena & limo obturatis:
nec alueus, qui Alexandriam præterfluit, iam nauigabilis est.

Vrbs præcipua est *Cayro*, ex Memphis
& Babylonis nouæ ruinis nata, facile
amplissima terrarum orbis ac ingens
emporium iuxta diuortium Nili, duabus tamen leucis a flumine in ortum remota: *Bulac* pagus Cayrensium in Nilo portus est in ripa orientali fluminis
adhuc indiuisi, sed paullo inferius di-
spensandi in alueos, qui Damiatam &
Alexandriam alluunt. Inter portum
& vrbem rudera magnæ eiuitatis, Babylonis puta, interiacent; sicut trans
flumen nec Memphiticæ vrbis desunt
vesti-

---

a) Ægypti modernum statum vide in P. Lucæ
Itinerario, vbi multa lectu & scitu dignissima
reperiuntur.

vestigia : præsertim *pyramides* in agro
eius vrbis , quarum tres maximæ supersunt x 11 m. p. in occasum a Nilo
remotæ.

Maritima ora tres insignes vrbes habet, *Damiatam* ab ortu , *Alexandriam*
ab occasu, *Rosetto*, medio loco. Caue
vero credas cum vulgo, Pelusium oppidum esse , quod nunc *Damiatam* voca-
mus. Fuit illud vltimo Nili ostio , qua
parte Syriam Arabiamque spectat , extra
Delta ; Damiata Tanitico , hoc est inte-
riori Nili ostio , intraque Delta , apposita. *Rosetto* in occidentali ripa maximi
& nauigabilis ostii non magna quidem,
admodum tamen populosa vrbs & mer-
catoribus frequentata. *Alexandria* pa-
triarchalis ciuitas ad vltimum ab occasu,
& tenue ostium (aquis noua dispensa-
tione in Rosettanum fere omnibus effu-
sis) plena iam ruinarum , quæ pristi-
nam monstrant magnitudinem. *Pharus*
olim insula , iam continenti coniuncta,
nec vestigium insulæ superest.

Nilo superiori adiacet *Abatich*, Abydus

dus; *Azioth*, Bubaſtus, *Mania*, Lyco-
polis: ſinui Arabico *Suaquem*, in medio Arabici ſinus, inter os eius & cu-
ſpidem, emporium, Ptolemais Troglo-
ditarum; & *Coſſir* ſiue *Choſair*, Berenice, in Æthiopiæ ad eundem ſinum confinio: in cuſpide ſinus, Arabiæ colli-
mitata *Suez* vrbs parua, ſed frequens,
armamentario nauali inſtructa.

Quæ nunc ſequuntur vsque ad occidentalem, BARBARIÆ nomine vulgo vocantur, eiusque partes ſunt

BARCA, ſiue regnum Barcanum,
Marmaricam tenens & Cyrenaicam, inter Ægyptum & Tripolitanum regnum
ſuper mediterraneum mare poſitum, etiam ſub dominio Turcorum. Caput
eius eſt vrbs *Barca* in mediterraneis, vnde nomen habet; *Cairoan*, Cyrene,
quodammodo reducta a mari: ad Syr-
ticum ſinum *Bermicho*, Berenice; *Tolc-
meta*, Ptolemais; *Taechara*, Arſinoe,
& cis ſinum *Bon Andrea*, Apollonia,
cum promontorio huius nominis &
& por-

& portu : in Marmaricæ finibus *Port d'Alberton*, Parætonium.

TRIPOLITANVM regnum ab occasu excipit. Caput *Tripolis* vrbs potens & piratica æque, ac Alger & Tunis, formidabilis; in tutela Turcorum, inter vtramque Syrtem sita, a qua in ortum distat *Lepe*, Lebeda : in occasum *Tripoli Vecchia*, Vetus Tripolis, *Zoara*, & *Capes*, vnde Byzacenæ sinus *Golfo de Capes* cognominatur; intus *Hamma* & aliæ.

TVNETANVM regnum Africam propriam continet, siquidem *Tunis* vrbs princeps & præpotens nauigationibus, ex Carthaginis ruinis incrementum habuit, a cuius loco altero milliario distat. Etiam hoc regnum in clientela Turcorum est. In maris ora subsunt prope metropolim *Guletum* ab Hispanis munitum, sed 1574 amissum : *Porto Farina*, Vtica, & *Biserta* : ab ortu *Susa* & *Mohamedia*, quæ & *Africa* (oppidum) dicitur. Sed *Bona*, Hippo Regius, ab occasu : quam vrbem Algeriani ad se

ra-

rapuerunt. Intus supra Susam *Cayrouan* siue *Caruan*, Calipharum aliquando sedes: sub metropoli *Beya* & aliæ. Insulæ *Guletta*, *Pandalorea*, & *Capo Bona* siue Bonæ promontorium nautis nota sunt.

ALGERIANVM regnum amplissimum est, Numidiam & Mauritaniæ partem, id est Sitifensem & Cæsaream, complectens, quod sub Turcorum clientela talem nunc reip. formam habet, quæ ex piratica maxime, qua formidabilis Christianis est, suas opes conseruet. *Alger* caput, vrbs magna & maritima, Arabibus *Gezaira* dicta, quo nomine & Algeriana propria, siue ager vrbi subiectus, appellari solet. Præterea duas magnas prouincias, etiam sub regnorum titulo, habet ab oriente; totidem ab occasu. In Tunetani confinio est CONSTANTINAE regio, ab vrbe mediterranea *Constantina*, veterum Cirta, nomen trahens, inter quem tractum & Algerium in maris ora *Bugia* est, olim Salde, arce & portu valida,

quæ

quæ etiam prouinciam denominat, in
qua præter hanc vrbem etiam *Steffe* vel
Stiffa, antiqua Sitifis continetur. Ab
occasu Algerii est vrbs *Tenesa* siue *Tenez*,
etiam prouinciæ cognominis caput, munimentis, portu & promontorio clara:
& vlterius *Tremisen*, siue *Telensinum*,
vrbs ampla super ostia fluuii *Teffisii*, olim
regia, & adhuc suæ prouinciæ, quam denominat, primaria. In hoc tractu inter
Tenesam & Telensinum Hispani possidebant *Oran* & *Mazalquibir*, munita ad
mare oppida, a Ferdinando Catholico
occupata, a Mauris autem 1708 Hispanis iterum extorta.

FESSANVM regnum, (cui Ma-
roccense & Tafiletum interdum con-
iunguntur, a nobis separatim scribenda)
Mauritaniam Tingitanam absoluit, di-
uisumque est in VIII prouincias, ne
nomine quidem Europæis satis notas,
qui in litorum cognitione ferme sola
adquiescunt. A Tremisano regno, per
fluuium *Meluya*, Muluiam, separatur,
prope cuius ostium *Melilla* est Hispanici
iuris

iuris propugnaculum, vt etiam, quæ in
occasum sequuntur, *Algouzenes* & *Pen-
non de Velez* in ora mediterranei maris;
Tetuan siue *Tontouan* prope mare & cetera in barbarorum potestate. Regia
Fezz in interioribus regni sita in duas
vrbes, Fez-Bele, magnam & prædiuitem; & Fez-Gedide, minorem, sed magis munitam, diuisa : ab ortu *Theza* adiacet, ab occasu vrbs *Miquenez*, vbi rex
commoratur. Ad fretum Herculeum
Ceuta, Septa, Hispanorum ; a Mauris
per 30 ferme annos iam obsessa, & *Tan-
ger*, Tingis, Portugallorum antea, post
Anglis concessa, qui deseruerunt, inde
a Mauris iterum occupata & munita.
In ora Oceani a freto in austrum sita
Arzilla ab Hispanis derelicta ; *Alcassar*,
barbarica ; *l' Araehe*, Lixus, a Mauris
Hispanis erepta ; *Mamora*, ad ostium
fluminis *Suba* eorundem, itidem a Mauris expugnata : *Salée* sedes proregis bar-
bari, nauibus & commerciis potens, vt
fœdera etiam cum Belgis & aliis exteris
percutiat; *Anafé* siue *Anfa* nunc deserta
&

& beluarum habitaculem, integris quanquam muris atque tectis. Huic

MAROCCENSE *a*) regnum in austrum subiacet. Prima post Anfam vrbs maritima *Azamor*, dein Portugallorum *Mafagan* ; post *Valadie* ; *Safia* ab Hispanis deserta, sicut etiam quæ ex interuallo sequitur *Sancta Crux*, in prouincia s v s, cuius quoque est castellum *Sus*, & *Mafa*, & intus *Tambanta* vltra mon-

---

a) Moderni reges Maroccenses originem a Mahumedis filia Fatimna deducunt, sed incerta & obscura sunt omnia. Post obitum *Muley-Labesch* disturbata erant cuncta, *Muley Scherif* tandem, qui itidem a Mahumede originem iactabat, solium adscendebat, regnumque pacatum reddebat, a quo modernus *Muley Ismael* descendit.

Muley Ismael, nat. 1643 ineunte hoc anno defunctus nunciabatur.

| Muley Mahomed, patri rebellis extitit. iam regno profugatus. | Muley Hahmet, patri 1703 etiam rebellis | Muley Zidan, nat. 1672 patri 1707 insidias struxit. |

montes, qui cum Atlante cohærent, citra quos pariter in mediterraneis est
Marocco regia & vel maior vrbs quam
Fezza, a qua in ortum distat *Zaoulat.*
Pars australis prouinciæ Sus defecit a
rege, & principem sibi, quem Gaylan
vocant, constituit, cuius sedes est *Illet,*
vrbs ampla & diues in mediterraneis,

T A F I L E T regnum quidem singula-
re est vltra Atlantem montem, in austrum Fezzano, in ortum hibernum
Maroccensi oppositum, verum non aliam nobilem vrbem habet, quam *Tafi-*
let, & tria hæc regna Fezz, Marocco, &
Tafilet a fratribus hodie possideri dicuntur.

Interiora Africæ sunt minus cognita,
Algerianis & Tunetanis prouinciis B I-
L E D V L G E R I D obiicitur, cui interdum ita laxi fines ponuntur, vt vniuersæ
Barbariæ a meridie subtendatur: *Dabra*
vrbs & prouincia eius mare versus Atlanticum. Vltra Biledulgeridiam sunt
Zaara deserta, & Nigritarum regio
iuxta fluuium *Nigrin,* qui Nili sinister
alueus

alueus eft, ex Æthiopia in Atlanticum oceanum decurrens, cui propter Viride promontorium (*Cabo Verde*) intimatur. Barca & Ægypti parti ab auftro, Habeffiniæ ab occafu opponitur NVBIA, cuius vrbs princeps traditur *Dancala* effe; ceteræ *Cufa*, *Gualna*, *Ialac*, *Sula*, fi fides relationi in tam dubiis & incertis habenda eft.

HABESSINIA fiue Æthiopum Christianorum regio, ab Ægypto in auftrum & a Nubia in ortum hibernum longe lateque tendit, de qua mirum quam falfa ab Europæis adhuc fuerint vel tradita vel excepta : veriora nunc tradente fummo viro Iobo Ludolfo, qui in regiones illam certas defcripfit, e quibus *Ambam* nobiliffima eft in meditullio ferme Habeffiniæ pofita, & regum hodiernorum ac præcipuæ nobilitatis patria : ceterarum nomina ex ipfius Hiftoria Æthiopica petantur, cuius commentarli & Geographica Æthiopiæ tabula, clariffimam in re dubia & obfcura lucem dant. Solam addimus prouinciam,

ciam, quæ *Gojam* (J Gallico,) vocatur;
iuxta eam enim, qui tot feculis latue-
runt, *fontes Nili* reperti funt, illamque
fluvius ifte, vt peninfulam, vere totam
circumfluit, qui infra eam diuortium
facit, & dextrum alueum per Ægyptum
in mediterraneum mare; finiftrum, qui
Niger vocatur, transuerfo itinere in At-
landicum mare immittit: Vrbes in his
regionibus nullæ funt, fed fub tentoriis
viuitur, & aulam ipfe rex pro arbitrio
transfert, de quo vnum adiicimus, male
vulgo Presbyterum Ioannem ex nefcio
cuius Afiatici regis *Prefter-Chan* nomine tum praue intellecto, tum peius ap-
plicato, appellari. Habeffinis a latere
Gallani fiue *Galla*, adiacent, gens fæua
& barbara, illisque perpetuo infefta. Qui
plura cupit de vtraque gente, ad Ludol-
fum, quem honoris caufla appellamus,
vnicum in his tenebris phosphorum,
volumus fe conuertat.

Sequitur ora litoralis oceani Æthio-
pici (feu orientalis refpectu Africæ) quæ
ZANGVEBAR appellatur, multaque

A a   regna

regna à Luſitanis perluſtrata continet.
Prope Æquatorem eſt *Magadoxo*; vltra
illum *Lamon, Melinde; Monbazo*, *Zan-
gibar* ſiue Zanguebar proprium in inſula ; *Quiloa*, *Mozambique*, *Zefala* vel
Sofala, vsque ad Capricorni Tropicum,
ſingula regnorum capita , a Luſitanis
pleraque ita ſubiugata , vt tributarios
eorum regulos habeant, etiam caſtellis
exſtructis ſtabilem mercaturæ ſuæ ibi ſedem collocauerint. Prorex, ſiue guber-
nator regis Portugalli auſpiciis , Mozambique ſedet, eiusque adiunctus Ze-
falæ. Quidam Zanguebarinum tractum etiam in ſeptentrionem proten-
dunt vsque ad fretum ſeu os Arabici ſinus, quod *Babel Mandel* hodie vocatur,
ſicque *Ayan*, *Adea*, *Adel* aliasque obſcu-
ras regiones comprehendunt.

Circa Capricorni Tropicum regnum
MONOMOTAPANVM eſt , Cafreriæ
ſiue Hottentotarum regioni ab ortu op-
poſitum, cuius partes in litore orientali,
Sedanda, *Chicanga* & aliæ ſunt. *Mono-
motapa* regis vrbs in mediterraneis vltra

Tra-

Tropicum ; *Butua* cis eundem in confinio imperii MONOEMVGINI, quod a septentrione Monomotapanum contingit : QVITEVE regnum circa flumen Sofelam est. Praetermissis aliis obscuris regnis, solos CAFRES populos ex hoc australi tractu superaddimus, feros & crudeles, quos *Hottentotas* a lingua illorum seu loquela inepta & ridicula appellant. - In extremo & huius gentis & Africae angulo ad promontorium, quod *Bonæ Spei* vocatur, Hollandi munimentum posuerunt, vt portu suo hospitium esset, & necessaria itineri praeberet nauibus, quae in Indiam orientalem eunt redeuntque.

Inter Tropicum Capricorni & Æquatorem sunt in occidentali latere plura regna *Matamen, Angola, Congo, & Loango,* hisque alia minora immixta, vt *Benguela* inter Angola & Mataman. Matamannum Cafribus collimitatur: *Benguela* nomen ab vrbe maritima trahit, quae duplex, Noua, australis ; & Vetus ex magno interuallo septentrio-

Aa 2 nem

nem versus sita. ANGOLAE praecipua
vrbs est *Loanda*, siue fanum *S. Pauli de
Loanda*, capacem portum habens in parua insula continenti propinqua : sub
dominio Portugallorum , sicut in CON-
GO *S. Saluator*, incolis *Banza* ; & *Bam-
ba* , ac alia.

Recessus litoris , supra Æquatorem in
occasum vergens superest, GVINEA
appellatus, diues regio & a multis Europæis petita. Nam non modo Lusitani,
vt in aliis oris Africæ , sed Galli , Hispani , Belgæ , Angli , Dani , Brandenburgici, hic arces condiderunt mercaturæ
suæ præsidia , vt celebrantur Batauorum
castella *del Minà* , *Sommà* , *Secondè* , *Bu-
rroo*, & alia : arx Capitis Corsi, *Capo-
cors* post varios dominos iam Anglorum : *Fridericoburgum* , iuxta *Capo tres
puntas* in ditione Electoris Brandenburgici, cuius & *Takorare* est; atque sic alia
aliorum. Diuiditur tota Guinea in tres
partes: media *Guinea propria* est ab occasu promontorio *Palmarum* ; ab ortù
Cabo de tres Puntas , siue regno Benini
ter-

terminata, continetque Oram Auream
la coste d'or) & Littus Dentium : occidentalis pars *Malegueta*, vsque ad altissimum promontorium *Sierra Liona*: orientalis *Benini* dicitur. Inter hunc tractum & Tropicum Cancri etiam multa
regna iuxta Atlanticum mare sunt *Melli*,
Ginehoa, *Gualata*, & intus *Madinga*,
Tombotu, *Agade*, & alia, a primariis vrbibus pleraque denominata : sicut etiam
in orâ *Nigris* fluuii vrbes non paucæ a
Geographis notantur, quas nominare
supersedeo. De *Viridi promontorio* prope huius amnis ostium, supra diximus :
Arguin castellum & insula parua iuxta
litus eiusdem nominis in regione Gualata varios dominos habuit, Lusitanos
conditores , Belgas postea inuasores,
nunc Anglos: inde Atlantem versus *Cabo Blanco*, Album promontorium est.

INSVLAE circa Africam sunt in
Atlantico Oceano CANARIAE, olim
Fortunatæ, e regione Atlantis, septem
numero, *Canaria* magna, *Teneriffa* quæ
altissimum montem *Pico* habet: *Palma*,

Gomera, Ferro, Lancerota, Madera, septrentrionalior, vt & Porto Santo. Subsunt regi Hispanorum, & omnium insularum in vrbe Canariæ magnæ, quæ Ciuitas Palmarum est, iuridicus conuentus celebratur.

Insulæ DE CABO VERDE, promontorio Viridi obiectæ & Nigris ostio, olim Hesperides siue Gorgones, vltra Tropicum Cancri in eodem Oceano sunt. In maxima S. Iacobi, Portugalli vrbem Ribiera grande condiderunt : ceteræ sunt S. Lucia, Antonii, Vincentii, Nicolai, de Sal, & si quæ aliæ.

Minores separatæ in occidentali oceano sunt insula S. Thomè sub æquinoctiali linea, a Lusitanis reperta, post a Belgis erepta, iterum a Lusitanis recuperata. Vicina in septentrionem insula Principis, & Fernando Poo ; in austrum Annabon, sub auspiciis noui anni inuenta. Inde in occasum recedunt insula S. Matthæi & Ascensionis, medio inter Africam & Americam situ. Insula Helena, communis antea nauigantibus, qui se inde refi-

reficiebant : nunc Anglorum tenetur
præfidio : infula autem *S. Helena Nova*
ab ista in ortum magis remota est. In
oceano orientali M A D A G A S C A R, fiue *S. Laurentii,* Gallis etiam *Insula Delphini* dicta, in maximis infularum numeranda, nondum tota cognita est; præfertim in parte feptentrionali : in australi nuper colonias quasdam Galli
condiderunt. Portus quidam castellis
funt muniti, vt *S. Augustini, Vincentii,
Andreæ* in latere occidentali ; *Delphini*
in auftrali : *S. Antonii* in ortu æstiuo.
Plures paruæ infulæ hanc magnam circumiacent, in quibus, qui *Comeres* dicuntur, funt Quiloam & Mozambicam
verfus, in iisque *S. Christophori, S. Spiritus,* & aliæ : ad ortum a Madagafcaria,
infula *Mauritii,* quæ Belgarum coloniam habet, & *Burbonia,* fiue *I. le de Bourbon,* & aliæ recedunt.

Aa 4 CA-

CAPVT XXVIII

DE

AMERICA.

AMerica seu India Occidentalis (West-Indien) per Christophorum Columbum, Genuensem 1492 detecta fuit, qui vero insulas solum Hispaniolam, Cubam, Iamaicam & proximas adiit. Sed Americus Vesputius Florentinus ipsam continentem ingressus est, vnde in dies latius patuit America, pluresque regiones fuerunt repertæ. An priscis sæculis nota fuerit, valde dubium & incertum est, nec magna illa insula, quam *Atlantidem* Plato vocauit, definire potest controuersiam. Nihilominus ante Columbum oram Brasilianam nauigatam fuisse ab Antonio Zeno Veneto, & Martino Behaimo, Crumlouiensi e Bohemia non sine fide probabilitatis eruditi viri tradiderunt.

Diuiditur America in *septentrionalem* & *australem*, quæ isthmo *anato*, tanquam duæ peninsulæ cohærent.

Septen-

Septentrionalis in litore occidentali, vbi *Nouam Albionem* ponunt, nondum est cognita: neque satis perlustrata, quæ in ortum inde æstiuum tendunt, *Noua Nortwallia, Sudwallia,* & alia: orientalis litoris est a septentrione post fretum *Hudsonium* ESTOTILANDIA siue *Terra Laboratoris,* quæ etiam *Noua Britannia* vocatur, infra quam maximo tractu NOVA FRANCIA siue CANADA extenditur, distincta in plures prouincias, *Sanguenaiam, Canadam propriam, Acadiam, Nouam Angliam,* cui immixta, *Neu Niederland; Nouam Sueciam,* ac tandem in Floridæ confinio *Virginiam, a)* ab Anglis inuentoribus in Eli-

Aa 5   sabe-

———————————————

a) Omnes hæ Prouinciæ Anglis iam parent, de quibus Richard Blome America Anglicana, Oldmixton, Coloniæ Anglo-Americanæ, Pastorii Pensyluania, & descriptio Carolinæ, adeundæ. Monachus quidam Franciscanus, P. Hennejin dictus, ante aliquot annos supra Canadam terras ingentis magnitudinis detexit, quibus nomen Loutisianæ, in honorem regis Ludouici, dedit, de quibus Itinerarium

fabethæ reginæ honorem ita appella-
-tam. In fingulis fuarum gentium coloniæ, plurimæ autem Gallicanæ, quarum caput eft *Quebec* vrbs cum arce ad
fluuium *S. Laurentii:* in Noua Anglia
Bofton, Albany, Neu York,, quæ antea
Nouum Amftelodamum dicebatur : &
tractus qui *Penfiluania* colonia appellatur, & *Carolina* prouincia, vtraque Anglorum, qui in Virginia metropolin
habent *lames Town,* Iacobipolim, & alias. Hinc

FLORIDA ampla regio vsque ad *finum Mexicanum* extenfa, ab Hifpanis,
Gallis & Anglis pro diuerfis partibus in
litore poffeffa. Hifpanorum arces funt
S. Matthai & *S. Auguftini:* Gallorum
Carolina & aliæ, qui nuperrime nouam
ibi prouinciam Ludouicianam, *la Loui-
fiane,* inuenerunt, *a*) fupra Mexicanum
finum

---

eius, fub titulo, Louvifianæ defcriptio vi-
dendum. Pax autem inter Anglos & Galles
1712 Vltraiecti conclufa, optime decidit, quo
modo fines harum regionum formandi.
a) Vid. quæ in anteriori pagina dicta.

finum in occafum & mare verfus, quod *Vermeio* vocant & Californiam infulam feparat, produ&tam. Supra hanc in boream late patet *Nouum Mexicum*: infra eam in auftrum & Ifthmum verfus NOVA HISPANIA in plures prouincias diuifa, e quibus præcipua eft *Mexicana* ab vrbe primaria & fede proregis *Mexico* cognominata: aliæ vrbes *Mechoacan, Gaudalaria, S. Iago de Guatimala, la Puebla de los Angelos,* & ad finum Mexicanum *Panuco;* in peninfula eius finus *Salamanca, Merida,* & ceteræ.

In ifthmo fiue *Terræ firma* ad fuperum mare vrbs *Nombre di Dios,* & *Porto Belo,* Portus Pulcher: ad inferum *Panama,* per quarum interuallum merces terreftri itinere in alterum mare deuehuntur. *a)*

Aa 6 In

---

a) In Ifthmo hoc, haud ita procul a Porto Belo, & quidem in tractu, qui *Darien* nominatur, Scoti ante 20 annos, & quod excurrit, Coloniam deduxerant, fed res fucceffu caruit, licet

In australi America post isthmum ad
mare *Pacificum* est ditissima regio PERV,
cuius vrbes maiores sunt *Quito* mediterranea prope Æquatorem : *Lima* maritima, sedes proregis, consilii & academiæ:
Cusco barbarorum quondam regia in
mediterraneis, nunc episcopalis ; *la Plata* archiepiscopalis sub radice montis
Potosi auri argentique fodinis famosissi-
mi. Subiacent Peruuiano regno ad mare
CHILI, intus TVCVMANIA vsque ad
Rio de la Plata, id est argenti fluuium,
per quem prima classis, quæ argentum in
Hispaniam aduexit, in oceanum deducta fuit, vnde etiam nomen accepit. Ad
os huius ingentis fluminis est vrbs *Bue-
nos Ayres*, Bonus Aer, quæ etiam *Ciuitas
Trinitatis* appellatur. Pleniorem Coloniarum Hispanicarum cognitionem
ex Gage Itinerario addiscas. Ignu-
biliora sunt, quæ ab hoc ostio ad fretum vsque Magellanicum in meridiem
sita

---

commerciis Scotorum & Anglorum maximum emolumentum attulisset Interuentu aulæ Hispanicæ hoc inceptum irritum factum fuit.

sita sunt; vlteriora capite vltimo attingemus.

Supra fluuium de la Plata obscuræ regiones sunt, vltra quas cum oppidis aliquot sub Tropico ferme Capricorni sitis, *Septem Angelorum*; *Ciudad Real S. Pol* & aliis GVAIRA: sed nobilior, quæ inde in septentrionem adsurgit BRASILIA ditionis Portugallicæ, inter Tropicum & Æquatorem latissime extensa. Vrbes eius præcipuæ sunt ab austro in boream, *S. Sebaßiani* ad ostium fluminis *Ianuarii* : ciuitas *Spiritus Sancti*, *Porto Seguro*, *Porto todos los sanctos*, h. e. omnium Sanctorum, *S. Salvator*, a Gallis 1711 occupata, breui tamen post iterum relicta, *Olinda* in Pernambuci præfectura, vnde sæpe etiam cognominatur: *Paraiba* (quam Belgæ *Frideritiam* vocabant, quum aliquando possiderent) *Siara* & *Para* ad ostium fluuii Amazonii, omnium, vt fertur, maximi. A Brasilia ad isthmum vsque Panamicum est TERRA FIRMA in varias regiones diuisa, vt sunt *Caribana*, *Venezquela*,

Gra-

Granada & ceteræ : vrbes *Corduba* siue *Comana*, *S. Martha*, *Cartagena* & aliæ. *Terra firma propria* est ipse Isthmus, quem supra exposuimus. *a)*

INSVLAE Americanæ ab æquatore in septentrionem sunt primum CARIBES siue ANTILLAE, diuisæ bipartito, *Sottauento*, australes, e quibus *Margarita* & *Trinitatis* Hispanorum, iuxta quas vnionum piscatio nobilis est: adiacent in ortum *Boriquen*, *S. Crux*, & ceteræ: sed *Curaffau* & *Tabago* Belgarum & aliæ. Quædam sitæ sunt *Barlovento*, vt *Barbados* Anglorum: *Martinique* Gallorum, *Chriftophori* eorundem & Anglorum : *Euftachii* Belgarum ; *S. Thoma* Danorum : *Porto Rica*, Portùs diues, cum vrbe cognomine vel *S. Iohannis*, sub dominio Hispanorum, & innumeræ aliæ.

Maiores his adiacent CVBA, quæ oppidum & portum celeberrimum habet

<hr />

a) De Coloniis Lufitanorum earumque finibus. Pax, inter Lufitanos & Hispanos Vltraiecti 1715 conclufa, confulenda.

bet *Hauana:* & huic proxima in ortum
HISPANIOLA, in qua vrbs archiepiſcopalis eſt *S. Dominici* fanum : vtraque
Hiſpanorum: Anglorum autem *Iamai-
ca*, minor iſtis & in auſtrum inclinans.
Supra Tropicum ſunt *Lucaie* inſulæ,
pleræque obſcuræ: *Bermudes* plures ín
poteſtate Anglorum: *Terra Noua* iuxta
ſinum S. Laurentii : *Drogeo* ſiue inſula
Dæmonum, ſpectrorum diritate infa-
mis; In occaſum diſtat *California*, aliis
peninſula, vnde non longiſſimus traiectus eſt in regionem *Iezzo* nuper inuen-
tam, de qua in Iaponicis inſulis pauca
diximus. Hæ vero omnes ad borealem
Americam pertinent : in auſtrali pau-
ciores ſunt & pleræque ſubobſcuræ:
fluuialis parua *S. Gabriel* in flumine dela
Plata Portugallorum, nuper 1681 celebrior ideo facta, quod ab Hiſpanis occupata & reſtituta fuit.

Dubiæ ſiue inter Europam & Americam mediæ in ſeptentrionali oceano
ſunt *Aſores* (id eſt *accipitrum* inſulæ :
hoc enim vox Luſitanica ſonat) quæ
etiam

etiam *Flandricæ* appellantur, ante Columbi tempora a Martino Behaimo detectæ, qui in aliquam illarum *Fagalem*
a fagis dictam, coloniam ex Flandria
deduxit auspiciis Isabellæ viduæ Belgii
principis. Nunc præcipua illarum *Ter-
cera* est cum oppido *Angram*, in ditione
Portugallorum.

CAPVT XXIX

DE

TERRA INCOGNITA.

QVæ regiones non conspectæ, nisi
ex longinquo sunt, aut in extrema
tantum ora quodammodo lustratæ, *in-
cognitæ terræ* appellantur. Septentrionalis tres partes sunt Grönlandia, Spizberga, & Noua Zembla.

Grönlandia vicina est Americæ, cuius
continenti vtrum in septentrione adhæreat, an insula sit, adhuc incognitum est.
De litoribus eius in regno Norvvegiæ
diximus. In australi parte freto *Dauis*

ab

ab America separatur. SPIZBERGA ex aduerso Lapponiæ ad octogesimum vsque gradum sita, a præacutis montium verticibus, niue perpetua obsitis, nomen accepit. Bataui anno 1596 viam per glaciale mare in Indiam orientalem quærentes detexerunt. Subiacet Noruegiam versus insula *Vrsorum* perparva. NOVA ZEMBLA supra Russiam & Tartariam sita freto *Nassouio* siue *Waigats* a septentrionali Moscouia distinguitur. Eodem itinere reperta fuit a Batauis. An cum Tartaria ab ortu cohæreat nec ne, plane incertum est.

Amplior est TERRA AVSTRALIS INCOGNITA. Non modo enim a freto *Magellanico* incipit terra *del Fougo*, id est ignis terra, quam Ferdinandus Magellanus detexit 1520 & vlterius Iacobus le Maire Batauus 1617 per fretum *le Maire* nauigando expertus est, non continentem, sed magnam insulam esse: verum etiam sub Africa caput Bonæ Spei præteruecti Belgæ sæpe inter medias tempestates vastam terram conspexerunt,

xerunt, nunquam tamen per maris impetum potuerunt adire, nec fortasse voluerunt. Indiæ orientali subiacet australis terra, cuius pars Æquatori vicinior *Noua Guinea* a) vocatur, tanquam situ & fertilitate Guineæ Africanæ persimilis: altera circa Capricorni Tropicum *Hollandia Noua*, sed vtraque tantum e litoribus nota, nec adhuc constare potuit, continens sint, an insulæ: ibi *Cap Horn*, vltimum in austro promontorium, ab Hornæ ciuitatis nauibus detectum.

In Pacifico tandem mari *Noua Seelandia* a Belgis detecta fuit, sed nec huius

---

a) De hac Noua Guinea & Noua Hollandia consule Itinerarium Dampieri, quæ multa, lectu dignissima de hisce oris profert. Fabulæ autem sunt, quæ de *Sevarambes*, natione In terra australi incognita habitante, circumferuntur, siquidem autor illius libri principia Naturalistarum sub amœno hoc inuolucro incalcare sategit.

huius præter litora, quidquam cognitum habuerunt. Referri huc poſſunt *inſula Salomonis*, a diuitiis ita dictæ, ad quas appellunt, qui ex America in Philippinas & alias Indorum inſulas per Pacificum mare, id eſt placidum & tranquillum oceanum nauigant: quibus nunc *Inſula Hernana* quoque ab inuentricis ciuitatis nauibus appellatæ. *a*)

---

a) Sæpius citatus Dampierius in Itinerariis ſuis plures Inſulas detexit, quarum notitia nos hactenus latuit, & de quibus alibi.

INDEX.

A.

alife

INDEX.

A.

ascoli

austra.

Bb   Berbilebom

Bb 5　　　bri-

INDEX.

bb   Cala-

cha.

chri-

coſta-

Darda

Dil.

Duyt

Es-

Feder-

Foix

Fri.

Feder-

Cc 3

Cc 4   Ges.

Cc 5   Grengul-

Har-

Hel-

Cc 7   Ho.

Iae-

Irde-

INDEX.

Laon

Lö.

Lid.

Dd   Ma.

Dd 3   del

Dd 6   No

O. Ober-

O.

Dd 7   Om-

Mu-

Dd 6   No

Dd 7   Om-

Os

S. Pa-

phit

porto

pre-

Ee   Rye

Meux

Rese

Saris-

Rei

Rieux

Ee   Rye

Ee 2   Saris-

Ee 3 Schwitz

sepsi

Ee 4   sing

sole-

Ee 5 sprem-

Ee 5   sprem-

Tor-

Tri

V. Die

Vecht

Vle-

INDEX.

Tri

V. Die

Vecht

Vico

Vl.

Vecht

Vico

Ff   wud-

F I N I S.

FINIS

Nachricht an die Buchbinder.

Diese Tabellen müßen zerschnitten, und iedes Orts wie obengesetzten Blats Ziffer weiset eingebracht werden. Die 2. einzeln Blätterchen mit)( )(gezeichnet, folgen gleich nach des Haupt-Titels Præfation.